"新时代的新闻传播研究"系列丛书

中国传统媒体与新兴媒体融合发展研究

严三九 著

中国社会科学出版社

图书在版编目（CIP）数据

中国传统媒体与新兴媒体融合发展研究 / 严三九著. —北京：中国社会科学出版社，2019.11
（"新时代的新闻传播研究"系列丛书）
ISBN 978 – 7 – 5203 – 5789 – 0

Ⅰ.①中…　Ⅱ.①严…　Ⅲ.①传播媒介—研究—中国　Ⅳ.①G219.2

中国版本图书馆 CIP 数据核字（2019）第 286324 号

出 版 人	赵剑英
责任编辑	彭莎莉
责任校对	李　惠
责任印制	张雪娇

出　　版	中国社会科学出版社
社　　址	北京鼓楼西大街甲 158 号
邮　　编	100720
网　　址	http://www.csspw.cn
发 行 部	010 – 84083685
门 市 部	010 – 84029450
经　　销	新华书店及其他书店

印刷装订	北京市十月印刷有限公司
版　　次	2019 年 11 月第 1 版
印　　次	2019 年 11 月第 1 次印刷
开　　本	710×1000　1/16
印　　张	24
插　　页	2
字　　数	377 千字
定　　价	148.00 元

凡购买中国社会科学出版社图书，如有质量问题请与本社营销中心联系调换
电话：010 – 84083683
版权所有　侵权必究

目 录

上篇　中国传统媒体与新兴媒体融合发展研究总论

总论一　媒体融合发展的调查路径与方法 …………………………（5）
总论二　媒体融合发展的调查主要数据分析 ………………………（13）
总论三　媒体融合发展调研中发现的问题分析 ……………………（36）
总论四　媒体融合发展中存在问题的原因分析 ……………………（41）
总论五　媒体融合发展的路径创新探讨 ……………………………（45）

中篇　中国传统媒体与新兴媒体融合发展研究专论

专论一　中国传统媒体与新兴媒体内容融合发展研究 ……………（53）
　一　媒体内容融合的调查路径与方法 ……………………………（53）
　二　媒体内容融合的调查主要数据分析 …………………………（56）
　三　基于调研数据的媒体内容融合发展情况和问题分析 ………（60）
　四　媒体内容融合发展存在问题的原因分析 ……………………（62）
　五　媒体内容融合发展的路径创新探讨 …………………………（65）
专论二　中国传统媒体与新兴媒体渠道融合发展研究 ……………（70）
　一　媒体渠道融合发展基础调查数据及其分析 …………………（72）
　二　媒体渠道融合发展的现状与问题分析 ………………………（78）
　三　媒体渠道融合发展的驱动要素分析 …………………………（80）
　四　媒体渠道融合发展深化过程中存在的认识误区辨析 ………（82）
　五　加快推进媒体渠道融合发展的策略探析 ……………………（84）

专论三　中国传统媒体与新兴媒体融合发展过程中传媒体制
　　　　改革研究……………………………………………………（88）
　　一　媒体融合发展进程中媒体体制改革调查数据分析…………（90）
　　二　媒体融合发展进程中传媒体制改革现状和问题分析………（94）
　　三　面向媒体融合发展过程中传媒体制改革的困境分析………（97）
　　四　面向融合趋势的传媒体制改革的创新方向与路径
　　　　探索……………………………………………………………（99）

专论四　中国传统媒体与新兴媒体产业融合发展研究………………（103）
　　一　媒体产业融合发展基础调查数据及其分析…………………（105）
　　二　辩证分析媒体产业融合发展的情况与问题…………………（110）
　　三　辩证分析影响媒体产业融合发展的要素……………………（113）
　　四　加快推进媒体产业融合发展的路径创新探析………………（116）

专论五　中国传统媒体与新兴媒体产业集群融合发展研究…………（120）
　　一　媒体产业集群融合发展的必要性分析………………………（120）
　　二　媒体产业集群发展战略的层次分析…………………………（123）
　　三　媒体产业集群融合发展演进的层次分析……………………（124）
　　四　基于两个维度的媒体产业集群融合发展战略矩阵分析……（126）
　　五　媒体产业集群融合发展的路径分析…………………………（128）

下　篇
中国省市级传统媒体与新兴媒体内容融合发展研究分论

分论一　北京市传统媒体与新兴媒体融合发展研究………………（133）
分论二　上海市传统媒体与新兴媒体融合发展研究………………（168）
分论三　江苏省传统媒体与新兴媒体融合发展研究………………（205）
分论四　辽宁省传统媒体与新兴媒体融合发展研究………………（229）
分论五　湖北省传统媒体与新兴媒体融合发展研究………………（269）
分论六　陕西省传统媒体与新兴媒体融合发展研究………………（294）
分论七　甘肃省传统媒体与新兴媒体融合发展研究………………（323）

结束语　中国传统媒体和新兴媒体融合发展展望 …………………（355）

参考文献 ………………………………………………………………（368）

后记 ……………………………………………………………………（375）

2014年8月18日，习近平在中央全面深化改革领导小组第四次会议上发表讲话，将媒体融合提高到国家战略的高度，"媒体融合"这个专业词汇成为业界和社会各界热议的话题。会上，习近平强调，推动传统媒体和新兴媒体融合发展，要遵循新闻传播规律和新兴媒体发展规律，建成几家拥有强大实力和传播力、公信力、影响力的新型媒体集团，形成立体多样、融合发展的现代传播体系。其后不久，中央发布了《关于推动传统媒体和新兴媒体融合发展的指导意见》（以下简称"意见"）。经过几年酝酿和铺垫，2014年，媒体融合正式成为国家战略。

在互联网环境下，传统媒体正面临着与以往完全不同的竞争环境，如何加快转型，运用网络新技术与平台，实现新兴媒体与传统媒体的融合发展，大力助推中国现代社会成功转型，已成为中国当下一项重大而迫切的课题。如何通过媒体融合，巩固党的宣传思想文化阵地、巩固主流舆论阵地、抢占思想舆论制高点，是媒体行业特别是传统媒体行业面临的一项重要而紧迫的任务。

互联网以人为单位的深度普及，支撑起了这样一个基础设施网络。在网络化社会，信息服务于生产和生活的方式已经不同以往，扁平化、碎片化、去中心化成为信息传播以及现代社会结构的变化发展趋势。技术因素与社会因素结合在一起，催生了传播社交化、网络化变革。媒体融合需要更清晰和系统地分析新传播体系的参与者关系构建、新传播渠道的发育、新产品和服务的生产、新商业模式的形成以及相应的体制机制调整，主动寻找媒体融合的主导、驱动和支持力量。

回顾媒体融合成为国家战略这些年来的实践，可以得出结论，即新型主流媒体和新型媒体集团的建设，本质上就是主流媒体自主可控的、基于互联网联结的新型媒体平台的建设。在这一方向上，互联网产业的发展提供了可资借鉴的宝贵经验，中央主要媒体和浙江日报集团、湖北广播电视台等主流媒体机构的探索在多个方向上开辟了道路，这些都值得深入研究和总结，以为主流媒体集团的平台化发展提供切实可行的转型策略。媒体融合发展并非一朝一夕之功，需要媒体管理部门领导、媒体单位领导、媒体一线从业者共同努力，开拓创新，扎实推进，尊重市场规律，在我国传统媒体和新兴媒体现有融合发展的基础上，加快推进我国传统媒体和新兴媒体深度融合发展，加快建立我国现代传播体系。

上 篇

中国传统媒体与新兴媒体融合发展研究总论

党的十八届三中全会提出，要整合新闻媒体资源，推动传统媒体和新兴媒体融合发展；习近平特别强调，要加快传统媒体和新兴媒体融合发展，充分运用新技术新应用创新媒体传播方式，占领信息传播制高点。中央全面深化改革领导小组第四次会议通过《关于推动传统媒体和新兴媒体融合发展的指导意见》，指出要打造一批形态多样、手段先进、具有竞争力的新型主流媒体，建成几家拥有强大实力和传播力、公信力、影响力的新型媒体集团，形成立体多样、融合发展的现代传播体系。推动传统媒体和新兴媒体融合发展，是党中央着眼巩固宣传思想文化阵地、壮大主流思想舆论做出的重大战略部署。

　　国家社科基金重大项目"加快推进传统媒体和新兴媒体融合发展研究"课题组通过对当下国内外研究现状与中国媒体融合发展情况的梳理，发现诸多亟须解决的问题，并从内容、渠道、产业、体制等方面展开，分别编制问卷和深度访谈大纲，通过分层抽样的方法进行调研，本书为调研的数据分析及研究成果。[①]

[①] 总论内容基于作者以下论文整理、写作。严三九：《中国传统媒体与新兴媒体融合发展的现状、问题与创新路径》，《华东师范大学》2018年第1期。

总论一

媒体融合发展的调查路径与方法

本次调查采用问卷调查和深度访谈相结合的方法,在前期文献梳理与行业研究的基础上,选定中国传统媒体与新兴媒体融合发展作为调研重点,采用分层抽样的方法收集了 6014 份媒体工作者对融合发展的认知问卷,并对 710 名媒体工作者进行深度访谈。

一 问卷与深度访谈设计

课题组使用的问卷共计有 39 个题目,除了受访者的基本信息(7 个题目,如表 1.1 所示)之外,主要集中在传媒从业者对媒体融合的看法层面(32 个题目,如表 1.2 所示)。后者包括传媒从业者对媒体前景的评估(题 8)、推动媒体内容融合的因素(题 9)、内容生产环节中各因素对媒体内容融合的影响(题 10—13),以及传媒从业者对媒体融合影响因素的重要性评估(题 14)、媒体渠道融合(题 15—23,30)、传统媒体广告下滑与人才流失(题 24—25)、技术应用与创新(题 26—29)、传媒体制创新(题 31—39)等。

表 1.1　　　　　　　　调查者基本信息相关题目

题号	调查内容	本书表格编号
1	年龄	表 1.7
2	从业时间	表 1.8
3	学历	表 1.9

续表

题号	调查内容	本书表格编号
4	专业	表 1.10
5	职务	表 1.11
6	职称	表 1.12
7	业务板块	表 1.13

表 1.2　媒体内容融合发展相关题目（具体选项对应下文表格）

题号	题目	本书表格编号
8	您认为以下媒体在融合发展大潮中的前景如何	表 1.14
9	您认为以下因素在推动媒体内容生产融合中的作用程度如何	表 1.15
10	您认为在内容素材获取环节，以下各种方式的作用程度如何	表 1.16
11	您认为在内容编辑、处理阶段，以下各种内容特性的重要性程度如何	表 1.17
12	您认为当下媒体内容生产过程中，以下方式所发挥作用的程度如何	表 1.18
13	下列关于受众在当下传媒内容生产过程中的作用及角色特征的描述当中，您认为其准确程度如何	表 1.19
14	对于以下在媒体融合发展过程中各种因素"为王"的说法，您的意见是	表 1.20
15	以下诸要素在"人端合一"趋势中的重要性程度	表 1.21
16	您对当下媒体需要"粉碎化""颠覆式"组织重构的认可程度	表 1.22
17	您认为媒体内容能够在以下各种生活场景中的融合认可度	表 1.23
18	您认为以下各应用场景在移动互联网推广中的作用程度如何	表 1.24
19	您对媒体跨界运营的认可程度是	表 1.25
20	您认为以下因素在媒体渠道扩展过程中的作用程度如何	表 1.26
21	您认为传统媒体所布局的"两微"在传播过程中的作用程度如何	表 1.27
22	您认为传统媒体所布局的"一端"在传播过程中的作用程度为	表 1.28
23	您认为多元运营方式在渠道扩展中的作用程度为	表 1.29

续表

题号	题　目	本书表格编号
24	您认为下列因素对传统媒体广告下滑的影响程度为	表1.30
25	您认为下列因素对传统媒体人才流失的影响程度为	表1.31
26	您认为下列代表性技术进步在广电行业融合中的作用程度为	表1.32
27	通过对比2013年度与2014年度中国广播电视行业十大科技关键词，发现其中有五个在2014年落选，对于这五个技术是因为"技术迭代"变化而落选的观点，您的认可程度为	表1.33
28	通过对比2013年度与2014年度中国广播电视行业十大科技关键词，发现其中有五个在2014年落选，对于这五个技术是因为"政策规制"变化而落选的观点，您的认可程度为	表1.34
29	通过对比2013年度与2014年度中国广播电视行业十大科技关键词，发现其中有五个在2014年落选，对于这五个技术是因为"市场效率"变化而落选的观点，您的认可程度为	表1.35
30	您对于几个代表性的新闻APP在融合生态中角色定位的认识为	表1.36
31	您认为传媒体制与政策在融合发展中作为"阻碍因素"的作用程度为	表1.37
32	您认为体制与政策阻碍因素在不同方面的作用程度为	表1.38
33—36	您认为2014年、2015年部分新政对四个融合层面的作用如何	表1.39
37	您认为以下因素在传媒公司运营机制改革中阻碍作用的程度为	表1.40
38	在微观层面（机构、公司运营），您认为基于"互联网+"的机制改革的作用程度为	表1.41
39	您对国家从不同方面出台促进政策的意愿程度为	表1.42

在问卷之外，课题组针对媒体融合发展的相关热点编制了深度访谈提纲，如表1.3所示，主要针对问卷中无法深入展开的问题，包括媒体工作者对媒体内容融合的看法（题1—3），内容生产模式的变化（题12），如何应对用户习惯的变化（题4—6），商业模式、运营理念与组织结构调整（题7—10），技术应用（题11），传播渠道扩展及其存在的问题（题13—20），传媒产业融合（题21—27），体制改革中存在的问题与诉求（题28—31），体制改革的方向、方式与策略（题32—34）等多个方面，力求通过深度访谈对问卷予以补充，深访内容能够更全面地解释调研过程中发现的问题，使课题调研更为完整、深入。

表1.3　　　　　　　　　　课题组深度访谈主要题目

题号	题　目
1	您在媒体内容生产融合方面有什么创新思路？贵单位有什么典型案例
2	您认为当下在媒体内容生产融合方面主要存在哪些问题？贵单位如何解决这些问题
3	贵单位媒体内容生产模式、流程有何改变？原因是什么？其中哪些是客观因素？哪些是主观因素
4	面对融合背景下受众细分的深入，媒体内容生产应做何应对
5	您对"读者""受众""用户"等概念的认识是什么？"用户"习惯有何变化
6	您认为在媒体内容生产环节应采用什么样的措施应对用户习惯的变化？贵单位有什么典型案例
7	您认为内容融合能够带来怎样的商业模式、盈利模式创新？贵单位有何尝试？有什么经验与教训
8	贵单位在"运营理念""组织文化"层面有什么样的新发展、新特点
9	您认为针对媒体内容生产融合发展的需要，在组织、人事、激励等方面有怎样的调整
10	融合发展对传媒从业者的素质有什么样的新要求？您认为媒体生产者的结构需要如何优化
11	您认为应当如何应用新技术推动媒体内容融合发展？贵单位在这方面有什么样的创新举措？思路、效果及存在的问题
12	在"互联网+内容"生产方式创新方面有什么样的创新思路？思路、效果及存在的问题
13	贵单位在传播渠道扩展的扩展方面有什么经验？探索过程中遇到什么问题
14	渠道扩展主要是在哪些驱动因素的作用下向前发展的
15	贵单位在移动传播方面的布局、问题与经验
16	贵单位在各种传播渠道扩展运营过程中是如何对传播效果进行跟踪和把控的
17	贵单位渠道创新与盈利模式创新的契合程度如何？投入产出比如何
18	在传播渠道创新、扩展过程中，在资金、组织、人才等方面遇到的问题
19	自主性渠道、平台创新与社交媒体等成熟商业平台应用之间，在成本、效果、管控方面的对比
20	贵单位是如何在多元渠道化信息传播中优化舆论检测与引导能力的
21	贵单位是否在传媒业务之外有所布局？其与传媒主业之间的关系如何

续表

题号	题　目
22	您是如何看待产业发展过程中传媒"边界"消失与融合这一问题的
23	您如何看待资本在传媒产业发展过程中的作用？您认为应当怎样对其进行规范和引导
24	您如何看待技术因素在传媒产业发展过程中的作用？先进技术的作用应如何发挥
25	您如何评价当下传统纸媒、电视台在产业融合过程中的创新布局？请结合熟悉的案例进行分析
26	新兴媒体在融合发展中表现出诸多优势，您认为是否应当对新兴媒体的发展方向、方式进行规范性管理？如果需要，应当在哪些方面展开
27	融合发展中，传媒产业集群的作用如何？请谈谈您对集群发展存在的问题、路径的认识
28	您认为当下传媒体制在哪些方面存在不适应融合发展的问题
29	贵单位在运营当中遇到过什么样的问题，能够体现出传媒体制改革的必要性
30	在传媒体制改革中，您认为应当如何处理意识形态、舆论、市场等多方面的关系
31	您认为传媒体制和政策应当在哪些环节、做出什么样的调整，才能更有效地促进媒体融合的发展
32	针对当下传媒产业在融合发展过程中出现的诸多问题，您认为应当如何在政策层面进行管控和引导
33	为了更有效地推动技术创新在媒体融合发展中的应用，您认为应当制定哪些具有前瞻性的政策
34	传媒体制改革和政策调整，应当如何处理好宏观、中观、微观等不同层面的规划

二　调查施行

本调查于2015年7月开始实施，国家社科基金重大项目"加快推进传统媒体和新兴媒体融合发展研究"课题组走访调查了20个省、直辖市、自治区（共计24个城市，其中山东调查了济南、烟台两个城市，浙江调查了杭州、宁波两个城市，广东调查广州、深圳、佛山三个城市，其他省份的调查、访谈均在省会城市展开）。调研城市的选择，主要根据2014年10月29日印发的《国务院关于调整城市规模划分标准的通知》（国发〔2014〕51号），按照中心城区常住人口规模标准将我国城市分为"五类七档",从超大城市、特大城市、大城市三类中选择目标调研城市(如表 1.4 所示)。调研城市的选择其一要确保东、中、西部做到比较全面的覆盖;其二要确保在媒体融合发展的程度上能够具有一定的层次性。

表 1.4　　　　　　　　　　调研城市选择层次

选择标准	调研城市
超大城市(1000 万人以上)	北京、上海、广州、深圳、重庆、天津
特大城市(500 万人至 1000 万人)	武汉、南京、郑州、沈阳、成都、西安
大城市(100 万人至 500 万人)	杭州、长沙、济南、太原、佛山、福州、合肥、兰州、南宁、呼和浩特、宁波、烟台

本次调查采用纸质问卷发放与回收的方式,选定每个目标城市的代表性平面、电视、新兴媒体,再按照业务板块选定调查对象,包含内容生产、广告、渠道、技术以及管理部门各个环节。在有工号的媒体单位,按照工号顺序随机抽取问卷发放对象;在没有工号的媒体单位,按照员工名单随机抽取问卷发放对象。共向被抽取的传媒从业者发放纸质问卷 7200 份,由受访者独立填写。最终回收问卷 6339 份,回收率为88%,有效问卷 6014 份(如表 1.5 所示)。

表 1.5　　　　　　　　调查地域及各地有效问卷量

省市	问卷数量	百分比(%)
福建	293	4.9
安徽	307	5.0
北京	336	5.6
甘肃	285	4.7
广东	438	7.3
广西	280	4.6

续表

省市	问卷数量	百分比（%）
河南	283	4.7
湖北	281	4.7
湖南	274	4.6
江苏	321	5.3
辽宁	287	4.8
内蒙古	300	5.0
山东	411	6.8
山西	211	3.5
上海	275	4.6
四川	280	4.7
天津	280	4.7
陕西	241	4.0
浙江	321	5.3
重庆	310	5.2
合计	6014	100.0

同时，课题组在计划的每个省市分别进行 30 个深度访谈，访谈对象包括主管部门领导、媒体运营者、传媒一线员工等，覆盖平面媒体、广电媒体、新兴媒体，深度访谈全部通过面访进行。因为问卷的发放对象主要是传媒一线员工，社长总编、部门主任等中高层领导比较少，其比例仅占 20.1%（如表 1.6 所示），所以在深度访谈的过程中，课题更侧重以职务为标准，加大了媒体中高层领导的比重。如表 1.6 所示，横向上分别选取三种类型媒体当中的管理、采编、发行、广告、技术等代表性部门，能够从不同的层次和角度来听取传媒从业者对媒体融合发展的认识，力求全面而深入；纵向上主要集中在社长总编、部门主任级别，能够与问卷当中一线工作者的态度形成有效互补，更加科学地认识中国媒体融合的现状与问题。

表1.6　　深度访谈对象分类及人数

媒体类别	所在部门	职务	访谈人数
平面媒体 (237人)	管理	社长总编	41
		职能部门负责人	25
	采编	部门主任	84
		记者编辑	5
	发行	部门主任	12
		科员	0
	广告	部门主任	38
		科员	9
	技术	部门主任	16
		科员	7
电视媒体 (244人)	管理	台长	34
		职能部门负责人	29
	节目制作	部门主任	74
		采编播人员	5
	广告	部门主任	48
		科员	7
	版权	部门主任	16
		科员	3
	技术	部门主任	23
		科员	5
新兴媒体 (229人)	管理	总经理等	46
		职能部门负责人	13
	内容	部门主任	49
		科员	4
	渠道	部门主任	36
		科员	2
	广告	部门主任	29
		科员	0
	数据	部门主任	8
		科员	12
	技术	部门主任	27
		科员	3
合计			710

总论二

媒体融合发展的调查主要数据分析

在本部分的数据分析中，除了调查者基本信息外，主要集中于与媒体融合发展相关的问题。

一 调查者基本信息

接受调查的传媒从业者年龄分布从20岁至60岁，跨度比较大，主要集中在20—40岁的区间，其中20—30岁的共有3531人；31—40岁的共有2062人；41—50岁的共有351人；51—60岁的共有70人（见表1.7），平均年龄为30.45岁，表明中国传媒从业者整体比较年轻，具有一定的活力。因为传媒从业者平均年龄较低，所以其从业年数普遍较少，同时反映出传媒行业稳定性较差、流动性比较强的特点（见表1.8）。

表1.7　　　　　　　　被调查者年龄统计

年龄（岁）	人数	百分比（%）
20—25	1159	19.27
26—30	2372	39.44
31—35	1445	24.03
36—40	617	10.26
41—45	271	4.51
46—50	80	1.33
51—55	49	0.81
56—60	21	0.35
合计	6014	100

表1.8　　　　　　　　　　　　被调查者从业时间

从业时间	人数	百分比（%）
1年以内	445	7.4
1—2年	1089	18.1
2—3年	59	1.0
3—4年	1132	18.9
4—6年	962	15.9
6—8年	235	3.9
8—10年	535	8.9
10—15年	1365	22.7
15年以上	192	3.2
合计	6014	100

学历方面，被调查传媒从业者以本科为主，占据了75.1%的比例，是传媒一线基层工作者的主力军，具有研究生学位的从业者同样占据较大比例（见表1.9），而且在访谈中发现，近年来参加工作的硕士研究生人数呈现上升趋势，中国传媒从业者的学历结构正处于不断优化之中。专业方面，文学与新闻传播类专业毕业生占有61.4%的比例，技术类和经管类各占约10%（见表1.10），大部分从业者具有相关的专业学习背景，能够为行业发展提供人才和智力保障；但是媒体融合发展对从业者实践能力、复合能力、创新能力的要求越来越高，调研过程中也发现当下的传媒教育在这方面存在不足。

表1.9　　　　　　　　　　　　被调查者学历

学历	人数	百分比（%）
专科及以下	322	5.4
本科	4517	75.1
研究生	1175	19.5
合计	6014	100.0

表1.10 被调查者专业

专业	人数	百分比（%）
电子技术相关类	499	8.3
经济管理类	594	9.9
文学与新闻传播类	3694	61.4
其他	1227	20.4
合计	6014	100

职务方面（如表1.11所示），被调查者以一线基层工作者（编辑记者）居多，占比79.9%，中层管理人员（部门主任）占比19.0%，从而保证问卷数据能够客观地反映传媒一线从业者对媒体融合发展现状与趋势的认知；高层管理人员（社长总编）占比1.1%，虽然高层管理者的问卷量占比较少，但是深度访谈主要针对中、高层展开，也能够比较全面地把握他们对媒体融合发展的理念和态度。职称方面，助理及其他占比71%，这与从业者结构年轻化的特征相符合，也反映了传媒领域市场化、公司化改革的影响；中级职称占比22.2%，是管理、运营环节的中坚力量；副高级、高级职称占比小，一方面是因为问卷调查对象中这两部分从业者相对较少，另一方面这也是传媒从业者职称金字塔结构的客观表现（见表1.12）。

表1.11 被调查者职务

职务	人数	百分比（%）
记者编辑	4805	79.9
部门主任	1144	19.0
社长总编	65	1.1
合计	6104	100.0

表 1.12　　　　　　　　　　被调查者职称

职称	人数	百分比（%）
其他	2215	37.0
助理	2041	34.0
中级	1341	22.2
副高	339	5.6
正高	78	1.2
合计	6014	100.0

被调查者中从事内容生产业务的比例最大，高达 62.4%，处于传播渠道和平台拓展、维护板块的从业者占比也超过了 10%，说明了媒体内容的生产与传播在媒体融合发展过程中依然是核心环节。此外，除了从事管理工作的人员之外，社交网络方面的从业者占比达到了7.7%，因为本调查按照平面媒体、广电媒体、网络新媒体各占 1/3 的要求展开，从仅占 1/3 的新媒体部分选出的社交网络从业者便有如此高的占比，反映出了社交媒体近年来的发展态势。从事与数据相关工作的人员占比有 4.5%，是大数据迅猛发展及其在传媒业影响的体现（见表1.13）。

表 1.13　　　　　　　　被调查者所从事的业务板块

业务板块	计数	百分比（%）
内容生产	3754	62.4
渠道及维护	612	10.2
广告及代理	391	6.5
数据	271	4.5
社交网络	465	7.7
管理	521	8.7
合计	6014	100

二　媒体融合发展相关问题及数据分析

课题调查中对受访者认知、态度的大部分问题通过李克特量表实现，设置5个回应等级，从1到5分别对应认可程度"非常小、比较小、一般、比较大、非常大"。在此对与媒体融合发展有关的问题与数据予以分析。下文所述涉及的问卷原题见表1.2。

（1）传统媒体与新兴媒体内容融合发展相关问题与数据分析

对于不同形态的媒体在融合发展趋势中的前景，根据调查数据可以看出从业者的认知情况（如表1.14所示），对社交媒体发展前景的认可程度最高，均值达到4.42，其次为网络视频（4.39），网络门户（3.92）和在线音频（3.85）的被认可度也比较高，排在后三位的是电视（3.32）、广播（2.99）和纸质媒体（2.50）。

表1.14　　　　　　　各媒体形态在融合发展中的前景认知

	计数	均值
纸质媒体	5991	2.5048
广播	5979	2.9940
电视	5982	3.3221
网络门户	5994	3.9159
在线音频	5979	3.8500
网络视频	5988	4.3853
社交媒体	5993	4.4213
有效的频率（列表状态）	5954	

媒体内容生产融合的发展是在诸多因素的共同作用下实现的，根据表1.15数据，均值最高的为"传媒技术革新"与"受众信息消费习惯改变"，说明从业者认为这两个因素在媒体内容生产融合过程中作用最大，此外"传媒市场压力"也是推动内容生产融合的重要因素。"集团领导意志""传媒政策调整""传媒组织形态变化"的作用相对较小，而"宏观传媒体制"均值最低。

表 1.15　　　不同因素在媒体内容生产融合中的作用程度

	计数	均值
传媒技术革新	6001	4.3873
受众信息消费习惯改变	5994	4.2149
传媒市场压力	5985	3.8023
集团领导意志	5978	3.5713
传媒政策调整	5988	3.5817
传媒组织形态变化	5979	3.5834
宏观传媒体制	5981	3.2391
有效的频率（列表状态）	5961	

内容素材的获取是传媒运营过程中的核心环节，不同的素材获取方式在融合发展背景下的作用也发生了变化，根据表 1.16 数据，目前"记者个人采访"依然是认可程度最高的内容获取方式，均值达到 4.04，这与传统媒体时代主要依靠专业记者从事内容生产的方式一致。但不同的是，"受众提供""网络媒体报道""社交媒体官方平台""社交媒体用户发布信息"等几种新兴生产方式都有很高的被认可度，并且均值都高过了"传统媒体获取""合作机构单位提供"。

表 1.16　　　　　内容素材获取方式的有效性

	计数	均值
记者个人采访	5883	4.0398
受众提供	5880	3.8206
传统媒体获取	5873	3.5546
网络媒体报道	5879	3.8285
社交媒体官方平台	5877	3.8287
社交媒体用户发布信息	5872	3.6439
合作机构单位提供	5859	3.4753
有效的频率（列表状态）	5831	

在多渠道的立体化传播过程中，媒体内容的特性与其传播效果具有直接关系。在表1.17中，可以看到对不同内容特性的重要程度，其中均值最高的是"权威性"。此外"趣味性""话题性""移动化"的认可程度也很高，排在后两位的是"个性化"与"年轻化"。

表1.17　　　　　　　　　　不同内容特性的重要程度

	计数	均值
权威性	5980	4.3321
趣味性	5981	4.1292
话题性	5979	4.2019
个性化	5963	3.9282
年轻化	5960	3.8050
移动化	5964	4.1016
有效的频率（列表状态）	5944	

融合发展不仅催生了多样化的内容素材获取方式与内容特性，也使不同生产方式的作用程度、重要性产生了变化。如表1.18所示，在所列的几种生产方式中，"内容自制"均值最高（4.19），其次分别为"跨媒介合作生产""聚合用户生产内容""优质内容购买力度""行业内容交换"。

表1.18　　　　　　　　　　不同内容生产方式的作用程度

	计数	均值
内容自制	5967	4.1894
优质内容购买力度	5967	3.8612
聚合用户生产内容	5963	3.8891
行业内容交换	5956	3.6768
跨媒介合作生产	5968	3.9129
有效的频率（列表状态）	5947	

传受双方的地位正在融合发展过程中重构，受众在融合发展中的角色定位也出现了新特点，针对这一背景，课题组调查了从业者对受众角色定位的认识，结果如表1.19所示所示。从业者对受众角色定位认知程度最高的是"需要认真对待、服务的对象"（均值4.08），与此相对应，认知程度最低的是"内容接受者"（均值3.54）"内容生产的重要依据"（均值3.94）。"参与到内容制作中的生产者"（均值3.83）"不可忽视的传播者"（均值4.05）"具有评论功能的消费者"（均值3.96）四种定位被认可程度比较相近。

表1.19　　　　　　　　　　受众角色定位

	计数	均值
内容接受者	5953	3.5433
内容生产的重要依据	5954	3.9436
需要认真对待、服务的对象	5961	4.0804
具有评论功能的消费者	5954	3.9573
不可忽视的传播者	5961	4.0522
参与到内容制作中的生产者	5951	3.8266
有效的频率（列表状态）	5934	

近年来在传媒业界和学界有着"内容为王""渠道为王""资本为王"等不同争论，其反映的是某些因素在传媒发展中的作用，调查中将8种不同类型的因素以"为王"的表述形式呈现给受访者，数据结果如表1.20所示。"内容为王"以4.32的均值位列首位，受众、渠道、平台、数据等几个因素的认可程度也较高。

表1.20　　　　融合发展过程中多因素"为王"认可程度

	计数	均值
传者为王	5942	3.1400
受众为王	5958	3.9696
内容为王	5965	4.3195
渠道为王	5953	3.9461
平台为王	5956	3.9036

续表

	计数	均值
技术为王	5951	3.7486
资本为王	5949	3.7258
数据为王	5951	3.8958
有效的频率（列表状态）	5918	

（2）传统媒体与新兴媒体渠道融合发展相关问题与数据分析

在当下传统媒体与新兴媒体渠道融合方面，突出的特点是渠道类型日趋多元与立体、技术创新应用程度不断深入，各种智能终端发展迅速，虚拟现实、人工智能的重要性也显现出来。"人端合一"趋势日益明显，其核心并非作为渠道形态的"端"，而是融合过程中"端"在人类社会生产生活中的作用，为了能够从"人"与"端"相互作用的视角下全面认识渠道融合的作用，调查中测试了传媒从业者对"媒体内容采编方式创新、传媒组织形态升级、传播渠道的改进、传媒产业链条重构、基础技术平台革新、传媒体制与政策的改革"等诸多要素在"人端合一"发展过程中作用的重要性。如表1.21所示，认可程度最高的是"媒体内容采编方式创新"，表现出对符合融合生态的优质内容的迫切需求，而问卷设计之初预想作用最大的"传播渠道的改进"排在第二，再次是传媒体制与政策的改革、基础技术平台更新。

表1.21 "人端合一"趋势诸驱动要素的重要性程度

	计数	均值
媒体内容采编方式创新	5964	4.1819
传媒组织形态升级	5953	3.9955
传播渠道的改进	5956	4.1338
传媒产业链条重构	5950	3.9970
基础技术平台革新	5952	4.0561
传媒体制与政策的改革	5949	4.0741
有效的频率（列表状态）	5934	

传播渠道及其运营方式的创新对媒体组织形态提出了新的要求，为了适应融合发展的需求，报刊、广电以及互联网媒体都在不断尝试组织形态的创新，如何通过组织创新激发融合发展活力已经成为困扰传媒业的一大难题，有观点认为要以不变应万变，有人认为要在保有传统优势的前提下做出局部性调整，也有人认为只有符合最先进的互联网平台运营要求的组织形态才能适应未来传媒竞争的需求，其观点是"粉碎化""颠覆式"的组织重构。如表1.22所示，从业者对粉碎化、颠覆式组织重构认可程度均值为3.28，属于比较低的水平，并且在深度访谈中发现，大家普遍认同媒体组织形态需要根据业态发展做出及时调整，但是在无法预知调整结果的情况下，还是应当保持足够谨慎的态度。

表1.22　　　　　　　对粉碎化、颠覆式组织重构的认可程度

	计数	均值
"粉碎化""颠覆式"重构	5910	3.2821
有效的频率（列表状态）	5910	

传媒内容在融合背景下的采编方式已经发生了很大变化，随着传播渠道融合的推进，内容在传播过程中的形态、影响也超出了传统媒体时代的固有模式。除了以阅读、视听为主要形式的传统消费，媒体内容同各项生活服务一样成为人们对互联网的基本诉求，媒体内容与不同生活场景的融合也成为我们认识、理解渠道融合的一个途径。如表1.23所示，在九种不同的生活应用场景当中，均值最高为社交应用（4.15），这与近年来社交媒体平台化的迅速发展有密切关系；此外排名较高的为电子商务（均值4.14），金融、支付（均值4.04），出行旅游（均值4.04），搜索（均值4.01）。排名靠后的是通信、在线教育、游戏、远程医疗，主要是因为这些应用具有一定专业性，比如远程医疗目前还是一种封闭式、排他式应用，很难实现大规模信息内容的搭载；不过从业者对"游戏+内容"的渠道融合认可度较低，与行业现状存在一定差距，如浙报传媒收购边锋、浩方后基于游戏平台的内容传播创新已经取得可观回报。

表1.23　　媒体内容在各种生活场景中的融合认可度

	计数	均值
电子商务	5962	4.1379
金融、支付	5964	4.0421
在线教育	5951	3.9044
远程医疗	5951	3.6258
社交应用	5955	4.1523
搜索	5947	4.0123
游戏	5945	3.7785
出行旅游	5953	4.0356
通信	5941	3.9539
有效的频率（列表状态）	5921	

移动互联网正在重构传媒业态与人们的生产生活场景，争夺入口、提升移动互联网覆盖面成为很多媒体、企业共同的战略目标，这同样也是传播渠道融合发展的过程。上表中的多种生活应用场景之所以从概念走向现实，恰恰离不开移动互联网的推广，而媒体与应用场景的深入结合又能够反过来推动移动互联网的普及。表1.24数据反映了不同应用场景在移动互联网推广过程中的作用程度，均值由高到低排序为电子商务，社交应用，金融、支付，出行旅游，搜索，通信，在线教育，游戏，远程医疗，经过比对发现基本与表1.23排序基本保持一致。

表1.24　　各应用场景在移动互联网推广中的作用程度

	计数	均值
电子商务	5959	4.1302
金融、支付	5953	4.0264
在线教育	5950	3.8486
远程医疗	5943	3.6539
社交应用	5946	4.1270
搜索	5942	3.9445
游戏	5937	3.7699
出行旅游	5947	3.9756
通信	5931	3.9294
有效的频率（列表状态）	5911	

从以上对两个表的分析可见，渠道融合打通了不同行业、场景、媒体之间的形态限制，原本被现实条件局限于固有空间的各种产业具备了跨界运营的可能性，并且"跨界分金""侧翼包围""弯道超车"等策略已经在互联网领域得到了广泛应用，出现了一批具有原创性和高速成长性的新兴企业。这一趋势在传媒界也有同样表现，尤其是在新兴媒体领域，跨界运营并取得成功的案例不断涌现，但是在关于从业者对媒体跨界运营的问卷中，其均值并不高（如表 1.25 所示），媒体人对跨界还是十分谨慎的。调查发现，新兴媒体从业者对跨界的认同程度高于传统媒体从业者，所以表 1.25 均值较低与受访者职业结构中传统媒体占多数有一定关系；但访谈中同样表明，即使是新兴媒体从业者，虽然其对跨界的理念高度认同，但在策略、执行层面依然十分谨慎。

表 1.25　　　　　　　　　　跨界运营的认可程度

	计数	均值
媒体跨界运营	5909	3.3317
有效的频率（列表状态）	5909	

媒体渠道扩展是媒体融合发展的重要基础，当下媒体渠道立体化的扩展态势是在诸多因素相互交织作用下达成的。课题组选定七种作用因素，考察它们对媒体渠道扩展的影响，如表 1.26 所示，均值最高的是"内容品质提升"（均值 4.36），内容在渠道扩展的诸因素中发挥最主要的作用，这与表 1.21 数据分析结果说明了同样问题，即内容融合与渠道融合之间的有机互动以及内容融合在整个媒体融合发展过程中的地位。"受众互动与维护优化"的作用程度也很高（均值 4.31），说明"用户思维"在渠道扩展中广受认可；其后依次为"终端扩展""服务形态扩展""社交机制的借鉴与应用"等。"物联网等技术的进步"均值较低，访谈中发现，从业者认可物联网会给传播渠道扩展打开更大空间，但其当下在传媒领域仍缺少能落地的可行性策略和案例，也就是说物联网在推动渠道扩展方面有很大潜能，不过如何发挥其潜能还需要付出大量探索。

表 1.26　　　　　　　　　　媒体渠道扩展的作用因素

	计数	均值
内容品质提升	5970	4.3563
受众互动与维护优化	5966	4.3121
终端扩展	5951	4.0430
服务形态扩展	5956	3.9998
社交机制的借鉴与应用	5946	3.9879
物联网等技术的进步	5955	3.9234
媒体组织结构调整	5957	3.8756
有效的频率（列表状态）	5927	

在传统媒体拓展传播渠道的过程中，"两微一端"（微博、微信与移动客户端）已经成为各种媒体形态的"标配"，并且均打造出了比较完善的新媒体传播"矩阵"，充分借鉴、利用新媒体平台的传播力量打造传统媒体的影响力。但是"两微一端"需要辩证看待，微博、微信与移动客户端（独立APP）的区别在于，"两微"是借助已经发展成熟、形成生态的社交媒体平台，运营成本较低；而"一端"需要自主开发运营独立的APP，开发建设难度不大，但是宣传推广成本很高。因为存在这种明显的差异，所以在调查中将"两微一端"分为两个题目。如表1.27和表1.28所示，传统媒体"两微一端"的传播作用并不明显，其均值分别为3.62和3.42，访谈发现传统媒体对"两微一端"寄予很高期望，将其视为积极参与融合发展竞争的重要策略，虽然在受众互动、推广营销等方面都取得了不错的成绩，但并未从根本上改变传统媒体在融合格局中的地位，所以影响到从业者对"两微一端"作用的认可程度。此外，"两微"的作用比"一端"更为明显，可以直接利用发展比较成熟的微博、微信平台，便于传统媒体内容、人才、创意等各种优势的发挥，但是独立打造的移动客户端却面临着从零开始、艰难推广的过程，其作用与"两微"相比存在劣势。

表1.27　　　　　　　　传统媒体"两微"传播的作用

	计数	均值
微博、微信	5941	3.6230
有效的频率（列表状态）	5941	

表1.28　　　　　　　　传统媒体"一端"传播的作用

	计数	均值
移动APP	5938	3.4151
有效的频率（列表状态）	5938	

要在融合发展过程中成功推动传播渠道扩展，需要综合统筹诸多因素、采用符合媒体发展要求的多元化运营方式，调查中主要围绕受众选择几种方式。如表1.29数据所示，其中作用最大的是"受众精准细分"（均值3.96），符合传播渠道从"大众化"到"细分化""垂直化"的转变趋势。虽然以下各种运营方式的作用有不同程度差异，但整体来看，"预算精确核定""效果精准测量""推动受众相互传播""洞察受众动态情景""匹配受众情景化需求""优化受众信息消费体验"等各种方式的作用程度比较平均，引导受众自传播、在数据分析基础上把握受众需求并优化体验在渠道扩展中具有重要作用。

表1.29　　　　　　　　多元运营方式在渠道扩展中的作用

	计数	均值
受众精准细分	5938	3.9611
预算精确核定	5928	3.7682
效果精准测量	5930	3.7809
推动受众相互传播	5921	3.8686
洞察受众动态情景	5909	3.7995
匹配受众情景化需求	5912	3.7544
优化受众信息消费体验	5912	3.7984
有效的频率（列表状态）	5893	

(3) 传统媒体与新兴媒体产业融合发展相关问题与数据分析

传统媒体与新兴媒体产业融合发展的不断深入推动传媒产业结构发生着变化，在广告市场上有明显的表现，近年来传统媒体的广告份额呈现缩减趋势，尤其是报业广告领域出现的"断崖式下跌"更是给传统媒体从业者带来巨大的生存压力。课题组选定下列与传统媒体广告下滑相关的因素（如表1.30所示），调查传媒从业者对其影响程度的认知，通过李克特量表实现，设置5个回应等级，从1到5分别对应认可程度"非常小、比较小、一般、比较大、非常大"。其中均值排在前两位的是"新兴媒体的分流"（均值4.18）和"在媒体融合发展中起步较晚"（均值3.92），这两个因素之间存在内在联系，对传统媒体的影响属于结构层面，体现了传媒产业结构变化对广告市场、从业者认知带来的直接影响。其后为"传统媒体内部结构性矛盾"（均值3.85），从业者对传统媒体自身存在结构性矛盾及诸多需要解决问题的认知程度较高、有比较清醒的认识。此外，排名较低的是"世界经济放缓"（均值3.69）、"传统媒体广告曾经的高份额产生懈怠心理"（均值3.68）和"政策性影响"（均值3.54），对于经济、政策等"外部因素"，一方面肯定其影响客观存在，另一方面认为并非起决定性作用；曾经在广告市场上的高份额使部分从业者存在懈怠心理，面对产业变动未能及时反应导致错失竞争先机。

表1.30　　　　　传统媒体广告下滑的影响因素

	计数	均值
世界经济放缓	5920	3.6944
内需不足，诸多行业产能过剩	5922	3.7577
政策性影响	5922	3.5417
传统媒体产业化层次较低	5915	3.8030
传统媒体内部结构性矛盾	5914	3.8473
传统媒体广告曾经的高份额产生懈怠心理	5912	3.6763
新兴媒体的分流	5923	4.1842
在媒体融合发展中起步较晚	5910	3.9210
有效的频率（列表状态）	5889	

产业结构的调整会在人力资源层面得到直接体现,传统媒体与新兴媒体融合发展以及二者之间竞争格局的变化使从业者结构呈现出新的特点,其中一个突出的表现是优秀人才向新兴媒体聚集,一批优秀运营管理者、知名主持人的"出走"带给传统媒体很多反思。对于传统媒体人才的流失,如表 1.31 数据所示,"新兴媒体的运作机制和工作环境,有利于人才的快速发展""自己的想法和创意需要机会得到实施,实现自我价值""新兴媒体具有远大的发展前景""更高的经济收入"等多个因素的认可程度都比较高,并且相互之间均值差别并不大,说明传媒从业者一直认可新兴媒体代表着数字技术与传媒产业发展的趋势、发展前景广阔,并且在灵活的机制之下更有利于实现自身价值。与其他因素相比,"传统媒体工作压力过大"均值较低(3.69),调研中也发现对于从业者来说,无论是传统媒体还是新兴媒体都存在一定的工作压力,这并不是做出岗位选择的最重要因素。

表 1.31　　　　　　　　传统媒体人才流失的影响因素

	计数	均值
新兴媒体的运作机制和工作环境,有利于人才的快速发展	5936	4.2663
自己的想法和创意需要机会得到实施,实现自我价值	5929	4.1435
新兴媒体具有远大的发展前景	5923	4.1298
传统媒体工作压力过大	5923	3.6936
紧跟技术、产业发展趋势	5925	3.9998
更高的经济收入	5922	4.1064
有效的频率(列表状态)	5903	

数字技术进步是媒体融合发展的核心驱动力,能否抓住技术革新的契机是在融合过程中抢占未来"风口"与竞争优势的关键,不同的创新性技术在融合发展中所发挥的作用也存在差异。课题组选定 2014 年度中国广播电视行业十大科技关键词,表 1.32 反映了传媒从业者对这些因素在广播电视行业融合发展中作用程度的认知。其中"移动互联网"(均值 4.18)、"媒体融合"(均值 4.14)、"云平台"(均值 4.14)、"大数据"(均值 4.13),在这几个因素中"移动互联网"受认

可程度最高，与融合生态正在向移动平台转移的趋势相符合（"智能终端"均值较高，也说明这一问题）；"云平台""大数据"都是带有"革命性"意义的技术变革，在传媒界的作用得到高度认可。"信息安全"（均值3.75）受认可程度相对较低，说明行业对这一问题的重视程度还有待加强；"智能电视操作系统"（均值3.70），面对已经比较普及、以安卓为代表的跨平台操作系统，业界对"再建"TVOS的必要性与前景存在争议；"国家广播电视网络"面临三大商业网业已成熟的市场格局，并且带有较强的行政特点，从业者对其能否取得预期成果存在疑虑；"4K超高清"在技术创新中比较有代表性，但距完全普及还有一定距离，影响了其受认可程度。

表1.32　　　　代表性技术进步在广电行业融合中的作用

	计数	均值
宽带接入	5924	4.0138
云平台	5930	4.1361
媒体融合	5933	4.1362
移动互联网	5929	4.1837
大数据	5923	4.1346
4K超高清	5924	3.6234
国家广播电视网络	5914	3.6145
信息安全	5922	3.7535
智能电视操作系统（TVOS）	5919	3.7016
智能终端	5914	3.9513
有效的频率（列表状态）	5883	

通过对比2013年度中国广播电视行业十大科技关键词（超高清、信息安全、互联网电视、宽带接入、云计算应用、智能电视机、NGB、大数据、三网融合、高清电视），发现其中有五个并未出现在2014年度的十大科技关键词中（如表1.33所示）。传媒业态的进化发展使一部分技术因素在行业中的作用也产生着动态变化，导致这种变化的原因也是综合多样的，在此分别从三个角度入手，调查从业者对其认知程度。表1.33表述了对"因为技术迭代迅速、出现新的发展趋势或者替代者"导致表

内五个技术未能进入 2014 年度技术关键词的认知程度；在此对"互联网电视"和"NGB"通过对比做简要分析，"互联网电视"受认可程度最高（均值 3.79），与互联网电视相关的技术创新、盈利模式存在不确定因素，市场竞争虽然激烈但是不同主体之间的份额变化较大；而"NGB"受行政管理的影响较大，所以受认可程度最低（均值 3.52）。

表 1.33　　基于"技术迭代"的传媒科技关键词演变认知

	计数	均值
互联网电视	5924	3.7900
智能电视机	5915	3.6472
NGB	5908	3.5178
三网融合	5916	3.5663
高清电视	5915	3.5322
有效的频率（列表状态）	5895	

虽然我国的传媒体制与政策一直处于优化发展之中，但不可否认其中还存在着一些不适应传统媒体与新兴媒体融合发展的地方，如表 1.34 数据便表明了从业者从这一视角对几个关键词的认知程度；不同的传媒市场主体、媒体集团内容不同板块与部门也存在各种程度的竞争甚至是利益纷争，会对媒体运营思路与方式产生直接影响，进而表现在运营主体对各种技术采取不同的态度，表 1.35 则是基于此视角的认可程度数据。对比表 1.33、表 1.34、表 1.35 三表数据，均值最高的都是"互联网电视"，表 1.33 分析中认为"NGB"因受政策因素影响大而导致受认可程度低，但表 1.34 数据却推翻了这一假设，从业者普遍认同政策规制的相对滞后性更多地导致"互联网电视""智能电视""三网融合"等未能连续入选技术关键词；但是对"NGB"却表现出一种"忽视"的态度，也说明下一代广播电视网发展所面临的问题是多方面的。此外，三张表格中各种技术的均值相差并不大，且比较平均，整体来看"技术迭代""政策规制""市场效率"三个因素对从业者认知的影响程度处于一般水平。

表 1.34　基于"政策规制"的传媒科技关键词演变认知

	计数	均值
互联网电视	5916	3.7845
智能电视机	5914	3.6173
NGB	5900	3.5880
三网融合	5911	3.7462
高清电视	5909	3.4879
有效的频率（列表状态）	5894	

表 1.35　基于"市场效率"的传媒科技关键词演变认知

	计数	均值
互联网电视	5909	3.8054
智能电视机	5904	3.6612
NGB	5893	3.5960
三网融合	5904	3.7929
高清电视	5900	3.5615
有效的频率（列表状态）	5880	

随着融合发展与产业格局调整的深入，不同形态的媒体、运营主体在传媒市场上的角色特点也日益多元，这是我们推进传统媒体与新兴媒体产业融合发展过程中需要科学认识的问题。课题组选定"腾讯新闻""微信公众平台""今日头条"等移动新闻 APP 与平台，提炼它们在融合发展中不同的角色定位，调查从业者对不同定位的认可程度。如表 1.36 所示，其中均值较高的依次为"新闻传播者""资源整合者""渠道扩展者""平台搭建者"，这几种角色定位均值都达到 4.07 以上，能够从不同角度立体化描述新闻 APP 的角色特征。"新闻反馈者"均值 3.82，虽然"反馈"在融合过程中有着重要作用，但是访谈中从业者表示，因"反馈"从门户时代就已经成为新闻网站的角色特征，在移动端相比上述几种并不突出；"新闻生产者"均值仅为 3.32，受认可程度较低。

表1.36　　　　　　　　新闻APP在融合生态中的角色定位

	计数	均值
新闻生产者	5917	3.3184
新闻传播者	5921	4.1919
新闻反馈者	5908	3.8248
平台搭建者	5912	4.0729
资源整合者	5914	4.1393
渠道扩展者	5912	4.0737
有效的频率（列表状态）	5888	

（4）传统媒体与新兴媒体体制融合发展相关问题与数据分析

通过文献分析与调查发现，诸多从业者在探讨中国传统媒体与新兴媒体融合发展问题时，无论其关注的焦点是内容、渠道还是产业，受访者均认为融合发展和传媒体制与政策之间有着密切联系，深化传媒体制改革是融合发展的重要推动力量。如表1.37数据所示，在全部6014份有效回收问卷中，有5874份认同"当下传媒体制与政策中存在阻碍媒体融合发展的因素"，并且从业者对此问题的认同程度比较高，均值达到3.87（课题组调查中对受访者认知、态度的大部分问题通过李克特量表实现，设置5个回应等级，从1到5分别对应认可程度"非常小、比较小、一般、比较大、非常大"）。

表1.37　　传媒体制与政策在融合发展中作为"阻碍因素"的作用程度

	计数	均值
传媒体制与政策在融合发展中作为"阻碍因素"的作用程度	5874	3.8742
有效的频率（列表状态）	5874	

传媒体制与政策中存在阻碍媒体融合发展的因素在不同层面所起的作用也有一定差别（如表1.38所示），其中"人才引进培育"均值最高（4.05），与近期传统媒体大量优秀人才、知名主持人"出走"存在内在联系；"公司化运营"均值也高达4.01，体现了从业者要求通过体制改革释放媒体市场活力的诉求；"跨所有制融合"（均值3.89）、"跨

媒体形态融合"（均值3.85）、"跨地域融合"（均值3.74）说明了体制与政策的改革优化是一项系统性工程，要满足不同层面融合发展的需要。

表1.38　　　体制与政策阻碍因素在不同方面的作用程度

	计数	均值
公司化运营	4930	4.0110
人才引进培育	4903	4.0545
跨地域融合	4886	3.7427
跨所有制融合	4897	3.8940
跨媒体形态融合	4886	3.8512
有效的频率（列表状态）	4866	

在不同传媒领域，政策所产生的作用也是不同的，课题组选定2014年度、2015年度中国传统媒体与新兴媒体融合发展相关性较大的十大行业新政，分别调查从业者对这些政策对内容融合、渠道融合、产业融合、产业集群发展作用的认可程度（均值如表1.39所示）。数据表现出一个突出问题，即政策在融合背景下的影响范围逐步扩大，比如《使用文字作品支付报酬办法》，在传统视角来看主要是针对内容融合，但随着媒体生态不断进化，其影响在渠道、产业等方面得到从业者的认可与重视。同时提醒媒体管理者、运营者对融合趋势深化传媒体制改革的复杂性要充分重视。

表1.39　　　2014年、2015年部分新政对四个融合层面的作用

	内容融合	渠道融合	产业融合	集群发展
《关于推动传统媒体与新兴媒体融合发展的指导意见》	4.0501	4.0461	4.0291	3.9729
《深化文化体制改革实施方案》	3.8617	3.8586	3.8691	3.8381
《深化新闻出版体制改革实施方案》	3.7795	3.7879	3.7856	3.7436
《新闻从业人员职务行为信息管理办法》	3.5915	3.5062	3.6113	3.5536
《关于推进文化创意和设计服务相关产业融合发展的若干意见》	3.7720	3.6508	3.7693	3.6583

续表

	内容融合	渠道融合	产业融合	集群发展
《关于进一步完善网络剧、微电影等网络视听节目管理的补充通知》	3.7509	3.6386	3.6446	3.6164
《关于规范学术期刊出版秩序促进学术期刊健康发展的通知》	3.5226	3.4360	3.4558	3.4881
《新闻出版行业标准化管理办法》（新版）	3.6005	3.5857	3.5542	3.5322
《使用文字作品支付报酬办法》	3.6233	3.5593	3.5492	3.5118
《即时通信工具公众信息服务发展管理暂行规定》	3.6884	3.7108	3.6607	3.6666

具体到作为行业运营主体的传媒公司、单位，也需要从微观层面对自身的管理与运营机制做出改革。如表1.40所示，将传媒体制改革作为影响因素，调查各种因素在传媒公司运营机制改革中阻碍作用的程度，其中"现行传媒体制"均值最高（4.08），超过运营者主观层面的"管理者战略偏差与失误"和客观背景层面的"移动互联网的新要求"等，传媒体制改革的必要性与急迫性进一步得到验证。

表1.40　　　诸因素在传媒公司运营机制改革中阻碍作用的程度

	计数	均值
移动互联网的新要求	5911	3.9633
现行传媒体制	5913	4.0844
管理者战略偏差与失误	5908	4.0232
受众维护成本过高	5904	3.7624
传统人力管理方式受到挑战	5910	3.8657
员工认同感、积极性存在问题	5906	3.8412
有效的频率（列表状态）	5883	

无论是宏观层面的传媒体制改革还是微观层面的管理机制优化，都需要针对行业发展的趋势与需求制订有针对性的方案，面对"互联网＋"的发展要求，各种类型的媒体企业都做出了相应的探索，表1.41数据反映了从业者对其在以下各方面的作用程度。从表中数据可见，各方面

认可程度比较平均，结合深度访谈发现，从业者认可"互联网+"的改革方向，但认为当下的探索在"落地"过程中存在各种问题，表中均值相对较低反映出了这一点。

表1.41　微观层面基于"互联网+"的机制改革的作用程度

	计数	均值
提升了传统业务的创新水平	5929	3.8917
激活了员工创造力与积极性	5926	3.7410
推动组织结构优化	5922	3.6624
催生新的业务形态	5921	3.7796
创新盈利模式	5922	3.6922
改变公司在产业链中的地位	5916	3.5245
有效的频率（列表状态）	5906	

从业者面对融合发展中与自身工作密切相关的各方面问题，存在希望国家尽快出台促进政策的意愿，表1.42数据反映了分别针对九个方面尽快推动政策创新的意愿程度。其中"知识产权保护""网络环境净化""推进技术创新与应用""鼓励创业""促进信息流动与透明""管理体制与方式改革"六项的均值均达到4以上，其他三项均值也比较高，说明对传媒体制改革的诉求是全方位的。

表1.42　对国家从不同方面出台促进政策的意愿程度

	计数	均值
知识产权保护	5938	4.1573
网络环境净化	5933	4.0228
鼓励跨界扩张	5930	3.9799
更加便利地对接资本市场	5935	3.9688
推动技术创新与应用	5926	4.1117
鼓励创业	5932	4.1077
网络素养提升	5927	3.9934
促进信息流动与透明	5931	4.1015
管理体制与方式改革	5931	4.1408
有效的频率（列表状态）	5905	

总论三

媒体融合发展调研中发现的问题分析

课题组通过对文献资料的梳理、调研数据的分析以及深度访谈,发现在我国传统媒体与新兴媒体融合发展过程中,存在的问题是多维度、多层面的。在此对调研过程中发现的突出问题进行总结,这些问题有的是针对内容生产领域创新、有的是针对渠道扩展深入方面的,但是在融合发展不断深入的背景下,对每一个问题的认识都需要从内容、渠道、产业、体制等多方面的综合视角下进行审视,才能够形成对我国传统媒体与新兴媒体融合发展的科学认识。

第一,媒体内容生产的固有模式被客观因素改变,传统的单一化生产模式难以适应融合发展的要求

传统媒体内容生产的格局、方式是基本固定的,网络新媒体兴起后的生产方式也有章可循,但是随着融合发展进程不断深入,媒体内容应当以什么形态存在和传播开始困扰所有媒体人。调查中,710位访谈对象全部认同媒体内容生产模式和流程已经发生改变,而且其驱动因素来自客观性的数字技术发展、传媒生态变化等(见表1.3题目3),比如烟台日报传媒集团副总编辑滕岳提到:传统报业乃至传统媒体如果不改变单一化的生产模式,将无法在融合发展的浪潮中生存;但是融合发展从国内外范围来讲,可资借鉴的经验并不多,而且很多还有待市场的检验,所以我们必须要对技术、市场有敏锐的把握,做到超前布局,而且还要从集团发展的层面去思考内容生产模式的创新,仅仅一个采编部门的创新是不够的。①

---

① 本资料由课题组通过深度访谈获得。

第二，不适应融合背景下用户习惯动态变化的情况

课题组在访谈中发现绝大多数从业者已经在使用"用户"的理念去思考读者、受众的需求，并且用户在融合时代所表现出的不同于传统媒体时代"读者""观众"的各种信息接受习惯，是内容生产方式创新的重要依据（698位访谈对象明确表示认同，仅有3位明确表示"读者不能等同于用户"，访谈问题为表1.3题目4、5、6）。比如淘米网公关部总监陈茜表示：深挖用户需求、直击用户痛点是媒体发展的重要出发点，淘米网正是从满足儿童用户玩游戏、看视频的需求出发，探索能够满足儿童、家长等多方面需求的运营模式，才得以在短短数年内实现跨越式发展。[①] 同时，诸多传媒产业融合中的运营创新并未击中用户痛点，缺乏持续发展能力，行业格局调整倒逼着媒体在产业运营中不断创新盈利模式，而诸多创新模式处于接受市场检验的过程中，能否持续发展还未得知，无论是传统媒体还是新兴媒体都面临这一问题。

第三，在媒体内容专业生产者方面存在不少问题

数据表明我国媒体从业者的年龄结构、专业机构、职称结构、业务结构均比较合理，但是在调研过程中也发现了很多其他问题（见表1.3题目9、10），比如河南大象融媒广告运营中心主任袁伟提到：随着媒体融合发展的深入，不同类型媒体之间的人员流动加剧，员工对工作环境、薪酬、上升空间的期许加大，但是创新型、复合型人才，尤其是中高端人才却比较稀缺，这在河南大象融媒大范围的部门、业务调整过程中表现得尤为明显；当然一个重要的原因也在于他们在组织创新、激励等方面还没有跟上行业发展的新要求。[②] 此外，科员级的受访者普遍将自己定位成"新闻民工""电视民工"等，缺乏职业归属感、认同感，"其自我认同发生严重的错位导致了记者职业神圣感的丧失、职业伦理的下滑等一系列问题，这些问题又反过来加速了记者职业地位的下滑"[③]，以上都会成为影响从业者队伍稳定性、创造性的因素。

第四，融合背景下评判标准呈现泛化趋势，传媒业界对于围绕何种

[①] 本资料由课题组通过深度访谈获得。
[②] 同上。
[③] 赵云泽：《记者职业地位的殒落："自我认同"的贬斥与"社会认同"的错位》，《国际新闻界》2014年第12期。

标准打造内容特质存在困惑

技术革新、受众习惯、市场压力、领导意志、政策调整、组织形态等都成为内容融合生产的驱动要素（见表1.15），与此同时，传媒市场对内容特性的要求日益多元，如权威性、趣味性、话题性、个性化、年轻化、移动化等（见表1.17）。同时，市场评价指标趋于科学化、数据化、综合化，指标体系的变化导致产业融合的评价依据也处于变化之中，提升了评判产业融合效率的难度。融合背景下传媒生态的变化使很多传统的传媒市场评价指标失效，新兴指标依托大数据技术会具有科学化、数据化、综合化等特点，需要适应多屏传播的需要，以电视为例，"作为'通用货币'的收视率效力已经下降，在评估指标体系中引入多屏指标势在必行。新指标与原有指标的关系影响到整个指标体系的构建"①。评价指标改进的方向已经清晰，但测评方式依然存在很多问题，导致在评判产业融合效率时易出现分歧。

第五，渠道扩展之于传统媒体来说是一项创新发展方式，但在现实运营中，很多媒体却面临着新的困境

新兴媒体形态与融合趋势的进化给传统媒体带来巨大生存压力，大量纸媒苦于"广告断崖式下跌"、积极寻求突破却收效甚微，广电媒体分化严重、"马太效应"明显，但即使市场占有率靠前的几大卫视也同样面临传统渠道影响力被分流、消解的无奈处境。"传统媒体颓势根源在传统传播渠道的'中断'或'失灵'，破局解决渠道失灵成为进行互联网转型的第一要务"②，传统媒体近年来在这方面已经做出了各种尝试，如上文分析的"两微一端"，大幅提升了在新兴媒体平台上的传播能力，但依旧未能完全突破融合发展的瓶颈。仅从形态上来看传统媒体已经完成了"全媒体"化的转型和布局，但是这些努力究竟是推动了传统自身实力的提升还是丰富了新兴媒体平台的内容生态，当下的这种"双赢局面"对于传统媒体来说是一种突破，还是"饮鸩止渴"并最终成就了新兴媒体平台？基于不同出发点会对此问题做出不同解读，进而

---

① 周小普、韩瑞、娜凌姝：《多屏发展背景下网络收视度的影响因素研究——以热播电视剧为例》，《国际新闻界》2014年第12期。

② 喻国明：《破解"渠道失灵"的传媒困局："关系法则"详解》，《现代传播（中国传媒大学学报）》2015年第11期。

也导致有着不同利益诉求的运营主体对传统媒体渠道创新策略的制定产生影响。

第六，媒体思维与产业思维的融合不够

在传媒产业融合发展过程中，相对来说，传统媒体比新兴媒体面临着更大的生存压力，而且传统媒体的产业创新部署又更多地受到固有思维与行政力量的影响；所以导致传统媒体产业转型与融合发展出现一个误区，即虽然能够对自身及新兴媒体的优势、劣势有清晰的把握，但在发展策略层面却陷入了"大而全"的误区，力求通过媒体形态上的扩展与市场规模的提升来谋求产业转型，其终极发展目标是综合性、全媒体、大体量的平台化媒体集团。这体现的依然是传统媒体思维，从媒体形态发展的视角来审视，此战略布局能够满足不同类型受众的信息需求；但是从产业发展的视角审视，以上创新布局能否转化成市场竞争力，并不由媒体形态标准来决定，而要看能否建立不同媒体之间的合作与共赢机制，并得到传媒市场的认可。很多媒体运营者并未完成从媒体思维到产业思维的转化，所以融合发展策略容易走进上述误区，这便是目前诸多传统媒体的创新型项目无法产生有效收益、难以为继的原因所在，如不能从根本上解决这一问题，强行推动融合发展将会对传媒资源造成极大浪费。

第七，技术创新转化为盈利模式创新还不够成熟，需要艰难探索

传媒产业创新需要以技术进步为支撑，但技术创新并不等同于盈利模式创新，从技术创新到技术应用再到盈利模式创新还需要付出大量努力。而且技术因素在盈利模式创新中的作用程度也不同，"只有网络新媒体行业的技术，如社交网络技术、搜索引擎技术、移动网络技术等，才能够对传媒产业的生产、盈利、消费和广告开发水平产生全方位贡献"[1]，而大部分技术创新的影响层面是局部的（见表1.32），在向盈利模式转化的过程中要解决更为复杂的问题。除了转化过程中的困难，技术创新在特定环节还会成为盈利模式创新的阻碍因素，比如"互联网+"创造的新的传播生态使传统媒体原有的传播渠道、商业模式和盈利模式受到了冲击。以报业为例，有研究通过对成本结构、生产方式和

---

[1] 喻国明、潘佳宝：《"互联网+"环境下中国传媒经济的涅槃与重生》，《国际新闻界》2016年第1期。

价值实现过程等层面的分析表明，报业原有的二次售卖模式，在互联网企业的竞争下显示出了众多不足。①

第八，媒体体制改革面临困境，寻求突破

在大部分情况下，即使媒体融合发展的其他条件已经充分具备，范围广、维度深的融合实践也需要在体制改革后才能得到有效展开。体现比较明显的是政策层面，尤其是国家层面的促进政策对业态的影响更是显著，比如2014年8月18日《关于推动传统媒体和新兴媒体融合发展的指导意见》的提出对我国媒体融合进程有着极大的推动作用，这一效应在发达国家的媒体业发展进程中同样存在。"从世界各国媒介管理的现状看来，媒介规制的变革乃是媒介融合的必要前提。国内有不少媒介集团已意识到媒介融合能提高传播效率，更能抢占市场先机，但大都苦于政策瓶颈难以推行改革。如此看来，中国要真正做大做强媒介产业，扭转与外国媒介集团竞争中的不利地位，规制改革势在必行。"② 在当下的媒体融合过程中，政策瓶颈背后体现的是整个传媒体制的瓶颈（如表1.37所示，传媒体制与政策在融合发展中作为"阻碍因素"的作用程度均值达3.87），解开政策瓶颈的根本在于传媒体制改革，这将为媒体融合提供内在驱动力，使各种资源在聚合之后形成融合发展的加速度。

---

① 喻国明、潘佳宝：《"互联网＋"环境下中国传媒经济的涅槃与重生》，《国际新闻界》2016年第1期。

② 蔡雯：《规制变革：媒介融合发展的必要前提》，《国际新闻界》2007年第3期。

总论四

媒体融合发展中存在问题的原因分析

以上对媒体融合过程中存在的问题进行了概括，对于这些问题的认识既需要从融合发展的宏观视角予以审视，又需要从不同媒体形态的个性特征进行把握，横向考虑融合发展推进的程度，纵向把握政策、技术、资本等因素的影响，才能对产生诸多问题的原因做出科学的认识和把握。在此结合问卷和访谈，对上述问题产生的原因进行分析。

第一，媒体内容形态融合与媒体组织融合、理念融合、文化融合存在错层

单纯从媒体内容形态的层面来看，相同形态的媒体内容有着融合生产的高度可行性，比如电视台与视频网站，当下也出现了很多台网互动的成功案例；但是广电的传统事业单位机制依然对运营有不同程度影响，即使是按照市场规则组建的广电系统新媒体企业，比如中国网络电视台战略投资部总监刘群表示，因为在股权改革、管理机制等方面调整节奏慢，使央视网错过了改组上市的竞争先机[①]。商业化视频网站则表现出敏锐的市场反应、较高的执行力和运营效率，电视台与视频网站从视听内容产品层面融合生产容易实现，但是如果融合布局继续深入，就会遇到组织结构、运营理念、企业文化等诸多层面的不对称，严重者会导致融合生产运营的低效甚至失败。这在上文"生产者结构"问题中也有鲜明体现，如传统媒体采编人员职称晋升通道问题，"随着时代的变迁和社会的发展，一些制度缺陷也导致不少媒体单位论资排辈现象严

---

① 本资料由课题组通过深度访谈获得。

重,内部活力不足,年轻人看不到未来发展的希望"①,与部分新兴媒体从业者按照市场认可程度体现自身价值形成对比,这种理念层面的差异必然导致从业者不同的生产状态。

第二,生产者边界被打破,但与之相适应的生产模式、经济模式难成主流

融合背景下,内容生产与其他环节的直接联系更为紧密,更多的专业化、非专业化的力量都介入媒体内容生产过程,生产者的边界打破、生产格局处于重构之中;"由于网络的兴起,新闻传播出现大规模业余化现象,这是从'大众传播'走向'大众自传播'的过程,构建新型传受关系,重建传播过程中受众主体地位,营造更有效率、更富有人文关怀、更有公信力的传播文明"②。以上重构过程逐步催生出的很多新型内容生产模式得到传媒市场认可,但融合发展并非只关系到传媒市场,而是事关我国经济、社会结构转型的战略布局,所以需要在统筹社会效益与经济效益、可管可控的前提下积极推进,而部分生产方式的创新逻辑符合传媒市场要求,却并未达到此战略意识,故而难成主流,这种多因素制衡和博弈在一定程度上也形成了内容融合发展的阻力。

第三,数字技术应用困境

同传媒体制、政策相比,数字技术是媒体融合发展过程中客观、中性的因素,但中性的技术在媒体融合过程中也会成为传媒体制改革的限制因素。先进技术的应用及其所带来的运营模式创新体现着突破传统体制制约的迫切需求,不过技术本身难以在媒体融合发展中发挥作用,中性的技术因素只有与不同的运营方式相结合才能够产生效能,而这种效能的性质、大小、影响往往由运营方式而不是技术要素决定。那么技术创新在体制、政策层面的需求也会被其他多种因素所影响,甚至成为保守者对抗体制改革的有力武器。"中国的文化传统,使得不同利益集团在政策制定层面的角逐并不显见,而平衡的过程反而被置于政策诠释和执行过程。当媒体利益集团在政策制定过程中缺乏足够的申诉渠道和政策游说可能,行动者踩线实践乃至越线操作的动机持续增强,以'摸着

---

① 吴茂林:《采编为宝,才能内容为王——〈文汇报〉采编专业职务序列改革探索》,《新闻记者》2015 年第 6 期。
② 王天定:《大规模业余化时代,专业新闻何为?》,《新闻记者》2015 年第 10 期。

石头过河'的传统智慧测试主管部门的底线。"① 所以传媒体制改革的迫切需求不会简单地等同于改革的推动力,体制改革是多重利益复杂博弈的集中体现,对媒体融合发展趋势与方向的把握仅仅是体制改革的原则,而改革究竟能够达到什么样的深度、取得什么样的效果还需要在实践与博弈中得到验证。

第四,媒体渠道融合发展的主要推动力来自政策层面

近年来国家多次作出加快推动传统媒体与新兴媒体融合发展的部署,从政策层面对传播渠道创新予以引导和鼓励;一些由政府、传统媒体发起的渠道扩展并未得到市场认可,未能取得预期成绩;由此产生误区,认为渠道融合主要是由政策推动进行的,市场认可程度低。此误区夸大了失败案例中成因的作用,且片面地认为其源自政策。以三网融合为例,"虽然进展并不尽如人意,但不意味三网融合会终止。移动互联网中的内容入口、社交入口、服务入口之争,将进一步改变三网融合的市场格局,而可穿戴终端也将推动移动互联网与物联网的融合。从未来发展趋势来看,广电网、电信网、互联网的三网融合将演变为NGB、移动互联网及物联网的融合"。② 渠道融合过程中必定存在多种类型的阻力,经验与教训的成因都是多元化的,我们需要避免由于片面归因而导致的认识误区。

第五,在意识层面,传媒体制改革存在对立性的矛盾

之所以呼唤改革,一方面因为传统媒体在新兴媒体迅速崛起之后遇到了结构性的尴尬,在享受部分政策性保护的同时被"传统媒体消亡论"所带来的恐慌所影响,清醒地认识到已经到了必须变革的边缘,但是长期以来形成的意识、行为模式与既得利益格局却使大部分传统媒体从业者对传媒体制改革存有抗拒心理。另一方面,新兴媒体作为传媒市场格局变化中的生力军,对现行的传媒管理体制同样表现出很大程度的不适,它们希望得到体制层面的支持从而获得更大的成长空间;但是,因为新兴媒体在技术应用、运营模式等方面的更新速度很快,管理体制

---

① 赵瑜:《媒介市场化、市场化媒体与国家规制——从净化荧屏、反三俗和限娱令谈起》,《新闻大学》2015年第1期。

② 彭兰:《从老三网融合到新三网融合:新技术推动下三网融合的重定向》,《国际新闻界》2014年第12期。

变动带来的生存环境变化也极有可能缩短其现有媒体内容产品、模式的生命周期，导致部分新兴媒体运营者对体制改革的态度也趋于模糊。所以，巨大的革新需求与谨慎、惰性之间形成了传媒体制改革在意识层面必须克服的一对矛盾。

第六，媒体政策的制定、执行与行业反应存在不对称现象

按照直接目标与诉求可以将媒体政策的创新划分为两种，一种是顺应业态新要求、推动新趋势发展的政策，比如《关于推动传统媒体和新兴媒体融合发展的指导意见》；另一种是对媒体融合发展过程中出现的各种不规范现象的规制，比如总局对所有视频网站APP在电视端下架、整顿"盒子"、多轮限娱令与限广令等。业界对两方面政策推出以及执行的反应表明，不能简单地以政策制定目标诉求的分类来推测业界的反应是否积极，也不能单纯地从传统媒体或者新兴媒体的形态分类的标准去衡量不同政策的适用性、有效性；在市场化程度不断加深的背景下，媒体从业者思考政策基点是竞争与生存压力，与政策制定和推行者以上两个不同方面的目标诉求存在维度的偏差。以媒体社会责任感与公众利益之间的矛盾为例，"媒体社会责任感的缺失直接导致了公共利益的受损。然而，媒体责任感的缺失只是这一问题的直接诱因，其症结则在于传媒体制……其所遵循的基本原则是以最小的政治风险赢取最大的商业利益，公共利益由此被损害与忽视"[①]。面对媒体运营过程中社会责任感的缺失与公共利益受损之间的矛盾，传媒体制处于比较尴尬的境地，除了传统因素的影响，主要是因为两者维度不同造成了不对称现象。

[①] 张春华：《传媒体制、媒体社会责任与公共利益》，《国际新闻界》2011年第3期。

总论五

媒体融合发展的路径创新探讨

传统媒体与新兴媒体融合发展是传媒生态重构的关键,也是构建科学、合理、高效现代传播体系所依赖的基础,通过基于调查数据对媒体融合的问题及原因做出的分析,我们对媒体融合的发展方向有了比较科学的认知,在此基础上从以下几方面出发,对加快推进中国传统媒体与新兴媒体融合发展的路径创新进行探讨。

第一,以提升主流媒体话语权、占领信息制高点、壮大主流思想舆论为主要目标,优化顶层设计,引领传统媒体和新兴媒体深度融合发展

从调查情况来看,不同从业者对媒体融合发展的认知维度、理解方式、实践理念等方面存在较大差异;从国家推进媒体融合发展的层面来讲,这种现状虽然有利于推动媒体融合形态的多元化发展,但是对于提升主流媒体话语权、维护网络安全、舆论引导机制建设却有一定的消解作用。"透过媒体融合,可以将内容生产框限于传统管理架构之中,牢牢掌握内容与舆论的生产、传播流程,维护主流话语和意识形态安全"[1],这是一条需要贯穿在媒体内容融合发展过程中的主线,需要主管部门、媒体领导进一步细化融合发展的阶段目标,优化顶层设计,政策引导、管控要紧跟融合发展的新动态,坚决避免融合发展在转型、迭代中走进误区。如果提升主流媒体话语权、占领信息制高点、壮大主流思想舆论的目标没有达成,在跨界经营、形态创新等方面取得再大成绩,也不能说媒体融合发展取得成功。

第二,基于媒体融合发展要求,重构内容生产流程

---

[1] 参考武志勇《二十年来的中国互联网新闻政策变迁》,《现代传播(中国传媒大学学报)》2016年第2期。

生产流程重构已经成为具有很强必要性、急迫性的任务，需要以大数据智能分析为基础、面向立体化传播的需要，使不同生产任务和环节具体化、模块化。调研中报业、广电系统都在积极推动"中央厨房"式改革，从技术构架、组织形态、管理方式都做出调整。"以'中央厨房'的方式重构生产，实现'一次采集、多元加工、多次发布'的智能生产和传播平台。包括融媒体智能创作系统、智能发布系统、传播效果分析系统、中央厨房报道指挥系统、内容创作社区等方面的建设内容"①。中央厨房是内容生产流程重构的典型代表，并不能够适应所有场景中内容生产的需要，流程重构需要遵循融合发展过程中不同媒体的运营逻辑深入展开，要基于融合发展要求，重构适合自身的内容生产流程。

第三，在渠道与内容的良性互动中加速媒体平台化发展

传统媒体与新兴媒体之间的博弈将贯穿渠道融合发展过程，虽然两者都在努力借鉴对方的长处，但传统媒体的内容优势与新兴媒体的渠道优势在一段时期内仍会发挥巨大作用，只有基于两者之间的良性互动才能为渠道平台化的进一步优化创造条件，这与表1.21"媒体内容采编方式创新"在"人端合一"中发挥的作用保持高度一致。"互联网彻底改变了以媒体机构为单位的媒介生态……个人传播能量的激活，助推传播生态由以往单向度、不对等格局向互动性、对话式格局发展。"②在平台化过程中需要激发不同内容之间的对话、碰撞，通过推动内容生态的繁荣促进渠道平台的发展；特别强调，对于掌握内容优势的传统媒体，"必须变单边经济为双边经济，建立起完整的双边市场盈利模式，完成在互联网时代的平台化转型"③，扬长避短、把握渠道转型机遇。

第四，面向市场转型、直击用户痛点的跨界媒体运营方式

前面分析了跨界运营的得失以及当下存在的认识误区，不可否认，跨界运营已经成为渠道发展的趋势，能否取得预期效果的关键在

---

① 郭全中：《传统媒体转型的"一个中心"与"四个基本点"》，《现代传播（中国传媒大学学报）》2015年第12期。

② 张志安、曾子瑾：《从"媒体平台"到"平台媒体"——海外互联网巨头的新闻创新及启示》，《新闻记者》2016年第1期。

③ 林翔：《平台竞争：电视媒体独播策略的经济学分析》，《电视研究》2015年第6期。

于跨界是否直击用户痛点、满足市场转型的要求。如表1.24所示，不同应用场景在渠道扩展中的作用得到从业者认可，其中排名靠前的媒体电商"利用渠道资源对自家电商平台进行宣传，降低成本，同时使媒体掌控产品的供应链成为可能"①，媒体与电商的跨界为用户提供了方便，激发了渠道的作用和潜能。"直面大众迫切需要解决的生活难题，运用媒介优势弥补优化社会生活资源、社会公共服务体系的不足和局限，从单纯大众媒介转型为综合生活媒介时，传媒的发展空间就豁然开朗了。"②正如山东广播电视台总监张新刚所说，广播渠道创新需要找准具有市场空间、能够发挥广播优势的细分领域③，山东广播经济频道成立山东爱贝果信息有限公司，从"育儿"切入跨界运营，使原有渠道的影响力得到延伸。

第五，在媒体深度融合中创新产业运营思维，提升媒体发展战略水平

调研中发现诸多媒体做出的产业创新并未突破传统思维与既定格局，在同样维度做重复性建设只能加剧过剩现象。"'抢夺入口—搭建平台—构筑全产业链—形成闭环生态圈—获得商业模式'成为移动互联网布局的基本路径……利用资本化、市场化的手段，逐步占据移动互联网的全产业链。要创新盈利模式，在内部机制上注入'商业基因'和'技术基因'。"④在移动时代推进融合发展的过程中，必须依靠新的产业运营思维。融合发展与传媒产业从"工业生产时代"向"信息化生产时代"的转变是同构的，需要从时代特征的转变中发现创新契机，比如"通过用户劳动获得发展是工业生产转向信息劳动的新方式，是降低成本的重要途径，媒介除了依赖职业劳动者（编辑、记者等）之外，还有依赖用户这种非职业劳动者获得发展的途径"⑤，运营者需要把握

---

① 黄楚新：《"互联网+媒体"——融合时代的传媒发展路径》，《新闻与传播研究》2015年第9期。
② 吴信训：《4G前景下我国媒体融合的新变局与进程展望》，《新闻记者》2015年第9期。
③ 本资料由课题组通过深度访谈获得。
④ 梁智勇：《移动互联网入口竞争的市场格局及传统媒体的竞争策略》，《新闻大学》2014年第3期。
⑤ 郑忠明、江作苏：《网络用户劳动与媒介资本价值——基于美国社交新闻媒体Reddit的案例分析》，《新闻记者》2015年第9期。

深度融合过程中这样的内在变化，就能够为从更高战略水平提升运营思维创造条件。

第六，面向细分垂直方向深挖媒体产业扩展空间

目前以 BAT 等互联网巨头为代表的企业基本完成了对多种形态信息传播平台生态的构建，面向平台转化的创新存在着很大阻力，但是平台生态的影响力在诸多细分垂直领域还相对有限，故而存在较大创新空间；"垂直型高转化率盈利模式主要具有用户聚合、垂直细分、整合上下游关键环节、相对闭合的一体化管理特点"①，细分垂直创新更便于切实解决用户痛点问题、做大体量、丰富产业形态。在执行层面，"整合路径基于'新木桶效应'，将自己的'木桶'解构，拿最长一块或几块与其他企业合作，共同构建更大'木桶'，都把焦点放在最擅长领域，凸显主体的竞争优势"②，即细分垂直的产业空间挖掘需要充分发挥自身"长板"优势，迅速将优质资源转化成市场竞争力。

第七，要推动媒体改革与创新的势能，用发展来解决存在的各种问题

中国的体制改革正处于深化攻坚的关键时期，传媒体制改革只是这个系统工作当中的一个有机环节，"中国社会发展的一个重要课题就是从原先中央指令导向型的计划经济体制向市场导向型的市场经济体制的转轨过程，在这之中必然涉及许多制度的转型、重建与新建问题，并在路径依赖与制度创新的双重作用下衍生出一系列具有'中国特色'的制度变体"③。体制转型的整体方向已经比较清晰，下一步需要各行各业抓住历史转型机遇在各自的领域实现创新。虽然制约传媒体制改革的因素还在多方面广泛存在，但是因为整体改革的势能已经形成，阻碍因素不会像三网融合时期那样形成巨大的影响力，诸多问题的解决在体制改革势能面前仅仅是时间与方式的问题。正如中国网络电视台战略投资部总监刘群所说：无论眼前存在什么样的问题，都必须顺应媒体融合的规律与要求，进一步推动改革与创新的势能，这是克服阻碍因素、解决

---

① 赵曙光：《突破广告：高转化率的媒体盈利模式》，《新闻记者》2014 年第 7 期。

② 江虹、程琳：《互联网电视网络状产业链整合研究》，《现代传播（中国传媒大学学报）》2015 年第 5 期。

③ 殷琦：《从"国家一元论"到多元治理框架的构建：中国传媒治理结构改革的路径、逻辑及其转型取向分析》，《新闻与传播研究》2012 年第 4 期。

体制创新问题的根本①。

第八，根据媒体深度融合发展要求，加快调整创新媒体体制改革

行业发展使其运营逻辑超越了传统管理体制的出发点，对体制改革思路提出了新的要求，比如中国传统的媒体管理是基于行政逻辑的分业管理，虽然经过了多轮改革，但是这一基础并没有得到根本改变。"在媒介融合下，从具体的规制模式来看，传统分业规制将在分层规制的基础上转化为分类规制。在分层规制下，规制不确定问题可迎刃而解，而在分类规制下，在每一层级对不同类别的市场规制程度虽有不同，但在同一类别的市场，可有效实现一致性规制。"②打破分业格局是融合思想的鲜明体现，无论是分类还是分层的思路都体现了对传统分业管理方式的突破。这在"署局合并"的战略布局中能够得到体现，"新闻出版与广播电视的深度融合，可以有效打破过去传媒业务的分散、分割管理弊端和瓶颈，很大程度上可以围绕同一内容形成发展合力，更有利于提升内容和产品的价值链延伸能力"③，当然随着媒体融合进程不断地深入，体制改革的思路也需要做出持续的调整和创新。

综上所述，媒体融合发展已经成为传媒业界的主题，虽然存在诸多问题，但也在实践中积累了大量经验。媒体运营者要从意识上摆正定位、树立信心，"在媒介融合时代，需破除其'惯性思维'，饱具创新与'再创业'意识，以全新的理念看待传媒与传播"④。媒体融合生态正在整体化地向移动平台迁移，"新的内容分发平台是基于移动端的，集社交、搜索、个性化推荐、智能化聚合等于一体，媒体之外的技术力量可以在这个方向长驱直入，媒体要摆脱这些技术力量的钳制，也变得越来越困难。"⑤ 媒体融合生态在各种因素的驱动下不断变动，要持续创新以适应传媒业态需求，同时需要管理机制层面的保障，这要求传媒体制、政策法规都要跟上行业发展趋势。媒体融合发展并非一朝一夕之

---

① 本资料由课题组通过深度访谈获得。
② 肖赞军：《媒介融合中规制政策的基本取向分析》，《新闻大学》2014年第1期。
③ 殷俊：《文化界面的传媒形态整合之道》，《编辑之友》2015年第1期。
④ 刘俊、胡智锋：《内容、机构、人才与收益：论当前媒介融合时代的电视活力》，《编辑之友》2015年第3期。
⑤ 彭兰：《移动化、智能化技术趋势下新闻生产的再定义》，《新闻记者》2016年第1期。

功，需要媒体管理部门、媒体单位领导层、媒体一线从业者共同努力，开拓创新，扎实推进，在中国媒体现有融合发展的基础上，加快推进中国传统媒体和新兴媒体深度融合发展，加快构建现代化、立体的国家传播体系。

中 篇

中国传统媒体与新兴媒体融合发展研究专论

专论一

中国传统媒体与新兴媒体内容融合发展研究[*]

2014年8月中央全面深化改革领导小组第四次会议通过《关于推动传统媒体和新兴媒体融合发展的指导意见》，指出要打造一批形态多样、手段先进、具有竞争力的新型主流媒体，建成几家拥有强大实力和传播力、公信力、影响力的新型媒体集团，形成立体多样、融合发展的现代传播体系。推动传统媒体和新兴媒体融合发展，是党中央着眼巩固宣传思想文化阵地、壮大主流思想舆论做出的重大战略部署。

国家社科基金重大项目"加快推进传统媒体和新兴媒体融合发展研究"课题组通过对当下国内外相关研究成果与中国媒体融合发展情况的梳理，针对传统媒体与新兴媒体内容融合发展中亟须解决的问题，以内容为重点编制问卷和深度访谈大纲，通过分层抽样的方法进行调研，形成本专论。

一 媒体内容融合的调查路径与方法

本次调查采用问卷调查和深度访谈相结合的方法，在前期文献梳理与行业研究的基础上，选定中国传统媒体与新兴媒体内容融合发展作为调研重点，采用分层抽样的方法收集了6014份媒体工作者对内容融合发展的认知问卷，并对710名媒体工作者进行深度访谈。

---

[*] 专论一内容基于作者以下论文整理、写作。严三九：《中国传统媒体与新兴媒体内容融合发展研究》，《新闻与传播研究》2017年第3期。

（一）问卷与深度访谈设计

研究问卷共设计有 14 个题目，除了受访者的基本信息（7 个题目，见表 2.1）之外，主要集中在传媒从业者对媒体内容融合的看法层面（7 个题目，见表 2.2）。后者包括传媒从业者对媒体前景的评估（见表 2.2 题目 8）、推动媒体内容融合的因素（见表 2.2 题目 9）、内容生产环节中各因素对媒体内容融合的影响（见表 2.2 题目 10—13），以及传媒从业者对媒体融合影响因素的重要性评估（见表 2.2 题目 14）。

表 2.1　　　　　　　调查者基本信息相关题目

题号	调查内容	本书表格编号
1	年龄	表 1.7
2	从业时间	表 1.8
3	学历	表 1.9
4	专业	表 1.10
5	职务	表 1.11
6	职称	表 1.12
7	业务板块	表 1.13

表 2.2　　媒体内容融合发展相关题目（具体选项对应下文表格）

题号	题目	本书表格编号
8	您认为以下媒体在融合发展大潮中的前景如何	表 2.4
9	您认为以下因素在推动媒体内容生产融合中的作用程度如何	表 2.5
10	您认为在内容素材获取环节，以下各种方式的作用程度如何	表 2.6
11	您认为在内容编辑、处理阶段，以下各种内容特性的重要性程度如何	表 2.7
12	您认为当下媒体内容生产过程中，以下方式所发挥作用的程度如何	表 2.8
13	下列关于受众在当下传媒内容生产过程中的作用及角色特征的描述当中，您认为其准确程度如何	表 2.9
14	对于以下在媒体融合发展过程中各种因素"为王"的说法，您的意见是	表 2.10

在问卷之外，课题组针对媒体内容融合发展的相关热点编制了深度访谈提纲（见表2.3），主要针对问卷中无法深入展开的问题，包括媒体工作者对媒体内容融合的看法（见表2.3题1—3）、内容生产模式的变化（见表2.3题12）、如何应对用户习惯的变化（见表2.3题4—6）、商业模式、运营理念与组织结构调整（见表2.3题7—10）、技术应用（见表2.3题11）等多个方面，力求通过深度访谈对问卷予以补充，深访内容能够更全面地解释调研过程中发现的问题，使课题调研更为完整、深入。

表2.3　　　　　　　　课题组深度访谈主要题目

题号	题　目
1	您在媒体内容生产融合方面有什么创新思路？贵单位有什么典型案例
2	您认为当下在媒体内容生产融合方面主要存在哪些问题？贵单位如何解决这些问题
3	贵单位媒体内容生产模式、流程有何改变？原因是什么？其中哪些是客观因素？哪些是主观因素
4	面对融合背景下受众细分的深入，媒体内容生产应做何应对
5	您对"读者""受众""用户"等概念的认识是什么？"用户"习惯有何变化
6	您认为在媒体内容生产环节应采用什么样的措施应对用户习惯的变化？贵单位有什么典型案例
7	您认为内容融合能够带来怎样的商业模式、盈利模式创新？贵单位有何尝试？有什么经验与教训
8	贵单位在"运营理念""组织文化"层面有什么样的新发展、新特点
9	您认为针对媒体内容生产融合发展的需要，在组织、人事、激励等方面应有怎样的调整
10	融合发展对传媒从业者的素质有什么样的新要求？您认为媒体生产者的结构需要如何优化
11	您认为应当如何应用新技术推动媒体内容融合发展？贵单位在这方面有什么样的创新举措？思路、效果及存在的问题
12	在"互联网＋内容"生产方式创新方面有什么样的创新思路？思路、效果及存在的问题

(二) 调查施行

本调查于2015年7月开始实施,"加快推进传统媒体和新兴媒体融合发展研究"课题组走访调查了20个省、直辖市、自治区(共计24个城市,其中山东调查了济南、烟台两个城市,浙江调查了杭州、宁波两个城市,广东调查广州、深圳、佛山三个城市,其他省份的调查、访谈均在省会城市展开)。调研城市的选择,主要根据2014年10月29日印发的《国务院关于调整城市规模划分标准的通知》(国发〔2014〕51号),按照中心城区常住人口规模标准将我国城市分为"五类七档",从超大城市、特大城市、大城市三类中选择目标调研城市(见上篇总论一)。调研城市的选择其一要确保东、中、西部做到比较全面的覆盖;其二要确保在媒体融合发展的程度上能够具有一定的层次性。

二 媒体内容融合的调查主要数据分析

在本部分的数据分析中,除了调查者基本信息外,主要集中于与媒体内容融合发展相关的问题。课题调查中对受访者认知、态度的大部分问题通过李克特量表实现,设置5个回应等级,从1到5分别对应认可程度"非常小""比较小""一般""比较大""非常大"。在此对与媒体内容融合发展有关的问题与数据予以分析。下文所述涉及的问卷原题见表2.2。

对于不同形态的媒体在融合发展中的前景,根据调查数据可以看出从业者的认知情况(见表2.4),对社交媒体发展前景的认可程度最高,均值达到4.42,其次为网络视频(4.39),网络门户(3.92)和在线音频(3.85)的被认可度也比较高,排在后三位的是电视(3.32)、广播(2.99)和纸质媒体(2.50)。

表2.4　　　　　各媒体形态在融合发展中的前景认知

	计数	均值
纸质媒体	5991	2.5048
广播	5979	2.9940

续表

	计数	均值
电视	5982	3.3221
网络门户	5994	3.9159
在线音频	5979	3.8500
网络视频	5988	4.3853
社交媒体	5993	4.4213
有效的频率（列表状态）	5954	

媒体内容生产融合的发展是在诸多因素的共同作用下实现的，根据表2.5统计数据，均值最高的为"传媒技术革新"与"受众信息消费习惯改变"，说明从业者认为这两个因素在媒体内容生产融合过程中作用最大，此外"传媒市场压力"也是推动内容生产融合的重要因素。"集团领导意志""传媒政策调整""传媒组织形态变化"的作用相对较小，而"宏观传媒体制"均值最低。

表2.5　　　　不同因素在媒体内容生产融合中的作用程度

	计数	均值
传媒技术革新	6001	4.3873
受众信息消费习惯改变	5994	4.2149
传媒市场压力	5985	3.8023
集团领导意志	5978	3.5713
传媒政策调整	5988	3.5817
传媒组织形态变化	5979	3.5834
宏观传媒体制	5981	3.2391
有效的频率（列表状态）	5961	

内容素材的获取是传媒运营过程中的核心环节，不同的素材获取方式在融合发展背景下的作用也发生了变化，根据表2.6统计数据，目前"记者个人采访"依然是认可程度最高的内容获取方式，均值达到4.04，这与传统媒体时代主要依靠专业记者从事内容生产的方式一致。但不同的是，"受众提供""网络媒体报道""社交媒体官方平台""社

交媒体用户发布"等几种新兴生产方式都有很高的被认可度，并且均值都高过了"传统媒体获取""合作机构单位提供"。

表2.6　　　　　　　　　　内容素材获取方式的有效性

	计数	均值
记者个人采访	5883	4.0398
受众提供	5880	3.8206
传统媒体获取	5873	3.5546
网络媒体报道	5879	3.8285
社交媒体官方平台	5877	3.8287
社交媒体用户发布	5872	3.6439
合作机构单位提供	5859	3.4753
有效的频率（列表状态）	5831	

在多渠道的立体化传播过程中，媒体内容的特性与其传播效果具有直接关系。在表2.7中，可以看到对不同内容特征的认可程度，其中均值最高的是"权威性"。此外"趣味性""话题性""移动化"的认可程度也很高，排在后两位的是"个性化"与"年轻化"。

表2.7　　　　　　　　　　不同内容特性的认可程度

	计数	均值
权威性	5980	4.3321
趣味性	5981	4.1292
话题性	5979	4.2019
个性化	5963	3.9282
年轻化	5960	3.8050
移动化	5964	4.1016
有效的频率（列表状态）	5944	

融合发展不仅催生了多样化的内容素材获取方式与内容特性，也使不同生产方式的作用程度、重要性产生了变化。如表2.8所示，在所列的几

种生产方式中,"内容自制"均值最高(4.19),其次分别为"跨媒介合作生产""聚合用户生产内容""优质内容购买力度""行业内容交换"。

表2.8　　　　　　　　　不同内容生产方式的作用程度

	计数	均值
内容自制	5967	4.1894
优质内容购买力度	5967	3.8612
聚合用户生产内容	5963	3.8891
行业内容交换	5956	3.6768
跨媒介合作生产	5968	3.9129
有效的频率(列表状态)	5947	

传受双方的地位正在融合发展过程中重构,受众在融合发展中的角色定位也出现了新特点,针对这一背景,课题组调查了从业者对受众角色定位的认识,结果如表2.9所示。从业者对受众角色定位认知程度最高的是"需要认真对待、服务的对象"(均值4.08),与此相对应,认知程度最低的是"内容接受者"(均值3.54)。"参与到内容制作中的生产者"(均值3.83)、"不可忽视的传播者"(均值4.05)、"具有评论功能的消费者"(均值3.96)、"内容生产的重要依据"(3.94)四种定位被认可程度比较相近。

表2.9　　　　　　　　　受众角色定位认知程度

	计数	均值
内容接受者	5953	3.5433
内容生产的重要依据	5954	3.9436
需要认真对待、服务的对象	5961	4.0804
具有评论功能的消费者	5954	3.9573
不可忽视的传播者	5961	4.0522
参与到内容制作中的生产者	5951	3.8266
有效的频率(列表状态)	5934	

近年来在传媒业界和学界有着"内容为王""渠道为王""资本为王"等不同争论,其反映的是某些因素在传媒发展中的作用,调查中将

8种不同类型的因素以"为王"的表述形式呈现给受访者,数据结果见表2.10。"内容为王"以4.32的均值位列首位,受众、渠道、平台、数据等几个因素的认可程度也较高。

表2.10　　　融合发展过程中多因素"为王"认可程度

	计数	均值
传者为王	5942	3.1400
受众为王	5958	3.9696
内容为王	5965	4.3195
渠道为王	5953	3.9461
平台为王	5956	3.9036
技术为王	5951	3.7486
资本为王	5949	3.7258
数据为王	5951	3.8958
有效的频率(列表状态)	5918	

三　基于调研数据的媒体内容融合发展情况和问题分析

围绕媒体内容融合发展的核心问题,结合以上数据及部分访谈,经过分析之后发现融合发展已经成为媒体内容生产的主题,无论是传统媒体还是新兴媒体,都在尝试通过各种途径改变单一化的生产方式,使整个行业的生产理念、路径出现诸多新的特点,生产方式的创新成为能否在融合发展中取得竞争先机的基础条件。但这同时意味着行业运营方式的重构,并且此过程受到诸多因素的共同作用,调查中也发现了现阶段存在的一系列问题,在此从以下几个层面予以概括,而科学解决这些问题是中国加快推进媒体内容融合发展的关键。

第一,媒体内容生产的固有模式被客观因素改变,传统的单一化生产模式难以适应融合发展的要求

传统媒体内容生产的格局、方式是基本固定的,网络新媒体兴起后的生产方式也有章可循,但是随着融合发展进程不断深入,媒体内容应当以什么形态存在和传播开始困扰所有媒体人。调查中,710位访谈对

象全部认同媒体内容生产模式和流程已经发生改变,而且其驱动因素来自客观性的数字技术发展、传媒生态变化等(见表2.3题目3),比如烟台日报传媒集团副总编辑滕岳认为,传统报业乃至传统媒体如果不改变单一化的生产模式,将无法在融合发展的浪潮中生存;但是融合发展从国内外范围来讲,可资借鉴的经验并不多,而且很多还有待市场的检验,所以我们必须要对技术、市场有敏锐的把握,做到超前布局,而且还要从集团发展的层面去思考内容生产模式的创新,仅仅一个采编部门的创新是不够的。

第二,不适应融合背景下用户习惯动态变化的情况

课题组在访谈中发现绝大多数从业者已经在使用"用户"的理念去思考读者、受众的需求,并且用户在融合时代所表现出的不同于传统媒体时代"读者""观众"的各种信息接受习惯,是内容生产方式创新的重要依据(698位访谈对象明确表示认同,仅有3位明确表示"读者不能等同于用户",访谈问题见表2.3题目4、5、6)。比如淘米网公关部总监陈茜表示,深挖用户需求、直击用户痛点是媒体发展的重要出发点,淘米网正是从满足儿童用户玩游戏、看视频的需求出发,探索能够满足儿童、家长等多方面需求的运营模式,才得以在短短数年内实现跨越式发展。同时很多受访者表示,其所在媒体单位、公司之所以面临各方面的运营困境、媒体内容的受认可程度低,重要的原因就在于不适应融合背景下用户习惯的新特点。

第三,在媒体内容专业生产者方面存在不少问题

数据表明我国媒体从业者的年龄结构、专业机构、职称结构、业务结构均比较合理,但是在调研过程中也发现了很多其他问题(见表2.3题目9、10),比如河南大象融媒广告运营中心主任袁伟认为,随着媒体融合发展的深入,不同类型媒体之间的人员流动加剧,员工对工作环境、薪酬、上升空间的期许加大,但是创新型、复合型人才,尤其是中高端人才却比较稀缺,这在河南大象融媒大范围的部门、业务调整过程中表现得尤为明显。当然一个重要的原因也在于他们在组织创新、激励等方面还没有跟上行业发展的新要求。此外,科员级的受访者普遍将自己定位成"新闻民工""电视民工"等,缺乏职业归属感、认同感,"其自我认同发生严重的错位导致了记者职业神圣感的丧失、职业伦理的下滑等一系列问题，这些问题又反过来加速了记者职业地位的下滑"。以上都会成为影响从业者队伍稳定性、创造性的因素。

第四，融合背景下评判标准呈现泛化趋势，传媒业界对于围绕何种标准打造内容特质存在困惑

技术革新、受众习惯、市场压力、领导意志、政策调整、组织形态等都成为内容生产融合的驱动要素（见表2.5），与此同时，传媒市场对内容特性的要求日益多元，如权威性、趣味性、话题性、个性化、年轻化、移动化等（见表2.7）；但是驱动要素与内容特质两者之间的联系、作用是混沌的，内容生产者一方面受多重因素的影响，另一方面又难以判定其影响，表2.7数据中多种特质均值接近也反映出从业者对如何把握特定内容特质或打造怎样的复合特质方面存在困惑。

第五，传统媒体前景被看低，优质内容缺口大

受访者不认同传统纸质媒体类型的前景（见表2.4），但同时表示融合渠道中匮乏优质图文内容，此现象在广播、电视受访者中同样存在，即纸媒、广播、电视的前景被看低，而"互联网+纸媒""互联网+广播""互联网+电视"均受到认可，但"互联网+纸媒=公众号（或其他形式）""互联网+广播=在线音频""互联网+电视=网络视频"中的等同关系却不能简单地成立。其关键在于对纸媒、广电的定位是传统视域下的媒体类型还是融合背景下的内容形态，如果定位成前者则前景被广泛看低，定位成后者则具有了巨大想象空间。不过"互联网+"带来的想象空间如何落地对于传统媒体和新兴媒体来说都非易事。

四 媒体内容融合发展存在问题的原因分析

以上对媒体内容融合生产过程中存在的问题进行了概括，对于这些问题的认识既需要从融合发展的宏观视角予以审视，又需要从不同媒体形态的个性特征进行把握，横向考虑融合发展推进的程度，纵向把握政策、技术、资本等因素的影响，才能对产生诸多问题的原因做出科学地认识和把握。

第一，内容形态融合与媒体组织融合、理念融合、文化融合存在错层

单纯从媒体内容形态的层面来看，相同形态的媒体内容有着融合生产的高度可行性，比如电视台与视频网站，当下也出现了很多台网互动的成功案例；但是广电的传统事业单位机制依然对运营有不同程度影响，即使是按照市场规则组建的广电系统新媒体企业。比如中国网络电视台战略投资部总监刘群表示，因为在股权改革、管理机制等方面调整节奏慢，使央视网错过了改组上市的竞争先机。商业化视频网站则表现出敏锐的市场反应、较高的执行力和运营效率，电视台与视频网站从视听内容产品层面融合生产容易实现，但是如果融合布局继续深入，就会遇到组织结构、运营理念、企业文化等诸多层面的不对称，严重者会导致融合生产运营的低效甚至失败。这在上文"生产者结构"问题中也有鲜明体现，如传统媒体采编人员职称晋升通道问题，"随着时代的变迁和社会的发展，一些制度缺陷也导致不少媒体单位论资排辈现象严重，内部活力不足，年轻人看不到未来发展的希望"。与部分新兴媒体从业者按照市场认可程度体现自身价值形成对比，这种理念层面的差异必然导致从业者不同的生产状态。

第二，融合背景下媒体内容从创新生产到市场认可需要一个循环验证的过程

上文探讨了从业者对"权威性、趣味性、话题性、个性化、年轻化、移动化"等媒体特性的认可程度，但在调查中发现媒体内容与产品即使全部满足了以上特性，也并不能够完全得到市场认可。媒体内容创新与市场拓展有内在联系，但也有各自不同的逻辑，当根据受众、用户的信息消费需求实现了媒体内容与产品的创新之后，还需要一个从价格、营销、盈利等方面验证其是否能够得到市场认可的过程。验证过程中将进一步暴露在内容层面存在的问题，生产者需要按照内容创新逻辑予以修正，进而再度接受市场验证，很多媒体目前还不适应如此高要求、快节奏的循环过程。

第三，生产者边界被打破，但与之相适应的生产模式、经济模式难成主流

融合背景下，内容生产与其他环节的直接联系更为紧密，更多的专业化、非专业化的力量都介入媒体内容生产过程，生产者的边界打破、生产格局处于重构之中。"由于网络的兴起，新闻传播出现大规模业余化现象，这是从'大众传播'走向'大众自传播'的过程，构建新型传受关系，重建传播过程中受众主体地位，营造更有效率、更富有人文关怀、更有公信力的传播文明。"① 以上重构过程逐步催生出的很多新型内容生产模式得到传媒市场认可，但融合发展并非只关系到传媒市场，而是事关我国经济、社会结构转型的战略布局，所以需要在统筹社会效益与经济效益、可管可控的前提下积极推进。而部分生产方式的创新逻辑符合传媒市场要求，却并未达到此战略意识，故而难成主流，这种多因素制衡和博弈在一定程度上也形成了内容融合发展的阻力。

第四，技术更新速度快，每一次技术创新都会造成传媒生态不同范围与程度的迭代

由表2.5数据可见，被调查者认为技术革新在诸多因素中对内容生产融合发挥最大的作用，"新闻工作者对媒体的理解和对新技术的掌握，直接影响到新闻传播的整体设计和具体的业务操作……在新闻传播成为对话的今天，新闻职业的门槛越来越高，新闻工作者的责任也越来越大"②。近年来，云计算、大数据、VR/AR等技术的应用均对媒体融合产生着巨大影响，以大数据新闻为例，经过几年积累，新闻的大数据生产方式不断进化，如近期异军突起的传感器新闻，"传感器新闻（Sensor Journalism）指通过传感器获得数据，融入新闻报道，完成'讲故事'的生产模式。美国一些主流媒体对这种模式予以了诠释，还获得了普利策新闻奖"③。新技术衍生的创新型内容生产方式往往具有超越媒体形态限制的能力，但是也给运营管理带来很大压力，是否具备应用新技术的条件、如何应用新技术，需要各个生产主体根据自身实际情况而定，盲目追新或会导致低效运营。

---

① 王天定：《大规模业余化时代，专业新闻何为？》，《新闻记者》2015年第10期。
② 蔡雯、邝西曦：《对话式传播与新闻工作者角色之变——由"僵尸肉"新闻真假之争谈起》，《新闻记者》2015年第9期。
③ 许向东：《大数据时代新闻生产新模式：传感器新闻的理念、实践与思考》，《国际新闻界》2015年第10期。

五 媒体内容融合发展的路径创新探讨

媒体内容生产是传统媒体与新兴媒体融合发展过程中的核心环节，是传媒生态重构的关键，也是构建科学、合理、高效现代传播体系所依赖的基础。虽然传媒业态环境的变化不断给媒体内容生产提出新的要求，也暴露出一系列亟待解决的问题，但是通过基于调查数据对媒体内容融合的问题及原因做出分析，我们对媒体内容融合的发展方向有了比较科学的认知，在此基础上从以下几方面出发，对加快推进中国传统媒体与新兴媒体内容融合发展的路径创新进行探讨。

第一，以提升主流媒体话语权、占领信息制高点为主要目标，优化顶层设计，引领媒体内容融合走上健康快速发展轨道

从调查情况来看，不同从业者对媒体内容融合发展的认知维度、理解方式、实践理念等方面存在较大差异。从国家推进媒体融合发展的层面来讲，这种现状虽然有利于推动媒体内容融合形态的多元化发展，但是对于提升主流媒体话语权、维护网络安全、建设舆论引导机制却有一定的消解作用。"透过媒体融合，可以将内容生产框限于传统管理架构之中，牢牢掌握内容与舆论的生产、传播流程，维护主流话语和意识形态安全。"[①] 这是一条需要贯穿在媒体内容融合发展过程中的主线，需要主管部门、媒体领导层进一步细化融合发展的阶段目标，优化顶层设计，政策引导、管控要紧跟融合发展的新动态，坚决避免融合发展在转型、迭代中走进误区。如果提升主流媒体话语权、占领信息制高点的目标没有达成，在跨界经营、形态创新等方面取得再大成绩，也不能说媒体内容融合发展取得成功。

第二，基于融合发展目标，重新找准生产者的定位

上文提到"互联网+内容形态"能够使不同媒体内容具备更大发展空间，这要求生产者重新思考自己在融合生态中的定位，尤其是传统媒体更应如此。以纸媒为例，"不再把信息采集、加工作为唯一标准，要体现出'超越报纸'的自觉；实现'好内容'与'好载体'的完美契

[①] 参考武志勇《二十年来的中国互联网新闻政策变迁》，《现代传播（中国传媒大学学报）》2016年第2期。

合,保留充足发展空间;充分发掘纸媒的历史厚重性、信息独特性等特点,合理收费、有偿服务,转化成经济增长点"①。从融合发展的高度发掘文字、视频、音频等内容的价值,突破纸媒、频道等渠道形态的限制,以新的定位带动发展势能,这对生产者把握融合发展趋势的能力及战略性思维有很高要求,也是决定能否使有限的媒体资源在融合生态中发挥最大效能的前提。

第三,基于融合发展要求,重构适合自身的内容生产流程

生产流程重构已经成为具有很强必要性、急迫性的任务,需要以大数据智能分析为基础、面向立体化传播,使不同生产任务和环节具体化、模块化。调研中报业、广电系统都在积极推动"中央厨房"式改革,从技术构架、组织形态、管理方式方面都做出调整。"以'中央厨房'的方式重构生产,实现'一次采集、多元加工、多次发布'的智能生产和传播。包括融媒体智能创作系统、智能发布系统、传播效果分析系统、中央厨房报道指挥系统、内容创作社区等方面的建设内容。"②"中央厨房"是内容生产流程重构的典型代表,并不能够适应所有场景中内容生产的需要,流程重构需要遵循融合发展过程中不同媒体的运营逻辑深入展开,要基于融合发展要求,重构适合自身的内容生产流程。

第四,基于融合发展生态,加强细分化、定制化的媒体内容生产

表2.7中所列的几种特性很难在一种类型的媒体内容中全部体现,而且融合背景下也并非特质丰富的内容即属优质,"传统媒体长期奉行内容为王的圭臬,而互联网时代以体验为核心。所以融合更需要以用户为导向,通过为用户提供喜闻乐见的产品,润物细无声地'以文化人'"③。达到以用户为导向"以文化人"的效果,需要以细分化、定制化的媒体内容生产为基础,"受众是类型化的,用户则是个体化的。强调用户至上、驱动生产,必然随之会走向以需定产的高

---

① 马知远、刘海贵:《报业全媒体转型中的"报纸"定位》,《新闻大学》2014年第5期。

② 郭全中:《传统媒体转型的"一个中心"与"四个基本点"》,《现代传播(中国传媒大学学报)》2015年第12期。

③ 同上。

度细分的个性化市场"①。正如山东卫视《中国少年派》制片人贾静所言,卫视播出的节目内容在齐鲁网(山东网络电视台)、轻快(山东手机台)播出时,都需要基于受众数据分析进行再度编辑,使其最大限度地得到细分化目标受众的认可。②"私人定制"会成为融合背景下内容生产的主流。

第五,强化互联网基因培育,推进"互联网+内容"生产方式创新

在具体的"战术"层面,需要充分利用各种先进的、能够发挥互联网传播潜能的生产方式,这些方式具有灵活、有效的特点,传统媒体可以用、新兴媒体也可以用,符合融合生产的要求。比如"互联网技术革新催生出众包新闻、众筹新闻和众智新闻等创新模式,增加报道选题与主体的多样性、建立共同生产机制、借力用户智慧等路径改变生产模式,便于解决传统模式存在的机构化制约与内容偏向问题"③。众包、众筹、众智模式能够达成专业生产者与业余生产者的深度配合,以开放的方式完成内容生产,并且在生产过程中就实现了有效传播。基于"互联网+"的生产方式还有多种形式,需要生产者不断探索,且逐步将其从战术操作层面向战略运营层面提升。

第六,激发技术因素在媒体内容融合生产中的作用,努力开拓有发展应用前景的新的融合路径

如上所述,每一次技术创新都会造成传媒生态不同范围与程度的迭代,而这种迭代都是突破具体媒体形态、带有强烈融合发展特质的,激发技术因素作用是开拓创新生产方式的有效路径。比如基于VR/AR技术"营造'沉浸式新闻',叙事接受模式转向用户主动式参与,用户与增强现实系统、真实环境互动完成融合语境下的叙事体验"④,使得VR/AR被资本市场认定为又一个"风口";纸媒基于移动技术衍生出了"动新闻","被看作由纸媒向融合媒体全面转型的重要战略支点。'动新闻'一定程度上彻底颠覆了传统新闻生产模式,

---

① 林晖:《网络时代的媒体转型与"大众新闻"危机》,《新闻大学》2015年第2期。
② 本资料由课题组通过深度访谈获得。
③ 唐佳梅:《从众包新闻到众智新闻:国际报道的新闻创新及其发展》,《现代传播(中国传媒大学学报)》2016年第2期。
④ 张屹:《基于增强现实媒介的新闻叙事创新策略探索》,《国际新闻界》2015年第4期。

在融合新闻生产时代具有示范效应"①；再如智能机器人在内容生产中的应用，"再度强化一个事实：数据是新闻生产的新思维、新资源，未来媒体的竞争，将越来越多的是数据平台与数据采集、处理能力的竞争"②。对此，新华社多媒体中心总监刘宏伟表示，要做到内容创新，需要时刻紧跟传媒技术发展潮流，根据互联网传播的要求推出新产品，力求在手机报、新华炫闻、动新闻、无人机、VR 等方面都起到引领作用。③ 当然，能否把握技术迭代带来的机遇也是对媒体运营者的一大考验。

综上，媒体内容融合发展已经成为传媒业界的主题，作为核心环节的内容生产方式能否取得实质性的创新决定着中国推进传统媒体与新兴媒体融合发展战略布局的进程。虽然笔者在调研中发现了诸多问题，但媒体内容融合发展也在实践中积累了大量经验。首先，媒体运营者要从意识上摆正定位、树立信心，"在媒介融合时代，需破除其'惯性思维'，饱具创新与'再创业'意识，以全新的理念看待传媒与传播。未来当电视（传统媒体）携其内容、人才与机构影响力优势而更为积极地走向互联网，也便同时是互联网走向电视（传统媒体）的过程"④。其次，媒体融合生态正在整体化地向移动平台迁移，"新的内容分发平台是基于移动端的，集社交、搜索、个性化推荐、智能化聚合等于一体，媒体之外的技术力量可以在这个方向长驱直入，媒体要摆脱这些技术力量的钳制，也变得越来越困难"⑤，媒体融合生态在各种因素的驱动下不断变动，媒体内容融合生产方式也要持续创新以适应传媒业态需求。最后，媒体内容融合发展需要管理机制层面的保障，这要求传媒体制、政策法规都要跟上行业发展趋势，正如人民日报社新媒体中心主任丁伟在谈及融合生产时所说，融合之新指的是流程之新，但关键还是要

---

① 李彪：《融媒时代"动新闻"的三种模式》，《新闻记者》2016 年第 1 期。
② 彭兰：《移动化、智能化技术趋势下新闻生产的再定义》，《新闻记者》2016 年第 1 期。
③ 课题组深度访谈资料。
④ 刘俊、胡智锋：《内容、机构、人才与收益：论当前媒介融合时代的电视活力》，《编辑之友》2015 年第 3 期。
⑤ 彭兰：《移动化、智能化技术趋势下新闻生产的再定义》，《新闻记者》2016 年第 1 期。

以体制之新作为支撑。① 媒体内容融合路径创新并非一朝一夕之功,需要媒体管理部门领导、媒体单位领导、媒体一线从业者共同努力,扎实积累,稳步推进,才能实现中国媒体内容深度融合发展。

---

① 课题组深度访谈资料。

专论二

中国传统媒体与新兴媒体
渠道融合发展研究*

  渠道融合是传统媒体与新兴媒体融合发展的鲜明体现,同样也是其迫切的要求,渠道融合发展的程度、形态、模式在很大程度上决定着传统媒体与新兴媒体融合发展的未来。不过目前在这一方面存在一系列需要关注和解决的问题,比如如何运用先进技术提升渠道融合的效率?如何实现跨越式、创造性的传统媒体与新兴媒体渠道融合?怎样在渠道融合的过程中调整、优化传媒产业链条?怎样破除各种制约性因素、切实推进我国三网融合的进程?怎样在移动化、智能化的大潮下,围绕新型信息终端的推广与普及提升渠道融合的效率?应采取怎样的措施治理、改善网络生态文明?针对以上诸多问题,国家社科基金重大项目"加快推进传统媒体和新兴媒体融合发展研究"课题组采用问卷调查和深度访谈相结合的方法,在前期文献梳理与行业研究的基础上,将渠道作为调研重点,以调查不同层面的媒体工作者对融合发展的认知为主要方向来编制问卷和深度访谈大纲。本调查于2015年7月开始实施,"加快推进传统媒体和新兴媒体融合发展研究"课题组走访调查20个省、直辖市、自治区(共计24个城市,其中山东调查了济南、烟台两个城市,浙江调查了杭州、宁波两个城市,广东调查了广州、深圳、佛山三个城市,其他省份的调查、访谈均在省会城市展开)。本次调查共发放问卷7200份,回收问卷6339份,回收率为88%,有效问卷6014份(见表3.1)。同时每个省市分别进行30个深度访谈,访谈对象包括主管部门领导、媒

---

* 专论二内容基于作者以下论文整理、写作。严三九:《中国传统媒体与新兴媒体渠道融合发展研究》,《现代传播(中国传媒大学学报)》2016年第7期。

体运营者、传媒一线员工等，覆盖平面媒体、广电媒体、新兴媒体。平均每个调查城市发放问卷300份，发放要求为平面媒体100份、广电媒体100份、网络新媒体100份；因现实条件限制，各个省市的实际发放数量、比例略有浮动，但均在遵循以上基本要求的前提下进行。本次问卷调查的全部数据均采用国际通行的社会科学统计软件包（SPSS/PC+）统计处理。

表3.1　　　　　　　　　调查地域及各地有效问卷量

调查地域	有效问卷量	百分比（%）	有效百分比（%）	累计百分比（%）
福建	293	4.9	4.9	4.9
安徽	307	5.1	5.1	10.0
北京	336	5.6	5.6	15.6
甘肃	285	4.7	4.7	20.3
广东	438	7.3	7.3	27.6
广西	280	4.7	4.7	32.2
河南	283	4.7	4.7	36.9
湖北	281	4.7	4.7	41.6
湖南	274	4.6	4.6	46.2
江苏	321	5.3	5.3	51.5
辽宁	287	4.8	4.8	56.3
内蒙古	300	5.0	5.0	61.3
山东	411	6.8	6.8	68.1
山西	211	3.5	3.5	71.6
上海	275	4.6	4.6	76.2
四川	280	4.7	4.7	80.8
天津	280	4.7	4.7	85.5
西安	241	4.0	4.0	89.5
浙江	321	5.3	5.3	94.8
重庆	310	5.2	5.2	100.0
合计	6014	100.0	100.0	

本书聚焦于媒体渠道融合发展，在对全国20个省、自治区、直辖市调研数据分析的基础上，分析中国传统媒体与新兴媒体在渠道融合方面存在的问题，并探究其驱动因素、成因及解决方案。

一 媒体渠道融合发展基础调查数据及其分析

在当下传统媒体与新兴媒体渠道融合发展方面，突出的特点是渠道类型日趋多元与立体、技术创新应用程度不断深入，各种智能终端发展迅速，虚拟现实、人工智能的重要性也显现出来。"人端合一"趋势日益明显，其核心并非作为渠道形态的"端"，而是融合过程中"端"在人类社会生产生活中的作用，为了能够从"人"与"端"相互作用的视角下全面认识渠道融合发展的作用，调查中测试了传媒从业者对"媒体内容采编方式创新、传媒组织形态升级、传播渠道的改进、传媒产业链条重构、基础技术平台革新、传媒体制与政策的改革"等诸多要素在"人端合一"发展过程中作用的重要性。如表3.2所示（课题调查中对受访者认知、态度的大部分问题通过李克特量表实现，设置5个回应等级，从1到5分别对应认可程度"非常小、比较小、一般、比较大、非常大"），认可程度最高的是"媒体内容采编方式创新，表现出对符合融合生态的优质内容的迫切需求"，而问卷设计之初预想作用最大的"传播渠道的改进"排在其后，再次是传媒体制与政策的改革、基础技术平台革新。

表3.2 "人端合一"趋势诸驱动要素的重要性程度

	频率	极小值	极大值	均值	标准差
媒体内容采编方式创新	5964	1.00	5.00	4.1819	.84915
传媒组织形态升级	5953	1.00	5.00	3.9955	.86066
传播渠道的改进	5956	1.00	5.00	4.1338	.81694
传媒产业链条重构	5950	1.00	5.00	3.9970	.86546
基础技术平台革新	5952	1.00	5.00	4.0561	.84162
传媒体制与政策的改革	5949	1.00	5.00	4.0741	.90859
有效的频率（列表状态）	5934				

传播渠道及其运营方式的创新对媒体组织形态提出了新的要求，为了适应融合发展的需求，报刊、广电以及互联网媒体都在不断尝试

组织形态的创新，如何通过组织创新激发融合发展活力已经成为困扰传媒业的一大难题，有人认为要以不变应万变，有人认为要在保有传统优势的前提下做出局部性调整，也有人认为只有符合最先进的互联网平台运营要求的组织形态才能适应未来传媒竞争的需求，其观点是"粉碎化""颠覆式"的组织重构。如表3.3所示，从业者对粉碎化、颠覆式组织重构认可程度均值为3.28，属于比较低的水平，并且在深度访谈中发现，大家普遍认同媒体组织形态需要根据业态发展做出及时调整，但是在无法预知调整结果的情况下，还是应当保持足够谨慎的态度。

表3.3　　　　　　对粉碎化、颠覆式组织重构的认可程度

	频率	极小值	极大值	均值	标准差
"粉碎化""颠覆式"重构	5910	1.00	5.00	3.2821	1.01859
有效的频率（列表状态）	5910				

传媒内容在融合背景下的采编方式已经发生了很大变化，随着传播渠道融合的推进，内容在传播过程中的形态、影响也超出了传统媒体时代的固有模式。除了以阅读、视听为主要形式的传统消费，媒体内容同各项生活服务一样成为人们对互联网的基本诉求，媒体内容与不同生活场景的融合也成为我们认识、理解渠道融合的一个途径。如表3.4所示，在九种不同的生活应用场景当中，均值最高为社交应用（4.15），这与近年来社交媒体平台化的迅速发展有密切关系；此外排名较高的为电子商务（均值4.14），金融、支付（均值4.04），出行旅游（均值4.04），搜索（均值4.01）。排名靠后的是通信、在线教育、游戏、远程医疗，主要是因为这些应用具有一定专业性，比如远程医疗目前还是一种封闭式、排他式应用，很难实现大规模信息内容的搭载；不过从业者对"游戏+内容"的渠道融合认可度较低，与行业现状存在一定差距，如浙报传媒收购边锋、浩方后基于游戏平台的内容传播创新已经取得可观回报。

表3.4　　　　媒体内容在各种生活场景中的融合认可度

	频率	极小值	极大值	均值	标准差
电子商务	5962	1.00	5.00	4.1379	.87871
金融、支付	5964	1.00	5.00	4.0421	.94316
在线教育	5951	1.00	5.00	3.9044	.92078
远程医疗	5951	1.00	5.00	3.6258	1.00700
社交应用	5955	1.00	5.00	4.1523	.91040
搜索	5947	1.00	5.00	4.0123	.96596
游戏	5945	1.00	5.00	3.7785	.99217
出行旅游	5953	1.00	5.00	4.0356	.90050
通信	5941	1.00	5.00	3.9539	.98979
有效的频率（列表状态）	5921				

移动互联网正在重构传媒业态与人们的生产生活场景，争夺入口、提升移动互联网覆盖面成为很多媒体、企业共同的战略目标，这同样也是传播渠道融合发展的过程。表3.4中的多种生活应用场景之所以从概念走向现实，恰恰离不开移动互联网的推广，而媒体与应用场景的深入结合反过来又能够推动移动互联网的普及。表3.5数据反映了不同应用场景在移动互联网推广过程中的作用程度，均值由高到低排序为电子商务，社交应用，金融、支付，出行旅游，搜索，通信，在线教育，游戏，远程医疗，经过比对发现与表3.4排序基本保持一致。

表3.5　　　　各应用场景在移动互联网推广中的作用程度

	频率	极小值	极大值	均值	标准差
电子商务	5959	1.00	5.00	4.1302	.95598
金融、支付	5953	1.00	5.00	4.0264	.99738
在线教育	5950	1.00	5.00	3.8486	.94054
远程医疗	5943	1.00	5.00	3.6539	.98380
社交应用	5946	1.00	5.00	4.1270	.90964
搜索	5942	1.00	5.00	3.9445	.98820
游戏	5937	1.00	5.00	3.7699	1.00903
出行旅游	5947	1.00	5.00	3.9756	.89787
通信	5931	1.00	5.00	3.9294	.98414
有效的频率（列表状态）	5911				

由以上对两个表格的分析可见,渠道融合打通了不同行业、场景、媒体之间的形态限制,原本被现实条件局限于固有空间的各种产业具备了跨界运营的可能性,并且"跨界分金""侧翼包围""弯道超车"等策略已经在互联网领域得到了广泛应用,出现了一批具有原创性和高速成长性的新兴企业。这一趋势在传媒界也有同样表现,尤其是在新兴媒体领域,跨界运营并取得成功的案例不断涌现,但是在关于从业者对媒体跨界运营的问卷中,其均值并不高(见表 3.6),媒体人对跨界还是十分谨慎的。调查发现,新兴媒体从业者对跨界的认同程度高于传统媒体从业者,所以表 3.5 均值较低与受访者职业结构中传统媒体占多数有一定关系;但访谈中同样发现,即使新兴媒体从业者,虽然其对跨界的理念高度认同,但在策略、执行层面却依然十分谨慎。

表 3.6 媒体跨界运营的认可程度

	频率	极小值	极大值	均值	标准差
媒体跨界运营	5909	1.00	5.00	3.3317	.99524
有效的频率(列表状态)	5909				

媒体渠道扩展是融合发展的重要基础,当下媒体渠道立体化的扩展态势是在诸多因素相互交织作用下达成的。课题组选定七种作用因素,考察它们对媒体渠道扩展的影响,如表 3.7 所示,均值最高的是"内容品质提升"(均值 4.36),内容在渠道扩展的诸因素中发挥最主要的作用,这与表 3.2 数据分析结果说明了同样问题,即内容融合与渠道融合之间的有机互动以及内容融合在整个媒体融合发展过程中的地位。"受众互动与维护优化"的作用程度也很高(均值 4.31),说明"用户思维"在渠道扩展中广受认可;其后依次为"终端扩展""服务形态扩展""社交机制的借鉴与应用"。"物联网等技术的进步"均值较低,访谈中发现,从业者认可物联网会给传播渠道扩展打开更大空间,但其当下在传媒领域仍缺少落地的可行性策略和案例,也就是说物联网在推动渠道扩展方面有很大潜能,不过如何发挥其潜能还需要做出大量探索。

表 3.7　　　　　　　　　　媒体渠道扩展的作用因素

	频率	极小值	极大值	均值	标准差
内容品质提升	5970	1.00	5.00	4.3563	.79380
受众互动与维护优化	5966	1.00	5.00	4.3121	.78576
终端扩展	5951	1.00	5.00	4.0430	.83344
服务形态扩展	5956	1.00	5.00	3.9998	.84151
社交机制的借鉴与应用	5946	1.00	5.00	3.9879	.86431
物联网等技术的进步	5955	1.00	5.00	3.9234	.87965
媒体组织结构调整	5957	1.00	5.00	3.8756	.91814
有效的频率（列表状态）	5927				

在传统媒体拓展传播渠道的过程中，"两微一端"（微博、微信与移动客户端）已经成为各种媒体形态的"标配"，并且均打造出了比较完善的新媒体传播"矩阵"，充分借鉴、利用新媒体平台的传播力量打造传统媒体的影响力。但是"两微一端"需要辩证看待，微博、微信与移动客户端（独立 APP）的区别在于，"两微"是借助已经发展成熟、形成生态的社交媒体平台，运营成本较低；而"一端"需要自主开发运营独立的 APP，开发建设难度不大，但是宣传推广成本很高，因为存在这种明显的差异，所以在调查中将"两微一端"分为两个题目。如表 3.8 和表 3.9 所示，传统媒体"两微一端"的传播作用并不明显，其均值分别为 3.62 和 3.42，访谈发现传统媒体对"两微一端"寄予很高期望，将其视为积极参与融合发展竞争的重要策略，虽然在受众互动、推广营销等方面都取得了不错的成绩，但并未从根本上改变传统媒体在融合格局中的地位，所以影响到从业者对"两微一端"作用的认可程度。此外，"两微"的作用比"一端"更为明显，可以直接利用发展比较成熟的微博、微信平台，便于传统媒体内容、人才、创意等各种优势的发挥；而独立打造的移动客户端却面临着从零开始、艰难推广的过程，其作用与"两微"相比存在劣势。

表 3.8　　　　　　　　　传统媒体"两微"传播的作用

	频率	极小值	极大值	均值	标准差
微博、微信	5941	1.00	5.00	3.6230	.89022
有效的频率（列表状态）	5941				

表 3.9　　　　　　　　　传统媒体"一端"传播的作用

	频率	极小值	极大值	均值	标准差
移动 APP	5938	1.00	5.00	3.4151	.95879
有效的频率（列表状态）	5938				

要在融合发展过程中成功推动传播渠道扩展，需要综合统筹诸多因素、采用符合媒体发展要求的多元化运营方式，调查中主要围绕受众选择几种方式。如表 3.10 数据所示，其中作用最大的是"受众精准细分"（均值 3.96），符合传播渠道从"大众化"到"细分化""垂直化"的转变趋势。虽然以下各种运营方式的作用有不同程度差异，但整体来看，"预算精确核定""效果精准测量""推动受众相互传播""洞察受众动态情景""匹配受众情景化需求""优化受众信息消费体验"等各种方式的作用程度比较平均，引导受众自传播、在数据分析基础上把握受众需求并优化体验在渠道扩展中具有重要作用。

表 3.10　　　　　　　　多元运营方式在渠道扩展中的作用

	频率	极小值	极大值	均值	标准差
受众精准细分	5938	1.00	5.00	3.9611	.87061
预算精确核定	5928	1.00	5.00	3.7682	.86994
效果精准测量	5930	1.00	5.00	3.7809	.91024
推动受众相互传播	5921	1.00	5.00	3.8686	.89799
洞察受众动态情景	5909	1.00	5.00	3.7995	.91343
匹配受众情景化需求	5912	1.00	5.00	3.7544	.90688
优化受众信息消费体验	5912	1.00	5.00	3.7984	.93374
有效的频率（列表状态）	5893				

二 媒体渠道融合发展的现状与问题分析

通过对调查数据与深度访谈情况进行分析，发现渠道融合是传统媒体与新兴媒体融合发展进程中辨识度最高的一个环节，融合发展的理念、部署、形态均在传播渠道的变化过程中得到鲜明体现，从这个角度切入不仅便于研究传播渠道在融合背景下创新运营的方向和策略，而且便于加深对诸如内容、产业、体制等环节如何优化的理解。所以要强调，渠道形态融合在广度与深度的双向扩展只是一种表象，其背后反映的媒体融合发展规律的变化才是我们需要把握的关键。在此从传统媒体渠道扩展、新兴媒体渠道创新、多元渠道立体化融合三个角度对渠道融合发展现状予以概括，并对其存在的问题做简要分析。

一方面，新兴媒体形态与融合趋势的进化给传统媒体带来巨大生存压力，大量纸媒"广告断崖式下跌"，积极寻求突破却收效甚微，广电媒体分化严重、"马太效应"明显，即使市场占有率靠前的几大卫视也同样面临传统渠道影响力被分流、消解的无奈处境。"传统媒体颓势根源在传统传播渠道的'中断'或'失灵'，破解渠道失灵成为进行互联网转型的第一要务。"[①] 传统媒体近年来在这方面已经做出了各种尝试，如上文分析的"两微一端"，大幅提升了在新兴媒体平台上的传播能力，但依旧未能完全突破融合发展的瓶颈，"传统媒体的新媒体平台尝试已较为丰富，但距深度融合还尚有距离。深度融合不仅仅是通过入驻或者开通账号的形式进行转型，而是切实找到新旧媒体真正共享资源、协同发展的模式"[②]。可以说，仅从形态上来看传统媒体已经完成了"全媒体"化的转型和布局，但是这些努力究竟是推动了传统媒体自身实力的提升还是丰富了新兴媒体平台的内容生态？当下的这种"双赢局面"对于传统媒体来说是一种突破，还是

---

① 喻国明：《破解"渠道失灵"的传媒困局："关系法则"详解》，《现代传播（中国传媒大学学报）》2015年第11期。

② 黄楚新：《"互联网+媒体"——融合时代的传媒发展路径》，《新闻与传播研究》2015年第9期。

"饮鸩止渴"① 并最终成就了新兴媒体平台？基于不同出发点会对此问题做出不同解读，进而也导致对有着不同利益诉求的运营主体的传统媒体渠道创新策略的制定产生影响。

另一方面，新兴媒体渠道创新与扩展的逻辑逐步清晰，"渠道强势"的态势得到缓和，优质内容、服务创新的号召力大幅提升。新兴媒体平台的快速发展曾一度使传统媒体难以适应，尤其在从"门户时代"向"社交时代"转化的过程中，微博、微信、视频网站等对传统媒体形成很大冲击，"渠道优势"使新兴媒体在与传统媒体的竞争中占据先机。"在线上线下不同的区域空间内，人们形成例行化的行为特征，日常活动呈现出明显的节律差异……具体表现为线下家务活动、传统媒体接触时间减少，线上休闲娱乐、社交及媒体接触时间大幅增加。移动互联网重构了生活空间，促进社会时间再分配，推动了社会时空关系的分离与重组。"② 新兴媒体渠道在完成社会时空关系重组的过程中，逐步转化为社会信息生活的基础平台，这是渠道发展的结果，新兴媒体能够借助强大的平台渠道获得更大的利润空间；而这同样是社会文明进步的结果，意味着任何主体都能够低成本甚至是无成本地使用各种媒体平台。由此，任何主体都能把握新兴媒体渠道创新的逻辑，渠道本身的"统治性"优势得到缓和，能否推出优质内容与服务成为竞争的关键。

以上两方面分别立足传统媒体与新兴媒体在渠道扩展方面的创新做出分析，融合发展以两者为基础，但同时也有着与两者不同的独立逻辑。通过对深度访谈的分析，发现传媒从业者对融合发展的理解存在很大差异，原因在于思考的出发点、立足点不同，正如上述两段分别从传统媒体与新兴媒体的视角审视，能够对渠道融合的现状得出不同结论；但如果从融合发展的层面来看，上述两种视角均不能全面概括渠道融合的现状，只有以两者为基础，从辩证甚至争论中寻找符合渠道融合状态的独立逻辑，才真正有助于渠道融合发展取得质的突破。在这个过程

---

① 深度访谈中，山东手机台台长董崇飞提到，传统媒体纷纷投向微信等新媒体平台的怀抱是一种"饮鸩止渴"的行为，其结果是推动新兴媒体平台内容不断丰富，导致一种传统媒体为新兴媒体打工的现状。

② 李慧娟、李彦：《从线下到线上：移动互联网的时空分区效应研究》，《国际新闻界》2015年第10期。

中,融合发展是趋势和方向,但不一定要求任何形态都贴上"融合"的标签,比如无需苛求单一形态的传统传播渠道必须改变形态适应新兴媒体的运营要求。"融合与分离是事物发展的常态,所以媒体融合与否会随着时间的发展而改变,分与合、聚与散,这是事物发展过程中的辩证统一。"①

三 媒体渠道融合发展的驱动要素分析

同内容融合一样,传统媒体与新兴媒体渠道融合也是在多维要素的驱动下逐步推进的,其中既有主观方面的政策、管理要素,也有客观的技术、产业要素,各个要素之间可以形成不同组合方式,按照差异性逻辑组合在一起的要素所发挥的作用又不同于单个因素。为了能够把握渠道融合规律,需要对各种要素及其相互作用机制有清晰的认识,根据调查中的数据及从业者反馈,在此选择技术、产业、内容、资本、体制五个要素展开分析。

第一,技术革新,驱动传播渠道形态进化

在诸多驱动要素中,技术革新与传播渠道形态的发展之间有最为直接的联系,渠道形态在很大程度上由技术形态决定,技术的革新将推动传播渠道形态不断进化。如上文论及移动互联网的出现改变了渠道生态,但多年来一直面临带宽的制约,而从3G到4G的技术革新极大地突破了这一"临界点","由4G伊始,将催生相关产业的革命性变化。社会生活将成为融合媒体产业极具开发价值的处女地。4G不是终点,信息革命将延伸"②。技术革新的驱动体现在渠道发展的诸多环节,如"基于VR(虚拟现实技术)的平台将很快成为下一代新闻入口,面对技术驱动下入口快速更替的可能性,媒体如何应对是值得进一步关注的问题"③。

---

① 刘珊、黄升民:《解读中国式媒体融合》,《现代传播(中国传媒大学学报)》2015年第7期。

② 吴信训:《4G前景下我国媒体融合的新变局与进程展望》,《新闻记者》2015年第9期。

③ 余婷、陈实:《从"互动"到"卷入"——新闻入口移动社交化背景下美国媒体社交团队发展趋势探析》,《新闻记者》2016年第4期。

第二，产业整合，驱动传播渠道辐射力提升

在当下的传媒格局中，如果创新型的渠道形态不能在市场竞争中发挥应有作用，其生命周期不会持续很久便会被淘汰。"'互联网+'是互联网与传统产业的结合，把原本孤立的各传统产业相连，通过大数据完成行业间的信息交换。以云计算、物联网、移动通信网络为代表的新信息技术为改变信息的闭塞与孤立提供可能。'互联网+'作为外推力，有利于互联网与传统产业的深度结合。"[①] 产业整合给渠道创新带来更大压力，同样也带来巨大空间，如表3.4与表3.5所示，传播渠道的影响能够延展到多个行业，大幅提升渠道创新的辐射力。

第三，内容迭代，驱动传播渠道生态优化

如果没有优质、海量的内容资源，传播渠道再立体、再完善也是没有生命力的。媒体内容面对渠道融合的发展也在不断改进生产方式，最初是从传统渠道到新兴平台的迁移，但从传播与市场双重考量中都收效不大；随着对融合规律理解的深入，媒体内容生产方式在迭代中趋向完善，传统媒体能够按照新兴媒体平台的要求生产优质内容，"坚持'内容+服务'原则，实现传播平台开放，吸收用户共同参与信息生产，密切报纸与用户的联结，增强活力和社会影响力、市场竞争力"[②]；掌握渠道优势的新兴媒体也在快速提升内容自制能力，内容生产方式的迭代将推动渠道生态不断优化。

第四，资本助力，驱动传播渠道跨越式发展

文化传媒板块的高增长性使其成为资本市场的宠儿，"新兴媒体是一个有着很高资本门槛与规模要求的领域，其发展已经逐步趋向以资本为引领、以创意与模式为核心、以规模与占有率为目标的竞争状态，资本运营的规模不断加大、方式日益灵活"[③]。虽然不能完全用资本的逻辑来主导媒体运营，但不可否认对接资本市场有助于大幅提高公司的规范性与发展效率；而且随着资本市场对媒体理解的进一步深入，会更加敏锐地发现有潜力的渠道创新点，帮助其尽快完成从无到有、从小到大

---

① 黄楚新：《"互联网+媒体"——融合时代的传媒发展路径》，《新闻与传播研究》2015年第9期。

② 马知远、刘海贵：《都市报互联网基因的发掘与嬗变》，《新闻大学》2015年第6期。

③ 刘峰：《基于互联网思维的电视媒体资本运营策略探析》，《电视研究》2015年第2期。

的成长过程,实现高速甚至跨越式发展。

第五,体制改革,驱动传播渠道规范化运营

"媒介与社会制度是一对辩证关系,一方面,媒介社会建构功能在塑造政治权威与社会稳定,另一方面,媒介权力失控又在冲击社会的各个方面"[①],传播渠道的融合发展提升了媒体产业管控、舆论管控的难度,倒逼传媒体制深化改革。同时,体制的改革也为驱动传播渠道规范化运营创造了条件,比如"从社会层面而不是单个机构角度来规范社交媒体使用,避免机构为了商业利益过度限制社交媒体的使用或对社交媒体的使用不进行规范"[②]。

四 媒体渠道融合发展深化过程中存在的认识误区辨析

渠道融合发展的进程在各种驱动要素的作用下依然处于不断深化之中,上述分析对融合驱动机制进行了探讨,不过在调研中发现,虽然很多从业者对渠道融合的动因、趋势都有比较清晰的理解,但他们对融合中各种问题的认识、观点却存在很大差异甚至误区。这一方面是因为渠道融合发展涉及面广,转型期的各种诉求都附着于媒体改革,体现在对渠道融合的认识当中,导致从不同视角出发会形成差异性认知;另一方面是因为受到传统惯性思维的影响,还未能科学把握融合发展的规律,导致片面性认知。厘清现存的主要认识误区是探索渠道融合发展路径的重要前提,在此对调查中发现的主要误区进行提炼和概括。

第一,传统媒体渠道在融合发展中难以发挥效能,必须向"新"和"全"的方向转型

诚然传统媒体渠道面临生存困境,也存在很多唱衰传统媒体渠道的声音,报业接连出现"关停并转"也强化了这一论断,我们承认在技术驱动下渠道形态必然会产生进化,但不可就此全盘否定传统媒体渠道的效能。传播渠道之于人类需求如同工具之于器官,其内在联系在于

---

① 彭华新:《论当代媒介环境中舆论监督的权力嬗变》,《国际新闻界》2014年第5期。
② 张小强:《传统新闻机构对社交媒体的控制及其影响:基于对国外30家机构内部规范的分析》,《国际新闻界》2014年第12期。

"人通过工具不断地创造自己,其效用和力量日益增长的器官是控制因素,一种工具的合适形式只能起源于那种器官"[1],融合过程中判断渠道效能的标准首先是"适用性",其次是经济收益、创新程度等,传统媒体渠道仍将在博弈中发挥自身作用。同样,其转型也需要以服务社会与用户为第一导向,而非以渠道新旧或渠道是否单一为标准。

第二,渠道融合的关键在于形态创新

传播渠道与平台的创新程度是决定新兴媒体高速增长的基础条件,而且随着媒体融合得到资本市场的认可,渠道形态的创新往往意味着更高的估值、融资额与成长空间,由此产生形态创新、扩展决定渠道融合的误区。其实形态创新是渠道融合发展的表象之一,其背后表现了传媒生态格局转变的趋势,技术、资本、运营方式多种因素的系统性发展才能最终实现渠道形态创新。比如移动互联网作为新兴的传播渠道与方式,"使社交自由得到极大提升,血缘关系、时空区隔、身份属性等符号限制条件不断弱化,共同的价值观等新的符号范式不断增强"[2],其影响在于重构人们的信息生活,在需求的驱动下形成移动端的各种渠道形态。所以渠道形态创新是表现、是结果,不能简单地将其等同于融合发展之因。

第三,渠道融合发展的主要推动力来自政策层面

近年来国家多次作出加快推动传统媒体与新兴媒体融合发展的部署,从政策层面对传播渠道创新予以引导和鼓励;一些由政府、传统媒体发起的渠道扩展并未得到市场认可,未能取得预期成绩,由此产生误区,认为渠道融合主要是由政策推动的,市场认可程度低。此误区夸大了失败案例中成因的作用,且片面地认为其源自政策。以三网融合为例,"虽然进展并不尽如人意,但并不意味着三网融合会终止。移动互联网中的内容入口、社交入口、服务入口之争,将进一步改变三网融合的市场格局,而可穿戴终端也将推动移动互联网与物联网的融合。从未来发展趋势来看,广电网、电信网、互联网的三网融合将演变为

---

[1] 邹建中:《当前我国4K电视产业的发展策略研究》,《现代传播(中国传媒大学学报)》2015年第5期。

[2] 蒋晓丽、梁旭艳:《场景:移动互联时代的新生力量——场景传播的符号学解读》,《现代传播(中国传媒大学学报)》2016年第3期。

NGB、移动互联网及物联网的融合"。① 渠道融合过程中必定存在多种类型的阻力，经验与教训的成因都是多元化的，我们需要避免由于片面归因而导致认识误区。

第四，只有跨界运营才能实现渠道创新

跨界是渠道融合的重要路径，这在表 3.4、表 3.5、表 3.6 的数据中都能够得到体现，业界诸多成功案例都带有跨界运营的特征，但并不意味着只有跨界运营才能实现渠道创新。移动互联网是跨界运营的重要推动力量，它"形成新的空间环境和时间维度，强调以个体为中心，以个人的便捷性和个人行为的舒适性为基础，将个体从组织、机构、规则和物质性的束缚中解放出来"②，所以渠道融合的重心同样需要放在如何利用媒体技术为社会、用户提供更好的服务，而不是聚焦形态是否跨界；如果跨界运营不能够为用户带来便捷与舒适，那其渠道扩展也就不会得到市场的认可。

五 加快推进媒体渠道融合发展的策略探析

面向实践的策略探讨是认识渠道融合发展要素、厘清认识误区的目标指向，渠道层面与内容层面的创新探索都是各种形态媒体在融合过程给予高度关注的重点环节，渠道形态的进化及其结构在很大程度上决定着媒体融合发展的格局，所以加快推进传统媒体与新兴媒体渠道融合发展的策略对于传媒管理与运营者来说，具有战略性的意义和价值，在此结合上述分析，并从以下几个方面做出探讨。

第一，在渠道与内容的良性互动中加速平台化发展

传统媒体与新兴媒体之间的博弈将贯穿渠道融合发展过程，虽然两者都在努力借鉴对方的长处，但传统媒体的内容优势与新兴媒体的渠道优势在一段时期内仍会发挥巨大作用，只有基于两者之间的良性互动才能为渠道平台化的进一步优化创造条件，这与表 3.2 "内容采编方式创

---

① 彭兰：《从老三网融合到新三网融合：新技术推动下三网融合的重定向》，《国际新闻界》2014 年第 12 期。
② 王佳炜、杨艳：《移动互联网时代程序化广告的全景匹配》，《当代传播》2016 年第 1 期。

新"在"人端合一"中发挥的作用保持高度一致。"互联网彻底改变了以媒体机构为单位的媒介生态……个人传播能量的激活，助推传播生态由以往单向度、不对等格局向互动性、对话式格局发展。"① 在平台化过程中需要激发不同内容之间的对话、碰撞，通过推动内容生态的繁荣促进渠道平台的发展；特别强调，对于掌握内容优势的传统媒体，"必须变单边经济为双边经济，建立起完整的双边市场盈利模式，完成在互联网时代的平台化转型"②，扬长避短、把握渠道转型机遇。

第二，遵循关系重建的逻辑寻找渠道延伸路径

传播渠道延伸需要遵循一定的逻辑，否则便会成为不能创造价值的形式，"关系法则是互联网渠道构建和维系的关键，转型不能简单地做'传媒+互联网'加法，而是要以关系思维洞悉用户，构建有效的渠道体系，走出原有运作模式的窠臼"③。不同用户、内容、渠道之间构成不同性质的关系，运营中需要在把握不同关系特征的基础上制定个性化渠道延伸策略，比如面对移动传播渠道带来新需求，媒体内容制作以渠道为工具发生改变，"以小屏叙事、轻量化、可视化方式实现'移动适配'，减少用户获取信息成本，提升信息获取的轻松度、愉悦性，是当前移动采编理念的核心内容"④，生产者、传播者、消费者之间的关系互动促进了移动传播渠道的发展。

第三，面向场景构建寻求渠道应用路径

传播渠道延伸的目的是应用，而场景则是渠道在生产生活中发挥作用的落脚点，"媒体转型须通过媒体融合，媒体融合须通过场景再造。转型即转场，转场即胜负手，从传统媒体和大众传播的受众场景转向新兴媒体和人际传播的用户场景，是决定终端融合成败的胜负手"⑤。正如山东手机台台长董崇飞所言："在传播之外，服务更重要，渠道融合

---

① 张志安、曾子瑾：《从"媒体平台"到"平台媒体"——海外互联网巨头的新闻创新及启示》，《新闻记者》2016 年第 1 期。
② 林翔：《平台竞争：电视媒体独播策略的经济学分析》，《电视研究》2015 年第 6 期。
③ 喻国明：《破解"渠道失灵"的传媒困局："关系法则"详解》，《现代传播（中国传媒大学学报）》2015 年第 11 期。
④ 郝永华、阎睿悦：《移动新闻的社交媒体传播力研究》，《新闻记者》2016 年第 2 期。
⑤ 谭天：《从渠道争夺到终端制胜，从受众场景到用户场景》，《新闻记者》2015 年第 4 期。

的核心不是新技术,而是能够满足新需求、新欲望的新思维。"① 面向用户在不同场景中的需求思考渠道应用是抢占未来万物智能互联入口的关键;为了实现这一目标,山东手机台与中国科学院联合成立山东省新媒体研究院,加快基础标准的研发,力求打造适应多元场景需要的创新平台。当然,基于场景的渠道重构也会面临问题,"场景确实改进和提高了传播的有效性,增强了亚文化的凝聚力。但是,场景的缺陷也是不言而喻的,比如对隐私的暴露"②,需要在运营中科学预判、有效防范。

第四,面向市场转型、直击用户痛点的跨界运营方式

上文分析了跨界运营的得失以及当下存在的认识误区,不可否认跨界运营已经成为渠道发展的趋势,能否取得预期效果关键在于跨界是否直击用户痛点、满足市场转型的要求。如表 3.4 所示,不同应用场景在渠道扩展中的作用得到从业者认可,其中排名靠前的媒体电商"利用渠道资源对自家电商平台进行宣传,降低成本,同时使媒体掌控产品的供应链成为可能"③。媒体与电商的跨界为用户提供了方便,激发了渠道的作用和潜能。"直面大众迫切需要解决的生活难题,运用媒介优势弥补优化社会生活资源、社会公共服务体系的不足和局限,从单纯大众媒介转型为综合生活媒介时,传媒的发展空间就豁然开朗了。"④ 如山东广播电视台总监张新刚所说,广播渠道创新需要找准具有市场空间、能够发挥广播优势的细分领域,⑤ 山东广播经济频道成立山东爱贝果信息有限公司,从"育儿"切入跨界运营,使原有渠道的影响力得到延伸。

第五,基于"互联网+资本"推动渠道融合,实现媒体与市场的双重突破

"处于转型关键期的中国迎来了'互联网+'的历史性机遇,'互联网+资本'已经成为各行各业创新、转型发展的基础动力。在互联网

---

① 本资料由课题组通过深度访谈获得。
② 蒋晓丽、梁旭艳:《场景:移动互联时代的新生力量——场景传播的符号学解读》,《现代传播(中国传媒大学学报)》2016 年第 3 期。
③ 黄楚新:《"互联网+媒体"——融合时代的传媒发展路径》,《新闻与传播研究》2015 年第 9 期。
④ 吴信训:《4G 前景下我国媒体融合的新变局与进程展望》,《新闻记者》2015 年第 9 期。
⑤ 内容来自课题组深度访谈。

发展过程中，资本起到了关键性作用，产融互动得到淋漓尽致的体现，'互联网+资本'本身便是'互联网+'的内在要求和体现。"① 互联网与资本有着不同要求，但又存在内在联系，结合两者的优势便于探索出适合媒体融合与市场竞争两方面需求的可行性方式；比如"电视媒体需要改变传统的以电视为中心、以互联网为补充的运营思维，要从未来互联网系统生态的战略高度重新思考，充分运用资本运营在传媒市场上的作用进行新的布局"②。

综上所述，中国传统媒体与新兴媒体渠道融合发展会进一步深入，对创新策略与路径的要求也会进一步提高，我们需要从全局战略层面思考渠道融合，及时调整和优化运营策略。文中五种驱动要素综合作用的最终导向是渠道生态融合，使"人"的生产生活空间成为渠道融合的核心落脚点，"家的边界在一个媒体无所不在的时代已经变得容易渗透，媒体设备变为塑造城市公共空间的普遍元素，一代又一代新移动设备的开发，加强了对已有公共和私人空间边界的挑战"③。在传媒发展历史上，渠道从未离我们的日常生活如此之"近"，作为渠道使用者能够享受融合发展带来的巨大便利。但融合过程中存在的问题也需要得到足够重视，比如新兴的 VR 技术导致"'虚拟世界'与真实世界之间具有强烈疏离感，VR 技术没有能够提供沟通两个'世界'的有效手段"④，渠道融合需要在各种问题的解决过程中得到完善。最后需要强调，另一个与渠道融合内在相关的核心因素是传媒体制，渠道融合发展提出了体制改革的诉求，我国传媒体制改革的效率与程度也将决定上述诸多努力能否真正转化成媒体渠道融合发展的成果。

---

① 刘峰、吴德识：《"互联网+资本"背景下面向东南亚的视听产业融合发展探析》，《广西社会科学》2015 年第 7 期。
② 刘峰：《基于互联网思维的电视媒体资本运营策略探析》，《电视研究》2015 年第 2 期。
③ 喻国明：《家庭场域的数字化重构——关于移动互联网时代生活空间的功能异化研究》，《现代传播（中国传媒大学学报）》2016 年第 3 期。
④ 史安斌、张耀钟：《虚拟/增强现实技术的兴起与传统新闻业的转向》，《新闻记者》2016 年第 1 期。

专论三

中国传统媒体与新兴媒体融合发展过程中传媒体制改革研究*

在中国传统媒体与新兴媒体融合发展过程中，媒体与体制构成一对矛盾体。近些年来，国家多次从媒体融合等不同层面推出有利于传统媒体与新兴媒体融合发展的政策，为媒体融合进程的深入推进创造了良好的条件。但也正是传媒体制、政策层面存在的一系列问题，对加快推进传统媒体与新兴媒体融合发展构成巨大阻力，体制与传媒之间已开始构建一种双向互动关系。所谓"双向"，一方面指传媒对政府体制运作的监督、影响；另一方面指政府要顺应传媒的发展潮流，依法依规进行宏观管理。但这种管理，绝非传统意义上的简单控制，而是建立在社会运行机理框架下的并以实现"聚合"为目的的管理。在中国经济社会转型升级的历史背景之下，面对加快推进传统媒体与新兴媒体融合发展的迫切任务，传媒体制深化改革的必要性、急迫性更加受到重视，并且被视为推进传统媒体与新兴媒体融合发展的关键环节。

基于以上几个方面的思考，课题组采用问卷调查和深度访谈相结合的方法，在前期文献梳理与行业研究的基础上，选定内容、渠道、产业、集群发展、体制五个方面作为调研重点，以调查不同层面的媒体工作者对媒体融合发展的认知为主要方向来编制问卷和深度访谈大纲。本调查于2015年7月开始实施，课题组在10个月内走访调查20个省、直辖市、自治区（共计24个城市，其中山东调查了济南、烟台两个城市，浙江调查了杭州、宁波两个城市，广东调查了广州、深圳、佛山三个

---

* 专论三内容基于作者以下论文整理、写作。严三九：《媒体融合过程中传媒体制改革研究》，《新闻记者》2016年第12期。

城市，其他省份的调查、访谈均在省会城市展开）。本次调查共发放问卷7200份，回收问卷6339份，回收率为88%，有效问卷6014份（见表4.1）。同时每个省市分别进行30个深度访谈，访谈对象包括主管部门领导、媒体运营者、传媒一线员工等，覆盖平面媒体、广电媒体、新兴媒体。平均每个调查城市发放问卷300份，发放要求为平面媒体100份、广电媒体100份、新兴媒体100份；因现实条件限制，各个省市的实际发放数量、比例略有浮动，但均在遵循以上基本要求的前提下进行。本次问卷调查的全部数据均采用国际通行的社会科学统计软件包（SPSS/PC＋）统计处理。

表4.1　　　　　　　　调查地域及各地有效问卷量

调查地域	有效问卷量	百分比（%）
福建	293	4.9
安徽	307	5.1
北京	336	5.6
甘肃	285	4.7
广东	438	7.3
广西	280	4.7
河南	283	4.7
湖北	281	4.7
湖南	274	4.6
江苏	321	5.3
辽宁	287	4.8
内蒙古	300	5.0
山东	411	6.8
山西	211	3.5
上海	275	4.6
四川	280	4.7
天津	280	4.7
西安	241	4.0
浙江	321	5.3
重庆	310	5.2
合计	6014	100.0

本书聚焦于中国传统媒体与新兴媒体融合发展进程中的传媒体制改革，在对中国20个省、自治区、直辖市调研数据分析的基础上，分析中国传媒体制改革方面存在的问题，并探究其驱动因素、成因及解决方案。

表4.2　　　　媒体内容融合发展相关题目（具体选项对应下文表格）

题号	题目	本书表格编号
1	您认为传媒体制与政策在融合发展中作为"阻碍因素"的作用程度为	表4.4
2	您认为体制与政策阻碍因素在不同方面的作用程度为	表4.5
3	您认为2014年、2015年部分新政对四个融合层面的作用如何	表4.6
4	您认为以下因素在传媒公司运营机制改革中阻碍作用的程度为	表4.7
5	在微观层面（机构、公司运营），您认为基于"互联网+"的机制改革的作用程度为	表4.8
6	您对国家从不同方面出台促进政策的意愿程度为	表4.9

表4.3　　　　　　　　课题组深度访谈主要题目

题号	题目
1	您认为当下传媒体制在哪些方面存在不适应融合发展的问题
2	贵单位在运营当中遇到过什么样的问题，能够体现出传媒体制改革的必要性
3	在传媒体制改革中，您认为应当如何处理意识形态、舆论、市场等多方面的关系
4	您认为传媒体制和政策应当在哪些环节、做出什么样的调整，才能更有效地促进媒体融合的发展
5	针对当下传媒产业在融合发展过程中出现的诸多问题，您认为应当如何在政策层面进行管控和引导
6	为了更有效地推动技术创新在媒体融合发展中的应用，您认为应当制定哪些具有前瞻性的政策
7	传媒体制改革和政策调整，应当如何处理好宏观、中观、微观等不同层面的规划

一　媒体融合发展进程中媒体体制改革调查数据分析

通过文献分析与调查发现，诸多从业者在探讨中国传统媒体与新兴媒体融合发展问题时，无论其关注的焦点是内容、渠道还是产业，受访者均认为融合发展和传媒体制与政策之间有着密切联系,深化传媒体制改革是融合发展的重要推动力量。如表4.4数据所示,在全部6014份有效回收问卷中,有5874份认同"当下传媒体制与政策中存在阻碍媒体融合发展的因素",并且从业者对此问题的认同程度比较高,均值达到3.87(课题组调查中对受访者认知、态度的大部分问题通过李克特量表实现,设置5个回应等级,从1到5分别对应认可程度"非常小、比较小、一般、比较大、非常大")。

表4.4 传媒体制与政策在融合发展中作为"阻碍因素"的作用程度

	计数	均值	标准差
当下传媒体制与政策中存在阻碍媒体融合发展的因素	5874	3.8742	.94835
有效的频率(列表状态)	5874		

传媒体制与政策中存在阻碍媒体融合发展的因素在不同层面所起的作用也有一定差别(见表4.5),其中"人才引进培育"均值最高(4.05),与近期传统媒体大量优秀人才、知名主持人"出走"存在内在联系;"公司化运营"均值也高达4.01,体现了从业者要求通过体制改革释放媒体市场活力的诉求,"跨所有制融合"(均值3.89)、"跨媒体形态融合"(均值3.85)、"跨地域融合"(均值3.74)说明了体制与政策的改革优化是一项系统性工程,要满足不同层面融合发展的需要。

表4.5 体制与政策阻碍因素在不同方面的作用程度

	计数	均值	标准差
公司化运营	4930	4.0110	1.02449
人才引进培育	4903	4.0545	1.02463
跨地域融合	4886	3.7427	1.01932
跨所有制融合	4897	3.8940	1.00041
跨媒体形态融合	4886	3.8512	1.03716
有效的频率(列表状态)	4866		

不同传媒领域，政策所产生的作用也是不同的，课题组选定 2014 年度、2015 年度中国传统媒体与新兴媒体融合发展相关性较大的十大行业新政，分别调查从业者对这些政策对内容融合、渠道融合、产业融合、产业集群发展作用的认可程度（均值如表 4.6 所示）。数据表现出一个突出问题，即政策在融合背景下的影响范围逐步扩大；比如《使用文字作品支付报酬办法》，在传统视角来看主要是针对内容融合，但随着媒体生态不断进化，其影响在渠道、产业等方面得到从业者的认可与重视。同时提醒媒体管理者、运营者对融合趋势深化传媒体制改革的复杂性要充分重视。

表 4.6　　2014 年、2015 年部分新政对四个融合层面的作用

	内容融合	渠道融合	产业融合	集群发展
《关于推动传统媒体与新兴媒体融合发展的指导意见》	4.0501	4.0461	4.0291	3.9729
《深化文化体制改革实施方案》	3.8617	3.8586	3.8691	3.8381
《深化新闻出版体制改革实施方案》	3.7795	3.7879	3.7856	3.7436
《新闻从业人员职务行为信息管理办法》	3.5915	3.5062	3.6113	3.5536
《关于推进文化创意和设计服务相关产业融合发展的若干意见》	3.7720	3.6508	3.7693	3.6583
《关于进一步完善网络剧、微电影等网络视听节目管理的补充通知》	3.7509	3.6386	3.6446	3.6164
《关于规范学术期刊出版秩序促进学术期刊健康发展的通知》	3.5226	3.4360	3.4558	3.4881
《新闻出版行业标准化管理办法》（新版）	3.6005	3.5857	3.5542	3.5322
《使用文字作品支付报酬办法》	3.6233	3.5593	3.5492	3.5118
《即时通信工具公众信息服务发展管理暂行规定》	3.6884	3.7108	3.6607	3.6666

具体到作为行业运营主体的传媒公司、单位，也需要从微观层面对自身的管理与运营机制做出改革。如表 4.7 所示，将传媒体制改革作为影响因素，调查各种因素在传媒公司运营机制改革中的阻碍作用的程度，其中"现行传媒体制"均值最高（4.08），超过运营者主观层面的

"管理者战略偏差与失误"和客观背景层面的"移动互联网新要求"等,传媒体制改革的必要性与急迫性进一步得到验证。

表4.7 诸因素在传媒公司运营机制改革中阻碍作用的程度

	计数	均值	标准差
移动互联网新要求	5911	3.9633	.90318
现行传媒体制	5913	4.0844	.82899
管理者战略偏差与失误	5908	4.0232	.89691
受众维护成本过高	5904	3.7624	.86821
传统人力管理方式受到挑战	5910	3.8657	.87879
员工认同感、积极性存在问题	5906	3.8412	.92980
有效的频率(列表状态)	5883		

无论是宏观的传媒体制改革还是微观层面的管理机制优化,都需要针对行业发展的趋势与需求制订有针对性的方案,面对"互联网+"的发展要求,各种类型的媒体企业都做出了相应的探索,表4.8数据反映了从业者对其在以下各方面的作用程度。从表中数据可见,各方面认可程度比较平均,结合深度访谈发现,从业者认可"互联网+"的改革方向,但认为当下的探索在"落地"过程中存在各种问题,表中均值相对较低反映了这一点。

表4.8 微观层面基于"互联网+"的机制改革的作用程度

	计数	均值	标准差
提升了传统业务的创新水平	5929	3.8917	.91771
激活了员工创造力与积极性	5926	3.7410	.94983
推动组织结构优化	5922	3.6624	.94541
催生新的业务形态	5921	3.7796	.97133
创新盈利模式	5922	3.6922	.99787
改变公司在产业链中的地位	5916	3.5245	.99902
有效的频率(列表状态)	5906		

从业者面对融合发展中与自身工作密切相关的各方面问题，存在希望国家尽快出台促进政策的意愿，表4.9数据反映了分别针对九个方面尽快推动政策创新的意愿程度。其中"知识产权保护""网络环境净化""推进技术创新与应用""鼓励创业""促进信息流动与透明""管理体制与方式改革"六项的均值均达到4以上，其他三项均值也比较高，说明对传媒体制改革的诉求是全方位的。

表4.9　　对国家从不同方面出台促进政策的意愿程度

	计数	均值	标准差
知识产权保护	5938	4.1573	.88681
网络环境净化	5933	4.0228	.93806
鼓励跨界扩张	5930	3.9799	.89832
更加便利地对接资本市场	5935	3.9688	.88229
推动技术创新与应用	5926	4.1117	.89575
鼓励创业	5932	4.1077	.88375
网络素养提升	5927	3.9934	.90381
促进信息流动与透明	5931	4.1015	.91262
管理体制与方式改革	5931	4.1408	.91838
有效的频率（列表状态）	5905		

二　媒体融合发展进程中传媒体制改革现状和问题分析

通过调研过程中的数据（见表4.4、表4.5、表4.7）以及深度访谈发现，在融合发展背景之下，我国传媒体制改革的必要性、急迫性已经凸显。在加快推进传统媒体与新兴媒体融合发展的过程中会遇到多样化的阻力与障碍（见表4.5），媒体融合进程也恰恰是逐步克服这些障碍因素的过程，不同环节的媒体融合发展紧密联系，但又存在各自的特殊要求，比如人民教育出版社副社长、人教数字公司总经理王巧林提到，媒体内容融合既是各种内容生产要素、生产方式、传播渠道的融合，也是多维度障碍因素逐步融合直至消融的过程[①]；各种障碍因素之

---

① 本资料由课题组通过深度访谈获得。

间相互影响和制约,很难对这些因素的重要性或作用的大小进行量化排序,实践中也不能对某个或者某几个因素过分偏重,这样容易导致媒体融合发展思路与方式的科学性受到主观因素影响。

对任何一个阻碍因素的分析和认识都需要建立在综合分析复合背景的基础上,通过对比体制与技术、资本等其他因素可以发现,传媒体制与其他诸多因素并不处于同一个维度,传媒体制的运行方式、变革驱动与其他因素相比都具有更强的主观性特征;同时,传媒体制改革能够使其他维度的诸多因素产生连续性变化,形成牵一发而动全身的效应。基于这两点,传媒体制的改革与创新是解决媒体融合过程中诸多问题的关键,其一是因为只有保证传媒体制的科学性,才能抑制其滞后性与主观性的负面作用,其二是因为通过传媒体制形成纲举目张的引领力量能够提高媒体融合发展的效率,在此从以下几个方面予以简要论述。

首先,在大部分情况下,即使媒体融合发展的其他条件已经充分具备,范围广、维度深的融合实践也需要在体制改革后才能得到有效展开。体现比较明显的是政策层面,尤其是国家层面的促进政策对业态的影响更是显著,比如2014年8月18日《关于推动传统媒体和新兴媒体融合发展的指导意见》的提出对我国媒体融合进程有着极大的推动作用,这一效应在发达国家的媒体业发展进程中同样存在。"从世界各国媒介管理的现状来看,媒介规制的变革乃是媒介融合的必要前提。国内有不少媒介集团已意识到媒介融合能提高传播效率,更能抢占市场先机,但大都苦于政策瓶颈难以推行改革。如此看来,中国要真正做大做强媒介产业,扭转与外国媒介集团竞争中的不利地位,规制改革势在必行。"[1] 在当下的媒体融合过程中,政策瓶颈背后体现的是整个传媒体制的瓶颈(如表4.4所示,当下传媒体制与政策中存在阻碍媒体融合发展的因素均值达3.87),突破政策瓶颈的根本在于传媒体制改革,这将为媒体融合提供内在驱动力,使各种资源在聚合之后形成融合发展的加速度。

其次,随着媒体融合进程的推进,媒体产业集群效应会进一步放大,基于产业集群实现媒体产业深度融合、提升中国媒体产业的整体竞争实力

---

[1] 蔡雯:《规制变革:媒介融合发展的必要前提》,《国际新闻界》2007年第3期。

是媒体融合发展的题中应有之义。科匠中国副总裁袁庆表示，传媒产业规模化、集群化发展是融合发展的重要方向，技术创新已经为中国传媒产业的跨越式发展提供了有利契机，但是更加重要的是体制和政策层面的推动。①"中国产业集群技术创新与制度创新有了一定融合，且对于地区经济增长有显著的正向作用，但大部分集群还远没有实现深度融合……这就要求各级政府一方面通过正式制度提供相应的制度供给，并且保持政策的稳定性。此外，还要构造与市场经济体制要求相吻合的基本制度关系和行为规则，促进集群非正式制度的发展，为技术创新提供支撑和保障。"② 虽然国家在法律法规以及政策导向上都对产业集群发展给予了大力支持，但目前媒体产业集群发展要求与管理体制之间依然存在诸多矛盾，积极推动传媒体制改革以提升中国传媒产业集群化发展的规模与水平，对于在媒体融合过程中构建引领与示范性力量具有重要意义。

最后，从媒体资本运营的角度来看，资本运营是媒体融合的有效助力，通过成熟的资本运营手段能够大幅提升媒体融合发展效率，但资本作用的发挥需要相应的市场机制予以配套和支持，同时对资本运营过程中的负面作用及风险形成有效管控，这是传媒体制创新中必须科学把握的一对矛盾体。现代媒体市场的发展对金融支持的依赖性越来越强，资本因素常常在市场竞争中发挥决定性作用，但"资本的条块分割、有限资本的'双向'发展策略以及媒介融合的重复建设，也是传统媒体、媒介融合逐渐失利的原因"③。如果资本运营的效率不能够得到有效发挥，会导致传媒资源的巨大浪费，而这种状况在当下媒体融合发展进程中依然广泛存在，如表4.9所示，"更加便利地对接资本市场"均值比较高，但同时还有诸多问题都需要从体制层面予以解决。仅仅依靠市场机制的作用以及媒体运营主体的战略优化难以从根本上解决这些问题，只有通过机制的推动力量才能从根本上激发、规范资本运营的积极作用。

综合以上三个方面，无论是宏观媒体融合格局的调整、中观产业集

---

① 本资料由课题组通过深度访谈获得。
② 乔彬：《产业集群技术创新与制度创新融合路径与质量》，《产业经济研究》2014年第5期。
③ 姜东旭：《传统媒体媒介融合的基础：成本、市场和收益》，《编辑之友》2015年第1期。

群发展以及资本运营、微观媒体市场主体竞争力的提升，要从根本上形成系统性的媒体融合发展势能、在生态进化中推进媒体融合，都需要在传媒体制改革的层面寻求突破，解决制约媒体融合诸多问题的关键正在于传媒体制的改革与创新。

三 面向媒体融合发展过程中传媒体制改革的困境分析

传媒体制改革是推进媒体融合发展的关键环节，从行业管理者到从业者、从内容生产者到普通受众都已经认识到传媒体制层面创新对媒体融合的推动作用，但是体制的改革与创新从意识到方案设计再到具体的实施需要一定的周期以及论证、实验的过程，在这个过程当中又会面临不同环节、不同媒体类型、不同市场主体的博弈，还要在紧跟社会经济转型升级快速推进带来的新趋势、新要求的同时对传媒业的发展方向形成科学的引领；面对这些系统性的高要求，再加上传统传媒管理与运营意识、体制的强大惯性，导致当下面向媒体融合的传媒体制改革面临着很大的困境。传媒体制改革的强大势能已经形成、已经是各种传统因素所不能遏制的历史趋势，但是改革的困境是客观存在的，正视困境并且对其进行正确而深入的认识是有效推进传媒体制改革和创新的基础前提。在此，结合调研数据及深访结果，从以下几个方面对面向媒体融合的传媒体制改革过程中所面临的困境进行整体性的把握。

第一，在意识层面，传媒体制改革存在对立性的矛盾

之所以呼唤改革，一方面因为传统媒体在新兴媒体迅速崛起之后遇到了结构性的尴尬，在享受部分政策性保护的同时受到"传统媒体消亡论"所带来的恐慌影响，清醒地认识到已经到了必须变革的边缘，但是长期以来形成的意识、行为模式与既得利益格局却使大部分传统媒体从业者对传媒体制改革存有抗拒心理。另一方面，新兴媒体作为传媒市场格局变化中的生力军，对现行的传媒管理体制同样表现出很大程度的不适，它们希望得到体制层面的支持从而获得更大的成长空间。但是，因为新兴媒体在技术应用、运营模式等方面的更新速度很快，管理体制变动带来的生存环境变化也极有可能缩短其现有媒体内容产品、模式的生命周期，导致部分新兴媒体运营者对体制改革的态度也趋于模糊。所以，巨大的革新需求与谨慎、惰性之间形成了传媒体制改革在意识层面必须克服的一对矛盾。

第二，政策的制定、执行与行业反应存在不对称现象

按照直接目标与诉求可以将媒体政策的创新划分为两种，一种是顺应业态新要求、推动新趋势发展的政策，比如《关于推动传统媒体和新兴媒体融合发展的指导意见》；另一种是对媒体融合发展过程中出现的各种不规范现象的规制，比如广电总局要求所有视频网站 APP 在电视端下架、整顿"盒子"、多轮限娱令与限广令等。业界对两方面政策推出以及执行的反应表明，不能简单地以政策制定目标诉求的分类来推测业界的反应是否积极，也不能单纯地从传统媒体或者新兴媒体的形态分类的标准去衡量不同政策的适用性、有效性。在市场化程度不断加深的背景下，媒体从业者思考政策的基点是竞争与生存压力，与政策制定与推行者以上两个不同方面的目标诉求存在维度的偏差。以媒体社会责任感与公众利益之间的矛盾为例，"媒体社会责任感的缺失直接导致了公共利益的受损。然而，媒体责任感的缺失只是这一问题的直接诱因，其症结则在于传媒体制……其所遵循的基本原则是以最小的政治风险赢取最大的商业利益，公共利益由此被损害与忽视"[①]。面对媒体运营过程中社会责任感的缺失与公共利益受损的问题，传媒体制处于比较尴尬的境地，除了传统因素的影响，主要是因为两者维度不同造成了不对称现象。

第三，技术应用困境

同传媒体制、政策相比，数字技术是媒体融合发展过程中客观、中性的因素，但中性的技术在媒体融合过程中也会成为传媒体制改革的限制因素。先进技术的应用及其所带来的运营模式创新体现着突破传统体制制约的迫切需求，不过技术本身难以在媒体融合发展中发挥作用，中性的技术因素只有与不同的运营方式相结合才能够产生效能，而这种效能的性质、大小、影响往往由运营方式而不是技术要素决定。技术创新在体制、政策层面的需求也会被其他多种因素所影响，甚至成为保

[①] 张春华：《传媒体制、媒体社会责任与公共利益》，《国际新闻界》2011 年第 3 期。

守者对抗体制改革的有力武器。"中国的文化传统，使得不同利益集团在政策制定层面的角逐并不显见，而平衡的过程反而被置于政策诠释和执行过程。当媒体利益集团在政策制定过程中缺乏足够的申诉渠道和政策游说可能，行动者踩线实践乃至越线操作的动机持续增强，以'摸着石头过河'的传统智慧测试主管部门的底线。"[①] 所以传媒体制改革的迫切需求不会简单地等同于改革的推动力，体制改革是多重利益复杂博弈的集中体现，对媒体融合发展趋势与方向的把握仅仅是体制改革的原则，而改革究竟能够达到什么样的深度、取得什么样的效果还需要在实践与博弈中得到验证。

四 面向融合趋势的传媒体制改革的创新方向与路径探索

随着媒体融合发展趋势的推进，不同要素的诉求、作用逐步凸显，传媒体制改革的深化势在必行。但是"当前政府在文化体制改革中所做的政策、部门的调整，属于'硬调节'，合并也只是'物理'层面结构的变化，而真正能实现效益的'化学反应'还未开始"[②]，所以需要按照媒体融合发展的逻辑对传媒体制改革的方向进行重新梳理，进而对改革方式、路径做出探讨，力求对传媒体制改革、媒体融合发展的实践提供有价值的借鉴和指导。在此，针对调研和深访中发现的问题，从以下几个方面对面向媒体融合的传媒体制改革的路径进行探讨。

第一，传媒体制改革的目标是为我国传媒业发展释放更大的发展活力，这个过程的核心是从战略层面保证意识形态的安全

融合发展的加剧导致传统舆论管控、引导方式不同程度的"失灵"，但如何在融合发展中做到从认识、价值、目标等不同层面形成积极的社会舆论，在越发复杂的媒体环境中维护意识形态安全，为社会、经济以及传媒业本身的转型发展提供基础保障，便成为传媒体制

[①] 赵瑜：《媒介市场化、市场化媒体与国家规制——从净化荧屏、反三俗和限娱令谈起》，《新闻大学》2015年第1期。

[②] 蒋晓丽：《传媒"系统工程"再造——传媒体制"合并潮"的现状与未来》，《编辑之友》2013年第10期。

改革的目标指向。内容、渠道、产业等层面的融合是我国传媒业转型发展的显性需要，而把握意识形态安全、形成正确的舆论引导才是其内在的需要，而这也是传媒体制改革与创新的核心驱动要素、出发点和落脚点。如华东师范大学传播学院武志勇教授所说，在媒体融合发展过程中，如果新的政策会导致舆论向着不利于社会稳定等方向发展，那么即使它在产业份额发展、运营模式创新等方面做得再好，也是失败的。①

第二，要推动改革与创新的势能，用发展来解决存在的各种问题

中国的体制改革正处于深化开展的关键时期，传媒体制改革只是这个系统工作当中的一个有机环节，"中国社会发展的一个重要课题就是从原先中央指令导向型的计划经济体制向市场导向型的市场经济体制的转轨过程，在这之中必然涉及许多制度的转型、重建与新建问题，并在路径依赖与制度创新的双重作用下衍生出一系列具有'中国特色'的制度变体"②。体制转型的整体方向已经比较清晰，下一步需要各行各业抓住历史转型机遇在各自的领域实现创新。虽然制约传媒体制改革的因素还在多方面广泛存在，但是因为整体改革的势能已经形成，阻碍因素不会像三网融合时期那样形成巨大的影响力，诸多问题的解决在体制改革势能面前仅仅是时间与方式的问题。正如中国网络电视台战略投资部总监刘群所说，无论眼前存在什么样的问题，都必须顺应媒体融合的规律与要求，进一步释放改革与创新的势能，这是克服阻碍因素、解决体制创新问题的根本。③

第三，要在宏观层面形成多方博弈主体的协调机制，为推进传媒体制改革的顺利进行创造有利条件

传媒体制改革涉及的博弈主体是多层面、全方位的，除了通常意义上理解的基于市场格局变动的利益博弈主体，还包括代表市场效应与社会效应、商业利益与公共利益关系协调的博弈主体等，虽然有着不同的诉求，但是各方博弈主体对媒体融合发展的趋势是一致认同的。这就需

---

① 本资料由课题组通过深度访谈获得。
② 殷琦：《从"国家一元论"到多元治理框架的构建：中国传媒治理结构改革的路径、逻辑及其转型取向分析》，《新闻与传播研究》2012年第4期。
③ 来自于本研究深度访谈。

要在传媒体制改革过程中形成有效的协调机制,尽量使多方博弈主体形成合力,由此大幅提升传媒体制改革与媒体融合发展的效率。

第四,根据媒体融合发展要求调整体制改革思路

行业发展使其运营逻辑超越了传统管理体制的出发点,对体制改革思路提出了新的要求,比如中国传统的媒体管理是基于行政逻辑的分业管理,虽然经过了多轮改革,但是这一基础并没有得到根本改变。"在媒介融合下,从具体的规制模式来看,传统分业规制将在分层规制的基础上转化为分类规制。在分层规制下,规制不确定问题可迎刃而解,而在分类规制下,每一层级对不同类别的市场规制程度虽有不同,但在同一类别的市场,可有效实现一致性规制"[1],打破分业格局是融合思想的鲜明体现,无论是分类还是分层的思路都体现了对传统分业管理方式的突破。这在"署局合并"的战略布局中能够得到体现,"新闻出版与广播电视的深度融合,可以有效打破过去传媒业务的分散、分割管理弊端和瓶颈,很大程度上可以围绕同一内容形成发展合力,更有利于提升内容和产品的价值链延伸能力"[2],当然随着媒体融合进程不断深入,体制改革的思路也需要做出持续的调整和创新。

综上所述,传媒体制改革是加快推进传统媒体与新兴媒体融合发展过程中一个基础性的重要课题,除了综合统筹媒体业态的发展现状、趋势与要求之外,还要从社会经济发展的宏观层面予以审视,"传统媒体与新兴媒体融合发展既需要通过建立健全公民参与的制度化、规范化、程序化机制,运用公民权利制约公共权力,通过公共权力与公民权利的合力进取,使公共权力和公民权利统一于社会整体利益,从而实现公共权力逐渐向公民权利的转化或回归……从而提升国家治理现代化水平"[3]。通过传媒体制改革推动媒体融合发展也是为了以上目标的实现。在未来的传媒体制改革进程中,要以媒体融合发展的实效为导向,"良好的发展战略还要依靠科学合理的支撑系统,才能真正实现发展战略的落地和取得实效。在支撑系统方面,一方面要不断创新体制、机制,改

---

[1] 肖赞军:《媒介融合中规制政策的基本取向分析》,《新闻大学》2014年第1期。
[2] 殷俊:《文化界面的传媒形态整合之道》,《编辑之友》2015年第1期。
[3] 刘琼莲:《传统媒体与新兴媒体融合的聚焦点与实践路径——基于高效反腐倡廉何以可能的视角》,《探索》2014年第5期。

革不适应市场发展的体制和机制，使体制和机制真正成为自身发展的发动机；另一方面要创新业务模式，使业务模式成为发展战略的落地点和支撑点"①。传媒体制改革虽然在媒体融合发展中发挥着关键性的基础作用，但要明确的是这种作用本身并不是目的，其指向是对媒体融合发展形成有效的支撑，推动媒体融合进程更加有效地落地，而这也是确保传媒体制改革取得实效的重要原则。

---

① 郭全中：《新闻出版体制改革与传媒集团发展战略选择》，《新闻记者》2009 年第 6 期。

专论四

中国传统媒体与新兴媒体产业融合发展研究[*]

传媒的产业属性在媒介融合的浪潮中得到进一步凸显，融合所带来的不仅仅是传媒形态的变化，在内容生产、渠道融合的背后，资本运营、产业整合与重构成为传媒产业发展的重要主题。融合背景下，中国传媒产业如何发展是本项目的重要落脚点，是传统媒体与新兴媒体融合发展路径的具体表现，是本项目的实践性、应用性的体现，同样也是存在问题比较多、需要付出更大努力进行深入研究的难点。其中所存在的问题表现在诸多方面，比如怎样认识当下传媒产业环境中所存在的限制性因素？如何优化传媒产业链条、整合优势产能、淘汰不适应未来传媒竞争要求的传媒产能？如何从国家层面深化改革、制定相应的法规政策推进传媒产业持续、快速发展？如何在产业升级的过程中不断提升我国传媒业的管理水平、技术水平？怎样使中国传统媒体与新兴媒体在产业融合过程中积极参与到国际传媒业竞争中，并不断提高竞争力？

针对以上诸多问题，课题组采用问卷调查和深度访谈相结合的方法，在前期文献梳理与行业研究的基础上，以产业作为调研重点，以调查不同层面的媒体工作者对融合发展的认知为主要方向来编制问卷和深度访谈大纲。本次调查于 2015 年 7 月开始实施，课题组在 10 个月内走访调查 20 个省、直辖市、自治区（共计 24 个城市，其中山东调查了济南、烟台两个城市，浙江调查了杭州、宁波两个城市，广东调查了广州、深圳、佛山三个城市，其他省份的调查、访谈均在省会城市展开）。本

---

[*] 专论四内容基于作者以下论文整理、写作。严三九：《中国传统媒体产业融合发展研究》，《新闻大学》2017 年第 4 期。

次调查共发放问卷7200份,回收问卷6339份,回收率为88%,有效问卷6014份(见表5.1)。同时每个省市分别进行30个深度访谈,访谈对象包括主管部门领导、媒体运营者、传媒一线员工等,覆盖平面媒体、广电媒体、新兴媒体。平均每个调查城市发放问卷300份,发放要求为平面媒体100份、广电媒体100份、网络新媒体100份;因现实条件限制,各个省市的实际发放数量、比例略有浮动,但均在遵循以上基本要求的前提下进行。本次问卷调查的全部数据均采用国际通行的社会科学统计软件包(SPSS/PC+)统计处理。

表5.1　　　　　　　　调查地域及各地有效问卷量

调查地域	有效问卷量	百分比(%)	有效百分比(%)	累计百分比(%)
福建	293	4.9	4.9	4.9
安徽	307	5.1	5.1	10.0
北京	336	5.6	5.6	15.6
甘肃	285	4.7	4.7	20.3
广东	438	7.3	7.3	27.6
广西	280	4.7	4.7	32.2
河南	283	4.7	4.7	36.9
湖北	281	4.7	4.7	41.6
湖南	274	4.6	4.6	46.2
江苏	321	5.3	5.3	51.5
辽宁	287	4.8	4.8	56.3
内蒙古	300	5.0	5.0	61.3
山东	411	6.8	6.8	68.1
山西	211	3.5	3.5	71.6
上海	275	4.6	4.6	76.2
四川	280	4.7	4.7	80.8
天津	280	4.7	4.7	85.5
陕西	241	4.0	4.0	89.5
浙江	321	5.3	5.3	94.8
重庆	310	5.2	5.2	100.0
合计	6014	100.0	100.0	

本书聚焦于媒体产业融合发展，在对全国20个省、自治区、直辖市调研数据分析的基础上，辩证分析中国传统媒体与新兴媒体产业融合发展情况、存在问题和影响因素，并提出传统媒体与新兴媒体产业融合发展的策略。

一 媒体产业融合发展基础调查数据及其分析

传统媒体与新兴媒体融合发展的不断深入推动传媒产业结构发生着变化，在广告市场上有明显的表现，近年来，传统媒体的广告份额呈现缩减趋势，尤其是报业广告领域出现的"断崖式下跌"更是给传统媒体从业者带来巨大的生存压力。课题组选定下列与传统媒体广告下滑相关的因素（如表5.2所示），调查传媒从业者对其影响程度的认知，通过李克特量表实现，设置5个回应等级，从1到5分别对应认可程度"非常小、比较小、一般、比较大、非常大"。其中均值排在前两位的是"新兴媒体的分流"（均值4.18）和"在媒体融合发展中起步较晚"（均值3.92），这两个因素之间存在内在联系，对传统媒体的影响属于结构层面，体现了传媒产业结构变化对广告市场、从业者认知带来的直接影响。其后为"传统媒体内部结构性矛盾"（均值3.85），从业者对传统媒体自身存在结构性矛盾及诸多需要解决问题的认知程度较高、有比较清醒的认识。此外，排名较低的是"世界经济放缓"（均值3.69）、"传统媒体广告曾经的高份额产生懈怠心理"（均值3.68）和"政策性影响"（均值3.54），对于经济、政策等"外部因素"，一方面肯定其影响客观存在，另一方面认为并非起决定性作用；曾经在广告市场上的高份额使部分从业者存在懈怠心理，面对产业变动未能及时反应导致错失竞争先机。

表5.2　　　　　　　　传统媒体广告下滑的影响因素

	频率	极小值	极大值	均值	标准差
世界经济放缓	5920	1.00	5.00	3.6944	1.01319
内需不足，诸多行业产能过剩	5922	1.00	5.00	3.7577	.98728

续表

	频率	极小值	极大值	均值	标准差
政策性影响	5922	1.00	5.00	3.5417	1.01435
传统媒体产业化层次较低	5915	1.00	5.00	3.8030	.92220
传统媒体内部结构性矛盾	5914	1.00	5.00	3.8473	.92881
传统媒体广告曾经的高份额产生懈怠心理	5912	1.00	5.00	3.6763	.99264
新兴媒体的分流	5923	1.00	5.00	4.1842	.92491
在媒体融合发展中起步较晚	5910	1.00	5.00	3.9210	.97177
有效的频率（列表状态）	5889				

产业结构的调整会在人力资源层面得到直接体现，传统媒体与新兴媒体融合发展以及二者之间竞争格局的变化使从业者结构呈现出新的特点，其中一个突出的表现是优秀人才向新兴媒体聚集，一批优秀运营管理者、知名主持人的"出走"带给传统媒体很多反思。对于传统媒体人才的流失，如表5.3数据所示，"新兴媒体的运作机制和工作环境，有利于人才的快速发展""自己的想法和创意需要机会得到实施，实现自我价值""新兴媒体具有远大的发展前景""更高的经济收入"等多个因素的认可程度都比较高，并且相互之间均值差别并不大，说明传媒从业者一直认可新兴媒体代表着数字技术与传媒产业发展的趋势、发展前景广阔，并且在灵活的机制之下更有利于实现自身价值。与其他因素相比，"传统媒体工作压力过大"均值较低（3.69），调研中也发现对于从业者来说，无论是传统媒体还是新兴媒体都存在一定的工作压力，这并不是做出岗位选择的最重要因素。

表5.3　　　　　　　　传统媒体人才流失的影响因素

	频率	极小值	极大值	均值	标准差
新兴媒体的运作机制和工作环境，有利于人才的快速发展	5936	1.00	5.00	4.2663	.84282
自己的想法和创意需要机会得到实施，实现自我价值	5929	1.00	5.00	4.1435	.82848
新兴媒体具有远大的发展前景	5923	1.00	5.00	4.1298	.86169
传统媒体工作压力过大	5923	1.00	5.00	3.6936	.97753

续表

	频率	极小值	极大值	均值	标准差
紧跟技术、产业发展趋势	5925	1.00	5.00	3.9998	.88473
更高的经济收入	5922	1.00	5.00	4.1064	.95011
有效的频率（列表状态）	5903				

数字技术进步是媒体融合发展的核心驱动力，能否抓住技术革新的契机是在融合过程中抢占未来"风口"与竞争优势的关键，不同的创新性技术在融合发展中所发挥的作用也存在差异。课题组选定2014年度中国广播电视行业十大科技关键词，表5.4反映了传媒从业者对这些因素在广播电视行业融合发展中作用程度的认知。其中"移动互联网"（均值4.18）、"媒体融合"（均值4.14）、"云平台"（均值4.14）、"大数据"（均值4.13），在这几个因素中"移动互联网"受认可程度最高，与融合生态正在向移动平台转移的趋势相符合（"智能终端"均值较高，也说明这一问题）；"云平台""大数据"都是带有"革命性"意义的技术变革，在传媒产业发展中的作用得到高度认可。"信息安全"（均值3.75）受认可程度相对较低，说明行业对这一问题的重视程度还有待加强；"智能电视机操作系统"（均值3.70），面对已经比较普及、以安卓为代表的跨平台操作系统，业界对"再建"TVOS的必要性与前景存在争议；"国家广播电视网络"面临三大商业网业已成熟的市场格局，并且带有较强的行政特点，从业者对其能否取得预期成果存在疑虑；"4K超高清"在技术创新中比较有代表性，但距完全普及还有一定距离，影响了其受认可程度。

表5.4　　代表性技术进步在广电行业融合中的作用

	频率	极小值	极大值	均值	标准差
宽带接入	5924	1.00	5.00	4.0138	.89031
云平台	5930	1.00	5.00	4.1361	.87402
媒体融合	5933	1.00	5.00	4.1362	.87887
移动互联网	5929	1.00	5.00	4.1837	.90274
大数据	5923	1.00	5.00	4.1346	.91902

续表

	频率	极小值	极大值	均值	标准差
4K 超高清	5924	1.00	5.00	3.6234	.92855
国家广播电视网络	5914	1.00	5.00	3.6145	.95873
信息安全	5922	1.00	5.00	3.7535	.95464
智能电视操作系统（TVOS）	5919	1.00	5.00	3.7016	.95745
智能终端	5914	1.00	5.00	3.9513	.94692
有效的频率（列表状态）	5883				

通过对比 2013 年度中国广播电视行业十大科技关键词（超高清、信息安全、互联网电视、宽带接入、云计算应用、智能电视机、NGB、大数据、三网融合、高清电视），发现其中有五个并未出现在 2014 年度的十大科技关键词中（见表 5.5）。传媒业态的进化发展使一部分技术因素在行业中的作用也产生着动态变化，导致这种变化的原因也是综合多样的，在此分别从三个角度入手，调查从业者对其认知程度。表 5.5 表述了对"因为技术迭代迅速、出现新的发展趋势或者替代者"导致表内五个技术未能进入 2014 年度技术关键词的认知程度，在此对"互联网电视"和"NGB"通过对比做简要分析，"互联网电视"受认可程度最高（均值 3.79），与互联网电视相关的技术创新、盈利模式存在不确定因素，市场竞争虽然激烈但是不同主体之间的份额变化较大；而"NGB"受行政管理的影响较大，所以受认可程度最低（均值 3.52）。

表 5.5　　基于"技术迭代"的传媒科技关键词演变认知

	频率	极小值	极大值	均值	标准差
互联网电视	5924	1.00	5.00	3.7900	1.00184
智能电视机	5915	1.00	5.00	3.6472	.95703
NGB	5908	1.00	5.00	3.5178	.92454
三网融合	5916	1.00	5.00	3.5663	1.06326
高清电视	5915	1.00	5.00	3.5322	1.05981
有效的频率（列表状态）	5895				

虽然我国的传媒体制与政策一直处于优化发展之中，但不可否认其中还存在着一些不适应传统媒体与新兴媒体融合发展的地方，如表5.6数据所示便表明了从业者从这一视角对几个关键词的认知程度；不同的传媒市场主体、媒体集团，不同内容板块与部门也存在各种程度的竞争甚至是利益纷争，会对媒体运营思路与方式产生直接影响，进而表现在运营主体对各种技术采取不同的态度，表5.7则是基于此视角认可程度数据。对比表5.5、表5.6、表5.7三表数据，均值最高的都是"互联网电视"，对表5.5数据分析认为"NGB"因受政策因素影响大而导致受认可程度低，但表5.6数据却推翻了这一假设，从业者普遍认同政策规制的相对滞后性更多地导致"互联网电视""智能电视机""三网融合"等未能连续入选技术关键词；但是对"NGB"却表现出一种"忽视"的态度，也说明下一代广播电视网发展所面临的问题是多方面的。此外，三张表格中各种技术的均值相差并不大，且比较平均，整体来看"技术迭代""政策规制""市场效率"三个因素对从业者认知的影响程度处于一般水平。

表5.6　基于"政策规制"的传媒科技关键词演变认知

	频率	极小值	极大值	均值	标准差
互联网电视	5916	1.00	5.00	3.7845	1.04507
智能电视机	5914	1.00	5.00	3.6173	1.03360
NGB	5900	1.00	5.00	3.5880	.99765
三网融合	5911	1.00	5.00	3.7462	1.03781
高清电视	5909	1.00	5.00	3.4879	1.02676
有效的频率（列表状态）	5894				

表5.7　基于"市场效率"的传媒科技关键词演变认知

	频率	极小值	极大值	均值	标准差
互联网电视	5909	1.00	5.00	3.8054	1.01580
智能电视机	5904	1.00	5.00	3.6612	1.01275
NGB	5893	1.00	5.00	3.5960	.86583
三网融合	5904	1.00	5.00	3.7929	.93329
高清电视	5900	1.00	5.00	3.5615	.92347
有效的频率（列表状态）	5880				

随着融合发展与产业格局调整的深入，不同形态的媒体、运营主体在传媒市场上的角色特点也日益多元，这是我们推进传统媒体与新兴媒体产业融合发展过程中需要科学认识的问题。课题组选定"腾讯新闻""微信公众号平台""今日头条"等移动新闻APP与平台，提炼它们在融合发展中不同的角色定位，调查从业者对不同定位的认可程度。如表5.8所示，其中均值较高的依次为"新闻传播者""资源整合者""渠道扩展者""平台搭建者"，这几种角色定位均值都达到4.07以上，能够从不同角度立体化描述新闻APP的角色特征。"新闻反馈者"均值3.82，虽然"反馈"在融合过程中有着重要作用，但是访谈中从业者表示，因"反馈"从门户时代就已经成为新闻网站的角色特征，在移动端相比上述几种并不突出；"新闻生产者"均值仅为3.32，受认可程度较低。

表5.8　　移动新闻APP与平台在融合生态中的角色定位

	频率	极小值	极大值	均值	标准差
新闻生产者	5917	1.00	5.00	3.3184	1.21672
新闻传播者	5921	1.00	5.00	4.1919	.85405
新闻反馈者	5908	1.00	5.00	3.8248	.91038
平台搭建者	5912	1.00	5.00	4.0729	.89318
资源整合者	5914	1.00	5.00	4.1393	.87268
渠道扩展者	5912	1.00	5.00	4.0737	.88291
有效的频率（列表状态）	5888				

二　辩证分析媒体产业融合发展的情况与问题

课题组发现中国传统媒体与新兴媒体产业融合发展从行业趋势到具体的市场竞争力、从战略部署到运营策略的转化过程中存在不少问题，比如上文中分析的传统媒体广告份额下滑、人才流失、技术革新应用存在误区等问题，在此结合以上数据分析与深度访谈，对传统媒体与新兴媒体产业融合发展情况和部分具有代表性的关键问题予以辩证分析。

第一，传统媒体产业转型与融合发展存在误区，媒体思维与产业思维的融合需要进一步深入

在传媒产业融合发展过程中，相对来说，传统媒体比新兴媒体面临着更大的生存压力，而且传统媒体的产业创新部署又更多地受到固有思维与行政力量的影响；所以导致传统媒体产业转型与融合发展出现一个误区，即虽然能够对自身及新兴媒体的优势、劣势有清晰的把握，但在发展策略层面却陷入了"大而全"的误区，力求通过媒体形态上的扩展与市场规模的提升来谋求产业转型，其终极发展目标是综合性、全媒体、大体量的平台化媒体集团。这体现的依然是传统媒体思维，从媒体形态发展的视角来审视，此战略布局能够满足不同类型受众的信息需求；但是从产业发展的视角审视，以上创新布局能否转化成市场竞争力，并不由媒体形态标准来决定，而要看能否建立不同媒体之间的合作与共赢机制并得到传媒市场的认可。很多媒体运营者并未完成从媒体思维到产业思维的转化，所以融合发展策略容易走进上述误区，这便是目前诸多传统媒体的创新型项目无法产生有效收益、难以为继的原因所在，如不能从根本上解决这一问题，强行推动融合发展将会对传媒资源造成极大浪费。

第二，产业融合发展战略格局有局限，急需提升

加快推进中国传统媒体与新兴媒体产业融合是一项需要从国家发展战略层面予以引导和统筹的系统性工程，对战略意识有着极高的要求，但是媒体管理者、运营者受制于来自市场的现实压力并非自主达到此要求。此外，融合发展的深化使诸多既定战略及其相应的运营路径趋于失效，急需迅速理解和把握媒体融合发展的规律和要求，进而对不同层面的产业发展战略进行调整和优化，一方面要适应宏观管控、中观管理、微观运营各层面的需求，一方面要协调政策、市场、技术、受众等不同维度的需求，且要对传媒及相关产业的前沿动态、新趋势做出科学前瞻与超前布局，更重要的是要确保战略具有较强的可行性从而能够尽快落地。但是在调查中发现，媒体单位更多地关注如何解决当下存在的盈利困境、取得更高的用户量与广告份额，战略格局急需提升。

第三，市场评价指标趋于科学化、数据化、综合化，指标体系的变化导致产业融合的评价依据也处于变化之中，提升了评判产业融合效率

的难度

融合背景下传媒生态的变化使很多传统的传媒市场评价指标失效,比如电视领域常年使用的收视率标准,"在收视率导向的作用下,电视评价唯收视率马首是瞻的惯常行径,已是类似于商品拜物教的收视率拜物教,以收视率导向为代表的电视产业标准出现了偏差,公共权力部门监管缺位的产业标准必须从根本上进行调整"[1]。传统指标失效,新兴指标依托大数据技术具有科学化、数据化、综合化等特点,需要适应多屏传播的需要。再以电视为例,"作为'通用货币'的收视率效力已经下降,在评估指标体系中引入多屏指标势在必行。新指标与原有指标的关系影响到整个指标体系的构建"[2]。评价指标改进的方向已经清晰,但测评方式依然存在很多问题,导致在评判产业融合效率时容易出现分歧。

第四,诸多传媒产业融合中的运营创新并未击中用户痛点,缺乏持续发展能力,急需改变

行业格局调整倒逼着媒体在产业运营中不断创新盈利模式,而诸多创新模式处于接受市场检验的过程中,能否持续发展还未得知,无论传统媒体还是新兴媒体都面临这一问题。"在转型步入深水区的今天,应清楚地认识到,传统媒体陷入困境的根源在于与用户的联结失效,要真正实现转型,就必须以用户为中心重建用户联结。"[3] 此外"新媒体虽然具有显而易见的优势,但创新同时也要面对瓶颈期以及用户粘合度难以持久的困境,因为它们或容易高估自身团队推送信息的能力,或容易低估长久保持用户粘合度的挑战"[4]。当下各种创新运营模式不断涌现,部分优秀者也能够得到资本市场的认可,但大部分创新项目的生命周期都比较短;其原因在于并非真正击中用户痛点,不能与成熟的新兴媒体

---

[1] 时统宇、吕强:《抵制电视节目低俗化的经济分析》,《现代传播(中国传媒大学学报)》2015年第9期。

[2] 周小普、韩瑞、娜凌姝:《多屏发展背景下网络收视度的影响因素研究——以热播电视剧为例》,《国际新闻界》2014年第12期。

[3] 郭全中:《传统媒体转型的"一个中心"与"四个基本点"》,《现代传播(中国传媒大学学报)》2015年第12期。

[4] 黄鹤:《传统媒体与新媒体的交互融合——对电视产业创新性发展的分析》,《现代传播(中国传媒大学学报)》2015年第6期。

平台形成差异化竞争，便难以积聚有效用户。以上这些情况急需改变。

第五，技术创新转化为盈利模式创新还需要艰苦地探索

传媒产业创新需要以技术进步为支撑，但技术创新并不等同于盈利模式创新，从技术创新到技术应用，再到盈利模式创新，还需要付出大量努力。而且技术因素在盈利模式创新中的作用程度也不同，"只有网络新媒体行业的技术，如社交网络技术、搜索引擎技术、移动网络技术等，才能够对传媒产业的生产、盈利、消费和广告开发水平产生全方位贡献，"① 而大部分技术创新的影响层面是局部的（如表5.4所示），在向盈利模式转化的过程中要解决更为复杂的问题。除了转化过程中的困难，技术创新在特定环节还会成为盈利模式创新的阻碍因素，比如"'互联网＋'创造的新的传播生态使传统媒体原有的传播渠道、商业模式和盈利模式受到了冲击。以报业为例，有研究通过对成本结构、生产方式和价值实现过程等层面的分析表明，报业原有的二次售卖模式，在互联网企业的竞争下显示出了众多不足。"②

三 辩证分析影响媒体产业融合发展的要素

传统媒体与新兴媒体产业融合发展已经进入关键时期，技术与平台的影响趋于稳定、体制改革与政策优化在深入之中、市场机制与资本环境得到改善、受众的信息消费空间不断提升，这些因素都为传媒产业融合发展创造了有利的条件。但是作为一项具有长期性、系统性的战略工程，需要从管理思维、体制保障、主体成长等各方面深度融合，上述各种有利条件在这个过程中需要被辩证看待，在多元因素的综合作用下，有利条件能否发挥作用是需要前提的。在此结合调研情况，从以下几个方面对影响传媒产业融合发展的要素予以辩证分析。

第一，传媒市场内容产品丰富，生产能力能够得到充足保证，但是存在过剩问题

自媒体的发展使媒体内容生产者数量海量增长，内容形态与质量均

---

① 喻国明、潘佳宝：《"互联网＋"环境下中国传媒经济的涅槃与重生》，《国际新闻界》2016年第1期。

② 同上。

大幅提升，传媒市场内容产品丰富为产业融合创造了基础条件，但是"由卖方向买方转变是媒介市场的重要特征，已由'短缺型'消费发展到'满足型'消费……主要矛盾不再是物质缺乏时产生的生产矛盾，而是如何在物质极大丰富的背景下激发消费欲望、满足消费需求。"[1]面对内容生产过剩，需要市场机制的调节和有效政策的引导管控，但在执行层面还存在问题，比如"按照市场逻辑，既然资讯产量过剩，多余媒体会被淘汰……对传统型媒体刻意的维持，使得它们在个体和业态结构上丧失活力，优质内容也被湮没于劣质内容之中"[2]。生产能力充足本是推动传媒产业融合发展的有利条件，但是过剩的状态却需要运营者从新的角度思考融合战略，避免因过剩导致的规模不经济等问题。

第二，数据驱动成为传媒产业融合发展的新引擎，但同时带来管控难题

经过几年的积累与沉淀，大数据技术在传媒领域已经得到广泛应用，成为传媒产业融合发展的基础力量与主要增长点，而且能够大幅提高运营方式创新的科学化程度。比如"从消费者细分和定位的方法上看，目前的大数据技术带来了定向方法的极大丰富，例如在 PC 端的定向维度包括：需求定向、行为定向、内容定向、关系定向等；在手机端的定向维度包括：操作系统定向、运营商定向、网络定向、位置定向等"[3]。通过不同维度、多种类型的数据挖掘与分析，可以为传媒产业决策提供准确参考与指引，提高融合发展效率。但大数据在传媒产业的应用也带来管控难题，比如受众行为在数据化之后导致基本隐私权极易受侵犯，目前出现的过度依赖数据的现象不利于促进内容创意在产业融合中作用的发挥等。这些问题的解决策略中同样蕴含着巨大的产业增长空间。

第三，传媒产业产权结构多元化，为充分激活媒体资源、激发市场活力创造了条件，但如何合法合规运营成为考验管理者智慧的问题

产权结构不清晰一直是困扰我国传媒产业发展的一个难题，随着传

---

[1] 黄可、柯惠新：《本源、动力与核心：媒介消费的影响因素及其作用机制研究》，《新闻与传播研究》2014 年第 4 期。
[2] 赵云泽：《传统型媒体衰落的结构性原因》，《新闻记者》2014 年第 11 期。
[3] 鞠宏磊：《大数据精准广告的产业重构效应研究》，《新闻与传播研究》2015 年第 8 期。

媒产权结构探索的深入，尤其是产业融合带来的客观影响，推动传媒产权结构趋于多元化，"以腾讯、网易、新浪为代表的新兴互联网企业的创业资本主要是海外基金，加上海外上市，产权结构突破了中国新闻业必须'国有'的传统……考虑到商业新闻网站在当下中国新闻业中举足轻重的地位与影响，某种程度上看，中国新闻业的'事业单位'的性质已被彻底改变，形成了传统媒体坚持国有、网络媒体国有与私有并存的全新格局"[1]。产权结构的变化便于激活闲置媒体资源、调动更大体量资本，但当下的传媒体制与政策层面还存在诸多不适应的因素，能否一方面合法合规运营，一方面保证产业发展活力，是对管理者智慧的巨大考验。

第四，管理机制改革与创新在逐步推进，不断释放产业改革活力，但"稳与变""如何变"的争论在不同领域长期存在

为了能够释放传媒产业发展的活力，管理部门一直在思索如何推进机制改革和创新，整体来看其影响是正面的、发展趋势是积极的。但此过程一定会始终伴随着各种争议，"在互联网影响下新闻业面临双重尴尬：传统媒体时代，专业主义共识尚未形成；互联网时代，碎片和局部的新闻专业主义又在重构中消解"[2]。所以在矛盾中推动管理机制创新将是传媒产业融合发展的常态。以电视媒体为例，"基于人、财、平台这三个欠缺，电视在内容、技术、管理等多方面存在新旧媒体两条线、两套人的台网分化。不以盈利为目的的巨大投入，最终使新媒体业务大多成为投资陷阱，无法跟上产业演进的节奏与速度"[3]。这是典型的因管理规制造成的产业融合效率滞后，虽然这一现象存在已久，但在融合背景下应当着力寻找其中蕴含的机遇，并积极探讨"如何变"，利用融合发展的势能推动管理机制的改革，这与传统媒体时代有着根本性的不同。

第五，传媒人才队伍的进步及流动为产业融合提供了基础力量，但人才结构需要进一步优化、传统媒体人才流失问题需及时解决

---

[1] 张志安、吴涛：《互联网与中国新闻业的重构——以结构、生产、公共性为维度的研究》，《现代传播（中国传媒大学学报）》2016 年第 1 期。

[2] 同上。

[3] 刘晓雪：《媒体融合视角下的传统电视转型思考》，《现代传播（中国传媒大学学报）》2015 年第 12 期。

人才是传媒产业融合发展的基础，目前我国传媒从业者的数量、学历、技能等较之20世纪媒体时代均有很大提升，而且人才良性流动也保证了从业者结构的活力；但是具有复合背景与能力的高端运营人才依旧匮乏，人才结构还需要优化。此外，对于传统媒体人才流失需要辩证分析，"职业转型意味着在变动结构中重寻平衡点，或通过创新性手段延续文化目标，或放弃文化目标适应制度性规范，衍生出不同反应类型：创新、仪式主义、退却主义与反抗，与之相对应的职业转型选择分别为新媒体、创业、其他行业、回到学校与自媒体"[①]，其中新媒体、创业、自媒体都属于产业融合多元化的表现。

四 加快推进媒体产业融合发展的路径创新探析

在以上对影响传媒产业融合发展要素的分析中，每一部分都对存在的问题进行了辨析，因为在传媒产业融合发展过程中，虽然以上诸要素的积极作用占据主流，但一系列问题依然客观存在。积极作用的发挥是常态化、普遍性的，任何市场主体都能够予以利用；但是产业融合发展的突破口往往出现在问题与困境中，只有具备战略性思维与超前运营意识的少数媒体能够实现这一点。基于上述分析，我们从以下几个方面对加快推进传统媒体与新兴媒体产业融合发展的路径创新进行探析。

第一，在媒体融合中创新产业运营思维，提升发展战略水平

调研中发现诸多媒体做出的产业创新并未突破传统思维与既定格局，在同样维度做重复性建设只能加剧过剩现象，"'抢夺入口—搭建平台—构筑全产业链—形成闭环生态圈—获得商业模式'成为移动互联网布局的基本路径……利用资本化、市场化的手段，逐步占据移动互联网的全产业链。要创新盈利模式，在内部机制上注入'商业基因'和'技术基因'。"[②] 在移动时代推进融合发展的过程中，必须依靠新的产业运营思维。融合发展与传媒产业从"工业生产时代"向"信息化生

[①] 丁方舟：《创新、仪式、退却与反抗——中国新闻从业者的职业流动类型研究》，《新闻记者》2016年第4期。

[②] 梁智勇：《移动互联网入口竞争的市场格局及传统媒体的竞争策略》，《新闻大学》2014年第3期。

产时代"的转变是同构的，需要从时代特征的转变中发现创新契机，比如"通过用户劳动获得发展是工业生产转向信息劳动的新方式，是降低成本的重要途径，媒介除了依赖职业劳动者（编辑、记者等）之外，还有依赖用户这种非职业劳动者获得发展的途径"[1]，运营者需要把握融合过程中这样的内在变化，就能够为从更高战略水平提升运营思维创造条件。

第二，强化基于媒体内容优势的 IP 化产业运营策略

无论产业格局如何变化，内容始终是媒体产业融合发展的核心，提升优质内容的创造力、在传媒价值链中的影响力是推动产业融合的基础。基于原创内容优势的 IP 化经营已经成为传媒业的典型现象，"IP 内容能以新的形态、方式、速度扩展，其作用范围与深度远远大于传统媒体时代静态化的知识产权运营……IP 化经营不是优质 IP 与外在资源的简单加法，而是能够产生巨大市场价值的乘法"[2]。IP 化经营便于推动价值链延伸、促进传媒市场优化，各竞争主体需要及时、合力布局。在 IP 化经营环境不断发展的基础上，可以"把内容产品围绕着各种需求货币化，系统化管理所有内容产品的信息和需求渠道的信息，在数据化信息的支持下，构建交易平台，"[3] 以"内容银行"的方式使媒体内容的产业价值得到进一步挖掘。

第三，深挖面向细分垂直方向的传媒产业发展创新空间

目前以 BAT 等互联网巨头为代表的企业基本完成了对多种形态信息传播平台生态的构建，面向平台转化的创新存在着很大阻力，但是平台生态的影响力在诸多细分垂直领域还相对有限，故而存在较大创新空间；"垂直型高转化率盈利模式主要具有用户聚合、垂直细分、整合上下游关键环节、相对闭合的一体化管理特点，"[4] 细分垂直创新更便于切实解决用户痛点问题、做大体量、丰富产业形态。在执行层面，"整

---

[1] 郑忠明、江作苏：《网络用户劳动与媒介资本价值——基于美国社交新闻媒体 Reddit 的案例分析》，《新闻记者》2015 年第 9 期。

[2] 刘峰：《出版机构 IP 化经营：媒体融合背景下的创新策略探析》，《出版发行研究》2015 年第 7 期。

[3] 周艳、龙思薇：《内容银行：从学术概念、框架到产业实践》，《现代传播（中国传媒大学学报）》2016 年第 3 期。

[4] 赵曙光：《突破广告：高转化率的媒体盈利模式》，《新闻记者》2014 年第 7 期。

合路径基于'新木桶效应',将自己的'木桶'解构,拿最长一块或几块与其他企业合作,共同构建更大'木桶',都把焦点放在最擅长领域,凸显主体的竞争优势"①,即细分垂直的产业空间挖掘需要充分发挥自身"长板"优势,迅速将优质资源转化成市场竞争力。

第四,探索基于供给侧改革的媒体盈利模式

我国经济整体正在面临下行的压力,也在传媒市场中得到表现,结构调整与优化势在必行,传媒业需要强化供给侧改革,保证优质供给,与受众不断发展的需求形成科学匹配,在此基础上推动媒体盈利模式的探索,这是产业融合发展落在实处、强化持续增长能力的必由之路。"盈利模式即如何实现价值,实体经济是'一买一卖',传统媒体是内容、广告'二次售卖',新媒体以'免费+广告+增值服务'为主流。"② 不同的媒体融合阶段有相应的盈利模式与之相适应,只有在市场与用户分析基础上基于供给侧改革提升盈利能力才能克服经济下行压力,推进传统媒体与新兴媒体产业融合发展。

第五,创新资本运营,撬动传媒产业融合发展

传媒产业融合发展"需要从观念、体制、技术和资本四个基本点上着手,以观念为先导,以体制为保障,以技术为驱动,以资本为手段"③。资本运营方式的创新是撬动传媒产业深度发展的强有力的工具。尤其是面对国家"着力打造一批形态多样、手段先进、具有竞争力的新型主流媒体,建成几家拥有强大实力和传播力、公信力、影响力的新型媒体集团"④ 战略部署,更需要借助资本运营来完成。"充分利用资金、品牌和管理优势,培育一批具有发展前景的投资项目,取得跨媒体、跨区域和跨行业发展,实现'传媒控制资本,资本壮大传媒'。"⑤ 虽然在

---

① 江虹、程琳:《互联网电视网络状产业链整合研究》,《现代传播(中国传媒大学学报)》2015年第5期。

② 于正凯:《技术、资本、市场、政策——理解中国媒体融合发展的进路》,《新闻大学》2015年第5期。

③ 郭全中:《传统媒体转型的"一个中心"与"四个基本点"》,《现代传播(中国传媒大学学报)》2015年第12期。

④ 详见2014年8月18日中央全面深化改革领导小组第四次会议《加快推进传统媒体与新兴媒体融合发展的指导意见》。

⑤ 郭丽:《平媒类上市公司的经营与发展——以浙报传媒、现代传播、粤传媒为例的分析》,《新闻记者》2014年第2期。

规制、产权、人才诸多方面存在制约传媒资本效能充分发挥的因素，但绝不能因此放松对资本运营方式创新的探索。

综上所述，中国传统媒体与新兴媒体产业融合发展已经成为整个经济、社会结构调整中的重点环节，融合趋势为传媒产业发展创造了一系列有利条件，但同样存在诸多限制性因素，需要在多维度博弈中不断探索适合各种媒体形态的产业融合发展路径。而且，传媒产业融合发展是一项长期性系统工程，"要把转型划分为短期、中期和长期三个阶段。不同阶段需要不同策略，比如中期阶段是核心阶段，必须培育出新业务支柱，一方面弥补现有主营业务下滑的缺口，另一方面，为长期转型提供资金支持"[①]。能否处理好不同发展阶段之间的战略协调关系直接关系着媒体产业融合发展的效率。文中分析的诸多影响因素发挥作用的基本条件是现行传媒体制中还存在不适应快速发展变化的行业趋势的地方，深化传媒体制改革与政策创新则是能在媒体产业融合发展中发挥最基础效能的条件，如果能够在这一方面取得进展，则上述各种路径创新的作用会得到放大，反之，则会受到抑制。现阶段，中国传统媒体与新兴媒体产业融合发展的目的是壮大传媒产业实力，提升传媒产业发展水平，更好地建设新型传媒集团，构建现代传播体系，提高政治传播能力，占领舆论制高点。

---

① 郭全中：《互联网时代的传媒产业新趋势》，《新闻记者》2014 年第 7 期。

专论五

中国传统媒体与新兴媒体产业集群融合发展研究[*]

在传统媒体与新兴媒体融合发展的进程中,各种传媒机构、公司的角色日益多元,内容生产商、内容集成商、网络运营商、技术设备供应商、服务提供商渐渐针对某一类市场、按照行业发展的要求,通过传媒产业链条上的整合形成集群化的产业形态。产业集群融合可以通过纵向整合形成产业链条,也可以使各种媒体形态横向融合组成同类型集群,还可以通过产业链条中不同部分交叉融合形成集群。产业集群发展是传统媒体与新兴媒体在产业融合过程中不可回避的一种形式。产业集群对于解决传媒产业融合过程中的诸多问题、提升传媒企业竞争力有着重要意义,但如何有效发挥产业集群的优势、推进融合集群的发展需要我们根据传媒业界的实际情况与需要进行创造性的探索。这个过程面临如下问题:如何探索符合传统媒体与新兴媒体双重要求的集群发展形态?如何在产业集群融合过程中能够充分发挥不同形态传媒的优势?如何在实践中探索一系列稳定的、便于推广和借鉴的组织构架、管理模式、运营经验等?如何通过调研为不同案例的产业集群融合发展提供助力,实现理论创新与指导实践的双重目标等。

一 媒体产业集群融合发展的必要性分析

在传统媒体与新兴媒体融合发展进程不断推进的情况下,中国传媒

---

[*] 专论五内容基于作者以下论文整理、写作。严三九:《传统媒体与新兴媒体产业集群融合发展研究》,《当代传播》2016年第11期。

产业的专业化、规模化、市场化程度都得到很大程度提升，一批有代表性和影响力的产业集群成为媒体融合发展过程中的主要力量，它们所面临的问题、积累的经验对各种形态与规模的媒体企业、单位都有借鉴和指导意义。但是依然需要对我国传媒产业存在的问题有清醒的认识，"我国的社会信息化建设虽然已有相当的发展，但是受制于行业、部门条块分割管理体制的局限，信息孤岛化的现象严重存在。很多行业、部门虽然属于社会公共服务体系，但却各自为阵，资源多头投入，社会效能提升徘徊。具体症结表现为领域割据化、传播孤立化、利用低效化。"[1] 所以传统媒体和新兴媒体产业集群融合发展还面临着诸多严峻的问题，需要以战略性的思维与策略统筹部署。

"产业集群作为一种能够优化产业结构、促进产业发展的核心方式，从产业结构和产品结构的角度看，它是产品的加工深度和产业链的延伸。从产业组织的角度看，它是在区域内某个企业或大企业集团的纵向一体化发展。通过纵向一体化，可以提高企业对市场信息的灵敏度，优化企业间的联系，促进信息传递。"[2] 产业集群发展的优势能够在宏观产业机构到微观企业组织等不同层面中得到发挥。具体到传媒行业，不同形态的媒体在产业运营中有不同要求，在传媒产业集群融合发展中更需要辩证对待。新兴媒体的迅速发展代表着传媒业发展的方向，传统媒体积极探索创新经营之道，诞生了众多脱胎于传统媒体阵营的新媒体平台和内容，无论是传统媒体还是新兴媒体依然面临着扩大产业规模与市场占有率的任务，传统媒体与新兴媒体产业集群融合发展的必要性与迫切性得到凸显。

第一，传统媒体与新兴媒体产业集群融合发展仅做到了形态上的集群化，没有实现有效融合

"传统媒体与新兴媒体的融合发展已经进入到一个瓶颈期，即传统媒体进行的新媒体平台尝试已较为丰富，但是新旧媒体距深度融合还尚有距离。传统媒体如何与新媒体深度融合，不仅仅是通过入驻或者开通

---

[1] 吴信训：《4G前景下我国媒体融合的新变局与进程展望》，《新闻记者》2015年第9期。
[2] 赵凯：《信息不对称时产业链企业研发投资行为及产业集群效应分析》，《产业经济研究》2015年第4期。

账号的形式进行转型，而是切实找到新旧媒体真正实现共享资源、协同发展的模式。"① 在积极迎接新兴媒体挑战的战略布局下，传统媒体已经派生出了庞大的新媒体项目，全国上下几乎所有传统媒体都具备了"两微一端"等形态延伸，无论是增设部门运作还是通过控股公司运营，都使传统媒体旗下的产业形态日益丰富，集群化特征不断增强。但是从实际效果来看，以上尝试仅仅做到了形态上的集群化，在市场占有、受众体验、内容生产与传播等多个方面均没有实现有效融合，这一局面已经到了不得不改的瓶颈期，否则仍将会有大批传统媒体及其派生项目在融合发展中被无情淘汰。

第二，固有传媒产业格局在稳定与变动之间寻求突破

相比传统媒体的危机四伏，新兴媒体的大体格局已经趋于稳定，以BAT三家为代表的巨头成为互联网生态的主要引领者，在信息生产、传播、广告等方面占据了支配性的地位。BAT通过控股、并购等资本运作方式不断扩大集群规模，不过在这种稳定的格局之下也存在着变数，比如三家都希望发挥自身的资本、平台优势在社交数据、视频、原创IP生产等领域继续推进，推动新兴媒体的诸多细分领域持续洗牌，使当下已经具有一定规模的产业集群具有较强的不稳定性。融合背景下，无论是传统媒体、BAT还是中小规模的新兴媒体，都需要通过规模化发展提升实力，而具体的融合战略需要相应地调整。

第三，产业集群化发展驱动传媒体制改革进程趋向深化，这既是媒体运营者处理集群发展过程中各方关系时要把握的因素，也是对管理部门战略决策水平的极大考验

"中国媒介深深地打上了政府垄断的痕迹，当长期定位为党和政府喉舌的中国媒介与市场化遭遇时，便导致了媒介业在其市场化的发展进程中的政企不分、效率低下、权力意志盛行等种种问题，表现在媒介规制上就是媒介规制的机构设置不合理、媒介规制不透明、媒介规制缺乏常规化、媒介寻租现象严重等弊端。"② 传媒体制中存在的问题反映出体制

---

① 黄楚新：《"互联网+媒体"融合时代的传媒发展路径》，《新闻与传播研究》2015年第9期。

② 喻国明：《中国媒介规制的发展、问题与未来方向》，《现代传播（中国传媒大学学报）》2010年第1期。

和政策层面优化战略决策的必要性和重要性，而且这也将在很大程度上成为传媒产业集群融合发展思路与路径能否取得实效的决定性因素。

第四，产业集群化融合发展是传媒企业发展的内在要求

随着传媒环境日益复杂，参与博弈的因素不断增加，传媒与社会、经济发展之间的互动更为深入和频繁，传媒企业将如何定位、应当如何更有效地发挥自身在传媒市场的作用值得期待。从这个角度来看，有条件的传媒企业之所以需要向传媒产业集群化方向发展，是因为融合发展背景下需要传媒产业做出结构性的调整以适应经济社会发展的要求，而传媒产业集群化发展便于使更多传媒企业将各自优势形成合力，既能够满足经济社会需求，又能够助力传媒企业的发展。

二 媒体产业集群发展战略的层次分析

通过必要性的分析可见，传统媒体与新兴媒体产业集群融合发展的需求在不同的媒体形态、细分领域有着明显的体现，各个领域对未来的发展战略有着各自的诉求，这些诉求在整体方向上是一致的，即更有效地加快推进传统媒体与新兴媒体融合发展；但是在具体的运营过程中，多方诉求间依然存在相互矛盾与对立之处，这也是传媒产业集群发展过程中面临的困难。为了能够更加清晰地认识融合发展的趋势、认识传媒产业集群发展的要求，在此从宏观、中观、微观三个层次对传媒产业集群发展战略予以简要梳理。

第一，宏观层次的传媒产业集群要求传媒体制改革的持续深化

"推动媒体融合发展，既需要进行技术升级、平台拓展、内容创新，也需要对组织结构、传播体系和管理体制做出深刻的调整和完善。从目前情况看，我们的一些体制机制还不能适应融合发展的要求，束缚了传媒生产力的发展。"[1] 我国传媒体制的滞后性已经受到主管部门与行业的重视，深化改革的进程也已经启动，虽然很多关键问题依然没有得到解决，但整体来看目前传媒体制改革对行业的影响是积极的。宏观层次上的传媒产业集群战略与体制改革直接相关，对业态的发展具有规划、

---

[1] 刘奇葆：《加快推动传统媒体和新兴媒体融合发展》，《人民日报》2014年4月23日，第6版。

引领的作用。

第二，中观层次的传媒产业集群发展要求媒体集团顺应融合趋势、把握行业动态

传统媒体与新兴媒体的融合发展催生出了诸多新的媒体产品类型、传播方式、受众消费方式，对传媒产业的运营模式、商业模式提出了挑战。在中观层次，媒体运营者需要正视来自传媒市场的各种挑战和压力，明确发展目标、优化发展思路、提炼发展路径。比如传统报业集团要尽快找到适合自身特点的创新发展路径、实现战略转型，虽然意味着要付出一定的代价，但在"关停""没落"的生存压力之下已经别无选择。

第三，微观层次的传媒产业集群发展要求媒体从业者更新观念、统一意识，在具体的运营活动中体现出融合发展的创造性、实践性

"所谓融合，意味着边际界限的模糊、交叉、突破、浸润。要建设新型主流传媒集团，要形成主流传播实力，不但要有媒介介质的融合，更重要的是实现在移动互联网环境下的产品形态的融合、经营模式的融合、产业发展的融合，有更大胆、更具突破性、更深层次的探索。"[①] 每个媒体运营部门、单位都需要具有战略意识，因为融合发展过程中需要在不同边界的模糊、交叉中实现突破。

宏观、中观、微观战略分层的地位和作用不是绝对的，不能陷入宏观层面战略优于中观、微观的误区，在融合过程中任何一个层面的战略失误都会导致整体性的失败，而任何一个层面的颠覆性创新也能够成为重构竞争格局的突破口。系统性的传媒发展战略应建立在对多个层次整体把握的基础上，这样不仅能够从顶层设计的高度体现出对行业发展的把控、引领，还能够最大限度地保证执行层面的可行性。

三 媒体产业集群融合发展演进的层次分析

以上三个层次是媒体产业集群在战略层面系统性、复杂性的一个体现，另一个体现为媒体融合发展的演进同样存在不同的层次，而且各个

---

① 刘鹏：《传统媒体融合转型的若干趋势》，《新闻记者》2015年第4期。

层次的融合规律、特征、形态都是传媒产业集群发展的依据。仅仅从宏观、中观、微观三个层次厘清其自身的需求还不足以成为传媒发展战略科学性的保证，还要把握作为背景、依据的媒体融合发展趋势的演化层次，以两个维度为复合依据、在两者的交叉中发现传媒发展战略存在的问题、进而提出针对性建议有利于提升产业集群发展科学性与可行性。所以在此将对媒体融合发展演进的层次予以梳理，为传统媒体与新兴媒体产业集群融合发展依据与方向的分析打下基础。

第一，媒体产业集群发展的显性层面为形态融合

形态相互介入是传统媒体与新兴媒体融合发展最直观的体现，比如传统媒体文字、视听形态的信息内容在新兴媒体的网络、社交平台上得到更广泛的传播，形成一种你中有我、我中有你的竞合态势。形态层面的融合也是当下媒体融合实践所关注的焦点，甚至存在把形态融合等同于媒体融合的误区，这一误区忽视更深层的融合要求，是战略懒惰与短视的典型体现。以媒体内容产品为例，仅仅具备了多元媒体特征、能给受众提供立体信息形态的内容产品不能等同于媒体融合，因为"对于新媒体的内容产品消费来说，用户体验不仅仅是视觉运动与鼠标运动的便捷性与舒适度，更是一种与用户心理的共鸣的程度。"[1]

第二，媒体产业集群发展的隐性层面为生态融合

形态融合与创新仅仅是媒介融合趋势的外在表现，其背后体现的是传媒生态正在经历的重大变革……颠覆性逐步在很多方面展现出来，从国家媒介管理体制的改革到具体传媒单位的公司化运作、从传播平台的扩张到资本市场的尝试，传媒格局与生态的重建已经开始，决定形态融合发展轨迹的是生态层面的融合，形态融合是生态融合的体现，形态融合的依据需要在生态融合的层面寻找。能够形成一定影响力的媒体的布局战略更是鲜明地体现了从生态层面着眼的重要性，尤其是新兴媒体公司更是如此，"'抢夺入口—搭建平台集成服务—构筑全产业链—形成闭环生态圈—形成商业模式'，成为移动互联网布局的基本路径，这些公司大都循着核心竞争力对外拓展，希望构筑闭环生态圈，实现赢家通吃"[2]。

---

[1] 彭兰：《"内容"转型为"产品"的三条线索》，《编辑之友》2015年第4期。
[2] 梁智勇：《移动互联网入口竞争的市场格局及传统媒体的竞争策略》，《新闻大学》2014年第3期。

第三，传媒产业集群发展的制约层面为媒体与社会的深层互动

生态层次的媒体融合也处于变化之中，其更为深层的决定因素取决于媒体与社会的互动，在数字技术迭代与信息传播方式革新的推动下，媒体正在以更为积极的姿态融入社会、经济生活的方方面面，进而推动媒体生态产生新的特点。"移动互联网技术日趋成熟，网络营销方式日趋整合，兼顾社交、信息、娱乐、购物等服务，传统行业大都能在移动虚拟世界找到生存空间"[①]，移动互联网的发展使媒体得以与生活中的各个细节产生联结，而且可以预见随着虚拟现实技术的发展，媒体与生活的互动将更为深入。

四 基于两个维度的媒体产业集群融合发展战略矩阵分析

媒体发展战略的优化是一项系统工程，我们从宏观、中观、微观三个层次对其特征、要求做出了简要分析；融合发展的进程不仅推动着传媒行业的结构转型，其影响也远远超出了单一行业的范畴，而是对更广泛的社会生活产生着直接的作用，故而从形态融合、生态融合、传媒与社会的深层互动三个层次对其进行了概括性的提炼与分析。确定依据是制定科学的传媒产业集群发展路径的前提和基础，因为传媒发展战略本身及其融合发展背景都具有极强的复杂性，单一维度的分析不足以保证其科学性，所以在此从以上两个维度、六个层次分析的基础上，借助矩阵模型的方式对如何把握传媒产业集群发展的依据做进一步的解读。

如图6.1所示，将"媒体融合演进"和"传媒发展战略"作为坐标，由此两个维度、六个层次在矩阵中形成九个交叉点，以此可以辅助确认不同传媒形态、在不同发展阶段、面对不同的市场需求应当优先考虑哪些因素，进而按照轻重缓急梳理战略层次、制订适合自身发展阶段与特征的战略规划，在动态发展中认识、处理传统媒体与新兴媒体产业集群融合发展的各种问题。

---

① 付茜茜：《Web 3.0 时代媒介技术演进与文化形态变迁》，《当代传播》2015 年第 2 期。

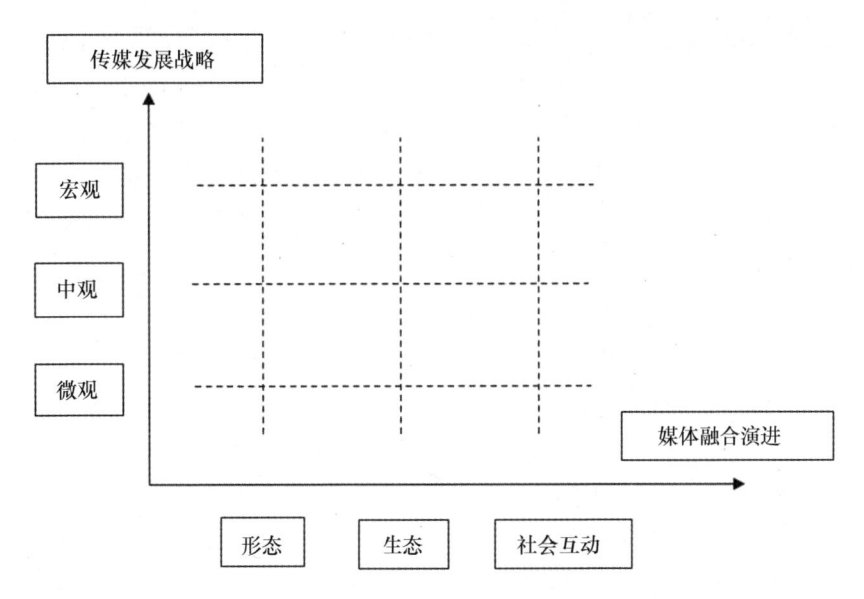

图 6.1　传统媒体与新兴媒体产业集群融合发展战略矩阵

以传统媒体在形态创新过程中所面临的困境为例,"新媒介的爆发式增长,信息的跨屏传播,分散了用户的注意力资源,带来了传播效能的递减。以往渠道霸权时代,我们以收视率、市场份额的'绝对值'来衡量一档节目传播效果的方式,受到了严峻挑战,亟待需要新的方法论的诞生。"① 之所以存在困境是因为"形态+微观"维度不适应更高层次竞争的要求;比如"很多媒体觉得在内部设一个新媒体部,开通微博、微信客户端,将自己纸媒上的内容搬到网上就完成了转型,甚至还希望能通过如此'转型'产生经济效益;另一种是投入很大但方向不对,即投入巨大的人力物力,花钱买软件、买服务器,或者仓促上马客户端等"②,这样的尝试仅仅做到了形态层面的延展与微观层次上的调整,并没有打开传媒发展战略调整的格局,所以不可能达到策略制定者最初的预期。

"新方法论"诞生的依据便存在于从形态向生态,从微观向中观、

---

① 喻国明:《"互联网+"模式下媒介的融合迭代与效能转换》,《新闻大学》2015 年第 2 期。

② 沈阳:《媒体融合仍在试错尚未抓到痛点》,《中国广播》2015 年第 10 期。

宏观的演化之中，传统媒体部署的"两微一端"实现了产品形态创新，但新媒体产品背后还有个性价值、文化接受、价格策略等内涵，这些内涵会在中观层面与其他媒体形态、在宏观层面与其他行业产生交接，如果在中观、宏观忽视了这些核心要素，仅仅关注微观层面产品形态的融合、创新，那是肯定不会成功的。所以其他八个交点的策略失衡都会导致"微观＋形态"层面的产业集群发展的失效，故而以立体矩阵的整体、动态变化为依据来制定传统媒体与新兴媒体产业集群融合发展思路是必要的，在这个过程中有以下三个基本规则需要遵循。第一，要统筹矩阵中九个交叉点的特征与需求，确定自身所处的战略节点之后，优化的过程要建立在对交叉节点之间相互作用的科学预判之上。第二，每个交叉点的战略有一定的适用性和生命周期，没有必要苛求所有的战略都能够符合九个节点的要求，但是要保证它能够有效满足具体节点及其周边节点的要求。第三，战略要具有一定的阶段性、衔接性，既要避免脱离具体阶段、无法落地，也要避免没有发展后劲。

五 媒体产业集群融合发展的路径分析

在基于矩阵模型分析的基础上，找到了媒体产业集群发展的依据，进一步的任务是明确产业集群发展的思路与方法，而这同样是一个宏大的课题，针对不同的运营主体、面对不同的传媒市场环境应制定相应的具体战略，本文难以在简短的篇幅内予以展开，所以在此只对传统媒体与新兴媒体产业集群融合发展的路径做出分析，以求为准确把握媒体融合发展趋势、提升战略科学性与前瞻性水平提供参考和指导。

第一，以矩阵分析为基础，综合分析技术、产业、政策等因素，在预判业态发展趋势的基础上把握发展路径，使传媒发展战略与业态动向保持一致，并结合自身发展阶段体现出一定的超前性

比如阿里与第一财经的合作、阿里收购优酷土豆，重要的战略考量在于"媒体＋数据"是未来传媒业发展的基石，这种"互联网＋"式的合作通过整合用户、数据、内容、渠道能够牢牢把握住未来媒体格局的入口。"媒体业原本是信息生产行业，对信息的垄断可以说是媒体生存的关键。'互联网＋'带来的是生产关系的重构、是新的经营与盈利模式。'互联网+'计划是传统媒体转型的必要途径,通过互联网可以激发用户的信息需求,提升传统媒体业务水平,促进传统媒体业整体业态升级。"① 无论是云计算、大数据、虚拟现实技术的应用还是"互联网+"的部署,都体现着顺应融合趋势优化传媒产业集群发展的思路和方向。

第二,把握经济社会结构调整、产业升级的机遇,在媒体融合边界的扩展中寻求战略发展的契机

随着媒体融合影响的不断扩大,其作用范围已经不仅仅局限于传媒业,基于统一的互联网、数据等平台,媒体与相关行业之间的交集不断扩大,其他产业的结构调整与升级同样能够给传媒业的发展创造新的市场空间,电商、健康、教育、交通等领域有着媒体高速增长的战略空间。此外,国家相关的产业政策也值得关注,比如"不断升温的'一带一路'倡议使我国与沿线各国的交流更为深入,这为各国在经济发展过程中开展更为深入的合作创造了新的条件。国家的战略布局也为推动面向'一带一路'的视听产业融合发展拓展了空间,我国视听产业可以借助'互联网+资本'的力量参与到国际传媒市场的重构与升级过程中,实现双方的互利共赢"②。

第三,积极参与社会管理与服务,全方位渗透到社会生活的细节当中,为传媒业寻求新的价值空间

新兴媒体的快速发展使媒体已经渗透到了社会生活的诸多细节当中,远远超出了单纯信息传播者的角色,媒体具备了在社会生活中发挥更为积极作用的可能性。"'负责的传媒'的角色特征体现为从'信息传播者'向'社会管理参与者'的转变,积极地参与社会管理是时代赋予媒体的新要求,媒体不应'失位',但也不能'越位',而应为提升社会管理水平发挥创造性作用。"③ 积极参与社会管理与服务,不仅能够体现媒体存在的价值,同样也是优化传统媒体与新兴媒体产业集群

---

① 黄楚新:《"互联网+媒体"融合时代的传媒发展路径》,《新闻与传播研究》2015年第9期。
② 刘峰、吴德识:《"互联网+资本"背景下面向东南亚的视听产业融合发展探析》,《广西社会科学》2015年第7期。
③ 严三九、刘峰:《我国传统媒体参与社会管理的创新路径——以上海人民广播电台〈直播990〉为例》,《当代传播》2015年第2期。

融合发展的重要方向。

第四,逐步实现"资本控制媒体"到"媒体引领资本"的转变

"资本控制媒体"并非绝对的,只代表近年来传媒市场上的一个表象,尤其是在新兴媒体发展过程中尤为明显,即媒体成长离不开资本的助力,甚至在某些案例中资本占据了支配地位。诚然,媒体融合离不开资本,资本运作也是传媒战略目标实现的重要手段,但在优化战略的过程中需要注重资本的复杂性,力求使资本服务于战略。结合战略矩阵来看,"生态+宏观"层次的资本运作会对"微观+形态"层次的媒体运营形成"降维打击"的效果,所以在选择资本运作方式或者接受以资本为杠杆的整合时,需要预判这一资本运作方式是否符合传统媒体与新兴媒体产业集群融合发展战略矩阵均衡与变动的规则,尽量拒绝无效的、重复性的甚至是具有负面作用的资本整合,避免失败的资本运作影响正常的媒体融合发展效率。

综上,本书结合媒体融合发展的情况与传媒产业集群发展的需求,从两个维度、不同层次的个性化需求出发,尝试性地建立融合发展战略矩阵作为辅助,以求提高把握传统媒体与新兴媒体产业集群融合发展依据的科学性水平,并在此基础上从四个方面对传统媒体与新兴媒体产业集群融合发展的路径进行了概括和分析。传统媒体与新兴媒体融合发展还在持续深化当中,并且远远超出了传媒界的范畴,需要从业者和研究者具备更宽广的理论视角,才能使传媒发展战略的调整和优化适应社会、经济发展对媒体的要求。当然,媒体融合发展过程中也存在很多不确定性,因此,传统媒体与新兴媒体产业集群融合发展还需要在实际运营过程中得到检验和进一步优化。

下 篇

中国省市级传统媒体与新兴媒体内容融合发展研究分论

分论一

北京市传统媒体与新兴媒体
融合发展研究

北京市是我国传媒事业的中心城市，而且传媒产业发达、优秀传媒人才聚集，在传统媒体与新兴媒体融合发展的进程中也出现了大量有代表性的案例。课题组在2015年6—8月期间对北京市多家媒体单位展开调研，以问卷调查为主，共回收有效问卷337份，问卷内容涉及内容融合、渠道融合、产业融合、管理机制优化等多个方面，同时进行了大量深度访谈。在本部分中，将主要结合问卷调研获得的数据、辅以深度访谈的经验，对北京市传统媒体与新兴媒体融合发展的现状与问题做整体性的把握和分析。

一 基本情况分析

（1）调查单位

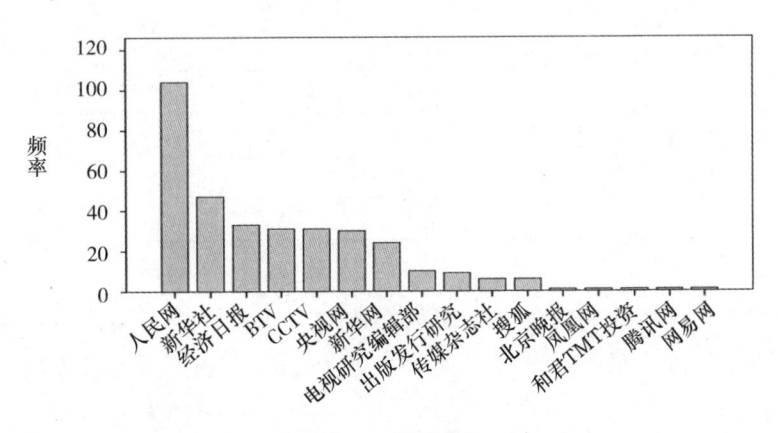

图7.1 调查单位

本次问卷调查的对象为北京市纸媒、广电中心和新媒体系统三大板块共16家单位或部门，分别为人民网、新华社、经济日报、BTV（北京电视台）、CCTV（中央电视台）、央视网、新华网、电视研究编辑部、出版发行研究、传媒杂志社、搜狐、北京晚报、凤凰网、腾讯网、网易网、和君TMT投资，共回收有效问卷337份，有一份未注明是哪家单位，作为缺失处理。

其中在人民网回收有效问卷104份，占整个问卷的比例为30.9%；在新华社回收有效问卷47份，所占比例为13.9%；经济日报回收有效问卷33份，所占比例为9.8%；在北京电视台和中央电视台各回收有效问卷31份，均占比9.2%；在央视网回收有效问卷为30份，所占比例为8.9%；在新华网回收有效问卷24份，所占比例为7.1%；其他几家单位回收有效问卷的数量不大，共计36份，所占比例为11%。

综合以上数据，问卷发放的单位以人民网、新华社、中央电视台等主流媒体为主，具有权威性与可靠性。其中，新媒体公司的累积问卷数量为166份，所占比例为49%；广电系统的问卷数量为62份，所占比例为18%；传统纸媒回收有效问卷为106份，所占比例为32%。

（2）个人职位分布情况

表7.1 　　　　　　　　　　个人职务数据

		频率	百分比（%）	有效百分比（%）	累计百分比（%）
有效	记者编辑	226	67.1	67.3	67.3
	部门主任	102	30.3	30.4	97.6
	社长总编	8	2.4	2.4	100.0
	合计	336	99.7	100.0	
缺失	系统	1	.3		
合计		337	100.0		

本次问卷发放的对象有基层的媒体从业人员，也有媒体单位或公司的高层管理人员，并将他们的职位分为三类，分别为记者编辑、部门主任和社长总编。从数据的统计可以看出，数据缺失1份，有效数据为336份，其中记者编辑的数量为226人，所占比例为67.1%；部

门主任的数量为102人，所占比例为30.3%；而社长总编为8人，所占比例为2.4%。

（3）个人学历情况

表7.2　　　　　　　　　　　　　学历情况

		频率	百分比（%）	有效百分比（%）	累计百分比（%）
有效	专科及以下	1	.3	.3	.3
	本科	169	50.1	50.3	50.6
	研究生	166	49.3	49.4	100.0
	合计	336	99.7	100.0	
缺失	系统	1	.3		
合计		337	100.0		

这次调研对象大部分学历为本科学历，仅有1人是专科及以下学历，最高学历为研究生，其中最高学历为研究生学历的人数为166人，占整体比例的49.3%；本科学历的人数为169人，占50.1%。

（4）个人职称情况

表7.3　　　　　　　　　　　　　被调查者职称

		频率	百分比（%）	有效百分比（%）	累计百分比（%）
有效	助理	177	52.5	52.7	52.7
	中级	97	28.8	28.9	81.5
	其他	45	13.4	13.4	94.9
	副高	15	4.5	4.5	99.4
	正高	2	.6	.6	100.0
	合计	336	99.7	100.0	
缺失	系统	1	.3		
合计		337	100.0		

从上表中可以看出，正高级别职称的有2人，占整体比例的0.6%；副高职称的有15人，占整体比例的4.5%；中级职称的有97人，占整体比例的28.8%；助理级别的有177人，比例是52.5%；其他的是45

人，占 13.4%。从上表可以看出，助理和中级职称的人占大多数，两者相加的比例是 81.3%。

（5）从业时间分布情况

表7.4　　　　　　　　　　　　　从业时间

	年项	频率	百分比（%）	有效百分比（%）	累计百分比（%）
有效	6	85	25.2	25.3	25.3
	4	69	20.5	20.5	45.8
	2	60	17.8	17.9	63.7
	8	55	16.3	16.4	80.1
	8.5	24	7.1	7.1	87.2
	1	20	5.9	6.0	93.2
	15	20	5.9	6.0	99.1
	20	2	.6	.6	99.7
	9	1	.3	.3	100.0
	合计	336	99.7	100.0	
缺失	系统	1	.3		
合计		337	100.0		

从上表中可以看出，在媒体行业工作时间 1 年左右的有 20 人，占比 5.9%；工作时间在 2 年左右的有 60 人，占比 17.8%；工作时间在 4 年左右的有 69 人，占比 20.5%；工作时间在 6 年左右的有 85 人，是所有人群中占比最大的一部分，占到 25.2%；而工作时间在 8 年的共有 55 人，占比 16.3%；8.5 年的共有 24 人，占比 7.1%；工作时间在 9 年的仅有 1 人，占比 0.3%；工作时间在 15 年左右的共有 20 人，占比 5.9%；而工作时间达到 20 年的仅有 2 人，占比 0.6%。

（6）月收入调查情况

表7.5　　　　　　　　　　　　　收入情况

	（元）	频率	百分比（%）	有效百分比（%）	累计百分比（%）
有效	8500.00	152	45.1	45.2	45.2
	6000.00	118	35.0	35.1	80.4
	8000.00	33	9.8	9.8	90.2

续表

（元）		频率	百分比（%）	有效百分比（%）	累计百分比（%）
	10000.0	25	7.4	7.4	97.6
	4000.00	6	1.8	1.8	99.4
	3000.00	2	.6	.6	100.0
	合计	336	99.7	100.0	
缺失	系统	1	.3		
合计		337	100.0		

月收入在 3000 元左右的共有 2 人，占比 0.6%；月收入在 4000 元左右的共有 6 人，占比 1.8%；月收入在 6000 元左右的共有 118 人，占比 35.0%；月收入在 8000 元左右的共有 33 人，占比 9.8%；而月收入在 8500 元左右的人数最多，共有 152 人，占比达到 45.1%；月收入达到 10000 元左右的共有 25 人，占比 7.4%。

二 北京市媒介融合的发展现状和面临的困境的调查情况

（1）对不同媒体形式的媒介融合发展的前景调查

表 7.6　　　　　　　　　　不同媒体形式前景

	频率	极小值	极大值	均值	标准差
纸质媒体	336	1.00	5.00	1.9018	.76052
广播	336	1.00	5.00	2.1369	.80614
电视	336	1.00	5.00	2.8065	.83295
网络门户	336	2.00	5.00	3.7589	.85949
在线音频	336	2.00	5.00	4.3095	.73263
网络视频	336	3.00	5.00	4.7768	.41702
社交媒体	336	3.00	5.00	4.8601	.35587
有效的频率（列表状态）	336				

调查问卷中，1表示完全没有发展前景；2表示不太有发展前景；3表示说不清；4表示比较有发展前景；5表示非常有发展前景。从表7.6中，我们可以清楚地看出，媒体的从业人员对纸质媒体、广播和电视这三大传统媒体的媒介融合发展前景不够看好，其中纸媒的均值最低，仅为1.9018，标准偏差为0.76052，这两项数据表明大部分北京媒体的从业人员对纸媒的未来发展的信心不足；而广播得分也仅为2.1369，标准偏差为0.80614，和纸媒的得分和标准偏差基本一致，也属于未来发展前景不被看好的媒体形式；而电视的得分为2.8065，接近3，意味着媒体从业人员对电视的媒介融合的发展持观望的态度；得分最高为社交媒体，为4.8601，意味着媒体从业人员的看法在非常看好和比较看好之间的程度；第二的是网络视频，得分为4.7768，说明大部分的媒体从业人员对它的发展前景还是比比较看好的程度要高的；而在线音频的得分为4.3095，意味着发展前景是被比较看好的；而比较意外的是网络门户的得分仅为3.7589，关于它的发展前景，大部分从业人员认为看不清。

（2）在推动媒体内容生产融合过程中，不同因素发挥的作用调查

表7.7　　　　　　　　　　　内容生产融合推动因素

	频率	极小值	极大值	均值	标准差
传媒技术的革新	336	1.00	5.00	4.7500	.50372
受众消费习惯改变	336	1.00	5.00	4.5893	.59179
传媒市场压力	336	2.00	5.00	3.9851	.68005
集团领导意志	335	1.00	5.00	3.3493	.81553
传媒政策调整	336	1.00	5.00	2.8839	.89188
传媒组织形态变化	336	1.00	5.00	2.7054	.91068
宏观传媒体制	336	1.00	5.00	2.6488	.96283
有效的频率（列表状态）	335				

在这部分的调查中，1表示十分不利于融合发展；2表示不利于融合发展；3表示说不清；4表示有利于推动融合发展；5表示非常有利于推动融合发展。从表7.7中可以看出，所有的因素最小值分别为1和2，最大值都为5，而均值都在2到5之间，传媒技术的革新均值为4.7500，受

众消费习惯改变均值为 4.5893，传媒市场压力均值为 3.9851，集团领导意志均值为 3.3493，传媒政策调整均值为 2.8839，传媒组织形态变化均值为 2.7054，而宏观传媒体制均值仅为 2.6488，意味着大部分媒体从业人员认为这七个因素中传媒技术的革新、受众消费习惯改变和传媒市场压力这三个因素比较有利于推动媒体内容生产融合。

（3）当下传媒体制与政策是否阻碍媒介融合发展的意见调查

表 7.8　　　　　当下传媒体制与政策是否阻碍媒介融合发展

	频率	极小值	极大值	均值	标准差
传媒制度阻碍媒体融合发展	325	2.00	5.00	4.1385	.84395
有效的频率（列表状态）	325				

这部分的调查中 5 代表非常赞同；4 表示赞同；3 表示不确定；而 2 表示不赞同；1 表示非常不赞同。表 7.8 中，均值是 4.1385，可以看出，整体上来说，目前的传媒体制与政策阻碍了媒介融合发展。

（4）阻碍媒介融合的因素具体体现的调查

表 7.9　　　　　　　　　阻碍媒介融合的因素

	频率	极小值	极大值	均值	标准差
公司运营方面	259	2.00	5.00	4.3050	.67887
人才引进培育	255	3.00	5.00	4.2784	.63131
跨地域融合布局	251	1.00	5.00	3.9124	.73232
跨所有制融合推进	255	2.00	5.00	4.0392	.74667
跨形态媒体融合尝试	255	2.00	5.00	3.8588	.80578
有效的频率（列表状态）	251				

在这部分的调查中，1 表示非常小；2 表示比较小；3 表示一般；4 表示比较大；5 表示非常大。而表 7.9 中，公司运营方面的均值为 4.3050，人才引进培育的均值为 4.2784，跨所有制融合推进的均值为 4.0392，跨地域融合布局的均值为 3.9124，而跨形态媒体融合尝试的均值为 3.8588，由此可以看出，无论是公司运营方面、人才引进培育、

跨所有制融合推进、跨地域融合布局还是跨形态媒体融合尝试，整体上得分大致相同，都大于3.5分，在4分左右，可以看出，目前的传媒体制与政策对媒介融合发展的阻碍是方方面面的。

（5）不同形式对内容素材获取环节的作用调查

表7.10　　　　　不同形式对内容素材获取环节的作用

	频率	极小值	极大值	均值	标准差
记者个人渠道采访	324	2.00	5.00	4.3426	.76083
受众主动提供线索	326	2.00	5.00	3.7975	.89895
传统媒体获取	326	1.00	5.00	3.4172	.72592
网络媒体的报道	326	1.00	5.00	3.6595	.96907
社交媒体官方平台	326	1.00	5.00	3.8865	.96843
社交媒体用户发布信息	326	2.00	5.00	3.5798	.91387
合作机构单位提供	326	1.00	5.00	3.5767	.91749
有效的频率（列表状态）	322				

在这部分的调查中，1表示非常小；2表示比较小；3表示一般；4表示比较大；5表示非常大。从表7.10中，可以看出，最小值为1或者2，而最大值都是5，均值最大的是记者个人渠道采访，为4.3426，说明了互联网时代，记者个人渠道采访在内容素材获取环节的重大作用；第二位是社交媒体官方平台，均值是3.8865，说明社交媒体官方平台提供信息在媒体报道新闻时的作用也是比较大的；而受众主动提供线索和网络媒体的报道的均值为3.7975和3.6595，都大致属于作用较大的范畴；社交媒体用户发布消息、合作机构单位提供以及传统媒体获取的均值是3.5798、3.5767和3.4172，都属于一般作用范畴。

（6）各方面要求在内容编辑、处理阶段的重要性程度分析

表7.11　　　　　不同要求在内容编辑、处理阶段的重要性

	频率	极小值	极大值	均值	标准差
权威性	327	1.00	5.00	4.3394	.85322
趣味性	327	3.00	5.00	4.4067	.64329

续表

	频率	极小值	极大值	均值	标准差
话题性	327	1.00	5.00	4.0979	.97652
个性化	323	2.00	5.00	4.0372	.72136
年轻化	323	1.00	5.00	3.8638	.85612
移动化	323	2.00	5.00	4.1672	.84326
有效的频率（列表状态）	323				

在这部分的调查中，1 表示非常小；2 表示比较小；3 表示一般；4 表示比较大；5 表示非常大。而从上表中，趣味性均值为 4.4067，权威性均值为 4.3394，移动化均值为 4.1672，话题性均值为 4.0979，个性化均值为 4.0372，年轻化均值为 3.8638，可以看出的是，均值都在 4.0 左右徘徊，说明无论是权威性、趣味性、话题性，还是个性化、年轻化、移动化都是现在媒体内容不可缺少的部分和需要表达出来的形式。

（7）不同方式在媒体内容生产过程中发挥作用分析

表 7.12　　不同方式在媒体内容生产过程的作用

	频率	极小值	极大值	均值	标准差
内容自制	323	2.00	5.00	4.5263	.59638
优质内容购买力度	323	2.00	5.00	3.8669	.63850
聚合用户生产内容	323	2.00	5.00	3.9598	.77315
行业内容交换	323	2.00	5.00	3.7957	.84610
跨媒介合作生产	323	2.00	5.00	3.9938	.73507
有效的频率（列表状态）	323				

在这部分的调查中，1 表示非常小；2 表示比较小；3 表示一般；4 表示比较大；5 表示非常大。数据表示这几个方式整体上都有比较大的作用，其中内容自制的均值是 4.5263，跨媒介合作生产的均值是 3.9938，聚合用户生产内容的均值是 3.9598，优质内容购买力度的均值是 3.8669，行业内容交换的均值是 3.7957。

(8) 受众在媒体内容生产过程中的地位分析

表7.13　　　　　　　　受众在媒体内容生产过程中的地位

	频率	极小值	极大值	均值	标准差
内容接受者	323	1.00	5.00	3.4211	1.0073
内容生产的重要依据	323	2.00	5.00	4.0619	.82801
需要认真对待的服务对象	323	1.00	5.00	4.3313	.78328
具有评论功能的消费者	323	1.00	5.00	4.0712	.75462
不可忽视的传播者	323	1.00	5.00	4.1765	.75786
参与到内容制作中的生产者	323	2.00	5.00	3.9474	.86352
有效的频率（列表状态）	321				

在这部分的调查中，1表示非常不准确；2表示不太准确；3表示一般；4表示比较准确；5表示非常准确。对于受众在媒体内容生产过程中的地位分析，意味着媒体对受众的作用和地位越来越重视，同时又不明确受众在不同环节中的具体作用。根据数据结果的统计可以看出，最小值分别为1或者2，最大值都是5，而均值在3.4到4.3之间。其中，内容接受者的均值是3.4211，内容生产的重要依据的均值是4.0619，需要认真对待的服务对象的均值是4.3313，而具有评论功能的消费者的均值是4.0712，不可忽视的传播者的均值是4.1765，参与到内容制作中的生产者的均值是3.9474。

(9) 媒介融合发展中主导因素的调研分析

表7.14　　　　　　　　"为王"问题调研

	频率	极小值	极大值	均值	标准差
传者为王	323	1.00	5.00	3.0650	1.0479
受众为王	323	2.00	5.00	4.2322	.73844
内容为王	323	3.00	5.00	4.5789	.62737
渠道为王	323	2.00	5.00	4.0495	.68072
平台为王	323	1.00	5.00	3.8638	.79205

续表

	频率	极小值	极大值	均值	标准差
技术为王	323	2.00	5.00	3.6533	.84362
资本为王	323	1.00	5.00	3.6254	.90147
数据为王	323	2.00	5.00	4.0217	.86844
有效的频率（列表状态）	323				

在这部分的调查中，1表示不赞同；2表示不太赞同；3表示一般；4表示比较赞同；5表示非常赞同。从上表中可以看出，业内多年来一直遵循的内容为王的概念并没有过时，无论是纸媒、广电还是新媒体，依旧把内容为王的概念当作行业发展的主旋律，均值为4.5789。而受众的作用也越来越被重视，受众在媒体内容制作上发挥的作用越来越重要，美剧《纸牌屋》的大热和成功更是预兆着受众为王的理念会更多地被人提起，受众为王的均值是4.2322。从2012年开始，"大数据"一词越来越多地被提及，可以看出大数据越来越被媒体所重视，数据为王的均值是4.0217。而另一个很重要的因素或者说概念是渠道为王，无论是腾讯所打造的QQ平台、微信平台，还是微博平台，以及近年来强势崛起的互联网多终端平台都对信息的传播产生了重要的影响，也对媒体制作媒体内容和传播媒体内容产生了巨大的影响，所以渠道为王的均值是4.0495，作用较大。传者为王的均值是3.0650，平台为王的均值是3.8638，技术为王的均值是3.6533，资本为王的均值是3.6254。

（10）面对"人端合一"的趋势，媒体行业需要创新的方面分析

（在后面的调查问卷中，如无特殊说明，1表示非常小；2表示比较小；3表示一般；4表示比较大；5表示非常大）

各种智能终端处于迅速发展过程中，虚拟现实、人工智能等也会在媒体运营中得到越来越多的应用，在2014年7月，美联社开始用智能机器人写稿，而在2015年11月，新华社也正式引进智能写手——"快笔小新"来负责一些字数较少和内容相对简单的稿件。面对"人端合一"的趋势，媒体行业也需要创新以应对这种变化。

表 7.15　　　　　　　面对"人端合一"趋势的创新

	频率	极小值	极大值	均值	标准差
媒体内容采编方式创新	323	2.00	5.00	4.2941	.79802
传媒组织形态升级	323	2.00	5.00	4.1146	.81287
传播渠道的改进	323	3.00	5.00	4.2601	.68741
传媒产业链条重构	323	2.00	5.00	4.0619	.81668
基础技术平台革新	323	2.00	5.00	4.0867	.69509
传媒体制与政策的改革	323	1.00	5.00	4.0960	.74772
有效的频率（列表状态）	323				

从表 7.15 中可以看出，六个方面的创新均值都在 4 以上，说明在"人端合一"的背景下，媒体行业迫切需要作出相应的改革和创新。其中最迫切需要作出改变的是媒体内容采编方式创新，均值是 4.2941，也就是说媒体行业仍然要重视内容上的含金量。传播渠道的改进均值是 4.2601，说明改进传播渠道也是急需的。传播组织形态升级这一项的均值是 4.1146，传媒产业链条重构的均值是 4.0619，基础技术平台革新的均值是 4.0867，传媒体制与政策的改革的均值是 4.0960，这些都在 4 以上，意味着在这些方面的创新，都到了迫切的程度。

（11）对"粉碎性融合""颠覆式改造"这一观点的认同性调查

面对融合发展的要求，媒体组织形态与方式需要得到改进和优化。有观点认为必须对组织进行"粉碎性融合""颠覆式改造"，才能够适应媒体融合发展的需要。

表 7.16　　　对"粉碎性融合""颠覆式改造"这一观点的认同性

	频率	极小值	极大值	均值	标准差
"粉碎性融合""颠覆式改造"	323	1.00	5.00	2.8700	1.05521
有效的频率（列表状态）	323				

在上表中，最小值是 1，最大值是 5，均值是 2.8700，标准差在 1 左右，从数据中，我们可以看出总体上，媒体行业对这种看法持不太赞同的态度。

（12）不同生活内容与传媒内容未来融合的可能性分析

表7.17　　　　　不同生活内容与传媒内容未来融合的可能性

	频率	极小值	极大值	均值	标准差
电子商务	323	2.00	5.00	4.0774	.79803
金融、支付	323	1.00	5.00	4.0372	.88738
在线教育	323	2.00	5.00	3.9040	.87410
远程医疗	323	1.00	5.00	3.5635	.90108
社交应用	323	1.00	5.00	4.3375	.69652
搜索	323	1.00	5.00	4.0495	.85829
游戏	323	1.00	5.00	3.8638	.83778
出行旅游	323	2.00	5.00	4.0960	.73937
通信	323	1.00	5.00	3.9319	.82752
有效的频率（列表状态）	323				

在生活服务与内容、社交一样，成为人们对互联网的基本诉求的背景下，传媒内容未来与哪个行业融合成为近几年来的热点，在这次调查中，可以看出，目前发展的比较好的几个第三产业都成为人们议论的重点，但具体是哪一个方向却依然没有定论。在统计的数据中，各个产业的均值有较大幅度的摆动，其中均值最大的是社交应用，达到了4.3375，说明这一行业在未来融合的道路上很被看好。电子商务的均值是4.0774，金融、支付的均值是4.0372，搜索的均值是4.0495，出行旅游的均值是4.0960，这些行业的均值都在4以上，说明这些行业的融合前景均被看好。其他的行业，如在线教育的均值是3.9040，远程医疗的均值是3.5635，游戏的均值是3.8638，通信的均值是3.9319，稍显逊色。

(13) 不同生活内容与媒体相结合，实现争夺移动互联网入口、提升移动互联网覆盖面的可能性分析

表 7.18　　　　　　　　　　移动跨界的可能性

	频率	极小值	极大值	均值	标准差
电子商务	323	2.00	5.00	4.3096	.82477
金融、支付	323	1.00	5.00	4.0929	.94444
在线教育	323	2.00	5.00	3.8731	.77178
远程医疗	323	1.00	5.00	3.4830	.82781
社交应用	323	1.00	5.00	4.3251	.72845
搜索	323	1.00	5.00	4.1084	.81752
游戏	323	2.00	5.00	3.9443	.65701
出行旅游	323	2.00	5.00	4.0062	.61044
通信	323	1.00	5.00	4.0155	.72430
有效的频率（列表状态）	323				

在这部分的调查中，我们可以发现，最小值和最大值依然为1和5，整体上来说，受访者对媒体在生活内容上的作用持肯定的态度，同时肯定媒体在有些生活内容上可以实现争夺移动互联网入口、提升移动互联网覆盖面的作用。在实现争夺移动互联网入口、提升移动互联网覆盖面的可能性上，电子商务，金融、支付，社交应用，搜索，出行旅游，通信，这6个行业的均值达到4以上，说明这6个行业的可能性比较高。其中，在这一部分中，得分最高的是社交应用，为4.3251，说明媒体行业认为社交应用在实现争夺移动互联网入口、提升移动互联网覆盖面的可能性最高；其次为电子商务，搜索，金融、支付，通信，出行旅游，得分都在4以上；而在线教育、游戏的得分稍微低一些，都高于3.8，稍低于4；远程医疗的得分最低，为3.4830。

(14) 媒体跨界运营的具体时机分析

表 7.19　　　　　　　　媒体跨界运营的具体时机

	频率	极小值	极大值	均值	标准差
媒体跨界运营	323	1.00	5.00	3.5480	1.03361
有效的频率（列表状态）	323				

在上表中，均值是 3.5480，程度为一般，标准差为 1.03361，意味着在对现在是否是媒体跨界运营（如电商、金融、可穿戴设备等）的成熟时机的判断上，受访者的意见不是非常统一，时机是否成熟还处在观望的态度。

(15) 不同因素在媒体传播渠道拓展过程中的作用分析

表 7.20　　　　　不同因素在媒体传播渠道拓展过程中的作用

	频率	极小值	极大值	均值	标准差
内容品质提升	323	3.00	5.00	4.3560	.64523
受众互动与维护优化	323	3.00	5.00	4.4241	.59733
终端扩展	323	2.00	5.00	4.1455	.68742
服务形态扩展	323	2.00	5.00	4.0805	.71346
社交机制的借鉴与应用	323	2.00	5.00	4.0991	.74105
物联网等技术的进步	323	2.00	5.00	3.9783	.72414
媒体组织结构调整	323	1.00	5.00	3.8050	.82415
有效的频率（列表状态）	323				

从表 7.20 中可以看出，七项因素中内容品质提升和受众互动与维护优化的最小值是 3，说明这两项因素业内人士普遍认为在媒体传播渠道拓展过程中的作用很重要。其中，受众互动与维护优化的得分最高，均值是 4.4241，也与前面的受众为王的理念不谋而合，说明与受众的互动也逐渐成为媒体传播渠道拓展的重中之重的环节。其次，内容品质提升得分也很高，为 4.3560，说明制作内容和内容为王的传统理念依

旧没有落伍。而终端扩展的得分是 4.1455，也说明终端的作用依旧不容忽视。服务形态扩展和社交机制的借鉴与应用也达到了 4 以上。物联网等技术的进步和媒体组织结构调整的得分都在 3.9 左右，意味着其价值有待开发。

（16）不同传媒企业、单位加强微博、微信以及推出手机 APP 的作用分析

表 7.21　　　　　　　　　　两微一端的应用

	频率	极小值	极大值	均值	标准差
微博、微信	323	1.00	5.00	3.9474	.74372
移动 APP	323	1.00	5.00	3.6718	.97359
有效的频率（列表状态）	323				

从表 7.21 中可以看出，最小值和最大值分别是 1 和 5，均值分别是 3.9474 和 3.6718，微博、微信的作用比移动 APP 的效果明显。但整体上来说，这两者所带来的作用不是很大，效果不是很明显。

（17）云计算技术在不同方面发挥的作用研究

表 7.22　　　　　　云计算技术在不同方面发挥的作用

	频率	极小值	极大值	均值	标准差
改进媒体资源储存与管理	301	0	5.00	3.8106	1.1434
推动采编、生产的一体化	300	0	5.00	3.7167	1.1977
打通各个传播渠道、实现多屏合一	301	0	5.00	3.6445	1.2123
布局新的业务形态	301	0	5.00	3.5847	1.1677
改善组织结构	301	0	5.00	3.0565	1.1916
有效的频率（列表状态）	300				

在上表中，我们可以看出，云计算技术整体上发挥的作用较为一般，而根据深访的结果来看，大部分受访者都认为本单位没有运用过云计算技术，所以在这部分的调查中，可以看出云计算技术对他们而言是

一个比较模糊的概念。各项的均值都在3到4之间,标准差都在1以上,说明对于云技术的作用受访者还比较模糊。其中,得分最高的是改进媒体资源储存与管理,均值是3.8106,其次是推动采编、生产的一体化,均值是3.7167,打通各个传播渠道、实现多屏合一的均值是3.6445,布局新的业务形态的均值是3.5847,改善组织结构的均值是最低的,均值是3.0565。

(18) 大数据技术在不同方面发挥的作用研究

表7.23　　　　　大数据技术在不同方面发挥的作用

	频率	极小值	极大值	均值	标准差
优化受众关系的维护	293	0	5.00	3.7986	1.22910
改进媒体内容生产流程	293	0	5.00	3.6553	1.21094
提升渠道传播效率	291	0	5.00	3.6598	1.23919
提高广告运营水平	293	0	5.00	3.5188	1.15442
布局新的业务类型	293	0	5.00	3.1945	1.21056
有效的频率(列表状态)	291				

从表7.23中可以看出,五项内容的均值有4项是在3.5以上,意味着大数据技术已经越来越被业内所认识,也越来越被业内所重视,但是大数据具体的应用方向和所起的作用还是处在一个探索阶段。从上表中可以看出,优化受众关系的维护的均值是3.7986,改进媒体内容生产流程的均值是3.6553,提升渠道传播效率的均值是3.6598,提高广告运营水平的均值是3.5188,布局新的业务类型的均值是3.1945。

(19) 应用大数据技术方式的研究

表7.24　　　　　从战略层面推动大数据战略

		频率	百分比(%)	有效百分比(%)	累计百分比(%)
有效	否	118	35.0	42.3	42.3
	是	161	47.8	57.7	100.0
	合计	279	82.8	100.0	
缺失	系统	58	17.2		
合计		337	100.0		

从表 7.24 中可以看出，337 份问卷中，有 58 份本题缺失。在有效数据中，有 57.7% 的受访者认为应用大数据技术的方式应该是从战略层面推动大数据战略、全面提升数据获取、挖掘与分析能力。42.3% 的受访者认为该公司没有从战略层面推动大数据战略、全面提升数据获取、挖掘与分析能力。

表 7.25　　　　　　　与其他公司深度合作、分享数据

		频率	百分比（%）	有效百分比（%）	累计百分比（%）
有效	否	213	63.2	76.3	76.3
	是	66	19.6	23.7	100.0
	合计	279	82.8	100.0	
缺失	系统	58	17.2		
合计		337	100.0		

从表 7.25 可以清楚地看出，除去 58 份缺失的情况，有 76.3% 的受访者认为该公司的大数据技术的应用不是与其他公司深度合作、分享数据。23.7% 的受访者认为该公司存在与其他公司深度合作、分享数据。

表 7.26　　　　　　　从专业公司购买相关数据

		频率	百分比（%）	有效百分比（%）	累计百分比（%）
有效	否	191	56.7	68.7	68.7
	是	87	25.8	31.3	100.0
	合计	278	82.5	100.0	
缺失	系统	59	17.5		
合计		337	100.0		

在 278 份有效数据中，有 68.7% 的受访者认为公司对于大数据技术的应用方式不是从专业公司购买相关数据。31.3% 的受访者认为公司是从专业公司购买相关数据。

表 7.27　　　　　　　　基于大数据分析的内容生产

		频率	百分比（%）	有效百分比（%）	累计百分比（%）
有效	否	151	44.8	54.1	54.1
	是	128	38.0	45.9	100.0
	合计	279	82.8	100.0	
缺失	系统	58	17.2		
合计		337	100.0		

在这部分的调查中，在279份有效问卷中，有54.1%的受访者不认为该公司通过基于大数据分析的内容生产来运用于大数据技术。45.9%的受访者认为该公司的大数据技术采用了基于大数据分析的内容生产。

表 7.28　　　　　　基于数据分析的市场趋势、受众分析

		频率	百分比（%）	有效百分比（%）	累计百分比（%）
有效	否	149	44.2	53.4	53.4
	是	130	38.6	46.6	100.0
	合计	279	82.8	100.0	
缺失	系统	58	17.2		
合计		337	100.0		

在有效数据中有53.4%的受访者认为该公司在大数据技术应用方面没有选择基于数据分析的市场趋势、受众分析。46.6%的受访者认为公司采用了基于数据分析的市场趋势、受众分析。

（20）互联网思维理解的研究

表 7.29　　　　应基于战略层面研究与强化互联网思维的应用

		频率	百分比（%）	有效百分比（%）	累计百分比（%）
有效	否	212	62.9	66.5	66.5
	是	107	31.8	33.5	100.0
	合计	319	94.7	100.0	
缺失	系统	18	5.3		
合计		337	100.0		

表7.30　　　　　应基于互联网思维改善媒体运营策略

		频率	百分比（%）	有效百分比（%）	累计百分比（%）
有效	否	192	57.0	60.2	60.2
	是	127	37.7	39.8	100.0
	合计	319	94.7	100.0	
缺失	系统	18	5.3		
合计		337	100.0		

表7.31　　　　　应基于互联网思维推动信息传播、营销方式的创新

		频率	百分比（%）	有效百分比（%）	累计百分比（%）
有效	否	201	59.6	63.0	63.0
	是	118	35.0	37.0	100.0
	合计	319	94.7	100.0	
缺失	系统	18	5.3		
合计		337	100.0		

在对互联网思维的调查研究中，有319份有效数据，33.5%的受访者认为对互联网思维的理解应该基于战略层面研究与强化互联网思维的应用。有39.8%的受访者认为应基于互联网思维改善媒体运营策略。37.0%的受访者认为应基于互联网思维推动信息传播、营销方式的创新。从整体上看，对于三个选项的理解比较平衡。

（21）不同类型媒体单位、公司之间的合作对媒体制作过程中的影响方面分析

表7.32　　　　　媒体合作的内容

	频率	极小值	极大值	均值	标准差
媒体内容创新	319	0	5.00	4.0909	.81334
推动内容形态研发	319	2.00	5.00	4.1254	.63688
扩展新的传播渠道	319	2.00	5.00	4.0658	.78029
获取先进技术应用经验	319	1.00	5.00	3.8715	.76834
跨地域、跨媒介的市场扩展	319	2.00	5.00	3.8245	.80909
整合传媒产业链	319	1.00	5.00	3.8809	.87501
有效的频率（列表状态）	319				

这部分的调查主要想了解的是在不同类型媒体单位、公司之间的合作会对哪些方面的媒体内容制作产生多大的影响。从表7.32中可以看出，整体上说这几个部分的均值在4左右，对于内容方面的影响最为深远，其中最高的是推动内容形态研发，其均值是4.1254，媒体内容创新的均值也达到了4.0909。对于渠道的影响也是很明显的，因此，扩展新的传播渠道的均值达到了4.0658。其他三方面的影响稍微逊色一些，例如整合传媒产业链的均值是3.8809，获取先进技术应用经验的均值是3.8715，跨地域、跨媒介的市场扩展的均值是3.8245。

（22）媒体单位、公司与不同类型的公司合作时最看重的因素分析

表7.33　　　　　　　　　　媒体合作时最看重的因素

	频率	极小值	极大值	均值	标准差
企业文化	319	1.00	5.00	4.1348	.75069
经营者素质与能力	319	1.00	5.00	4.3480	.67846
媒介内容生产者的素质与能力	319	3.00	5.00	4.2821	.63098
渠道优势	319	2.00	5.00	4.3009	.72492
受众基数	319	2.00	5.00	4.1379	.77283
资本、技术实力	319	1.00	5.00	4.1003	.82567
组织结构	319	1.00	5.00	3.7900	.90583
有效的频率（列表状态）	319				

对于媒体单位、公司与不同类型的公司合作时最看重的七个因素中，媒介内容生产者的素质与能力的最小值是3，说明这项因素是行业内选择合作者最为重视的因素。在七个因素中，均值基本都在4以上，意味着这些因素都是媒体选择合作时很看重的。这些因素中均值最高的是经营者素质与能力，达到了4.3480。企业文化、媒介内容生产者的素质与能力、渠道优势、受众基数与资本、技术实力这四项的均值都在4以上。技术是社会生产力的重要推动因素。受众基数，也符合业界的潮流"受众为王"的理念。组织结构的均值最低，是3.7900。

(23) 资本运营的主要方向分析

表 7.34　　　　　　　　　资本运营的主要方向

	频率	极小值	极大值	均值	标准差
技术升级	319	2.00	5.00	4.2947	.59426
内容购买	319	1.00	5.00	3.9687	.73048
渠道建设与拓展	319	2.00	5.00	4.1724	.74715
管理水平提升	319	2.00	5.00	3.7586	.76152
助推集群化运营	319	2.00	5.00	3.7492	.74382
跨媒体形态运营	319	2.00	5.00	3.8652	.73374
有效的频率（列表状态）	319				

从上表中，可以看出除了内容购买的最小值是1，其他的最小值都是2，各项的最大值都是5，各部分的均值比较平衡，在3.7到4.3之间，其中，在资本运营方面，技术升级的均值最高，达到了4.2947，还有渠道建设与拓展的均值也达到了4以上。其他四个方面的均值不到4，但也比较高。内容购买的均值是3.9687，管理水平提升的均值是3.7586，助推集群化运营的均值是3.7492，跨媒体形态运营的均值是3.8652。

(24) 不同因素在扩展传播渠道方面的效果分析

表 7.35　　　　　　不同因素在扩展传播渠道方面的效果

	频率	极小值	极大值	均值	标准差
受众精准细分	319	1.00	5.00	4.0972	.80092
预算精确核定	319	1.00	5.00	3.9373	.87009
效果精准测量	319	1.00	5.00	3.9091	.92547
推动受众相互传播	319	1.00	5.00	4.0439	.77983
洞察受众动态情景	319	1.00	5.00	3.8840	.84435
匹配受众情景化需求	319	2.00	5.00	3.8088	.77162
优化受众信息消费体验	319	1.00	5.00	4.0408	.82506
有效的频率（列表状态）	319				

从表 7.35 中可以看出，除了匹配受众情景化需求的最小值是 2，其他的最小值都是 1，各项的最大值都是 5，各部分的均值比较平衡，在 3.8 到 4.1 之间，其中，受众精准细分、推动受众相互传播、优化受众信息消费体验三个方面的均值达到了 4 以上，这与受众为王的理念不谋而合。其他方面的均值也比较高，如预算精确核定，均值是 3.9373；效果精准测量，均值是 3.9091；洞察受众动态情景，均值是 3.8840；匹配受众情景化需求，均值是 3.8088。

（25）传统媒体广告下滑的因素分析

表 7.36　　　　　　　　　传统媒体广告下滑的因素

	频率	极小值	极大值	均值	标准差
世界经济放缓	319	1.00	5.00	4.0282	1.03210
内需不足，诸多行业产能过剩	319	1.00	5.00	4.0345	.94606
政策性影响，如"八项规定"等	319	1.00	5.00	3.7461	.85861
传统媒体产业化层次较低	319	1.00	5.00	4.0690	.84764
传统媒体内部结构性矛盾	319	2.00	5.00	4.1630	.79211
传统媒体广告持续高增长造成懈怠	319	1.00	5.00	3.9812	.88290
新兴媒体的分流	319	2.00	5.00	4.3605	.68575
在媒体融合发展中起步较晚	319	1.00	5.00	4.0313	.78445
有效的频率（列表状态）	319				

传统媒体广告业务量和利润的下滑是整个行业不争的事实，凭这部分的调查未必能获得最直观和最详细的解释，但希望这部分调查能为广告业的发展出一份绵薄之力。在这部分调查中，均值基本在 4 左右，均值最高的是新兴媒体的分流，达到了 4.3605，其次是传统媒体内部结构性矛盾，均值为 4.1630。世界经济放缓的均值是 4.0282；内需不足，诸多行业产能过剩的均值较低，为 4.0345；传统媒体产业化层次较低的均值是 4.0690；在媒体融合发展中起步晚的均值是 4.0313；传统媒体广告持续高增长造成懈怠的均值是 3.9812；均值最低的是政策性影

响，如"八项规定"等的均值是 3.7461。

（26）传统媒体人才流失的原因探析

表 7.37　　　　　　　　　　传统媒体人才流失的原因

	频率	极小值	极大值	均值	标准差
新兴媒体的运作机制和工作环境，有利于人才的快速发展	319	1.00	5.00	4.4702	.75124
自己的想法和创意需要机会得到实施，实现自我价值	319	2.00	5.00	4.2539	.74063
新兴媒体具有远大的发展前景	319	2.00	5.00	4.1787	.71113
工作压力过大	319	1.00	5.00	3.9310	.91542
紧跟技术、产业发展趋势	319	2.00	5.00	4.1755	.82066
更高的经济收入	319	1.00	5.00	4.1254	.89545
有效的频率（列表状态）	319				

这几年随着新媒体的强势崛起以及媒介融合大趋势的到来，传统媒体都感受了压力以及其所带来的人才流失等问题，在对调研数据的整理中，可以看出，因素的均值都在 4 左右，说明这些因素都是人才流失的重要原因。其中，得分最高的是新兴媒体的运作机制和工作环境，有利于人才的快速发展，均值达到了 4.4702，这一数值反映了新兴媒体的运作机制和工作环境更能吸引人才。其次是自己的想法和创意需要机会得到实施，实现自我价值，均值是 4.2539，体现了在新兴媒体中从业人员的能力更能得到施展。新兴媒体具有远大的发展前景、更高的经济收入和紧跟技术、产业发展趋势这三方面的均值也是 4 以上，说明受访者大部分还是认为新兴媒体有着远大的发展前景，更愿意去新媒体工作，技术会推动潮流的发展，收入方面也是从业者择业的重要指标之一，受访者认为新媒体的收入相对于传统媒体而言更加优厚，也是吸引人才的重要原因。工作压力过大的均值是 3.9310，也是传统媒体人才流失的一个原因。

(27) 建设新型传媒集团的重要因素分析

表7.38　　　　　　　建设新型传媒集团的重要因素

	频率	极小值	极大值	均值	标准差
加快分众媒体发展	319	3.00	5.00	4.3887	.64865
加快传播平台的建设	318	2.00	5.00	4.4151	.65309
巩固主流媒体及其渠道影响力	319	2.00	5.00	4.0596	.83904
内容差异化发展	319	2.00	5.00	4.1473	.74832
加强新兴媒体形态扩展及建设	319	3.00	5.00	4.2602	.75944
多媒介技术整合	319	1.00	5.00	4.2132	.70823
创新管理运行机制	319	2.00	5.00	4.2069	.81330
强化多方面资源整合，增强媒体竞争力	319	1.00	5.00	4.1881	.89498
加强集团信息知识产权保护	319	2.00	5.00	4.0690	.83644
有效的频率（列表状态）	318				

在这部分调查中，均值都是4以上，均值最低的是巩固主流媒体及其渠道影响力，是4.0596。均值最高的是加快传播平台的建设，达到了4.4151。加快分众媒体发展的均值是4.3887；内容差异化发展的均值是4.1473；加强新兴媒体形态扩展及建设的均值是4.2602；多媒介技术整合的均值是4.2132；创新管理运行机制的均值是4.2069；强化多方面资源整合，增强媒体竞争力的均值是4.1881；加强集团信息知识产权保护的均值是4.0690。

(28) 2013年度与2014年度中国广电十大科技关键词差异性分析

2013年度中国广播电视行业十大科技关键词为：（1）超高清；（2）信息安全；（3）互联网电视；（4）宽带接入；（5）云计算应用；（6）智能电视机；（7）NGB；（8）大数据；（9）三网融合；（10）高清电视。2014年度中国广播电视行业十大科技关键词为：（1）宽带接入；（2）云平台；（3）媒体融合；（4）移动互联；（5）大数据；（6）4K超高清；（7）国家广播电视网络；（8）信息安全；（9）智能电视操作系统（TVOS）；（10）智能终端。

表7.39　2014年度广电行业十大科技关键词在广电融合发展中的作用分析

	频率	极小值	极大值	均值	标准差
宽带接入	319	2.00	5.00	4.1724	.75967
云平台	319	3.00	5.00	4.2915	.76456
媒体融合	319	2.00	5.00	4.3386	.66691
移动互联	319	2.00	5.00	4.2884	.68098
大数据	319	2.00	5.00	4.3574	.77146
4K超高清	319	1.00	5.00	3.6270	.83291
国家广播电视网络	319	1.00	5.00	3.5580	.84429
信息安全	319	1.00	5.00	3.6771	.89678
智能电视操作系统（TVOS）	319	1.00	5.00	3.7116	.85684
智能终端	319	2.00	5.00	3.9342	.88952
有效的频率（列表状态）	319				

对于广电融合发展中十大科技关键词的作用研究，均值最高的是大数据，均值达到了4.3574，说明大数据技术在广电融合发展中的作用很重要。其他的技术，如宽带接入的均值是4.1724，云平台的均值是4.2915，媒体融合的均值是4.3386，移动互联的均值是4.2884，这些技术的均值都达到了4以上，说明这些技术对于广电融合的作用都很重要。4K超高清的均值是3.6270，国家广播电视网络的均值是3.5580，信息安全的均值是3.6771，智能电视操作系统（TVOS）的均值是3.7116，智能终端的均值是3.9342，这五项技术对于广电融合的作用稍微没那么明显。

表7.40　2013年度、2014年度十大广电科技关键词在技术、发展趋势上的分析

	频率	极小值	极大值	均值	标准差
互联网电视	319	1.00	5.00	3.3699	1.12484
智能电视机	319	1.00	5.00	3.2100	1.04148
NGB	319	1.00	5.00	3.0627	1.05023
三网融合	319	1.00	5.00	3.0031	1.20141
高清电视	319	1.00	5.00	3.3762	1.05338
有效的频率（列表状态）	319				

在这部分调查中，1 表示非常不正确；2 表示不太正确；3 表示一般；4 表示比较正确；5 表示非常正确。而这部分调查考察的主要是互联网电视、智能电视机、NGB、三网融合和高清电视没有继 2013 年再次成为 2014 年度广电行业十大科技关键词的原因，在第一部分主要考察的是受访者是否同意这五个词没有继续成为 2014 年十大关键词的原因是因为技术更新迅速，导致出现新的发展趋势或者替代者。在上表中可以看出，各项的最小值和最大值都是 1 和 5，均值在 3.5 以下，属于一般水平，整体上作用并不算太大。其中，互联网电视的均值是 3.3699，智能电视机的均值是 3.2100，NGB 的均值是 3.0627，三网融合的均值是 3.0031，高清电视的均值是 3.3762。

表 7.41　　2013 年度、2014 年度十大广电科技关键词在传媒体制和政策上的差异性

	频率	极小值	极大值	均值	标准差
互联网电视	319	2.00	5.00	4.0313	.81974
智能电视机	319	2.00	5.00	3.8150	.93850
NGB	319	2.00	5.00	3.9185	.86126
三网融合	319	2.00	5.00	3.9624	.81563
高清电视	319	1.00	5.00	3.6113	.87918
有效的频率（列表状态）	319				

在这部分调查中，1 表示非常不正确；2 表示不太正确；3 表示一般；4 表示比较正确；5 表示非常正确。而这部分调查考察的主要是互联网电视、智能电视机、NGB、三网融合和高清电视没有继 2013 年再次成为 2014 年度广电行业十大科技关键词的原因，在第二部分主要考察的是受访者是否同意这五个词没有继续成为 2014 年十大关键词的原因是因为现行传媒体制、政策还存在诸多限制因素。在上表中，可以看出，除了高清电视的最小值是 1，其他选项的最小值和最大值分别都是 2 和 5，互联网电视的均值达到了 4 以上，其他都在 4 以下，说明整体上作用并不算太大。其中，互联网电视的均值是 4.0313，智能电视机

的均值是 3.8150，NGB 的均值是 3.9185，三网融合的均值是 3.9624，高清电视的均值是 3.6113。

表7.42　2013年度、2014年度十大广电科技关键词在不同部门和不同市场主体之间利益分配的差异性

	频率	极小值	极大值	均值	标准差
互联网电视	319	2.00	5.00	3.9467	.86165
智能电视机	319	2.00	5.00	3.8182	.90674
NGB	319	2.00	5.00	3.7273	.86015
三网融合	319	2.00	5.00	3.8527	.89737
高清电视	319	1.00	5.00	3.5517	.90924
有效的频率（列表状态）	319				

在这部分调查中，1 表示非常不正确；2 表示不太正确；3 表示一般；4 表示比较正确；5 表示非常正确。而这部分调查考察的主要是互联网电视、智能电视机、NGB、三网融合和高清电视没有继 2013 年再次成为 2014 年度广电行业十大科技关键词的原因，在第三部分主要考察的是受访者是否同意这五个词没有继续成为 2014 年十大关键词的原因是因为不同部门、不同市场主体之间存在较多利益纷争，未能激发应有的发展效率导致的结果。在上表中可以看出，除了高清电视的最小值是 1，其他选项的最小值和最大值都分别是 2 和 5，均值都在 4 以下，说明整体上作用并不算太大，其中，互联网电视的均值是 3.9467，智能电视机的均值是 3.8182，NGB 的均值是 3.7273，三网融合的均值是 3.8527，高清电视的均值是 3.5517。

（29）"中国未来媒体联盟"的探索方向分析

2015 年 1 月 16 日，在清华大学举行的"2014 网易未来媒体峰会"上，由网易新闻客户端提倡，国内多家领先传媒集团、新媒体、自媒体以及新闻与传播领域的学术科研机构共同发起成立了"中国未来媒体联盟"，旨在通过以下多方面的探索打造具有影响力和持续发展后劲的新媒体舰队。

表 7.43　　　　　　　"中国未来媒体联盟"的探索方向

	频率	极小值	极大值	均值	标准差
宣传联动	319	2.00	5.00	3.9937	.75650
广告联盟	319	2.00	5.00	3.9718	.80632
活动策划	319	2.00	5.00	3.9624	.88940
素材共享	319	1.00	5.00	3.8683	.89806
培训、研讨、研究	319	1.00	5.00	3.8182	.86048
有效的频率（列表状态）	319				

从上表中，可以看出各个选项的最小值是 1 或 2，最大值是 5，均值都在 3.9 左右，都非常接近。意味着这五个方面的探索对打造具有影响力和持续发展后劲的新媒体舰队还是比较大的，其中宣传联动的均值最高，达到了 3.9937。广告联盟的均值是 3.9718，活动策划的均值是 3.9624，素材共享的均值是 3.8683，培训、研讨、研究的均值是 3.8182。

（30）移动新闻客户端（如"腾讯新闻""今日头条"等）在媒介融合过程中的角色定位分析

表 7.44　　　　　　　移动新闻客户端的角色定位

	频率	极小值	极大值	均值	标准差
新闻生产者	319	1.00	5.00	3.0031	1.27506
新闻传播者	319	2.00	5.00	4.2476	.77993
新闻反馈者	319	1.00	5.00	3.9091	.90485
平台搭建者	319	3.00	5.00	4.1348	.74649
资源整合者	319	2.00	5.00	4.2571	.77077
渠道扩展者	319	2.00	5.00	4.0878	.81175
有效的频率（列表状态）	319				

问题的选项分为 5 个等级，分别是 1、2、3、4、5，分别代表的是非常小、比较小、一般、比较大、非常大。从上表中，我们可以看出，移动新闻客户端的六项角色定位中，有四项均值达到了 4 以上，分别是

新闻传播者、平台搭建者、资源整合者、渠道扩展者。其中角色得分最高的是资源整合者,均值达到了 4.2571,意味着业内受访者对移动新闻客户端的定位比较清晰明确,即资源整合者。新闻传播者的均值是 4.2476,与资源整合者的角色意义基本相等。其他角色如新闻反馈者、新闻生产者两项,均值在 4 以下,均值最小的是新闻生产者,为 3.0031,说明对于移动新闻客户端的新闻生产者的角色定位,业内人士并不是非常的认同。

(31) 2014 年度与媒介融合发展相关性较大的十大行业新政研究

表 7.45　　2014 年度与媒介融合发展相关性较大的十大行业
新政在推动媒体内容融合发展方面的分析

	频率	极小值	极大值	均值	标准差
《关于推动传统媒体与新兴媒体融合发展的指导意见》	319	1.00	5.00	4.2602	.79187
《深化文化体制改革实施方案》	319	1.00	5.00	4.0502	.88878
《深化新闻出版体制改革实施方案》	319	1.00	5.00	3.8276	.69481
《新闻从业人员职务行为信息管理办法》	319	1.00	5.00	3.6583	.76429
《关于推进文化创意和设计服务相关产业融合发展的若干意见》	319	1.00	5.00	3.9279	.75515
《关于进一步完善网络剧、微电影等网络视听节目管理的补充通知》	319	2.00	5.00	3.9718	.85183
《关于规范学术期刊出版秩序促进学术期刊健康发展的通知》	319	1.00	5.00	3.5925	.87420
《新闻出版行业标准化管理办法》(新版)	319	1.00	5.00	3.7367	.80463
《使用文字作品支付报酬办法》	319	1.00	5.00	3.6897	.90817
《即时通信工具公众信息服务发展管理暂行规定》	319	1.00	5.00	3.8370	.84214
有效的频率(列表状态)	319				

从上表中,我们可以看出,均值都在 3.5 以上,包括在调研时,与北京各大媒体单位、公司中高层领导座谈的时候都说到目前现行的政策、法规整体上都是比较鼓励媒介融合的,在政策和财政方面还有很多的扶持。在这份表格中,可以看出,各项法规和政策的影响还是比较大的。在十大政策中,《关于推动传统媒体与新兴媒体融合发展的指导意

见》《深化文化体制改革实施方案》的均值达到了4以上。特别是《关于推动传统媒体与新兴媒体融合发展的指导意见》,达到了4.2602,是均值最高的一项。最低的是《关于规范学术期刊出版秩序促进学术期刊健康发展的通知》,为3.5925。从数据上看,政策法规的作用还是比较明显的。

表7.46　2014年度与媒介融合发展相关性较大的十大行业新政在推动媒体产业融合发展方面的分析

	频率	极小值	极大值	均值	标准差
《关于推动传统媒体与新兴媒体融合发展的指导意见》	319	1.00	5.00	4.1693	.76656
《深化文化体制改革实施方案》	319	1.00	5.00	3.9875	.83919
《深化新闻出版体制改革实施方案》	319	1.00	5.00	3.8934	.83247
《新闻从业人员职务行为信息管理办法》	319	1.00	5.00	3.6395	.75557
《关于推进文化创意和设计服务相关产业融合发展的若干意见》	319	1.00	5.00	3.7680	.86663
《关于进一步完善网络剧、微电影等网络视听节目管理的补充通知》	319	1.00	5.00	3.6991	.89216
《关于规范学术期刊出版秩序促进学术期刊健康发展的通知》	319	1.00	5.00	3.5674	.86202
《新闻出版行业标准化管理办法》（新版）	319	1.00	5.00	3.6708	.74909
《使用文字作品支付报酬办法》	319	1.00	5.00	3.7524	.82309
《即时通信工具公众信息服务发展管理暂行规定》	319	1.00	5.00	3.7774	.83778
有效的频率（列表状态）	319				

从上表中,我们可以看出,均值都在3.5以上,说明上述的十条新政在推动媒体产业融合发展方面的作用较为明显,发挥了应有的作用。十大政策中,均值最高的是《关于推动传统媒体与新兴媒体融合发展的指导意见》,为4.1693,最低的是《关于规范学术期刊出版秩序促进学术期刊健康发展的通知》,为3.5674。

表7.47　十大新政在推动媒体产业融合发展方面的分析

	频率	极小值	极大值	均值	标准差
《关于推动传统媒体与新兴媒体融合发展的指导意见》	319	1.00	5.00	4.1630	.82325
《深化文化体制改革实施方案》	319	1.00	5.00	4.0564	.88840
《深化新闻出版体制改革实施方案》	319	1.00	5.00	3.8746	.76681
《新闻从业人员职务行为信息管理办法》	319	1.00	5.00	3.8339	.80132
《关于推进文化创意和设计服务相关产业融合发展的若干意见》	319	1.00	5.00	3.8934	.88021
《关于进一步完善网络剧、微电影等网络视听节目管理的补充通知》	319	1.00	5.00	3.7053	.90821
《关于规范学术期刊出版秩序促进学术期刊健康发展的通知》	319	1.00	5.00	3.5737	.80490
《新闻出版行业标准化管理办法》（新版）	319	1.00	5.00	3.5956	.84085
《使用文字作品支付报酬办法》	319	1.00	5.00	3.7241	.83501
《即时通信工具公众信息服务发展管理暂行规定》	319	1.00	5.00	3.7367	.87214
有效的频率（列表状态）	319				

从上表中，我们可以看出，均值都在3.5以上，说明上述的十条新政在推动媒体产业融合发展方面的作用较为明显，发挥了应有的作用。其中，有两项政策的均值达到了4以上，分别是《关于推动传统媒体与新兴媒体融合发展的指导意见》《深化文化体制改革实施方案》。均值最高的是《关于推动传统媒体与新兴媒体融合发展的指导意见》，为4.1630，均值最低的是《关于规范学术期刊出版秩序促进学术期刊健康发展的通知》，为3.5737。从整体上看，这些新政对媒体产业方面的融合还是有一定改变空间的。

表7.48　十大新政在推动媒体集群化发展方面的分析

	频率	极小值	极大值	均值	标准差
《关于推动传统媒体与新兴媒体融合发展的指导意见》	319	2.00	5.00	4.0784	.87063
《深化文化体制改革实施方案》	319	1.00	5.00	3.9937	.87233
《深化新闻出版体制改革实施方案》	319	1.00	5.00	3.7962	.79652

续表

	频率	极小值	极大值	均值	标准差
《新闻从业人员职务行为信息管理办法》	319	1.00	5.00	3.5956	.81425
《关于推进文化创意和设计服务相关产业融合发展的若干意见》	319	2.00	5.00	3.6301	.87299
《关于进一步完善网络剧、微电影等网络视听节目管理的补充通知》	319	2.00	5.00	3.6834	.87059
《关于规范学术期刊出版秩序促进学术期刊健康发展的通知》	319	1.00	5.00	3.6771	.88974
《新闻出版行业标准化管理办法》（新版）	319	1.00	5.00	3.6019	.88744
《使用文字作品支付报酬办法》	319	1.00	5.00	3.5423	.92004
《即时通信工具公众信息服务发展管理暂行规定》	319	1.00	5.00	3.7586	.82113
有效的频率（列表状态）	319				

从上表中，我们可以看出，均值都在3.5以上，说明上述的十条新政在推动媒体集群化发展方面的作用较为明显，发挥了应有的作用。其中《关于推动传统媒体与新兴媒体融合发展的指导意见》《关于推进文化创意和设计服务相关产业融合发展的若干意见》《关于进一步完善网络剧、微电影等网络视听节目管理的补充通知》三项政策的最小值为2，说明这三项政策在推动媒体集群化发展方面的作用更明显一些。十大政策中，均值最高的是《关于推动传统媒体与新兴媒体融合发展的指导意见》，为4.0784，均值最低的是《使用文字作品支付报酬办法》，为3.5423。

（32）阻碍传媒公司运营体制改革因素的分析

表7.49　　　　　阻碍传媒公司运营体制改革因素

	频率	极小值	极大值	均值	标准差
移动互联网的新要求	319	1.00	5.00	4.0972	.91113
现行传媒体制	319	2.00	5.00	4.0502	.75901
领导战略层次与思路偏差	319	2.00	5.00	4.1160	.87003

续表

	频率	极小值	极大值	均值	标准差
受众维护成本过高	319	2.00	5.00	3.8621	.80472
传统的人力资源管理方式受到挑战	319	2.00	5.00	3.7900	.79884
员工认同感、积极性存在的问题	319	1.00	5.00	3.6458	.91626
有效的频率（列表状态）	319				

根据统计的数据可以看出，整体上各选项的均值都在3.8左右，其中领导战略层次与思路偏差的均值达到了4.1160，意味着行业人士普遍认为公司领导层的决策对于公司的发展和未来有着重大的影响，而现行传媒体制和移动互联网的新要求也达到了4以上，新事物的产生与发展必然要经历一个过程，现行传媒体制的更新换代跟不上传媒业发展的脚步，存在着一定的阻碍，而移动互联网的迅猛发展更是对行业从业人员提出了新要求。互联网时代的到来给传媒业的发展带来了机遇的同时，也对传统媒体的生存提出了挑战。均值最低的是员工认同感、积极性存在的问题，为3.6458，在新媒体迅速发展的背景下，员工不管是在从业环境还是认同感和积极性上均没有出现明显的落差，对公司和企业造成的影响和阻碍也在可控的范围内。

（33）在互联网+的机制改革中，对行业的作用体现

表7.50　　　　　　　　互联网+机制改革的作用

	频率	极小值	极大值	均值	标准差
提升了传统业务的创新水平	319	1.00	5.00	3.9843	.81827
激活了员工创造力与积极性	319	2.00	5.00	3.8621	.82784
推动组织结构优化	319	1.00	5.00	3.6176	.84924
催生新的业务形态	319	1.00	5.00	3.7931	.76550
创新盈利模式	319	1.00	5.00	3.5705	.98441
改变公司在产业链中的地位	319	1.00	5.00	3.3386	.90671
有效的频率（列表状态）	319				

根据上表中的数据,从整体来看,互联网+思维在提升了传统业务的创新水平、激活了员工创造力与积极性、推动组织结构优化、催生新的业务形态、创新盈利模式等方面都产生了或多或少的影响,均值最高的是提升了传统业务的创新水平,达到了 3.9843;相对较低的是改变公司在产业链中的地位,均值为 3.3386,说明互联网+思维对这一方面的影响还没出充分显现出来。

(34) 在媒介融合过程中仍需要加强政策管理方面的分析

表 7.51　　　　　　　　加强政策管理的方向

	频率	极小值	极大值	均值	标准差
知识产权保护	319	1.00	5.00	4.1191	.81162
网络环境净化	319	2.00	5.00	4.0784	.85972
鼓励跨界扩张	319	2.00	5.00	3.9530	.78966
更加便利地对接资本市场	319	2.00	5.00	3.9216	.77913
推动技术创新与应用	319	2.00	5.00	4.0125	.81254
鼓励从业者创业、提供配套保障政策	319	1.00	5.00	4.0690	.82126
网络素养提升	319	2.00	5.00	4.0533	.74836
促进信息流动、加快信息透明	319	2.00	5.00	4.1066	.89086
管理体制与方式的改革	319	1.00	5.00	4.2445	.88119
有效的频率(列表状态)	319				

从上表可以看出,各选项的均值没有很大的浮动,说明从业人员认为在这些政策方面的管理都应该加强。其中均值最大的是管理体制与方式的改革,达到了 4.2445,意味着业内从业人员最迫切希望去改革现有的管理体制与方式。而更加便利地对接资本市场,均值是 3.9216,虽然相比较而言,这是相对较低的均值,但对这项政策改变的意愿并不是不强烈。

分论二

上海市传统媒体与新兴媒体融合发展研究

近些年上海市文化产业快速发展，成为上海市新的经济增长点。要扬长避短，靠自身的资源和优势，把握历史机遇，拥抱媒体融合，建立更高层次的规模化、集约化和专业化的传媒产业。本部分以上海传媒从业人员为受众样本，通过问卷调查，得出数据并进行数据分析，尝试找出上海市传媒产业强势崛起背后的推动力量，知史以明鉴，这样可以为我国的传统媒体和新兴媒体融合发展提供宝贵的经验。

从国家战略角度来看，21世纪不再是意识形态的竞争、经济的竞争、军事的竞争，而是文化的竞争。文化是一个国家的软实力，媒介作为国家文化力的重要载体，建设强大的传媒产业已经上升为国家的战略目标。2014年习近平亲自动员部署媒体融合工作，表明了高层的决心，表明了对国际传播话语的重视。中央做出这样的决策显示了媒体融合作为国家意志，会得到国家的有力支持，这对于我国打造有竞争力的新媒体，占领国际信息传播的制高点，具有重大意义。

一 本次调查的基本情况介绍

（一）调查的背景

随着互联网的迅猛发展，传统媒体转型、与新兴媒体融合发展作为新时期的新课题摆在我们面前。目前，我国的报纸、广播、电视、互联网以及手机都在实施媒介融合战略，报纸内容数字化、广播内容互联网化、电视内容移动化以及手机内容碎片化等媒介新特征成为人们日常生活的伴随。

上海地处媒介融合发展的前沿地带。2013年，上海"解放""文新"两大报业集团整合重组而成为上海报业集团。2013年底，新成立的上海报业集团又推出两大动作：一是推出新媒体阅读产品《上海观察》，二是旗下《新闻晚报》2014年起休刊。2014年上海文广传媒集团重组，新文广已将上海有线、地面、IPTV、互联网、新媒体等传输渠道掌握在手中，这是一个立体化、系统化的传播平台。在这个平台上，上海新文广将着力研究新兴信息传输通道下的业务发展模式，积极进行产业布局和业务创新，推进"媒介融合"以构建全媒体。因此，上海市的媒介融合发展现状及面临的问题值得研究与反思。

本研究采用典型调查的方式，因此调研结果更有利于我们掌握上海市媒介融合的发展情况。我们所调查的内容包括上海市媒体从业人员的基本情况、上海市各媒体单位的媒体融合发展现状及其所面临的问题。

（二）本项调查的目的

本项目的研究就是要了解和把握当前上海市媒介融合的发展现状，着力研究媒介融合在现阶段所面临的问题，并提出具有可行性的建议。

（三）调查路线与方法

本次调查采用典型调查的方法，选取了人民网、上海报业集团、SMG、百视通、蜻蜓FM等单位作为典型，对其在媒介融合方面的发展现状和手段等进行周密、系统的研究，以便全面掌握上海市媒介融合的发展现状及问题。本次调查以发放问卷和数据分析为主，并对各层次的媒体从业人员进行有针对性的深度访谈。

1. 问卷设计

问卷设计的着眼点，在于了解媒介融合的发展现状和问题，包括媒体从业人员的基本情况调查，现阶段媒介融合发展现状及面临的问题。

2. 调查施行

本调查于2015年6月实施，由"加快推进传统媒体与新兴媒体融合发展研究"课题组到公司进行访问。共发放问卷300份，回收有效问卷275份。

二 本次调查的主要数据分析

本次调查对象为上海市媒体从业人员，既包括SMG、上海报业集团等传统媒体集团，也包括腾讯、喜马拉雅FM等新兴媒体公司。涉及上海市媒体从业人员的学历、职称、专业、薪资、从业时间和业务板块等方面。

（一）上海市媒体从业人员基本情况

1. 学历

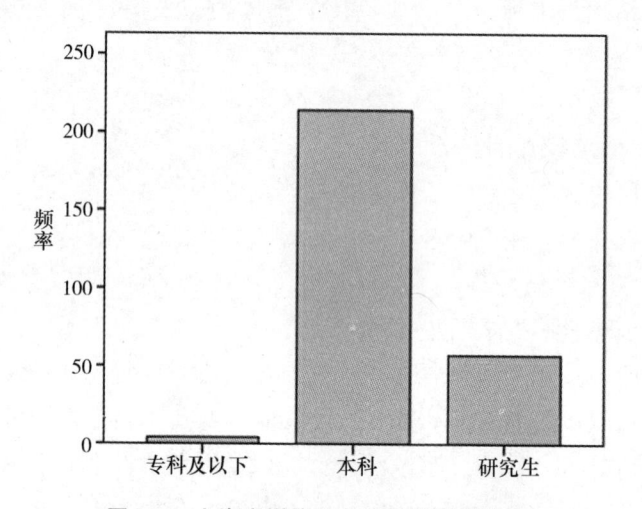

图8.1 上海市媒体从业人员的学位分布

上海市媒体从业人员的学位分布情况反映了他们的文化程度，呈现出来的数据较为集中，即以具备"本科"文化程度的中高等文化程度者为主体，所占比例为77.8%，其次为"研究生"，占20.7%，"专科及以下"文化程度者极少，只占1.5%。

2. 专业

	专业 （电子技术）	专业 （经济管理）	专业 （文学、新闻传播类）	专业 （其他）	缺失
有效	44	17	155	50	49

媒体从业人员多是文学、新闻传播类相关专业，人数达到 155 人。其次为其他专业、电子技术专业和经济管理专业。

3. 业务板块

	内容生产	渠道维护	广告代理	数据	社交网络	管理	缺失
有效	164	39	2	20	16	19	18

被调查的上海市媒体从业人员所从事的板块多是内容生产。

4. 月收入

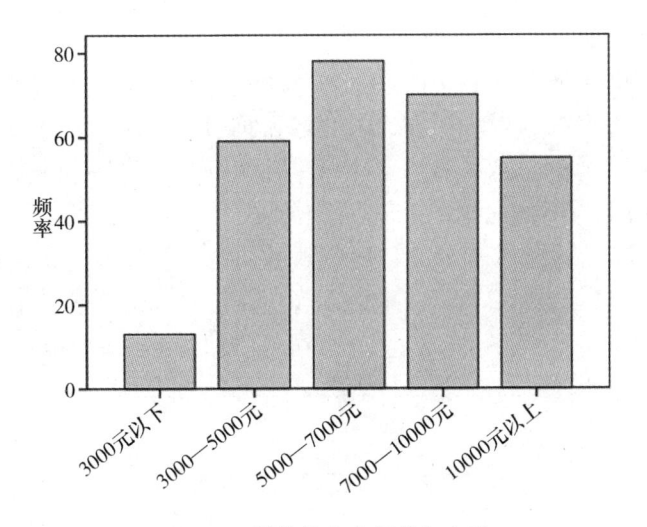

图 8.2　媒体从业人员收入水平

媒体从业人员的收入水平主要集中在 5000—7000 元这个层次，其次是 7000—10000 元、3000—5000 元和 10000 元以上，3000 元以下极少。从数据来看，上海市的媒体从业人员整体收入相对较高。

5. 从业时间

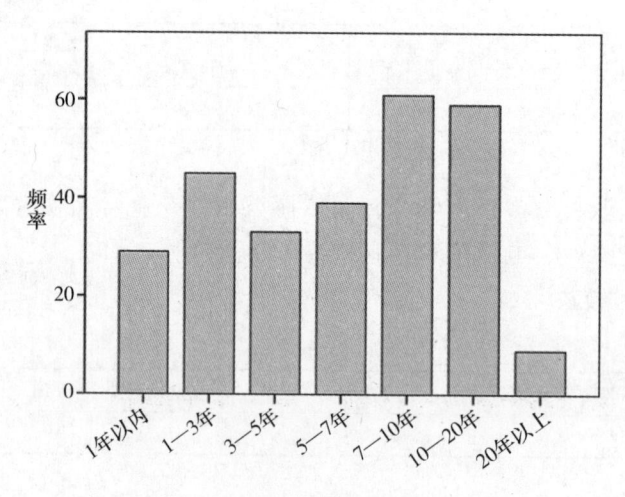

图 8.3　调查对象的从业时间分布

调查对象的从业时间以 7—10 年和 10—20 年居多，再是 1—3 年、5—7 年、3—5 年、1 年以内，20 年以上的从业者比较少。

上述调查结果显示，上海市媒介从业人员队伍呈现年轻化、高学历的特征。年轻的媒介从业者专业分布以文学与新闻传播类、电子技术所占比重较大，而且主要负责内容生产、社交网络和数据等业务，而管理层绝大多数从业时间超过 5 年以上，从业时间和职称大致呈正相关。通过媒介从业人员的薪资标准与当地居民收入的对比以及深访内容，从事媒介行业是一项让大多数人羡慕的工作。企业之间的竞争归根到底是人才的竞争，就全国范围而言，上海市在吸引和储备传媒产业人才方面处于非常有利的地位。

表 8.1　　　　　传统媒体人才流失因素描述统计量

	频率	极小值	极大值	均值	标准差
新兴媒体的运作机制和工作环境，有利于人才的快速发展	275	1.00	5.00	4.3460	.5798
自己的想法和创意需要机会得到实施，实现自我价值	275	1.00	5.00	4.0516	.7491

续表

	频率	极小值	极大值	均值	标准差
新兴媒体具有远大的发展前景	275	1.00	5.00	4.607	.5796
工作压力过大	275	1.00	5.00	3.156	.3794
紧跟技术、产业发展趋势	275	1.00	5.00	3.945	.7257
更高的经济收入	275	1.00	5.00	4.598	.6797
其他	275	0	0	0	0
有效的频率（列表状态）	275				

在调研过程中发现上海市传媒产业，尤其是传统媒体领域存在比较明显的人才流失现象，并发现上海市传统媒体人才流失的原因比较多元化，并不集中在某一点上，而是几个因素综合影响的结果（见表8.1）。依表中数据可见，"新兴媒体具有远大的发展前景"均值最高，"更高的经济收入"其次。人员流动是所有行业的正常现象，水往低处流，人往高处走，这个"高"可以是"更高的经济收入"，在许多新闻专业出身的学生心中，媒体是一个需要有理想、能施展抱负的行业，但理想往往敌不过现实；这个高也可以是"未来"，此处指"新兴媒体具有远大的前景"。"新兴媒体的运作机制和工作环境，有利于人才的快速发展"和"自己的想法和创意需要机会得到实施，实现自我价值"均值相对较高，传统媒体自身体制的僵硬和行业的不景气导致媒体人难以实现自己的理想。综上所述，传统媒体人才流失的原因是多方面的，近些年离职潮更是使它成为了一个焦点，有外部环境因素，也有内部管理原因。

外部环境因素包括舆论环境的变化、新媒体的冲击等。长期以来，掌握舆论导向的都是以纸媒和广播电视为代表的传统媒体，但随着网络媒体的兴起，话语权被分解。网络因为自身的特性使其传播实现了自由、无障碍，公众对网络媒体的使用也越来越普及，政府加大对传统媒体的舆论环境管制力度，这使抱着新闻理想的从业人员产生了离心力，促使他们尝试转型，投入到新的环境中工作。SNS网站、微博和微信的兴起，丰富了信息传播的方式和加快了传播的速度，新兴媒体成为一股势不可挡的力量。以"留给中国队的时间不多了"出名的央视名嘴刘建宏2014年夏天从央视离职，转投乐视体育担任首席内容官，这不是偶然的个例，新媒体展现出蓬勃生命力，它传播的灵活性和发展前景的广阔性，吸引了大量传统媒体的人员。

内部管理因素包括用工不规范问题、难以实现自身价值、薪资低、工作压力大等。通过与上海市媒体管理层人员谈话得知，大部分媒体单位可分为："铁饭碗"事业编员工，现在名额已经很少；无事业编台聘员工，但享受与正式员工类似的福利；项目制员工，各中心或栏目为了完成特定节目聘用，无社会保险，只有绩效奖金；一些栏目为了节约成本，招用来自各高校新闻或相关专业的实习生，不同的薪酬标准和社会保障标准造成人才流失。新闻是一个充满色彩和梦想的行业，很多青年都是有抱负情怀从事媒体这一行业，希望用自己的工作扬善惩恶，成为公众利益的守护者、社会发展的瞭望者、时代发展的推动者。但理想和现实总是有差距，以纸媒为例，有记者谈到"单位的报纸编辑只是集合各地上报信息的过程，我们追求的就是不要有政治问题，重要的是领导名字、排序这些别出错，其他就不能乱整了"，当遭遇各种挫折后，安于现状，得过且过，失去了激情与理想。另外，由于大量的读者习惯网络阅读，报纸订阅量和零售锐减，导致传播效果大打折扣，广告量大减，记者编辑也被下达了广告考核任务。此外，在此次调查中听到非常多的抱怨就是"薪资低""压力大"，采访对象透露实际的工作时间大大超出正常工作时限，一般工作日的上班时间要超过 10 个小时，节假日无休，并要保证手机 24 小时开机状态，随时待命；而且上海市的住房、生活成本比很多地域都要高很多，非上海户籍的媒体工作者比例又比较大，这方面的压力也会直接对从业者的工作状态产生影响。

（二）媒体融合发展现状及面临问题情况

1. 媒体前景

下面几张表格说明各类媒体从业人员对不同媒体类型发展前景的认知。在数据收集中，采用了李克特量表的形式，数值 1 代表"完全没有发展前景"；数值 2 代表"不太有发展前景"；数值 3 代表"说不清"；数值 4 代表"比较有发展前景"；数值 5 代表"非常有发展前景"。把"调查单位"作为自变量，把"个人对各类媒体的前景看法"作为因变量，在此将每种媒体形态中五种认知状况以图表的形式来显示，由此可以推论：

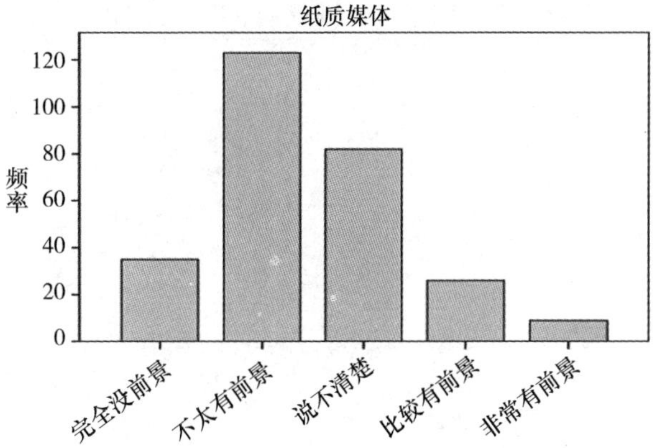
纸质媒体
频率
120
100
80
60
40
20
0
完全没前景
不太有前景
说不清楚
比较有前景
非常有前景

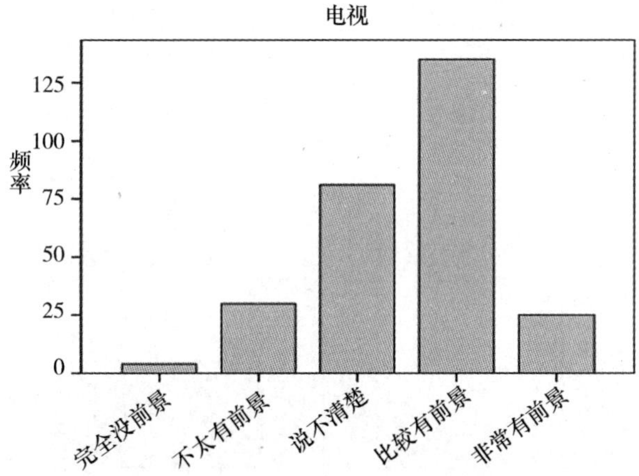
电视
频率
125
100
75
50
25
0
完全没前景
不太有前景
说不清楚
比较有前景
非常有前景

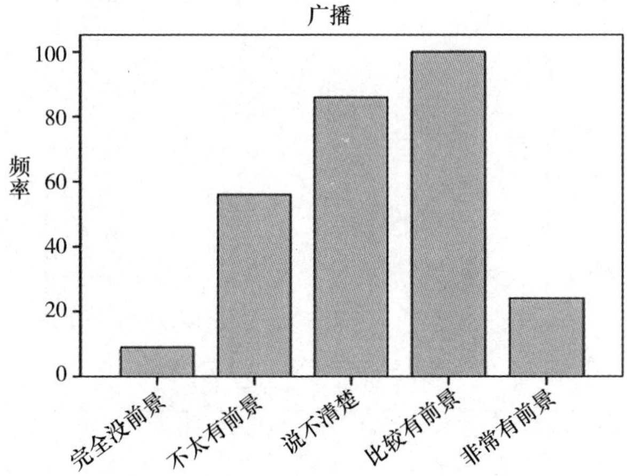
广播
频率
100
80
60
40
20
0
完全没前景
不太有前景
说不清楚
比较有前景
非常有前景

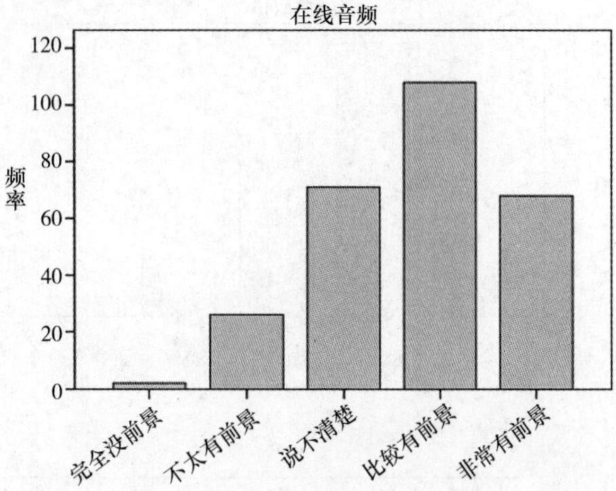
在线音频
频率
120
100
80
60
40
20
0
完全没前景
不太有前景
说不清楚
比较有前景
非常有前景

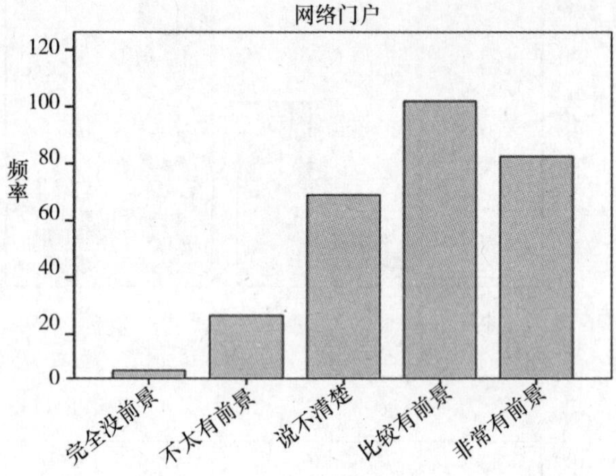
网络门户
频率
120
100
80
60
40
20
0
完全没前景
不太有前景
说不清楚
比较有前景
非常有前景

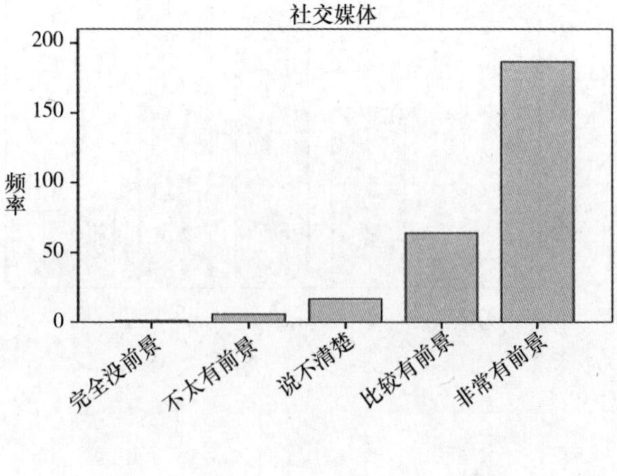
社交媒体
频率
200
150
100
50
0
完全没前景
不太有前景
说不清楚
比较有前景
非常有前景

网络视频

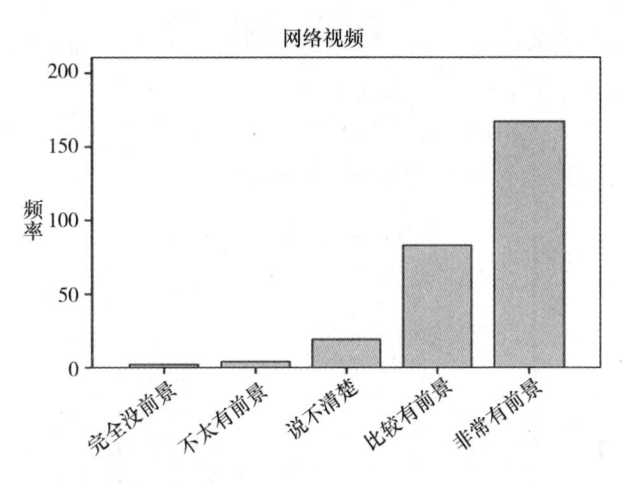

图8.4 媒体从业人员对各形态媒体的认知

总体来看，在融合发展的大潮中，媒体从业人员所看好的媒体依次为社交媒体、网络视频、网络门户、在线音频、电视、广播、纸质媒体。近年，社交媒体、网络视频、网络门户等发展迅速，前景看好。

结合各种媒体形态数据的均值与标准差，发现调查单位人员对于纸质媒体、广播、电视、网络门户、在线音频、网络视频和社交媒体的前景看法的呈现均值大体上升而标准差大体下降的趋势；以纸媒、广播和电视为代表的传统媒体均值都低于4，而新兴媒体普遍高于4。这说明不论是传统媒体从业人员，还是新兴媒体从业人员，都看好新兴媒体。在所有调查单位中，纸质媒体的均值是最低的，说明虽然纸媒从业者对所在行业仍抱有一丝期望，但在大家眼中，纸媒的发展前景是最灰暗的，这些数值有力地支持了"报业寒冬论"等说法。新媒体改变了报业生存环境，传播渠道越来越多元化，信息量越来越大以至于过剩，受众越来越碎片化，广告市场越来越分散，导致的结果就是纸质媒体的日益边缘化。社交媒体的均值是最高的，都超过了4.3，毫无疑问，社交媒体是近些年发展最为迅猛的一股力量，它具有平民性、参与性、对话性和社交性等特征。现在人们对于社交工具十分热衷，很多人乐于把自己感兴趣的事物分享给更多的朋友，因而基于关系的信息传播具有更好的营销效果。

2. 各因素在推动媒体内容生产融合中的作用程度

在推动媒体内容生产融合的因素中，传媒技术的革新和受众信息消费习惯的变化被认为是有利于推动融合和非常有利于推动融合发展的，传媒政策调整、传媒组织形态变化被认为比较有利于融合。在推动媒体内容生产融合的作用中，认为传媒技术的革新这一因素作用程度非常有利于融合的占57.1%，比较有利于融合的占36%。

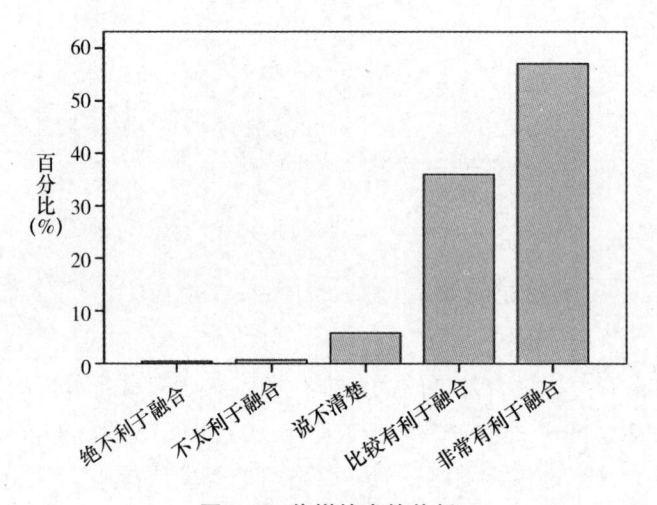

图 8.5　传媒技术的革新

在推动媒体内容生产融合的作用中，认为受众消费习惯改变这一因素作用程度比较有利于融合的占46.5%，非常有利于融合的占42.9%，说不清楚的占9.8%。

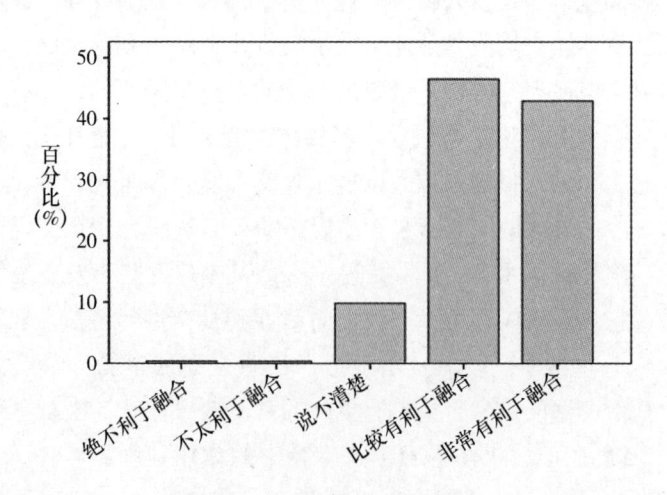

图 8.6　受众消费习惯改变

在推动媒体内容生产融合的作用中，认为传媒市场压力这一因素作用程度比较有利于融合的占 42.2%，非常有利于融合的占 18.5%，说不清楚的占 30.5%，不太有利于融合的占 8%。

在推动媒体内容生产融合的作用中，认为集团领导意志这一因素作用程度比较有利于融合的占 29.8%，非常有利于融合的占 16.7%，说不清楚的占 40%，不太有利于融合的占 9.1%。

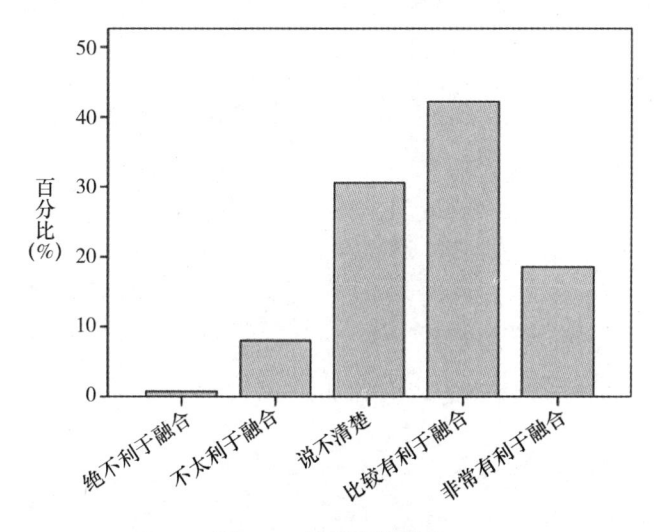

图 8.7 传媒市场压力

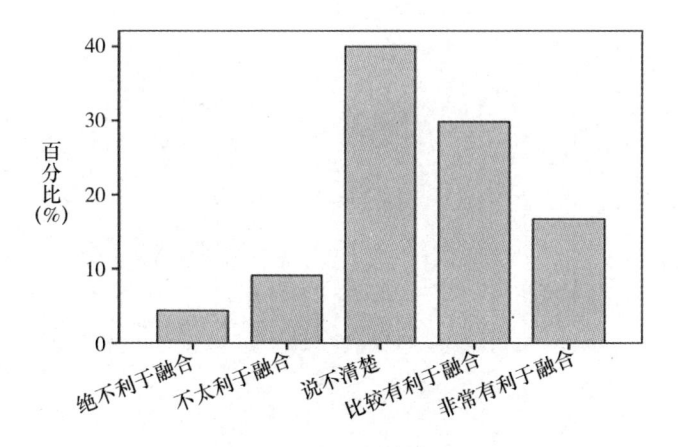

图 8.8 集团领导意志

在推动媒体内容生产融合的作用中，认为传媒政策调整这一因素作用程度比较有利于融合的占43.6%，非常有利于融合的占17.8%，说不清楚的占32%，不太有利于融合的占4.4%。

在推动媒体内容生产融合的作用中，认为传媒组织形态变化这一因素作用程度比较有利于融合的占41.1%，非常有利于融合的占17.8%，说不清楚的占38.2%，不太有利于融合的占2.5%。

在推动媒体内容生产融合的作用中，认为宏观传媒体制这一因素作

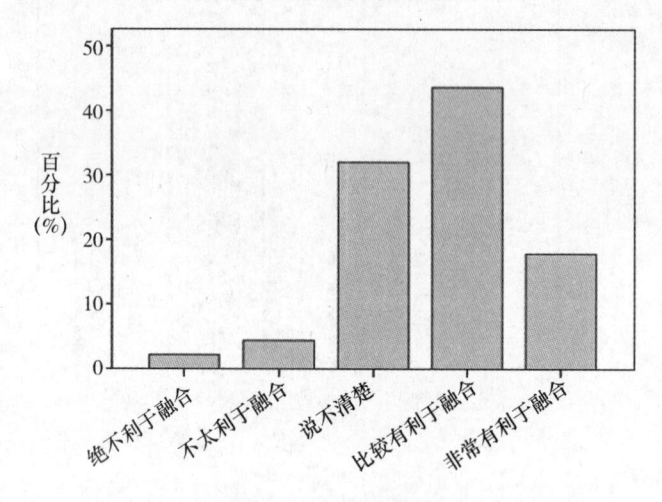

图8.9 传媒策略调整

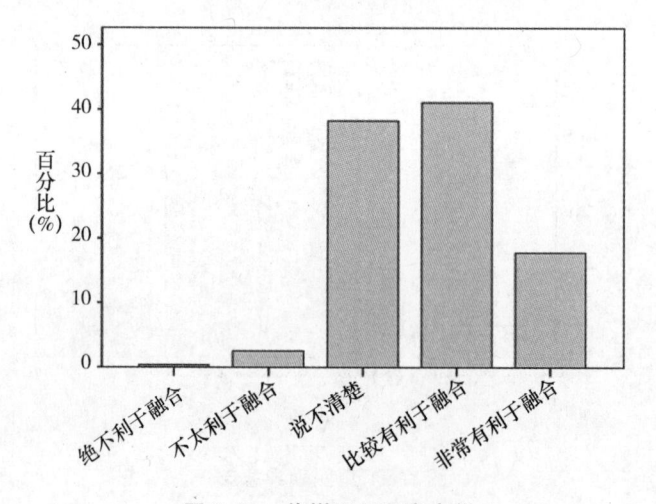

图8.10 传媒组织形态变化

用程度比较有利于融合的占 22.9%，非常有利于融合的占 13.8%，说不清楚的占 43.3%，不太有利于融合的占 15.6%。

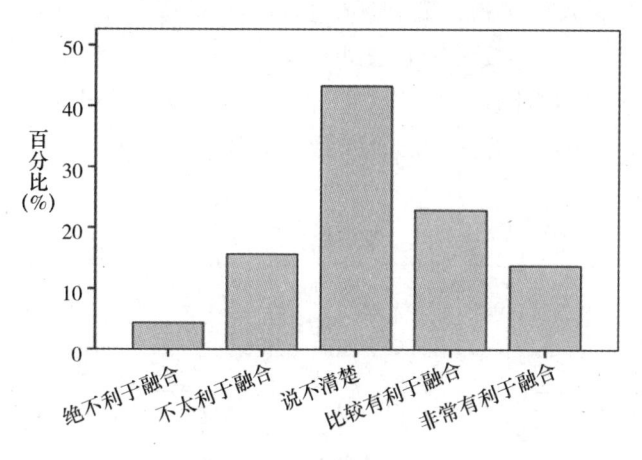

图 8.11 宏观传媒体制

从调查数据的分析结果来看，大多数人认为传媒技术的革新、受众信息消费习惯的变化、传媒政策的调整、传媒市场的压力以及集团领导的意志是有利于推动媒介融合发展的。

3. 当下传媒体制与政策中阻碍媒体融合发展的因素调查

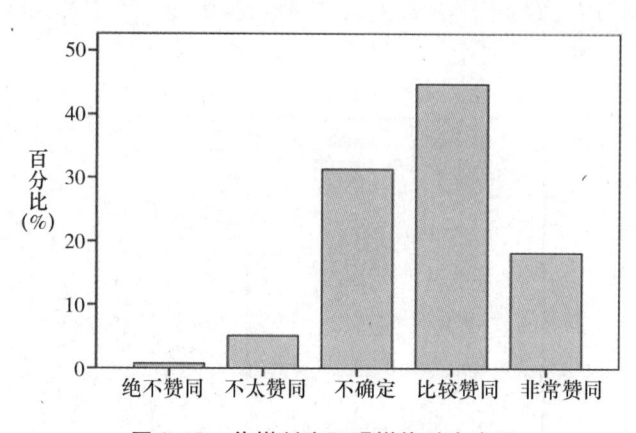

图 8.12 传媒制度阻碍媒体融合发展

认为传媒制度会阻碍媒体融合发展的占多数。持不确定态度的人员次之，不太赞同和非常赞同的人数都占少数，表明大多数人认为传媒制度对于媒体的融合作用还是很大的。18.2%的调查对象持非常赞同态度，44.7%的人持比较赞同态度，剩下的37.1%持不赞同或不确定态度。

4. 在"传媒体制和政策中存在阻碍媒体融合发展的因素"的赞同者中进行调查，大多数人认为公司运营、人才引进培育、跨所有制融合推进以及跨形态媒体融合尝试这4个因素是比较阻碍媒体融合发展的，跨地域融合布局对媒介融合的发展起的作用相对一般。

表8.2　　　　　　　　　　描述统计量

	频率	极小值	极大值	均值	标准差
公司运营	275	1.00	5.00	3.740	1.201
人才引进培育	275	1.00	5.00	3.950	1.204
跨地域融合布局	275	1.00	5.00	3.564	1.245
跨所有制融合推进	275	1.00	5.00	3.762	1.189
跨形态媒体融合尝试	275	1.00	5.00	3.767	1.315
有效的频率（列表状态）	275				

5. 内容素材获取环节各种方式的作用程度

在内容获取环节，认为记者个人渠道采访作用比较大的占40.4%，26.2%的受访者认为作用非常大。可见，记者个人渠道采访仍被认为是获取内容素材的主要方式。

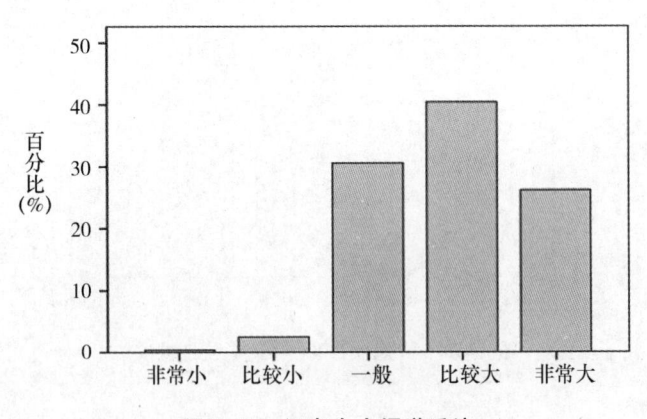

图8.13　记者个人渠道采访

在新兴媒体快速发展的时代，受众获取信息的渠道和主动性大大增加。在受众主动提供线索的作用中，41.5%的受访者认为这种因素作用比较大，认为作用一般的为28%，非常大的占20%，认为作用比较小的不足9.5%。

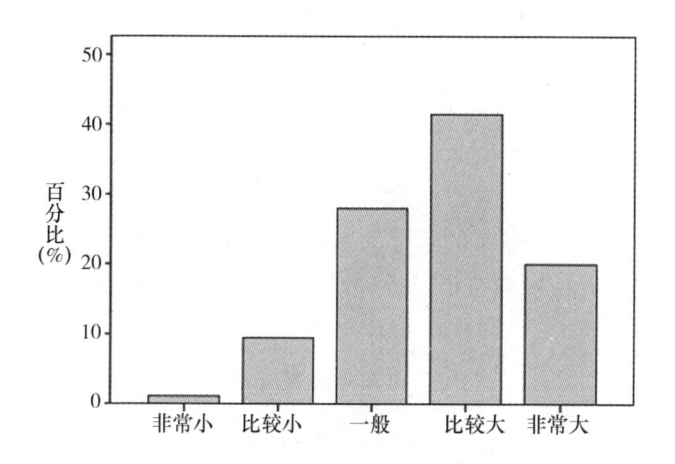

图8.14 受众主动提供线索

内容获取环节，受访者中认为从传统报刊、广电媒体获取的作用比较大的占27.3%，认为作用一般的占53.8%，作用非常大的约9.8%。由此可见，大部分受众还是认可从传统媒体获得内容素材的作用的。

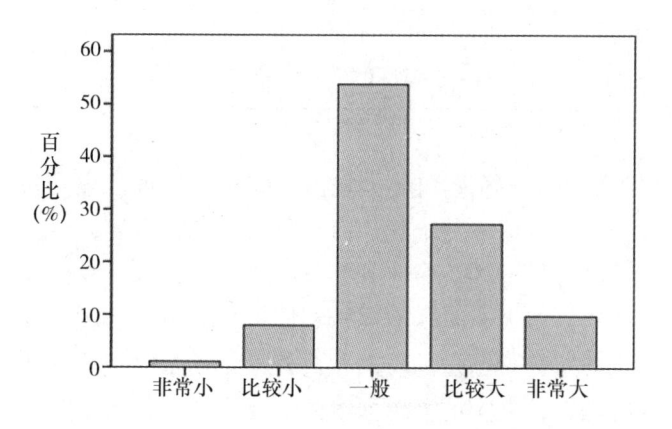

图8.15 从传统媒体获取

网络媒体的报道随着新兴媒体的发展越来越多。认为网络媒体的报道在内容素材获取环节发挥作用一般、比较大、非常大的比例约占90%，可见网络媒体的报道在内容方面发挥的作用受到媒体从业者的肯定。

有42.5%的受访者认为社交媒体官方平台在内容获取方面发挥的作用比较大。认为作用非常大和一般的人数相当。社交媒体官方平台具有一定的权威性，也成为内容素材获取的另一渠道。

通过数据可以看出来，在内容素材的获取环节中，记者个人渠道采访、受众主动提供的线索、网络媒体的报道、社交媒体平台上的官方信息以及社交媒体用户发布的信息发挥的作用比较显著。

6. 各种要求在内容编辑、处理阶段的重要性程度

表8.3　　　　　　　　　　　　描述统计量

	频率	极小值	极大值	均值	标差
权威性	275	1.00	5.00	4.363	.7536
趣味性	275	1.00	5.00	4.152	.7535
话题性	275	1.00	5.00	4.454	.6341
个性化	275	1.00	5.00	3.956	.8183
年轻化	275	1.00	5.00	3.785	.8378
移动化	275	1.00	5.00	4.210	.8189
有效的频率（列表状态）	275				

由数据分析得出的众数可知，在内容编辑、处理阶段，权威性、趣味性、话题性、个性化、年轻化、移动化依然具有重要性。权威性和话题性，仍然是内容生产环节中非常重要的要求。趣味性在内容编辑和取舍方面占到的比重较大，是内容编辑和取舍过程中考虑的主要方面。个性化、移动化和年轻化所占的份额相对较弱，体现出当前媒体融合背景下，对于内容编辑、取舍的考虑因素的变化。

7. 当下媒体内容生产过程中各种方式所发挥作用的程度

表8.4　　　　　　　　　　　描述统计量

	频率	极小值	极大值	均值	标准差
内容自制	275	1.00	5.00	4.236	.7632
优质内容购买力度	275	1.00	5.00	4.040	.7843
聚合用户生产内容	275	1.00	5.00	4.101	.7857
行业内容交换	275	1.00	5.00	3.640	.7815
跨媒介合作生产	275	1.00	5.00	3.960	.8117
有效的频率（列表状态）	275				

大多数人认为，在当下的媒介内容生产过程中，内容自制发挥着非常大的作用。同时，优质内容购买力度、聚合用户生产内容、行业内容交换以及跨媒介合作生产也比较重要。

8. 受众在当下传媒内容生产过程中的作用以及角色特征

表8.5　　　　　　　　　　　描述统计量

	频率	极小值	极大值	均值	标准差
内容接受者	275	1.00	5.00	3.781	.9019
内容生产的重要依据	275	1.00	5.00	3.934	.7516
需要认真对待的服务对象	275	1.00	5.00	4.069	.8232
具有重要评论功能的消费者	275	1.00	5.00	3.923	.8225
不可忽视的传播者	275	1.00	5.00	4.243	.7705
参与到内容制作中的生产者	275	1.00	5.00	3.789	.8189
有效的频率（列表状态）	275				

在当下的传媒内容生产过程中，受众同时充当着内容接受者、内容生产的重要依据、需要认真对待的服务对象、具有重要评论功能的消费

者、不可忽视的传播者、参与到内容制作中的生产者的多重身份。

9. "人端合一"的趋势下各种创新的重要性程度

在各种智能终端迅速发展的过程中，虚拟现实、人工智能等也会在媒体运营中得到越来越多的应用，面对"人端合一"的趋势，这些创新的重要性程度依次为基础平台技术革新、媒体内容采编方式创新、传播渠道的改进、传媒体制与政策的改革、传媒组织形态升级以及传媒产业链条重构。

10. 针对"粉碎性融合""颠覆式改造"这一观点的态度调查

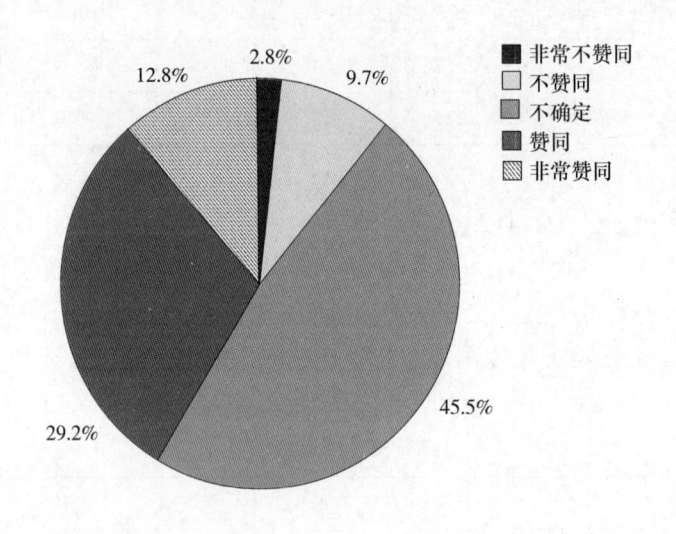

图 8.16 对"粉碎性融合""颠覆式改造"的态度

对于必须对组织进行"粉碎性融合""颠覆式改造"，才能适应媒体融合发展的需要这一观点，29.2%的调查对象持赞同态度，12.8%的调查对象持非常赞同态度。

11. 媒体跨界运营的时机

对于现在媒体跨界运营的时机是否成熟，43.6%的人认为一般，32.7%的人认为比较成熟，3.3%的人认为非常成熟，20.0%的人认为不成熟。

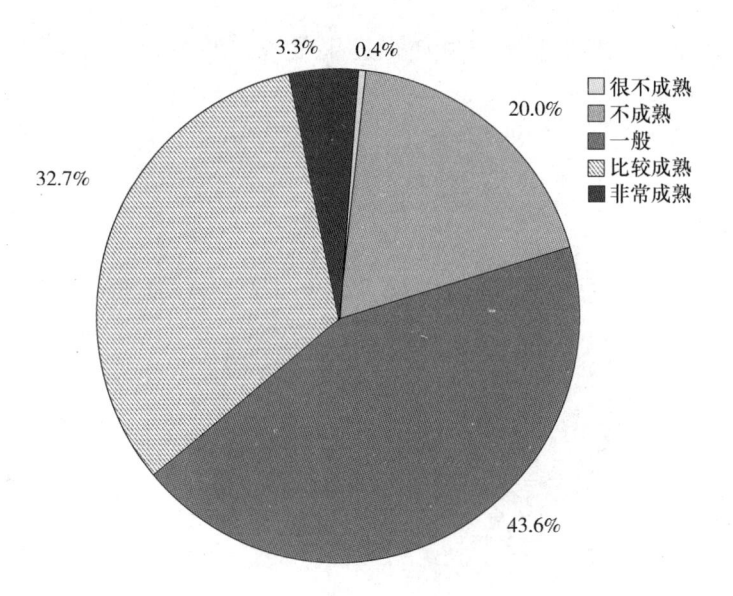

图8.17　媒体跨界运营的时机

12. 媒体传播渠道拓展过程中各因素的作用程度

表8.6　　　　　　　　　　　描述统计量

	频率	极小值	极大值	均值	标准差
内容品质提升	275	1.00	5.00	4.472	.6409
受众互动与维护优化	275	1.00	5.00	4.316	.7134
终端扩展	275	1.00	5.00	4.069	.7823
服务形态扩展	275	1.00	5.00	4.058	.7326
社交机制的借鉴与应用	275	1.00	5.00	4.105	.7446
物联网等技术的进步	275	1.00	5.00	3.985	.8413
媒体组织结构调整	275	1.00	5.00	3.832	.8760
有效的频率（列表状态）	275				

在媒体传播渠道拓展过程中，大多数人认为内容品质提升和受众互动与维护优化非常重要，终端扩展、服务形态扩展、社交机制的借鉴与应用、物联网等技术的进步以及媒体组织结构调整也比较重要。

13. 不同传媒企业、单位加强运用微博、微信等社交媒体平台的效果

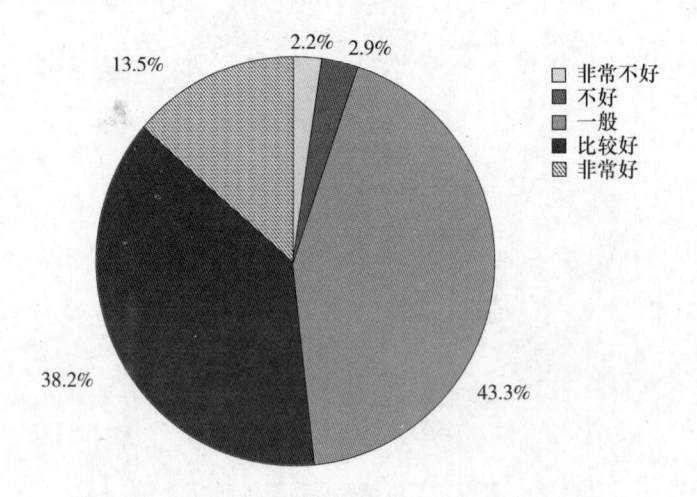

图 8.18　加强运用微博、微信等社交媒体平台的效果

对于不同传媒企业、单位加强微博、微信等社交媒体平台的运用，认为效果非常不好的占 2.2%，认为效果不好的占 2.9%，认为效果一般的占 43.3%，认为效果比较好的占 38.2%，效果非常好的占 13.5%。

14. 传统媒体推出移动 APP 的效果

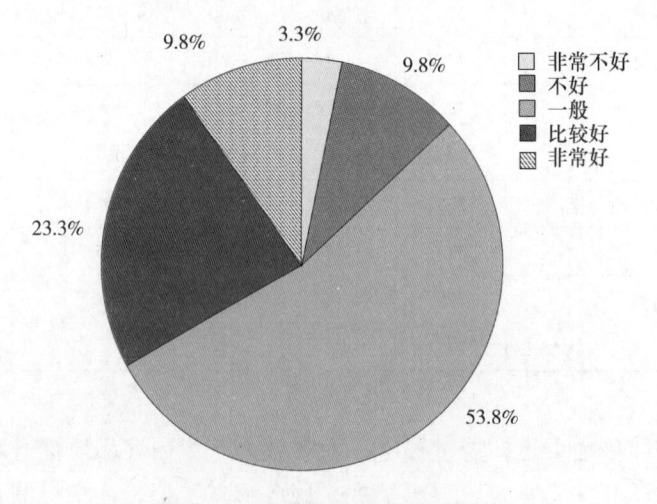

图 8.19　推出移动 APP 效果评价

对于传统媒体推出的移动 APP，认为效果非常不好的人有 3.3%，不好的有 9.8%，一般的有 53.8%，比较好的有 23.3%，非常好的有 9.8%。

15. 云计算技术的作用程度

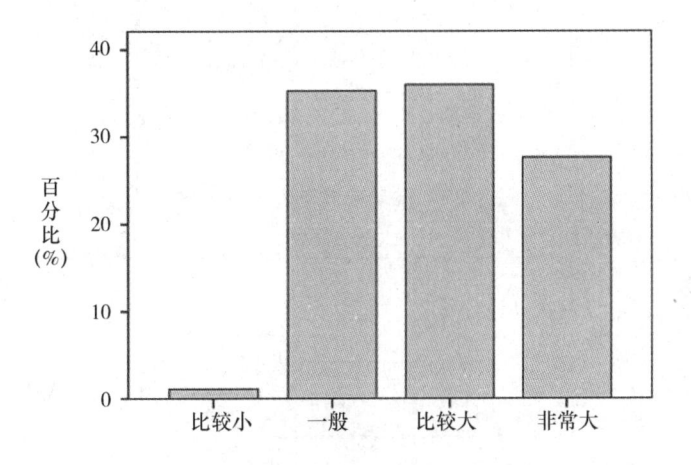

图 8.20　改进媒体资源储存与管理

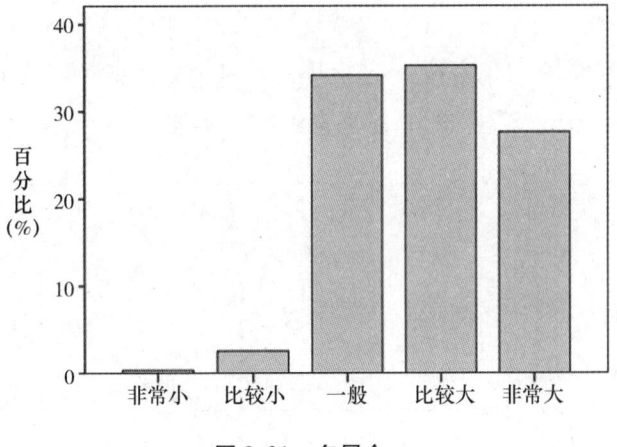

图 8.21　多屏合一

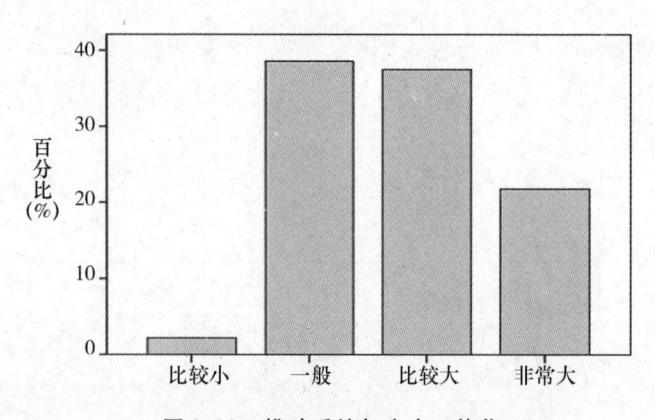

图8.22 推动采编与生产一体化

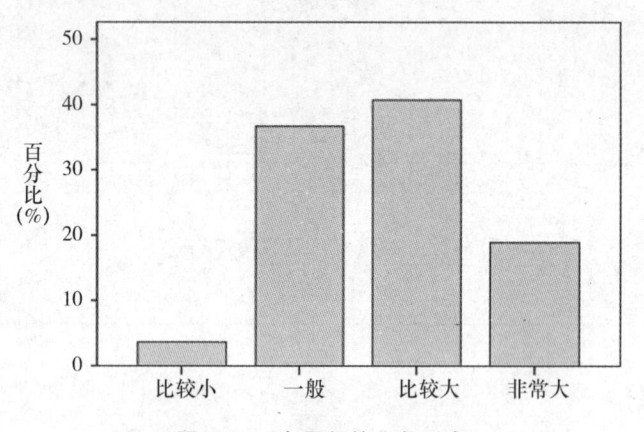

图8.23 布局新的业务形态

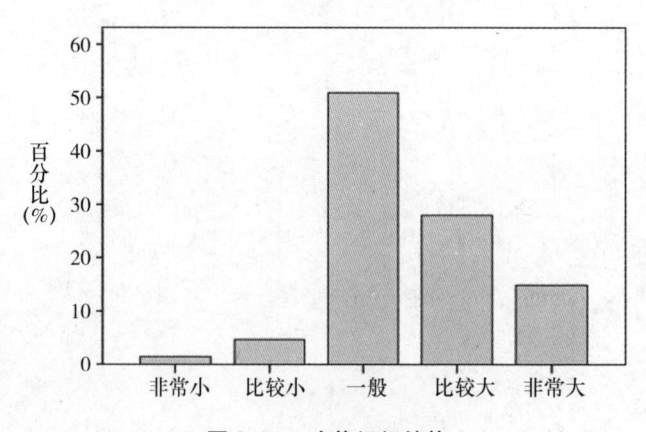

图8.24 改善组织结构

云计算技术在改进媒体资源储存与管理、推动采编与生产的一体化、打通各个传播渠道、实现多屏合一布局新的业务形态方面发挥着比较大的作用。

16. 大数据技术的作用程度

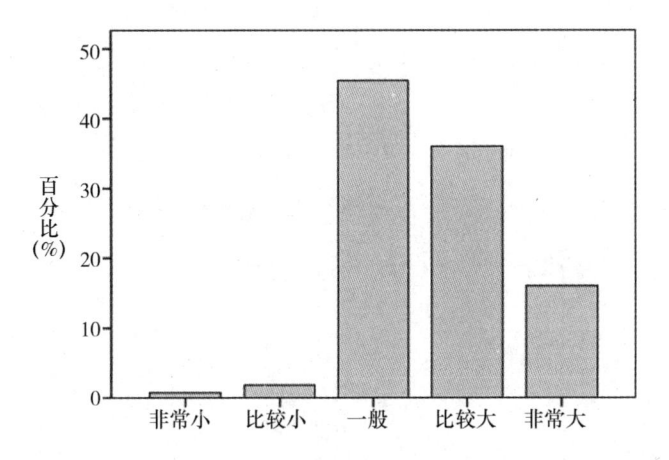

图 8.25 优化受众关系的维护

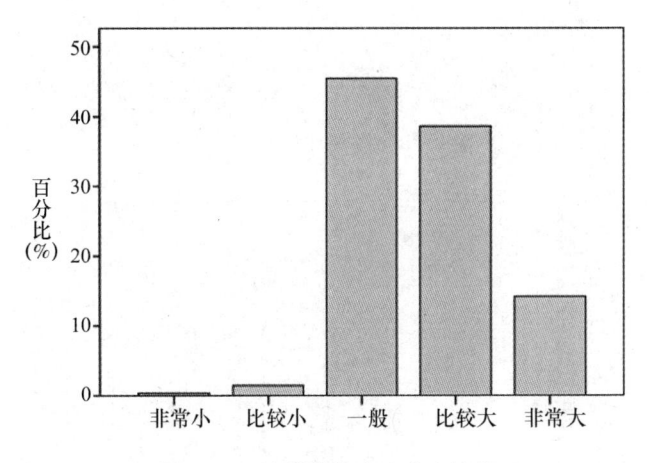

图 8.26 改进媒体内容生产流程

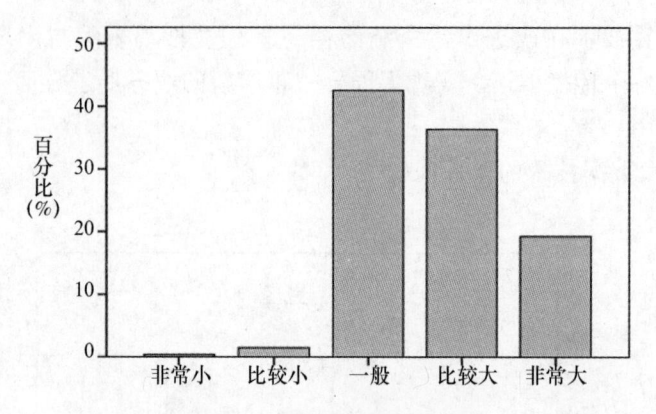

图 8.27 提升渠道传播效率

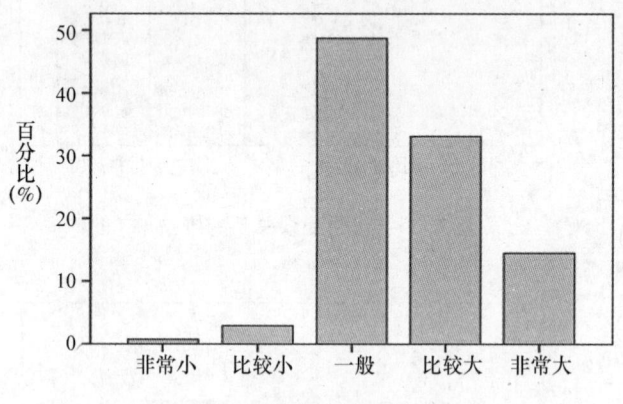

图 8.28 提高广告运营水平

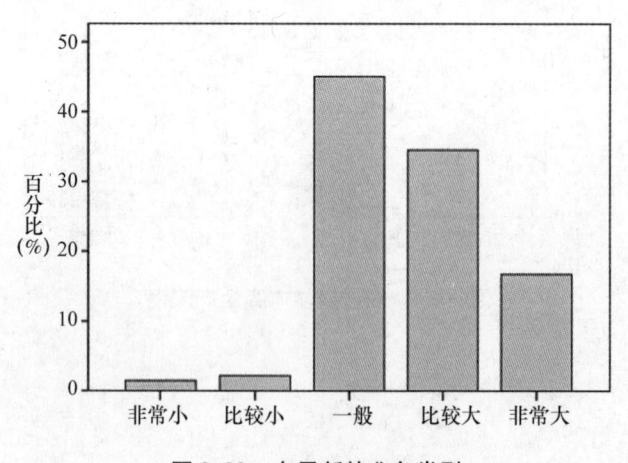

图 8.29 布局新的业务类型

大数据技术在优化受众关系的维护、改进媒体内容生产流程、提升渠道传播效率、提高广告运营水平、布局新的业务类型方面发挥着很大的作用。

17. 对互联网思维的理解

表8.7　　　　应基于战略层面研究与强化互联网思维的应用

		频率	百分比（%）	有效百分比（%）	累计百分比（%）
有效	否	196	71.0	71.3	71.3
	是	79	28.6	28.7	100.0
	合计	275	99.6	100.0	
缺失	系统	1	.4		
合计		276	100.0		

表8.8　　　　应基于互联网思维改善媒体运营策略

		频率	百分比（%）	有效百分比（%）	累计百分比（%）
有效	否	192	69.6	69.8	69.8
	是	83	30.1	30.2	100.0
	合计	275	99.6	100.0	
缺失	系统	1	.4		
合计		276	100.0		

表8.9　　　　应基于互联网思维推动信息传播、营销方式的创新

		频率	百分比（%）	有效百分比（%）	累计百分比（%）
有效	否	122	44.2	44.4	44.4
	是	153	55.4	55.6	100.0
	合计	275	99.6	100.0	
缺失	系统	1	.4		
合计		276	100.0		

多数人对互联网思维的理解倾向于应基于互联网思维推动信息传播、营销方式的创新，而非战略层面研究与强化互联网思维的应用和改善媒体运营策略。

18. 不同类型媒体单位、公司之间的合作对各方面的影响

表8.10　　　　　　　　　　描述统计量

	频率	极小值	极大值	均值	标准差
媒体内容创新	275	1.00	5.00	4.003	.7899
推动内容形态研发	275	1.00	5.00	3.934	.7661
扩展新的传播渠道	275	1.00	5.00	4.083	.8084
获取先进技术应用经验	275	1.00	5.00	3.934	.8168
跨地域、跨媒介的市场扩展	275	1.00	5.00	3.981	.8477
整合传媒产业链	275	1.00	5.00	3.807	.9335
有效的频率（列表状态）	275				

调查对象普遍认为，不同类型媒体单位、公司之间的合作对媒体内容创新、推动内容形态研发、扩展新的传播渠道、获取先进技术应用经验、整合传媒产业链与跨地域、跨媒介的市场扩展等方面的影响比较大。

19. 在与其他公司开展跨媒体合作过程中各因素的作用

表8.11　　　　　　　　　　描述统计量

	频率	极小值	极大值	均值	标准差
企业文化	275	1.00	5.00	3.883	.8377
经营者素质与能力	275	1.00	5.00	4.167	.7357
媒介内容生产者的素质与能力	275	1.00	5.00	4.232	.7620
渠道优势	275	1.00	5.00	4.258	.7799
渠道优势	275	1.00	5.00	4.134	.8838
资本、技术实力	275	1.00	5.00	4.181	.7421
组织结构	275	1.00	5.00	3.621	.9488
有效的频率（列表状态）	275				

在与其他公司开展跨媒体合作过程中,渠道优势的作用程度非常大。媒介内容生产者的素质与能力,资本、技术实力,经营者素质与能力,受众基数,这些因素的作用也比较大。

20. 融合发展、扩展业务范围的资本运作方式

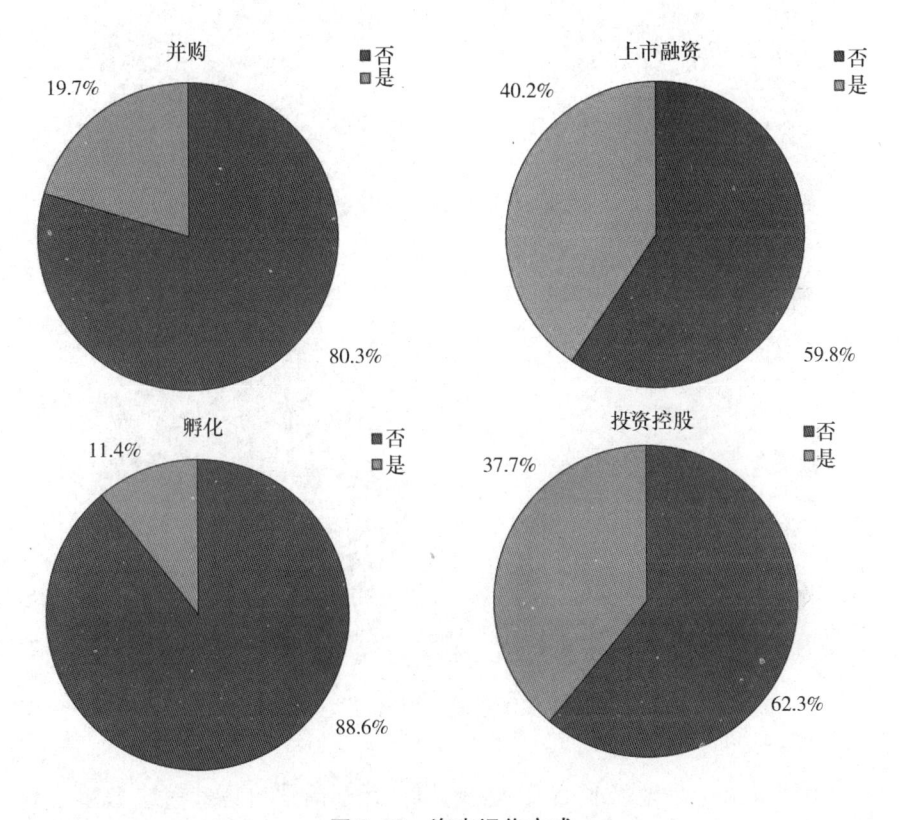

图 8.30　资本运作方式

媒体单位达成融合发展、扩展业务范围的资本运作方式倾向于上市融资和投资控股,其次是并购和孵化。

21. 通过资本手段实现跨媒体运营的动作

收购、控股新媒体创业公司
33.9%
66.1%
■否 ■是

参股平台化新媒体企业
25.8%
74.2%
■否 ■是

跨界扩张（如布局电商、互联网金融、游戏）
32.2%
67.8%
■否 ■是

实现内容生产、版权资源的扩张
33.3%
66.7%
■否 ■是

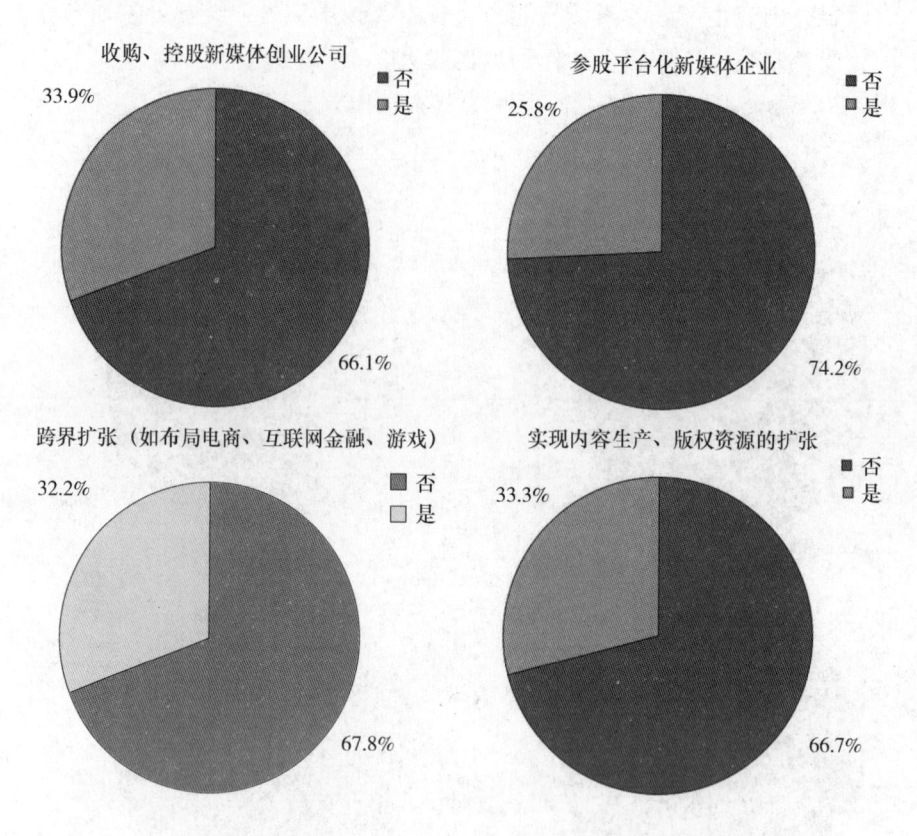

图 8.31 通过资本手段实现跨媒体运营的动作

媒体单位在通过资本手段实现跨媒体运营时，可以通过参股平台化新媒体企业，收购、控股新媒体创业公司，实现内容生产、版权资源的扩张，跨界扩张等方式。但是，目前这些手段并没有被普遍采用。

22. 资本运营的作用

表 8.12　　　　　　　　　描述统计量

	频率	极小值	极大值	均值	标准差
技术升级	275	1.00	5.00	4.101	.8902
内容购买	275	1.00	5.00	3.916	.9143

续表

	频率	极小值	极大值	均值	标准差
渠道建设与拓展	275	1.00	5.00	4.149	.8855
管理水平提升	275	1.00	5.00	3.643	.9457
助推集群化运营	275	1.00	5.00	3.690	.9489
跨媒体形态运营	275	1.00	5.00	3.810	.9045
有效的频率（列表状态）	275				

数据显示，资本运营对技术升级、内容购买、渠道建设与拓展、管理水平提升、助推集群化运营、跨媒体形态运营都有比较大的作用。

23. 扩展传播渠道方面的探索与尝试对各方面的影响程度

媒体在扩展传播渠道方面的探索与尝试对受众精准细分、效果精准测量、推动受众相互传播、匹配受众情景化需求、优化受众信息消费体验的影响程度比较大，对预算精准核定、洞察受众动态情景的影响相对一般。

24. 影响传统媒体广告下滑的因素

表 8.13　　　　　　　　描述统计量

	频率	极小值	极大值	均值	标准差
世界经济放缓	275	1.00	5.00	3.607	.9272
内需不足，诸多行业产能过剩	275	1.00	5.00	3.825	.8704
政策性影响，如"八项规定"等	275	1.00	5.00	3.378	.9640
传统媒体产业化层次较低	275	1.00	5.00	3.621	.9175
传统媒体内部结构性矛盾	275	1.00	5.00	3.723	.8733
传统媒体广告持续高增长造成懈怠	275	1.00	5.00	3.541	.9557
新兴媒体的分流	275	1.00	5.00	4.356	.8480
在媒体融合发展中起步较晚	275	1.00	5.00	3.963	.9351
有效的频率（列表状态）	275				

对传统媒体广告的下滑，影响非常大的是新兴媒体的分流，比较大的有世界经济放缓、内需不足、传统媒体产业化层次较低、传统媒体内部结构性矛盾、传统媒体广告持续高增长造成懈怠以及在媒体融合发展

中起步较晚,政策性的影响相对一般。

25. 建设新型传播集团过程中的影响因素

加强分众媒体发展、加快传播平台的建设、巩固主流媒体及其渠道影响力、内容差异化发展、加强新兴媒体形态扩展及建设、多媒介技术整合、创新管理运行机制、强化多方面资源整合、加强集团信息知识产权保护在建设新型传媒集团的过程中都比较重要。

26. 2014年度中国广电行业十大科技关键词在广电行业融合发展过程的作用程度

表 8.14　　　　　　　　　　描述统计量

	频率	极小值	极大值	均值	标准差
宽带接入	275	1.00	5.00	3.9382	.96272
云平台	275	1.00	5.00	4.2182	.80353
媒体融合	275	1.00	5.00	4.1818	.87735
移动互联	275	1.00	5.00	4.4327	.75335
大数据	275	1.00	5.00	4.2764	.82612
4K超高清	275	1.00	5.00	3.6218	.96408
国家广播电视网络	275	1.00	5.00	3.5091	1.00133
信息安全	275	1.00	5.00	3.6909	.99401
智能电视操作系统	275	1.00	5.00	3.6364	1.04922
智能终端	275	1.00	5.00	4.0691	.98841
有效的频率(列表状态)	275				

大多数人认为,媒体融合、移动互联、大数据、云平台对广电行业的融合发展非常重要,宽带接入、信息安全、智能电视操作系统、智能终端也比较重要,4K超高清和国家广播电视网络的作用相对一般。

27. 移动新闻客户端在媒介融合过程中的角色定位

表 8.15　　　　　　　　　　描述统计量

	频率	极小值	极大值	均值	标准差
新闻生产者	275	1.00	5.00	3.5055	2.15524
新闻传播者	275	1.00	5.00	4.2655	.84495
新闻反馈者	275	1.00	5.00	3.6545	.97446

续表

	频率	极小值	极大值	均值	标准差
平台搭建者	275	1.00	5.00	4.1818	.86055
资源整合者	275	1.00	5.00	4.2182	.87318
渠道扩展者	275	1.00	5.00	4.0036	.90214
有效的频率（列表状态）	275				

新闻生产者、新闻传播者、新闻反馈者、平台搭建者、资源整合者、渠道扩展者都是人们对于移动新闻客户端角色定位的一部分，在这些角色中，人们更倾向于认为移动新闻客户端是新闻传播者、平台搭建者、资源整合者、渠道扩展者，而非新闻生产者和新闻反馈者。

28. 2014年度我国与媒介融合发展相关性较大的十大行业新政

表8.16　　　　　　　　　描述统计量

	频率	极小值	极大值	均值	标准差
《关于推动传统媒体与新兴媒体融合发展的指导意见》	275	1.00	5.00	3.8655	.89610
《深化文化体制改革实施方案》	275	1.00	5.00	3.7527	.80868
《深化新闻出版体制改革实施方案》	275	1.00	5.00	3.6691	.86894
《新闻从业人员职务行为信息管理办法》	275	1.00	5.00	3.5964	.60418
《关于推进文化创意和设计服务相关产业融合发展的若干意见》	275	1.00	5.00	3.7127	.85073
《关于进一步完善网络剧、微电影等网络视听节目管理的补充通知》	274	1.00	5.00	3.6679	.92736
《关于规范学术期刊出版秩序促进学术期刊健康发展的通知》	275	1.00	5.00	3.4473	.86283
《新闻出版行业标准化管理办法》（新版）	275	1.00	5.00	3.5491	.89215
《使用文字作品支付报酬办法》	275	1.00	5.00	3.5236	.85563
《即时通信工具公众信息服务发展管理暂行规定》	274	1.00	5.00	3.6058	.91674
有效的频率（列表状态）	274				

大多数人认为，在推动媒体内容融合发展方面，《关于推动传统媒体与新兴媒体融合发展的指导意见》和《关于推进文化创意和设计服务相关产业融合发展的若干意见》的作用比较大；在推动媒体产业融合

发展方面,《关于推动传统媒体与新兴媒体融合发展的指导意见》《深化文化体制改革实施方案》以及《关于进一步完善网络剧、微电影等网络视听节目管理的补充通知》的作用比较大;而在推动媒体产业融合发展和推动媒体集群化发展方面,《关于推动传统媒体与新兴媒体融合发展的指导意见》的作用比较大。

29. 传媒公司在运营机制改革过程中的困难和阻力

数据显示,移动互联网的新要求、现行传媒体制、领导战略层次与思路偏差、受众维护成本过高、传统的人力资源方式受到挑战与员工认同感、积极性存在问题都或多或少地起到了阻碍传媒公司运营机制改革的作用。其中现行传媒体制的问题尤为突出。

30. "互联网+"机制改革的作用

大多数媒体从业者认为,单位在基于"互联网+"的机制改革中,对提升传统业务的创新水平、激活员工创造力与积极性、推动组织结构优化、催生新的业务形态、创新盈利模式的作用比较大,对改变公司在产业链中的地位的作用相对一般。

表8.17　　　　　　　　　　描述统计量

	频率	极小值	极大值	均值	标准差
提升了传统业务的创新水平	275	1.00	5.00	3.9673	.82104
激活了员工创造力与积极性	275	1.00	5.00	3.8109	.83309
推动组织结构优化	275	1.00	5.00	3.7018	.92324
催生新的业务形态	275	1.00	5.00	3.9055	.86189
创新盈利模式	275	1.00	5.00	3.7782	.98431
改变公司在产业链中的地位	275	1.00	5.00	3.5564	.94729
有效的频率(列表状态)	275				

31. 为进一步推进媒体融合发展,出台相应促进政策的意愿程度

表8.18　　　　　　　　　　描述统计量

	频率	极小值	极大值	均值	标准差
知识产权保护	275	1.00	5.00	4.2764	.82612
网络环境净化	275	1.00	5.00	3.7745	.04641

续表

	频率	极小值	极大值	均值	标准差
鼓励跨界扩张	275	1.00	5.00	3.9382	.94357
更加便利地对接资本市场	275	1.00	5.00	3.9745	.88545
推动技术创新与应用	275	1.00	5.00	4.2073	.84832
鼓励从业者创业、提供配套保障政策	275	1.00	5.00	4.0400	.84266
网络素养提升	275	1.00	5.00	3.9091	.90563
促进信息流动与加快信息透明	275	1.00	5.00	4.1564	.82894
管理体制与方式的改革	275	1.00	5.00	4.0436	.95420
有效的频率（列表状态）	275				

为了进一步推进媒体融合发展，多数人对出台知识产权保护、推动技术创新与应用、促进信息流动与加快信息透明、管理体制与方式的改革方面的政策需求非常大，其次是鼓励从业者创业与提供配套保障政策、更加便利地对接资本市场、鼓励跨界扩张、网络素养提升、网络环境净化。

三 分析与结论

（一）本次调查的主要结论

通过定量分析，我们对媒介融合的相关情况作出以下总结：

1. 媒体从业人员主要是本科及以上学历，以文学与新闻传播类专业为主，从事的业务板块以内容生产为主，月收入集中在5000—7000元。

2. 社交媒体等网络媒体发展迅速，前景看好；电视、广播、纸质媒体唱衰。

3. 传媒技术的革新、受众信息消费习惯的变化、传媒政策的调整、传媒市场的压力以及集团领导的意志是有利于推动媒介融合发展的，同时传媒体制与政策中依然存在阻碍媒体融合发展的因素。

4. 在媒体内容生产过程中，内容素材的获取依然要依靠于记者个人渠道的采访、受众主动提供的线索，当下网络媒体的报道、社交媒体平台上的官方信息以及社交媒体用户发布的信息也为记者获取内容素材提供了非常重要的渠道。内容编辑、处理注重权威性和话题性。内容自制、优质内容购买力度、聚合用户生产内容、行业内容交换以及跨媒介合作生产是内容生产的重要方式。

5. 在当下的传媒内容生产过程中，受众身份多样化，兼具内容接受者、内容生产的重要依据、需要认真对待的服务对象、具有重要评论功能的消费者、不可忽视的传播者、参与到内容制作中的生产者的多重身份。

6. 微博、微信社交媒体平台在不同传媒企业、单位的运用效果很好；传统媒体推出的 APP 效果一般。

7. 云计算技术在改进媒体资源储存与管理、推动采编与生产的一体化、打通各个传播渠道、实现多屏合一布局新的业务形态方面发挥着比较大的作用；大数据技术在优化受众关系的维护、改进媒体内容生产流程、提升渠道传播效率、提高广告运营水平、布局新的业务类型方面发挥着很大的作用。

8. 对传统媒体广告的下滑，影响非常大的是新兴媒体的分流，比较大的有世界经济放缓、内需不足、传统媒体产业化层次较低、传统媒体内部结构性矛盾、传统媒体广告持续高增长造成懈怠以及在媒体融合发展中起步较晚，政策性的影响相对一般。

9. 移动互联网的新要求、现行传媒体制、领导战略层次与思路偏差、受众维护成本过高、传统的人力资源方式受到挑战与员工认同感、积极性存在问题都或多或少地起到了阻碍传媒公司运营机制改革的作用。其中现行传媒体制的问题尤为突出。

10. 政策需求强烈，尤其在出台知识产权保护、推动技术创新和应用、促进信息流动、管理体制与方式的相关政策方面。

（二）建议

第一，机制创新。要创新体制机制，推进媒体内部组织机构改革，建立统筹融合发展的专门领导机构和经营管理制度，协调落实融合发展各项工作。要发展新业态、开辟新渠道、进军新领域，实现立体传播、多元发展。要通过强化内部管控、统筹媒介资源、整合生产要素，形成一体化的组织结构、传播体系、管理体制。

第二，强化主流媒体舆论引导能力。要坚持以内容为本原则，加强内容创新，将传统媒体内容生产、权威报道、观点提供等方面的优势向新兴媒体渗透，要不断提高议题设置能力，用专业权威的报道、理性客观的解读、深入独到的分析引领舆论。要重视首创首发首播，加强品质新闻、个性新闻、本土新闻的生产。要适应新兴媒体微传播的重要特点，在"微"字上做文章，做到各种微内容、微信息高速流动、跨平台流动；要多生产精准短小、鲜活快捷、吸引力强的信息，在传播中抢得先机；要综合运用图文、图标、动漫、音视频等多种形式，实现内容产品从可读到可视、从静态到动态、从一维到多维的升级融合，满足多终端传播和多种体验的需求。

第三，优化技术驱动力量，发挥上海市科创优势，加快媒体平台建设步伐。顺应并把握网络传播趋势，抢抓移动互联网发展机遇，结合自身特点，积极运用移动互联网、4G、社交平台、大数据、云计算、智能终端等新技术、新应用，着力在内容和用户信息数据库建设、数据新闻生产、移动客户端开发、新闻网站升级、手机报升级、多媒体新闻直播和微视频业务以及提升微博、微信运营等方面迈出实质性步伐。通过加大研发力度、引进消化吸收先进技术、外包部分技术项目等形式，统筹内外部力量和资源，在前沿技术、重点项目上取得突破性进展，不断以新技术、新应用引领融合发展。要逐步从产品、项目的单体开发，走向围绕新媒体产业布局、发展模式的规划设计，打造在全国叫得响的新媒体平台。

第四，坚持改革创新，探索多种经营模式。要以改革创新为动力，拓展经营渠道，探索适宜不同类型媒体经营业务的多种经营模式，合力构建媒体的内容影响力平台、品牌价值平台和产业盈利平台。从单纯的内容生产者转变为面向媒体市场的内容提供商，充分挖掘内容资源的价值，既要实现行业新闻的全媒体发布，也要实现全媒体运营。整合传统媒体和新兴媒体广告资源，进行统一规划、统一标准、统一招商、统一财务、统一管理。开发全媒体客户资源，提供分众化信息服务，开拓经营产品，提供信息增值服务。开发新兴媒体广告市场，建立全媒体广告经营体系。

第五，基于受众多元化信息需求推动融合发展。要牢固树立用户意识，着力集聚用户、占有用户、发展用户、服务用户。研究用户结构特点和信息需求，细化信息服务，有针对性地生产、推送特色信息产品，满足用户多样化需求。充分发挥新兴媒体移动化、社交化、视频化、互动化的特点，强化与用户的互动交流，不断提高用户的关注度、参与度。要积极探索线上线下相融合的信息模式，实现新闻服务与生活服务、商业服务、娱乐服务等有机整合，用优质服务赢得用户、开拓市场、占领阵地。以多元化传媒产品和服务项目，为广大用户提供具有针对性、分享性的现代传媒综合服务。

结　语

媒体融合成为当前媒介发展的重要特征，我们应该在这个关键时刻抓住机遇，努力地推进传统媒体与新兴媒体的融合发展。在未来的媒体融合大格局中，我们须在媒体内容生产、媒体传播渠道拓展和媒介体制上对传统媒体革新。需指出的是，这只是一个阶段性的成果，推进传统媒体与新兴媒体的融合发展实践须以相关政策为基石，结合自身清晰的定位和不断地思考，才能找到合适的革新之路。

分论三

江苏省传统媒体与新兴媒体融合发展研究

一 本次调查的基本情况介绍

（一）调查的背景

传统媒体与新媒体的融合一直是传播领域的一个热点课题，就实际情况来看，无论是融合的意愿还是融合行为的采取，传统媒体都表现出了更为积极的一面，一个最为直接的证据就是当前传统媒体纷纷涉足新媒体业务，大量创办各种公众号。然而融合并非简单的 $1+1=2$，对于传统媒体来说，涉足新的领域意味着同时要克服由此而来的种种困难：比如传统媒体从业者自身是否适应新的业务？传统媒体在涉足新媒体业务过程中是否有对该业务的清晰认识？当下的传媒体制是否会对新媒体业务的拓展造成困扰？等等。

结合这些问题，本研究采用问卷调查的方式，针对江苏省传统媒体和新媒体融合的情况进行调查，希望通过调查数据来展示该地区媒介融合的具体做法和存在的问题。

（二）调查的目的

此次调查的主要目的是了解当前传统媒体和新媒体，特别是传统媒体在媒介融合过程中的具体情况，分析当前媒介融合存在的问题，为未来媒介融合的进一步发展提供改进思路。具体包括：

1. 客观展示当前传统媒体与新媒体融合发展过程中的主要做法。
2. 分析当前对媒介融合构成阻力的各种因素及原因。

3. 探讨未来媒介融合进一步发展的改进思路。

（三）调查路线与方法

本次调查采用问卷调查的方法，调查于 2015 年 7—8 月实施，在江苏省各类媒体中选择了 330 名从业者进行调查，其中包括江苏新闻广播、江苏省广播电视总台、江苏广电优漫卡通频道、南京晨报、金陵晚报、新华报业传媒集团、扬子晚报、新华日报、江南时报、大学生村官报、新浪江苏、龙虎网、中江网、腾讯大苏网、中国江苏网、扬子晚报新媒体、新华报业集团数字媒体中心、融创区、交汇点等。回收的有效问卷中，广电媒体 92 份、报纸媒体 116 份、新媒体 122 份。

二 本次调查的主要数据分析

（一）被调查者的基本情况

1. 被调查者的学历构成情况

表 9.1　　　　　　　　　被调查者的学历构成情况

选项	小计	比例（%）
A. 研究生	62	18.79
B. 本科	244	73.93
C. 专科及以下	12	3.64
未填写	12	3.64
本题有效填写人次	330	100

此次调查显示，当前媒体从业人员所受教育以大学本科为主，其次为受过研究生教育，总体为具有中高等程度文化者。

2. 被调查者的职称构成情况

表 9.2　　　　　　　　　被调查者的职称构成情况

选项	小计	比例（%）
A. 正高级	4	1.21
B. 副高级	25	7.58

续表

选项	小计	比例（%）
C. 中级	65	19.70
D. 助理级	51	15.45
E. 其他	172	52.12
未填写	13	3.94
本题有效填写人次	330	100

被调查者职称的构成情况显示的是其在专业技术水平和能力方面的等级情况，上述数据显示，有超过一半的受访者并没有明确的职称等级或不清楚自己的职称等级，这或许显示了当前媒体在员工职称评定方面存在着不够重视的情况。另外一半的数据显示，被调查者以具有中级职称和初级（助理级）职称的从业者为主，具有高级职称（正高级、副高级）的从业者较少，这也符合一般意义上从业者职称构成的比例。

3. 被调查者所学专业

表9.3　　　　　　　被调查者所学专业的构成情况

选项	小计	比例（%）
A. 电子技术相关类	17	5.15
B. 经济管理类	30	9.09
C. 文学与新闻传播类	195	59.09
D. 其他	71	21.52
未填写	17	5.15
本题有效填写人次	330	100

从被调查者所学专业的统计数据来看，与新闻传播有关的大文科仍然是传媒从业人员的主要专业来源。

4. 被调查者的收入水平

表9.4　　　　　　　　　　被调查者的收入情况

选项	小计	比例（%）
A. 3000 元以下	22	6.67
B. 3000—5000 元	132	40.00
C. 5000—7000 元	99	30.00
D. 7000—10000 元	53	16.06
E. 10000 元以上	14	4.24
未填写	10	3.03
本题有效填写人次	330	100

对于收入情况的调查，显示绝大部分从业者的收入低于 7000 元，不过考虑到收入水平属于较为敏感的调查指标，一半情况下，受访者更容易少报而不是多报收入水平，因此，实际的收入水平应在整体上略高于目前的数据，但是即便包含了这一因素，当前数据的分布情况也说明当前媒体从业者还算不上高收入人群。

5. 被调查者的从业时间

表9.5　　　　　　　　　　被调查者的从业时间

选项	小计	比例（%）
A. 1 年以内	29	8.79
B. 1—3 年	57	17.27
C. 3—5 年	56	16.97
D. 5—7 年	34	10.30
E. 7—10 年	42	12.73
F. 10—20 年	88	26.67
G. 20 年以上	23	6.97
未填写	1	0.30
本题有效填写人次	330	100

此次受访的新闻从业者在从业时间方面分布比较均衡，各个时间段均有，其中以 10—20 年的人数比例最为显著，而这部分受访者由于具

有较长的媒介从业经历,对于媒介的发展以及媒介融合发展的情况相对比较了解,也能够给出一些比较理性的考量。

6. 被调查者从事的业务情况

表9.6　　　　　　　　被调查者所在的业务板块

选项	小计	比例（%）
A. 内容生产	245	74.24
B. 渠道拓展与维护	12	3.64
C. 广告及代理	12	3.64
D. 数据	2	0.61
E. 社交网络	10	3.03
F. 管理	18	5.45
G. 其他	26	7.88
未填写	5	1.52
本题有效填写人次	330	100

被调查者所在业务板块的数据恰恰印证了前面对于被调查者所学专业的调查数据,文科的背景对于从事内容生产业务确实有一定的优势。

综合上述数据,可以看出,此次参与调查者基本上涵盖了媒体各部门具有不同从业年限、不同专业技术水平的媒体从业人员,同时以内容生产部门的人员为主,可以较全面地提供有代表性的数据。

（二）被调查者对媒介融合发展的认知态度

作为从业者,对于媒介融合如何认知?具有怎样的态度?在很大程度上影响和制约着媒介融合的具体实施。

1. 对媒体发展前景的认知

在对于"不同媒体在融合发展大潮中的前景如何?"问题的回答中,此次330名被调查者表示出了一致的态度。

表9.7　从业者对不同媒体在媒介融合发展中的前景的态度

题目/选项	完全没有发展前景	不太有发展前景	说不清	较有发展前景	非常有发展前景	未填写
纸质媒体	20	126	122	43	15	4
广播	1	65	100	129	23	12
电视	0	32	105	149	27	17
网络门户	0	25	69	129	97	10
在线音频	4	26	87	134	62	17
网络视频	0	9	41	130	140	10
社交媒体	0	6	41	116	160	7

从数据可以看出，被调查者普遍不看好报纸、广播、电视等传统媒体的发展前景，特别是纸质媒体，不过也分别有接近1/3的被调查者表示"说不清"，这或许能够说明虽然大家并不看好传统媒体的发展，但是同时也认为当前的社会环境，特别是媒介融合的大背景，或许能够给传统媒体的发展带来一线生机。同时，数据也说明在三种传统媒体中，电视仍然占据着相对优势。

这种一边倒的情况同样存在于对新媒体的态度上，网络门户、在线音频、网络视频、社交媒体等新媒体形式获得了被调查者的一致认同，特别是网络视频和社交媒体，成为大家心目中最有发展前景的媒体形式。

2. 对传统媒体所面临的困境的认知

而对于传统媒体为什么遇到当前的发展困境，被调查者也给出了自己的答案。

表9.8　对影响传统媒体广告下滑因素的态度

题目/选项	非常小	比较小	一般	比较大	非常大	未填写
世界经济放缓	4	12	110	133	58	13
内需不足，诸多行业产能过剩	4	11	74	153	71	17
政策性影响，如"八项规定"等	5	17	116	121	53	18
传统媒体产业化层次较低	3	18	93	133	65	18
传统媒体内部结构性矛盾	3	19	95	135	60	18

续表

题目/选项	非常小	比较小	一般	比较大	非常大	未填写
传统媒体广告持续高增长造成懈怠	5	32	96	114	66	17
新兴媒体的分流	2	2	46	114	154	12
在媒体融合发展中起步较晚	2	7	86	125	91	19

当前传统媒体广告下滑已是不争的事实，"根据央视市场研究（CTR）媒介智讯提供的数据显示，2015年1—5月传统媒体广告刊登额降幅维持在5.8%，除户外广告略有增长外，其他媒体都在下降。其中，电视广告下降3.4%，资源量下降10.3%；广播广告下降3.9%，资源量下降14.3%；平面媒体则持续下降，其中杂志广告下降15.6%，资源量下降24.4%；状况最为严峻的是报纸，广告降幅从2015年第一季度的29.5%扩大到32.0%，创下了2012年报纸广告进入下降通道以来的新低，资源量降幅也达到33.7%，被称为是断崖式下降"①。

对于传统媒体广告为何遭遇如此严重的下滑，被调查者认为所给出的上述原因均有较大影响，如果将"比较大"和"非常大"两个选项的数据综合来看，会发现，被调查者对于"新兴媒体的分流""在媒体融合发展中起步较晚"给予了显著的认同。而对于传统媒体人才流失的问题上，具有显著影响的数据（综合"比较大"和"非常大"数据），也主要集中在与新媒体有关的因素中，由此可以看出被调查者对于新媒体对传统媒体造成影响的强烈认同。

表9.9　　　　　　　　影响传统媒体人才流失的因素

题目/选项	非常小	比较小	一般	比较大	非常大	未填写
新兴媒体的运作机制和工作环境，有利于人才的快速发展	1	3	46	133	137	10
自己的想法和创意需要机会得到实施，实现自我价值	1	5	44	133	136	11
新兴媒体具有远大的发展前景	1	2	44	137	128	18

① 李淼：《传统媒体广告困境加剧 报纸广告经营已到危急时刻》，http://media.people.com.cn/n/2015/0729/c40606-27376855.html，2015年7月20日。

续表

题目/选项	非常小	比较小	一般	比较大	非常大	未填写
工作压力过大	4	13	103	120	75	15
紧跟技术、产业发展趋势	1	4	68	149	94	14
更高的经济收入	3	3	60	120	129	15

3. 对媒介融合发展的基本看法

（1）媒介融合发展过程中的重要因素

媒介融合发展的过程中，什么最为重要？需要注意到哪些细节？应该如何开展？等等。对于这些问题的看法，体现了从业者对媒介融合发展的基本态度。

表9.10　　对媒介融合发展过程中各种因素"为王"的看法

题目/选项	非常不赞同	不太赞同	一般	比较赞同	非常赞同	未填写
传者为王	13	37	132	93	36	19
受众为王	2	7	77	131	102	11
内容为王	1	4	31	116	169	9
渠道为王	0	9	57	164	86	14
平台为王	0	8	56	161	88	17
技术为王	3	19	78	134	82	14
资本为王	4	14	86	131	80	15
数据为王	2	14	70	136	90	18

媒介融合发展过程中，什么因素更为重要？尽管内容和渠道何者为王的争论一直存在，但在这次调查中，内容为王毫无疑问成为了首选（综合"比较赞同"和"非常赞同"的数据），不过渠道为王也紧随其后成为第二选择，这也说明内容和渠道同样对传播具有不可忽视的重要作用。而平台为王也得到了较高的认同，体现出被调查者对传播环境的重视。

（2）传统媒体如何应对媒介融合发展

在媒介融合发展的过程中，传统媒体应如何适应新技术、新环境带来的挑战？被调查者认为传统媒体应该做的还有很多。首先体现在如何正确理解互联网思维方面。

表 9.11　　　　　　　对互联网思维的理解（多选题）

选项	小计
A. 应基于战略层面研究与强化互联网思维的应用	103
B. 应基于互联网思维改善媒体运营策略	83
C. 应基于互联网思维推动信息传播、营销方式的创新	144
D. 其他	5
未填写	8

被调查者认为所谓的互联网思维，首先应该体现在对于推动信息内容的传播和营销方式的创新上。

表 9.12　　　　应对各种智能终端的发展所需因素的重要性

题目/选项	非常小	比较小	一般	比较大	非常大	未填写
媒体内容采编方式创新	1	3	40	156	125	5
传媒组织形态升级	0	3	62	163	87	15
传播渠道的改进	0	3	44	164	103	16
传媒产业链条重构	1	7	75	153	83	11
基础技术平台革新	1	2	49	180	92	6
传媒体制与政策的改革	0	3	64	152	96	15

调查数据显示，被调查者认为传统媒体需要调整的地方几乎涉及了所有方面，特别是在内容采编方式创新和基础技术平台革新方面，尤其需要加以重视。同时，对于传媒组织形态是否应该升级，持赞同意见的虽然占绝大多数，不过当被问及是否应对组织进行"粉碎性融合""颠覆式改造"，以适应媒体融合发展的需要时，被调查者还是表现出了一定的犹豫。

表9.13　对是否应该对媒体组织进行"粉碎性融合""颠覆式改造"的态度

选项	小计	比例
A. 非常不赞同	3	0.91%
B. 不赞同	44	13.33%
C. 不确定	104	31.52%
D. 赞同	111	33.64%
E. 非常赞同	22	6.67%
未填写	46	13.94%
本题有效填写人次	330	100%

数据显示，虽然持有赞同态度（综合"赞同"和"非常赞同"的数据）的人数占到了约40%，但持有不赞同态度（综合"非常不赞同"和"不赞同"的数据）和态度不确定的人数却超过了40%。

（3）媒介融合发展的影响

表9.14　媒体融合发展带来的影响

题目/选项	非常小	比较小	一般	比较大	非常大	未填写
媒体内容创新	1	2	63	143	115	6
推动内容形态研发	0	3	67	152	94	14
扩展新的传播渠道	0	3	64	139	116	8
获取先进技术应用经验	0	8	64	151	92	15
跨地域、跨媒介市场扩展	0	4	70	141	101	14
整合传媒产业链	0	3	80	150	80	17

统计数据再次验证了被调查者对内容和渠道的重视，寄希望于媒介融合为传统媒体带来内容方面的创新和渠道的拓展。

（三）影响媒介融合的因素

虽然媒介融合成为大家认同的发展方向，但在媒介融合过程中，现有的政策体制、环境、条件均会对媒介融合的具体开展形成一定的限制性影响，对于这些问题，被调查者也有清晰的认识。

1. 媒体自身因素的影响

对于媒介已有的各种因素和条件对跨媒体合作具有怎样的影响，被调查者仍旧表现出了对内容生产能力和渠道因素的特别关注，经营方面的因素（经营者素质与能力以及资本、技术实力）紧随其后，体现了被调查者对营销等相关行为的关注。

表9.15　　　　　　跨媒体合作过程中各因素作用程度

题目/选项	非常小	比较小	一般	比较大	非常大	未填写
企业文化	0	6	84	160	70	10
经营者素质与能力	0	2	51	148	119	10
媒介内容生产者的素质与能力	0	3	50	146	123	8
渠道优势	0	5	44	161	108	12
受众基数	1	5	57	157	95	15
资本、技术实力	0	3	50	145	112	20
组织结构	1	8	84	153	56	28

2. 政策、体制等因素的影响

认为当前的传媒体制和政策中存在阻碍媒介融合发展因素的被调查者占到了近60%（综合"赞同"和"非常赞同"的数据），不过值得注意的是，持不确定态度的也占到了近1/3，这一数据说明从业者对于当前传媒体制和政策的理解还有待深入。

表9.16　对当下传媒体制与政策中是否存在阻碍媒介融合发展的因素的态度

选项	小计	比例（%）
A. 非常不赞同	2	0.61
B. 不赞同	24	7.27
C. 不确定	90	27.27
D. 赞同	134	40.61
E. 非常赞同	59	17.88
（空）	21	6.36
本题有效填写人数	309	93.64

而持赞同态度的193名被调查者又进一步给出了政策、体制因素对于媒介融合在各方面具体影响的大小的判定，综合"比较大"和"非常大"的数据，可以看出，人才的引进、培养和成长被认为是受政策、体制影响最大的方面。

表9.17　阻碍媒介发展的传媒体制与政策因素实际的影响

题目/选项	非常小	比较小	一般	比较大	非常大	未填写
公司化运营方面	4	4	35	94	41	15
人才的引进、培养与成长	2	1	37	76	67	10
跨地域融合布局的开展	0	5	59	84	32	13
跨所有制媒体融合的推进	0	7	43	78	56	9
跨形态媒体融合的尝试	3	5	29	90	49	17

针对当前政策、体制中存在的问题，被调查者也表达了应尽快出台相应政策的意愿，特别是针对能够促进技术创新、知识产权保护以及创业等方面的政策，由此可以看出，被调查者看到了媒介融合过程中技术与内容的重要性，同时也认为应鼓励个人以创业形式促进未来媒介的发展。

表9.18　对国家出台相应政策以促进媒介融合发展的意愿

题目/选项	非常小	比较小	一般	比较大	非常大	未填写
知识产权保护	1	0	67	123	127	12
网络环境净化	3	3	80	139	87	18
鼓励跨界扩张	1	7	81	146	83	12
更加便利地对接资本市场	1	7	88	152	69	13
推动技术创新与应用	3	2	59	156	96	14
鼓励从业者创业、提供配套保障政策	1	3	64	154	94	14
网络素养提升	1	6	86	135	88	14
促进信息流动、加快信息透明	2	6	66	133	108	15
管理体制与方式的改革	4	4	70	135	101	16

(四) 当前媒介融合的现状及问题

调查也针对从业者所在的媒体单位开展媒介融合业务的情况进行了了解，主要涉及内容融合、渠道融合、产业融合和集群融合四个方面。

1. 内容融合

在内容融合方面，被调查者首先针对各影响因素的作用程度给予了判定，当前传媒技术的革新和受众对新的信息传播技术的接受被视作是最有利于推进内容融合的因素，但对于常被诟病的传媒体制，被调查者也并未一边倒地认为是不利因素，而是用"说不清"表现了对体制问题的态度。

表9.19 各因素在推动媒体内容生产融合中的作用程度

题目/选项	非常不利于融合发展	不利于融合发展	说不清	有利于推动融合发展	非常有利于推动融合发展	未填写
传媒技术的革新	2	4	21	156	137	10
受众信息消费习惯的变化	3	3	43	161	111	9
传媒市场的压力	2	19	87	150	59	13
集团领导意志	8	20	101	129	60	12
传媒政策的调整	2	13	88	147	67	13
传媒组织形态变化	1	16	101	141	54	17
宏观传媒体制	12	43	104	111	45	15

另外，针对内容融合中各种信息来源的重要性，被调查者在传统的记者个人采访渠道之外，也充分肯定了新媒体的作用，不过对于新媒体消息中，被调查者对于来自官方渠道的消息和来自用户渠道的消息还是有区分对待的，显示了对来自用户渠道信息的慎重态度。

表9.20 各种信息来源对于内容素材获取的作用程度

题目/选项	非常小	比较小	一般	比较大	非常大	未填写
记者个人渠道采访	0	8	55	140	94	33
受众主动提供的线索	0	16	86	129	65	34

续表

题目/选项	非常小	比较小	一般	比较大	非常大	未填写
传统媒体获取	0	14	76	129	42	39
网络媒体的报道	0	8	68	137	77	40
社交媒体官方信息	2	9	60	127	94	38
社交媒体用户发布	1	22	86	134	50	37
合作机构、单位提供	6	36	106	100	37	45

同样，在媒体内容生产过程中，被调查者仍然认为实现内容自制才是长久之计。

表9.21　　不同方式在媒体内容生产过程中的作用情况

题目/选项	非常小	比较小	一般	比较大	非常大	未填写
内容自制	0	4	37	146	135	8
加强优质内容购买力度	1	10	74	171	64	10
聚合用户生产内容	0	13	66	141	101	9
行业内容交换	0	7	112	142	55	14
跨媒介合作生产	3	5	75	142	93	12

而针对内容编辑、处理中应该体现怎样的特点，数据显示被调查者更为青睐内容的话题性和权威性。

表9.22　　在内容编辑、处理中各种特点的重要性

题目/选项	非常小	比较小	一般	比较大	非常大	未填写
权威性	1	4	27	102	188	8
趣味性	0	0	50	158	113	9
话题性	0	1	26	156	137	10
个性化	0	7	58	148	108	9
年轻化	0	12	100	145	61	12
移动化	1	6	48	151	113	11

当然针对内容传播的对象——受众,被调查者也认为其在当前的媒体内容生产过程中起着重要的作用,特别是在作为"需要认真对待的服务对象"和"不可忽视的传播者"两个选项,被调查者给予了高度的认同。

表9.23 受众在当下传媒内容生产过程中的作用及角色特征

题目/选项	非常不准确	不太准确	一般	比较准确	非常准确	未填写
内容接受者	6	28	74	136	73	13
内容生产重要依据	1	7	85	153	70	14
需要认真对待的服务对象	2	1	50	143	122	12
有评论功能的消费者	1	4	60	154	99	12
不可忽视的传播者	2	4	49	137	126	12
参与内容的生产者	2	12	78	145	81	12

2. 渠道融合

渠道融合是媒介融合过程中比较受重视的一个部分,对于影响渠道融合的各种因素,被调查者对其所发挥作用的程度同样具有较为一致的态度:认为其更有助于与受众的互动以及内容品质的提升。

表9.24 影响渠道融合的因素的作用程度

题目/选项	非常小	比较小	一般	比较大	非常大	未填写
内容品质提升	0	1	36	116	168	9
受众互动与维护优化	0	1	34	140	145	10
终端扩展	0	2	68	155	94	11
服务形态扩展	0	7	58	157	92	16
社交机制的借鉴与应用	1	6	63	160	84	16
物联网等技术的进步	1	6	61	160	86	16
媒体组织结构调整	2	12	78	157	65	16

不过,对于当下不同传媒企业、单位在微博、微信等社交媒体平台以及移动APP等的运用效果,被调查者并未表现出更为乐观的态度,认为效果一般的人数超过了其他选项,分别为近44%、51%。

表9.25　传媒企业、单位在微博、微信等社交媒体平台运用的效果

选项	小计	比例（%）
A. 非常不好	10	3.03
B. 不好	14	4.24
C. 一般	145	43.94
D. 很好	104	31.52
E. 非常好	21	6.36
（空）	36	10.91
本题有效填写人数	294	89.09

表9.26　传统媒体所推出的移动 APP 效果

选项	小计	比例（%）
A. 非常不好	12	3.64
B. 不好	34	10.30
C. 一般	167	50.61
D. 很好	64	19.39
E. 非常好	18	5.45
（空）	35	10.61
本题有效填写人数	295	89.39

对于当前较为流行的云计算和大数据技术，被调查者还是肯定了其作用，特别是对于大数据技术，但从"一般"选项的数据来看，不少被调查者同样未表现出乐观的一面，而未填写的人数远远超过其他测试题目，也说明对这两个新技术的运用不够了解的大有人在。

表9.27　所在单位通过应用云计算技术在不同层面发挥作用的程度

题目/选项	非常小	比较小	一般	比较大	非常大	未填写
改进媒体资源储存与管理	2	10	93	107	73	35
推动采编、生产的一体化	2	8	89	122	74	35

续表

题目/选项	非常小	比较小	一般	比较大	非常大	未填写
打通各个传播渠道、实现多屏合一	1	10	108	114	62	35
布局新的业务形态	1	16	107	120	44	42
改善组织结构	4	22	114	101	43	46

表9.28 所在单位通过应用大数据技术在不同方面发挥作用的程度

题目/选项	非常小	比较小	一般	比较大	非常大	未填写
优化受众关系的维护	2	13	81	118	64	52
改进媒体内容生产流程	2	12	96	114	52	54
提升渠道传播效率	2	13	86	105	70	54
提高广告运营水平	4	23	96	111	39	57
布局新的业务类型	6	20	94	112	37	61

对于大数据技术的实际运用，通过调查数据同样可以看出，对于该技术使用情况不太清楚的人确实占据了不小的比例，就使用情况而言，主要集中在战略层面的能力提升和基于大数据的内容生产。

表9.29 所在单位对于大数据技术的使用方式（多选题）

选项	小计	比例（%）
A. 从战略层面推动大数据战略，全面提升数据获取、挖掘与分析的能力	112	25.86
B. 与其他公司深度合作，分享数据	95	23.28
C. 从专业公司购买相关数据	67	14.66
D. 基于大数据分析的内容生产	88	24.14
E. 基于数据分析的市场趋势、受众分析	102	20.69
F. 大数据技术在公司发展中发挥作用不大	32	9.48
G. 其他	5	1.72
H. 不清楚本单位是否应用大数据	12	2.59
未填写	77	25.86

渠道的拓展对于媒体所带来的影响则主要集中在对于受众的精准细分和与受众的互动传播方面。

表9.30 所在单位在扩展传播渠道方面的探索与尝试对相关方面的影响程度

题目/选项	非常小	比较小	一般	比较大	非常大	（空）
受众精准细分	4	13	75	136	84	18
预算精确核定	3	11	115	126	53	22
效果精准测量	4	10	110	126	57	23
推动受众相互传播	2	14	87	144	67	16
洞察受众动态情景	3	16	104	124	65	18
匹配受众情景化需求	4	15	97	137	55	22
优化受众信息消费体验	3	17	93	139	63	15

3. 产业融合

产业融合是媒介融合发展过程中不可回避的一个部分，从被调查者提供的选择中不难发现，在当前媒介融合过程中，虽然各种方式都有所使用，但投资控股仍然是主要的方式，不过，从选择"不清楚"和未填写选项的数据来看，有相当一部分被调查者对本单位资本运作方式还缺乏了解。

表9.31 所在单位达成融合发展、扩展业务范围的资本运作方式（多选题）

选项	小计
A. 上市融资	55
B. 并购	62
C. 投资控股	93
D. 孵化	68
E. 其他	21
F. 不清楚	62
未填写	23

而上述的情况，同样体现在对本单位进行跨媒体运营情况的描述上，一方面可以看出当前媒体在实现跨媒体运营时以实现内容生产和版

权资源扩张为主,另一方面,同样有相当一部分被调查者对本单位的跨媒体运营行为不够了解。

表9.32 所在单位在通过资本手段实现跨媒体运营的行为(多选题)

选项	小计
A. 参股平台化新媒体企业	65
B. 收购、控股新媒体创业公司	60
C. 实现内容生产、版权资源的扩张	99
D. 跨界扩张(如布局电商、互联网金融、游戏等)	52
E. 其他	11
F. 不清楚	64
(空)	29

针对资本运营所发挥的作用,被调查者普遍认为主要体现在技术升级和渠道建设与拓展方面。

表9.33 资本运营在各方面的作用程度

题目/选项	非常小	比较小	一般	比较大	非常大	未填写
技术升级	0	5	56	143	117	9
内容购买	0	4	81	161	69	15
渠道建设与拓展	0	2	65	160	90	13
管理水平提升	0	9	91	145	70	15
助推集群化运营	4	10	86	147	64	19
跨媒体形态运营	2	9	77	149	81	12

不过对于媒体跨界运营的时机是否已经成熟,被调查者却并未表示出乐观的一面,认为时机一般的数据达到了近34%,不过认为时机已经成熟的数据(综合"比较成熟"和"非常成熟"的数据)还是超过了认为时机不成熟的数据(综合"很不成熟"和"不成熟"的数据)。

表9.34　　　　　　　　媒体跨界运营时机是否成熟

选项	小计	比例（%）
A. 很不成熟	16	4.85
B. 不成熟	64	19.39
C. 一般	112	33.94
D. 比较成熟	85	25.76
E. 非常成熟	10	3.03
（空）	43	13.03
本题有效填写人次	330	100

4. 集群融合

在调查中，被调查者也针对影响该目标实现的各种因素的重要性进行了描述，其中加快传播平台的建设和强化多方面资源整合，增强媒体竞争力被视作是对新型传媒集团建设具有显著作用的两个因素。

表9.35　　　　　影响新型传媒集团建设的各种因素的重要程度

题目/选项	非常小	比较小	一般	比较大	非常大	未填写
加快分众媒体发展	1	2	58	173	76	20
加快传播平台的建设	0	1	44	161	107	17
巩固主流媒体及其渠道影响力	0	6	57	140	112	15
内容差异化发展	1	2	58	143	108	18
加强新兴媒体形态扩展及建设	1	1	57	145	111	15
多媒介技术整合	1	6	48	150	106	19
创新管理运行机制	2	8	52	159	93	16
强化多方面资源整合，增强媒体竞争力	4	7	46	143	116	14
加强集团信息知识产权保护	3	9	75	130	87	26

5. 对当前媒介融合实施情况的评价

调查显示，被调查者普遍认为自己所在单位在媒介融合过程中所进行的机制改革在提升传统业务的创新水平和激发员工创造力与积极性方面表现突出（综合"比较大"和"非常大"的数据），不过仍有近1/3的被调查者认为现有的机制改革作用一般。

表 9.36　　所在单位基于"互联网+"的机制改革的作用程度

题目/选项	非常小	比较小	一般	比较大	非常大	未填写
提升了传统业务的创新水平	3	7	102	133	68	17
激活了员工创造力与积极性	5	11	101	143	58	12
推动组织结构优化	7	17	120	118	52	16
催生新的业务形态	4	9	91	144	69	13
创新盈利模式	6	11	105	129	63	16
改变公司在产业链中的地位	6	17	122	116	46	23

三　分析与结论

（一）本次调查的主要结论

1. 媒体从业人员对不同类型媒体未来的发展前景有明确的认知，同时充分感受到了新媒体时代对传统媒体所造成的压力，意识到对于传统媒体而言，虽然原有的优势并未完全丧失，但已经开始面临颓势，不改则退，不"新"则败，因此，涉足新媒体业务、拓展媒介融合之路，是传统媒体打破现有发展僵局的必经之路。

2. 在判定媒介融合过程中的关键因素时，内容与渠道成为备受媒体从业人员关注的两个因素，一方面体现了内容和渠道作为传统之争的两个方面确实各有各的重要性，另一方面则体现了媒体从业人员，尤其是传统媒体从业人员对媒介融合的纠结感。作为一直以来高高在上的传媒老大，无论是纸媒还是广电媒体，曾经对新媒体的出现并不在意，也从不认为新媒体会成为对自己造成威胁的强劲对手，即便是当下，切切实实地感受到了来自新媒体的压力，传统媒体仍然希望可以保持原有的优势，比如对内容提供的掌控。而新媒体相对传统媒体，最明显的优势一直是在于渠道而非内容。因此，传统媒体可以放下架子主动介入新媒体业务，尝试新渠道的拓展，但对内容的强调则为传统媒体在这场较量中提供了一个最佳的台阶。

3. 对于媒介融合的推进，媒体从业人员更愿意采用较为温和的方式展开。尽管对于影响传统媒体进一步发展的种种桎梏有清晰的认知，但是媒体从业人员并不认为应该采取激烈的方式来进行改革，所以更希望可以通过内部调整逐渐实现机制方面的改进。温和、渐进的改革，既符合媒体从业人员"改变现状、解决问题"的愿望，又安抚了他们对改革可能带来对自身利益过大冲击的担忧。

4. 政策、体制因素是最容易被诟病的限制性因素，而在此次调查中这一情况毫无意外地得到了印证，但是对于政策、体制所造成的限制并未得到强烈的认同，综合此类题目的调查数据，可以推测，媒体从业人员对政策、体制的了解存在着较为缺乏的情况，因此对于政策、体制究竟如何限制传媒业的发展，有相当一部分从业者并没有实际的感受或思考，或者说更多的人只是一种宽泛的感受，缺乏细节的了解。但是对于这种限制性影响主要体现在人才引进与培养方面，应该是源自从业者自身的体会，这也符合对传媒从业者的深访的结果。

5. 针对现有媒体所开展的媒介融合的做法，媒体从业人员对于其在激发传统媒体业务及人员创新性方面给予了肯定，当同时也有近1/3的人员认为当前的改革效果一般，可以看出媒介融合目前仍然在摸索阶段，明确的只是一个方向，但具体应该怎么做，并没有现成的方式方法。这一点从对媒体在内容融合、渠道融合、产业融合、集群融合四个方面的具体实施中可以看出，当前的做法仍然集中在较为浅显和较易开展的层面，更深层次的融合相对比较缺乏，不少媒体对于融合的开展也抱着"浅尝"的态度。

(二) 本次调查的建议

1. 传统媒体应注重对新媒体人才的引进和培养

当前传统媒体在开展新媒体业务时，人员配备基本上以内部人员重组为主，也有要求从业人员兼顾传统媒体业务和新媒体业务的情况，这一方面会造成从业人员无法专注于新媒体业务的开展（而面对全新的工作，兼顾的方式必然导致效果不佳），另一方面也造成参与新媒体业务的从业人员难以摆脱原有工作思路和方式的限制。从调查中不难看出，有相当一部分媒体从业人员对于媒介融合的理解和态度还存在比较含糊的情况，对于所在单位媒介融合进度的关注也较为缺乏，而较多传统媒体在媒介融合过程中进展缓慢，也与参与者的上述情况有关。

因此，传统媒体应注重新媒体人才的引进和培养，建立灵活的用人机制，大胆引进比较成功的新媒体从业者，给予相对宽松的工作环境和匹配的待遇。同时，针对已有的员工，注重日常的培养和指导，提供机会让员工充分发挥主观能动性积极参与固然重要，但相应的指导也非常重要，既可确保集思广益，又可让员工有针对性、有目标地介入新媒体业务。

2. 传统媒体应改变当前一窝蜂式地开办新媒体业务的做法，要集中优势力量实现质的突破

近两年，传统媒体对于新媒体业务的参与积极性确实非常高，不少媒体都纷纷创办各种微博、微信公众号和移动 APP 等，并要求各部门、各栏目组都要创办各种形式的新媒体，甚至鼓励员工个人也来探索新媒体的创办，每家媒体都有不下十几个甚至几十个各种类型的新媒体。从数量来看，新媒体业务的开办确实红火，但是若看效果，却较少有办得出色的，其稿件的浏览量和关注公众号的人数与原有成熟的新媒体完全无法相比。

究其原因，除了有前述的人才缺乏的因素，传统媒体在开办新媒体业务时缺乏筹划，较少总体考量也是一个重要的因素，这一方面体现了传统媒体对新媒体业务还不够重视，之所以介入很多时候也是形势所迫，因此敷衍的色彩更加浓重，另一方面也体现了传统媒体确实对新媒体业务缺乏了解，难以提出较为合理的推进思路。

因此，当前传统媒体对于新媒体业务的开展，不应抱着完成任务式的心态一味求量，而应注重前期的调研和考证，应让新媒体业务成为传统媒体发展的一个新的增长点，而非仅增加员工的压力却难有效果的鸡肋。

3. 强调媒体间的合作与互动，减少摸索所带来的时间和人力、物力的重复和无效投入

调查显示，当前媒介融合仍处于探索阶段，这种探索可能还将持续一段时间，从被调查者的反馈可以看出，无论是媒体的领导层还是员工，对于媒介融合的具体开展都缺乏足够清晰的思路，前述提到的传统媒体一窝蜂式开办新媒体业务也是因为大家都不清楚怎样做是正确的，所以只能先摸索起来。

任何新事物的采纳，前期的摸索都是必要的，但如果这个阶段过

长，一方面会带来对信心的打击，另一方面也造成不必要的时间、人力、物力的浪费。因此，为了进一步推进我国媒介融合发展的进程，媒体间应加强互动，以媒体联盟的形式强化相互之间的研讨和学习，不是闷头独自摸索，而是集合各媒体的力量共同探索媒介融合之路，避免无效行为的重复发生，提升新媒体业务开展的效率和效果。

分论四

辽宁省传统媒体与新兴媒体融合发展研究

一 本次调查数据分析

调查单位的基本情况：

本次在辽宁省一共调查了6个单位即北国传媒、沈阳电视台、沈阳日报、东北新闻网、辽宁电视台、辽宁日报社。这些均是能够代表辽宁省媒介发展实力的单位，所以，在加快推进传统媒体与新兴媒体融合发展的调查中，对这些单位的调查，是必不可少的。

表10.1　　　　　各传媒单位样本回收情况

		频率	百分比（%）	有效百分比（%）	累计百分比（%）
有效	北国传媒	4	1.4	1.4	1.4
	沈阳电视台	88	30.6	30.6	32.1
	沈阳日报	34	11.8	11.8	43.9
	东北新闻网	87	30.3	30.3	74.2
	辽宁电视台	34	11.8	11.8	86.1
	辽宁日报社	40	13.9	13.9	100.0
	总计	287	100.0	100.0	

1. 调查人员的基本情况

本次调查的群体主要集中在上述6个单位中，记者编辑所占比重较大，为总人数的62%，本科生比重要高于研究生，助理级和中级的媒介工作者是问卷答案的主要来源。从业时间上来看，从业6年至15年的人数占调查总人数的65.5%，说明本次的调查群体有一定的经验和专业性。

表10.2　从业时间

		频率	百分比（%）	有效百分比（%）	累计百分比（%）
有效	1.00	6	2.1	2.1	2.1
	2.00	52	18.1	18.1	20.2
	4.00	47	16.4	16.4	36.6
	6.00	61	21.3	21.3	57.8
	8.00	23	8.0	8.0	65.9
	8.50	70	24.4	24.4	90.2
	15.00	28	9.8	9.8	100.0
总计		287	100.0	100.0	

调查群体收入以5000—7000元为主（占比为55.05%），调查群体年龄20—39岁的人员居多。集中在青年和中年媒体人之间。

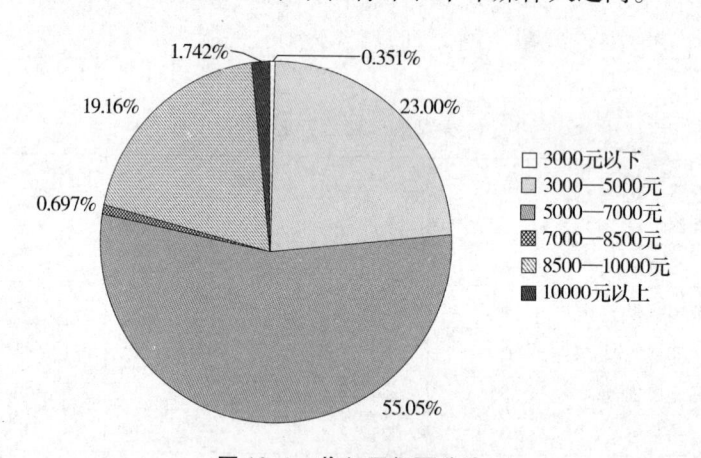

图10.1　收入层级百分比

被调查群体所学专业比较复杂，文学与新闻传播类专业的媒介工作人员在本次调查中占有的比例高达81%。而电子技术、经济管理以及其他专业的比例仅为19%，说明在加快推进传统媒体与新兴媒体融合发展中，需要在技术和管理方面投入更多的人才。

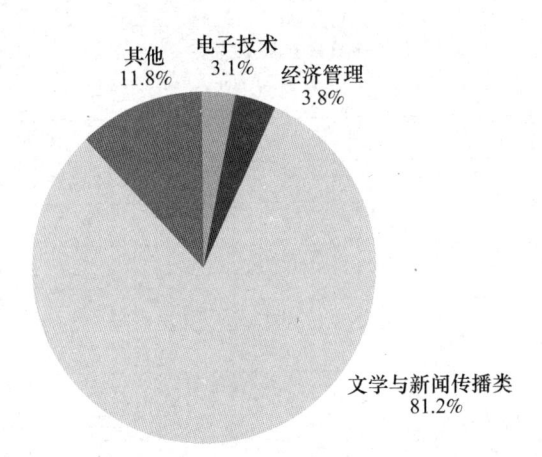

图 10.2　专业分布

被调查群体所在的业务板块以内容生产为主,其次是渠道维护。相对来说,广告代理、数据、社交网络以及管理方面所占比重较小。

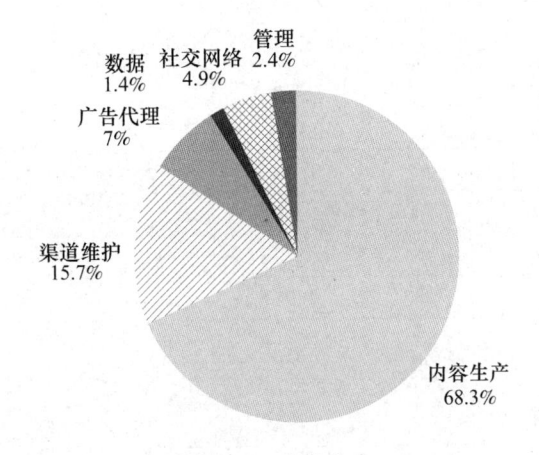

图 10.3　业务分布

2. 媒介融合发展现状及面临问题调查

(1) 在媒介融合发展的前景调查中业内对社交媒介的认同度最高,均值为 4.7979。其次是网络视频、在线音频,纸质媒体认同度最低,均值为 1.6969。说明如微博、微信之类的社交媒介有极大的可能性能够作为媒介融合发展中的重要介质。

表10.3　　　　　　　　**媒体在融合发展大潮中的前景**

（均值1—5表示前景认同度不断增高）

		纸质媒体	广播	电视	网络门户	在线音频	网络视频	社交媒体
个案数	有效	287	287	287	287	287	287	287
	缺失	0	0	0	0	0	0	0
	均值	1.6969	2.3031	3.0270	3.6720	4.5436	4.7840	4.7979
	众数	2.00	2.00	3.00	4.00	5.00	5.00	5.00

纸质媒体

		频率	百分比（%）	有效百分比（%）	累计百分比（%）
有效	完全没前景	116	40.4	40.4	40.4
	不太有前景	144	50.2	50.2	90.6
	说不清楚	25	8.7	8.7	99.3
	比较有前景	2	.7	.7	100.0
	总计	287	100.0	100.0	

广播

		频率	百分比（%）	有效百分比（%）	累计百分比（%）
有效	完全没前景	27	9.4	9.4	9.4
	不太有前景	159	55.4	55.4	64.8
	说不清楚	89	31.0	31.0	95.8
	比较有前景	11	3.8	3.8	99.7
	非常有前景	1	.3	.3	100.0
	总计	287	100.0	100.0	

电视

		频率	百分比（%）	有效百分比（%）	累计百分比（%）
有效	完全没前景	3	1.0	1.0	1.0
	不太有前景	67	23.3	23.3	24.4
	说不清楚	143	49.8	49.8	74.2
	比较有前景	67	23.3	23.3	97.6
	非常有前景	7	2.4	2.4	100.0
	总计	287	100.0	100.0	

续表

网络门户

		频率	百分比（%）	有效百分比（%）	累计百分比（%）
有效	不太有前景	15	5.2	5.2	5.2
	说不清楚	110	38.3	38.3	43.6
	比较有前景	116	40.4	40.4	84.0
	非常有前景	46	16.0	16.0	100.0
	总计	287	100.0	100.0	

在线音频

		频率	百分比（%）	有效百分比（%）	累计百分比（%）
有效	不太有前景	1	.3	.3	.3
	说不清楚	13	4.5	4.5	4.9
	比较有前景	102	35.5	35.5	40.4
	非常有前景	171	59.6	59.6	100.0
	总计	287	100.0	100.0	

网络视频

		频率	百分比（%）	有效百分比（%）	累计百分比（%）
有效	说不清楚	2	.7	.7	.7
	比较有前景	58	20.2	20.2	20.9
	非常有前景	227	79.1	79.1	100.0
	总计	287	100.0	100.0	

社交媒体

		频率	百分比（%）	有效百分比（%）	累计百分比（%）
有效	说不清楚	2	.7	.7	.7
	比较有前景	54	18.8	18.8	19.5
	非常有前景	231	80.5	80.5	100.0
	总计	287	100.0	100.0	

（2）本次调查发现在本区域中，传媒技术的革新被认为是非常有利于推动媒介内容生产融合发展的因素，接下来依次是受众消费习惯改变、传媒市场压力、集团领导意志、传媒政策调整。

表 10.4　以下因素在推动媒体内容生产融合中的作用程度

（均值 1—5 表示有利程度的递增）

		传媒技术的革新	受众消费习惯改变	传媒市场压力	集团领导意志	传媒政策调整
个案数	有效	287	287	287	287	287
	缺失	0	0	0	0	0
	均值	4.7840	4.6655	3.8362	2.7596	2.6655
	众数	5.00	5.00	4.00	2.00	2.00

（3）传媒制度阻碍媒体融合发展观点的赞同度。

表 10.5　传媒制度阻碍媒体融合发展观点的赞同度

		频率	百分比（%）	有效百分比（%）	累计百分比（%）
有效	不太赞同	1	.3	.3	.3
	不确定	10	3.5	3.5	3.8
	比较赞同	71	24.7	24.7	28.6
	非常赞同	205	71.4	71.4	100.0
	总计	287	100.0	100.0	

71.4%的人非常赞同传媒制度阻碍媒介融合发展，24.7%的人比较赞同传媒制度阻碍媒介融合发展，换一个角度来说有 96.1%的人对此是表示出明确的赞同观点的。说明政策环境对媒体融合发展的重要性非常高。

（4）在赞同传媒制度与政策中存在阻碍媒体融合发展因素的前提下，被调查对象对以下几个因素所起的作用从高到低依次为公司运营方面、人才引进培育、跨所有制融合推进、跨地域融合布局、跨形态媒体融合尝试。

表 10.6　传媒制度与政策中阻碍媒体融合发展因素的影响程度

（均值 1—5 表示程度的递增）

		公司运营方面	人才引进培育	跨地域融合布局	跨所有制融合推进	跨形态媒体融合尝试
个案数	有效	277	277	277	277	277
	缺失	10	10	10	10	10

续表

	公司运营方面	人才引进培育	跨地域融合布局	跨所有制融合推进	跨形态媒体融合尝试
均值	4.6715	4.4440	4.0505	4.1516	4.1841
众数	5.00	4.00	4.00	4.00	4.00

在传媒制度与政策中存在阻碍媒体融合发展因素的前提下，公司自身的运营成为了媒体融合发展的重要因素，迎接新挑战，适应新常态。在引进人才的战略支撑下，进一步开展跨地域融合布局，推进跨所有制融合，以及尝试跨形态媒体融合。

（5）在不确定或者否定传媒体制与政策中存在阻碍媒介融合发展因素的前提下，在内容素材获取方面，各种方式的作用的认同度从高到低依次为记者个人渠道采访、社交媒体官方平台、受众主动提供线索、传统媒体获取、网络媒体的报道。

表10.7　在内容素材获取方面，各种方式的作用的认同度

（均值1—5表示认同度递增）

个案数		记者个人渠道采访	受众主动提供线索	传统媒体获取	网络媒体的报道	社交媒体官方平台
个案数	有效	287	287	287	287	287
	缺失	0	0	0	0	0
均值		4.6829	3.5192	3.4983	3.4355	3.5331
众数		5.00	3.00	3.00	4.00	3.00

传统的记者个人渠道采访依旧是内容取材的主要手段，但是随着技术的发展，媒体融合的加深，社交平台上的官方信息，也成为了获得内容的重要渠道之一。官方信息在新时代拥有了一种新兴的可靠消息源呈现方式。

（6）在内容编辑、处理阶段，对各种方式要求的重要性程度认同调查中，认同度从高到低排列依次为移动化、趣味性、年轻化、个性化、权威性、话题性。

表10.8　在内容编辑、处理阶段，对各种方式要求的重要性程度认同

（均值1—5表示认同重要程度递增）

		权威性	趣味性	话题性	个性化	年轻化	移动化
个案数	有效	287	287	287	287	287	287
	缺失	0	0	0	0	0	0
均值		4.1289	4.5784	3.8990	4.1603	4.4181	4.6167
众数		4.00	5.00	4.00	4.00	4.00	5.00

移动化的重要性程度排在第一位，说明对信息接收的便宜程度和时效性要求在提升。权威性信息发布源较单一，所以在内容的编辑处理阶段不如趣味性话题性等方面的内容选择空间大。

（7）媒介内容生产过程中，认同度从高到低排列依次为内容自制、优质内容购买力度、跨媒介合作生产、行业内容交换、聚合用户生产内容。

表10.9　媒介内容生产过程中，以下方式发挥作用的程度

（均值1—5表示程度递增）

		内容自制	优质内容购买力度	聚合用户生产内容	行业内容交换	跨媒介合作生产
个案数	有效	287	287	287	287	287
	缺失	0	0	0	0	0
均值		4.6969	4.1150	3.7352	3.8920	4.0209
众数		5.00	4.00	4.00	4.00	4.00

内容自制就如同招牌菜一样，是媒体能够在竞争中拔得头筹的关键因素之一，特别在媒体内容生产过程中显得尤为重要，如今一系列的综艺节目，荷兰好声音的电视节目，韩国的无限挑战、Running Man 都以其独特的内容自制形式而获得超高收视率。加强优质内容购买力度也同样成为了竞争的关键，如浙江卫视引进 Running Man 版权，中央电视台购买无限挑战版权，等等，既有口碑又有收视。

（8）受众在当下传媒内容生产过程中的作用及角色特征描述准确

程度选项结果从高到低排列依次为需要认真对待的服务对象、内容生产的重要依据、具有评论功能的消费者、不可忽视传播者、内容接受者。

表10.10 受众在当下传媒内容生产过程中的作用及角色特征描述准确程度

（均值1—5表示程度的递增）

		内容接受者	内容生产的重要依据	需要认真对待的服务对象	具有评论功能的消费者	不可忽视传播者
个案数	有效	287	287	287	287	287
	缺失	0	0	0	0	0
均值		2.2648	4.4878	4.5679	4.3589	4.1010
众数		2.00	5.00	5.00	4.00	4.00

媒体在进行内容生产的过程中，以人民群众为核心应是其准则之一，所以人民群众在这里可作为受众的概念存在。所以他们是需要认真对待的服务对象。同时在内容生产的过程中也需要注重受众对于内容的反馈，与其进行互动，创作出更好的作品。

（9）在媒体融合发展过程中各种因素"为王"的说法赞同度调查中，由高到低依次排列为内容为王、受众为王、资本为王、渠道为王、平台为王、技术为王、传者为王。

表10.11 媒体融合发展过程中各种因素"为王"的说法赞同度

（均值1—5表示赞同度递增）

		传者为王	受众为王	内容为王	渠道为王	平台为王	技术为王	资本为王
个案数	有效	287	287	287	287	287	287	287
	缺失	0	0	0	0	0	0	0
均值		2.0523	4.3136	4.8258	4.1777	4.0279	3.9268	4.2369
众数		2.00	4.00	5.00	4.00	4.00	4.00	4.00

（10）各种智能终端处于迅速发展的过程中，虚拟现实、人工智能也会在媒体运营中得到越来越多的应用，面对"人端合一"的趋

势,创新领域认同度由高到低依次为传媒组织形态升级、传播渠道的改进、媒体内容采编方式创新、基础技术平台革新、传媒产业链条重构。

表10.12　　　　　　对几点创新的重要程度的认同

（均值1—5表示认同度递增）

		媒体内容采编方式创新	传媒组织形态升级	传播渠道的改进	传媒产业链条重构	基础技术平台革新
个案数	有效	287	287	287	287	287
	缺失	0	0	0	0	0
均值		4.2892	4.4983	4.3206	3.8815	4.0801
众数		4.00	5.00	4.00	4.00	4.00

（11）面对融合发展的要求,媒体组织形态与方式需要得到改进和优化。对于"必须对组织进行'粉碎性融合''颠覆式改造'才能适应媒体融合发展的需要"的观点的认同度如表10.13所示。

表10.13　　　　"粉碎性融合""颠覆式改造"认同度

（均值1—5表示认同度递增）

		频率	百分比（％）	有效百分比（％）	累计百分比（％）
有效	非常不赞同	46	16.0	16.0	16.0
	不赞同	96	33.4	33.4	49.5
	不确定	44	15.3	15.3	64.8
	赞同	65	22.6	22.6	87.5
	非常赞同	36	12.5	12.5	100.0
	总计	287	100.0	100.0	

面对融合发展的要求,媒体组织形态与方式需要得到改进和优化。对于"必须对组织进行'粉碎性融合''颠覆式改造'才能适应媒体融合发展的需要"的观点的认同度调查显示,不赞同、不确定、非常不赞同的人数比重占总比重的64.8%。

（12）在传媒内容与各项生活服务融合的可能性调查中，其可能性从高到低依次排列为电子商务，社交应用，在线教育，游戏，搜索，金融、支付，远程医疗。

表10.14　　　　传媒内容与各项生活服务融合的可能性

（均值1—5表示可能性递增）

		电子商务	金融、支付	在线教育	远程医疗	社交应用	搜索	游戏
个案数	有效	287	287	287	287	287	287	287
	缺失	0	0	0	0	0	0	0
均值		4.4042	3.989	4.1916	3.2962	4.261	4.0070	4.062
众数		5.00	4.00	4.00 a	3.00	4.00	4.00	4.00

（13）通过媒体与生活服务相结合，实现争夺移动互联网入口、提升移动互联网覆盖面可能性。

表10.15　　　　　　　各面向可能性

（均值1—5表示可能性递增）

		电子商务	金融、支付	在线教育	远程医疗	社交应用	搜索	游戏
个案数	有效	287	287	287	287	287	287	287
	缺失	0	0	0	0	0	0	0
均值		4.4808	4.2857	4.4495	3.3972	4.4321	4.1777	4.177
众数		5.00	4.00	4.00	3.00	5.00	5.00	4.00

通过媒体与生活服务相结合，实现争夺移动互联网入口、提升移动互联网覆盖面可能性由高到低排列为电子商务，在线教育，社交应用，金融、支付，搜索，游戏，远程医疗。

（14）认为现在媒体跨界运营时机成熟度。

表10.16　　　　　　　媒体跨界运营时机成熟度

（均值1—5表示成熟度递增）

		频率	百分比（%）	有效百分比（%）	累计百分比（%）
有效	很不成熟	1	.3	.3	.3
	不成熟	2	.7	.7	1.0
	一般	38	13.2	13.2	14.3
	比较成熟	100	34.8	34.8	49.1
	非常成熟	146	50.9	50.9	100.0
	总计	287	100.0	100.0	

认为现在媒体跨界运营时机成熟度调查中，非常成熟和比较成熟的占到85.7%。

（15）媒体传播渠道拓展过程中，认同度从高到低依次排列为终端扩展、受众互动与维护优化、内容品质提升、社交机制的借鉴与应用、服务形态扩展。

表10.17　　　　媒体传播渠道拓展过程中各因素作用程度

（均值1—5表示程度递增）

		内容品质提升	受众互动与维护优化	终端扩展	服务形态扩展	社交机制的借鉴与应用
个案数	有效	287	287	287	287	287
	缺失	0	0	0	0	0
均值		4.3101	4.4739	4.5575	4.1429	4.2369
众数		4.00	5.00	5.00	4.00	5.00

终端扩展的均值最高，反映出作为媒体发展前进动力之一的技术在渠道拓展过程中的基础性作用。媒体终端作为传播载体，它能把内容与受众互动联系在一起。

（16）传媒企业、单位加强微博、微信等社交平台运用的效果。

表 10.18　　　　　　　　　　"两微"效果评价

（均值 1—5 表示程度递增）

		频率	百分比（％）	有效百分比（％）	累计百分比（％）
有效	非常不好	7	2.4	2.4	2.4
	不好	17	5.9	5.9	8.4
	一般	42	14.6	14.6	23.0
	比较好	141	49.1	49.1	72.1
	非常好	80	27.9	27.9	100.0
	总计	287	100.0	100.0	

认为传媒企业、单位加强微博、微信等社交平台运用效果比较好或非常好的占到 77%。

（17）对传统媒体推出移动 APP 的效果认同。

表 10.19　　　　　　　　　　移动 APP 效果认同

（均值 1—5 表示程度递增）

		频率	百分比（％）	有效百分比（％）	累计百分比（％）
有效	非常不好	3	1.0	1.0	1.0
	不好	39	13.6	13.6	14.6
	一般	30	10.5	10.5	25.1
	比较好	122	42.5	42.5	67.6
	非常好	93	32.4	32.4	100.0
	总计	287	100.0	100.0	

对传统媒体推出移动 APP 的效果调查中，认为效果比较好或非常好的占到 74.9%。

（18）受访者所在单位通过云计算技术，在以下方面发挥作用的程度认同度由高到低排列依次为推动采编、生产的一体化，改进媒体资源储存与管理，打通各个传播渠道、实现多屏合一，布局新的业务形态，改善组织结构。

表10.20　受访者所在单位通过云计算技术，在以下方面发挥作用的程度

（均值1—5表示作用递增）

个案数		改进媒体资源储存与管理	推动采编、生产的一体化	打通各个传播渠道、实现多屏合一	布局新的业务形态	改善组织结构
个案数	有效	287	287	287	287	287
	缺失	0	0	0	0	0
均值		4.0523	4.1951	3.8397	3.6202	3.1882
众数		4.00	4.00	4.00	4.00	3.00

（19）受访者所在单位通过大数据技术发挥的作用程度。

表10.21　受访者所在单位通过大数据技术发挥的作用程度

（均值1—5表示作用递增）

个案数		优化受众关系的维护	改进媒体内容生产流程	提升渠道传播效率	提高广告运营水平	布局新的业务类型
个案数	有效	284	284	284	284	284
	缺失	3	3	3	3	3
均值		4.1972	4.1549	4.0810	3.8592	3.6690
众数		4.00	4.00	4.00	3.00	4.00

受访者所在单位通过应用大数据技术发挥的作用程度中，比重由高到低依次为优化受众关系的维护、改进媒体内容生产流程、提升渠道传播效率、提高广告运营水平、布局新的业务类型。

（20）应用大数据的方式：

表10.22　大数据各项应用评价

战略层面推动大数据战略，提升数据获取、挖掘与分析能力		频率	百分比（%）	有效百分比（%）	累计百分比（%）
有效	否	96	33.4	34.8	34.8
	是	180	62.7	65.2	100.0
	总计	276	96.2	100.0	
缺失	系统	11	3.8		
总计		287	100.0		

续表

与其他公司深度合作，分享数据		频率	百分比（%）	有效百分比（%）	累计百分比（%）
有效	否	202	70.4	73.2	73.2
	是	74	25.8	26.8	100.0
	总计	276	96.2	100.0	
缺失	系统	11	3.8		
总计		287	100.0		

从专业公司购买相关数据		频率	百分比（%）	有效百分比（%）	累计百分比（%）
有效	否	204	71.1	73.9	73.9
	是	72	25.1	26.1	100.0
	总计	276	96.2	100.0	
缺失	系统	11	3.8		
总计		287	100.0		

基于大数据分析的内容生产		频率	百分比（%）	有效百分比（%）	累计百分比（%）
有效	否	112	39.0	40.6	40.6
	是	164	57.1	59.4	100.0
	总计	276	96.2	100.0	
缺失	系统	11	3.8		
总计		287	100.0		

基于数据分析的市场趋势、受众分析		频率	百分比（%）	有效百分比（%）	累计百分比（%）
有效	否	116	40.4	42.0	42.0
	是	160	55.7	58.0	100.0
	总计	276	96.2	100.0	
缺失	系统	11	3.8		
总计		287	100.0		

续表

大数据技术在公司发展中发挥作用		频率	百分比（%）	有效百分比（%）	累计百分比（%）
有效	否	265	92.3	96.0	96.0
	是	11	3.8	4.0	100.0
	总计	276	96.2	100.0	
缺失	系统	11	3.8		
总计		287	100.0		

其他方面		频率	百分比（%）	有效百分比（%）	累计百分比（%）
有效	否	273	95.1	98.9	98.9
	是	3	1.0	1.1	100.0
	总计	276	96.2	100.0	
缺失	系统	11	3.8		
总计		287	100.0		

对互联网思维的理解：

表10.23　　　　　　　　对互联网思维的不同理解

应基于战略层面研究与强化互联网思维的应用		频率	百分比（%）	有效百分比（%）	累计百分比（%）
有效	否	120	41.8	41.8	41.8
	是	167	58.2	58.2	100.0
	总计	287	100.0	100.0	

应基于互联网思维改善媒体运营策略		频率	百分比（%）	有效百分比（%）	累计百分比（%）
有效	否	194	67.6	67.6	67.6
	是	93	32.4	32.4	100.0
	总计	287	100.0	100.0	

应基于互联网思维推动信息传播、营销方式的创新		频率	百分比（%）	有效百分比（%）	累计百分比（%）
有效	否	229	79.8	79.8	79.8
	是	58	20.2	20.2	100.0
	总计	287	100.0	100.0	

（21）不同类型单位、公司之间合作的影响程度由高到低依次为推动内容形态研发，媒体内容创新，扩展新的传播渠道，获取先进技术应用经验，跨地域、跨媒介的市场扩展。

表 10.24　　　　不同类型单位、公司之间合作的影响程度

（均值 1—5 表示程度递增）

个案数		媒体内容创新	推动内容形态研发	扩展新的传播渠道	获取先进技术应用经验	跨地域、跨媒介的市场扩展
个案数	有效	287	287	287	287	287
	缺失	0	0	0	0	0
均值		4.0453	4.1498	4.0383	3.9059	3.8188
众数		4.00	4.00	4.00	4.00	4.00

媒体内容创新以及推动内容形态的认同度高又再一次证明了内容在媒体融合发展中的重要性。

（22）在与其他公司开展跨媒介合作过程中，以下因素作用程度由高到低依次排列为经营者素质与能力，企业文化，媒介内容生产者的素质与能力，受众基数，资本、技术实力，渠道优势。

（23）受访者单位达成融合发展、扩展业务范围的资本运作方式：

表 10.25　　　　　　　　资本运作方式

	上市融资	频率	百分比（%）	有效百分比（%）	累计百分比（%）
有效	否	286	99.7	99.7	99.7
	是	1	.3	.3	100.0
	总计	287	100.0	100.0	
	并购	频率	百分比（%）	有效百分比（%）	累计百分比（%）
有效	否	192	66.9	66.9	66.9
	是	95	33.1	33.1	100.0
	总计	287	100.0	100.0	

续表

投资控股		频率	百分比(%)	有效百分比(%)	累计百分比(%)
有效	否	130	45.3	45.3	45.3
	是	157	54.7	54.7	100.0
	总计	287	100.0	100.0	

孵化		频率	百分比(%)	有效百分比(%)	累计百分比(%)
有效	否	204	71.1	71.1	71.1
	是	83	28.9	28.9	100.0
	总计	287	100.0	100.0	

其他		频率	百分比（%）	有效百分比(%)	累计百分比(%)
有效	否	188	65.5	65.5	65.5
	是	99	34.5	34.5	100.0
	总计	287	100.0	100.0	

（24）通过资本手段实现跨媒体运营的动作。

表10.26　　　　　　　　　　跨平台运营

参股平台化新媒体企业		频率	百分比(%)	有效百分比(%)	累计百分比(%)
有效	否	198	69.0	69.0	69.0
	是	89	31.0	31.0	100.0
	总计	287	100.0	100.0	

收购、控股新媒体创业公司		频率	百分比(%)	有效百分比(%)	累计百分比(%)
有效	否	171	59.6	59.6	59.6
	是	115	40.1	40.1	99.7
	2.00	1	.3	.3	100.0
	总计	287	100.0	100.0	

实现内容生产、版权资源的扩张		频率	百分比(%)	有效百分比(%)	累计百分比(%)
有效	否	145	50.5	50.5	50.5
	是	141	49.1	49.1	99.7
	2.00	1	.3	.3	100.0
	总计	287	100.0	100.0	

续表

跨界扩张（如布局电商、互联网金融、游戏等）		频率	百分比（%）	有效百分比（%）	累计百分比（%）
有效	否	245	85.4	85.4	85.4
	是	42	14.6	14.6	100.0
	总计	287	100.0	100.0	

其他		频率	百分比（%）	有效百分比（%）	累计百分比（%）
有效	否	224	78.0	78.0	78.0
	是	63	22.0	22.0	100.0
	总计	287	100.0	100.0	

（25）结合受访者单位以及所关注的其他案例，认为资本运作在各方面的作用程度由高到低依次排列为技术升级、内容购买、渠道建设与拓展、助推集群化运营、管理水平提升、跨媒体形态运营。

表10.27　　　　资本运作在各方面作用程度

技术升级		频率	百分比（%）	有效百分比（%）	累计百分比（%）
有效	比较小	1	.3	.3	.3
	一般	20	7.0	7.0	7.3
	比较大	165	57.5	57.5	64.8
	非常大	101	35.2	35.2	100.0
	总计	287	100.0	100.0	

内容购买		频率	百分比（%）	有效百分比（%）	累计百分比（%）
有效	比较小	1	.3	.3	.3
	一般	39	13.6	13.6	13.9
	比较大	157	54.7	54.7	68.6
	非常大	90	31.4	31.4	100.0
	总计	287	100.0	100.0	

渠道建设与拓展		频率	百分比（%）	有效百分比（%）	累计百分比（%）
有效	比较小	2	.7	.7	.7
	一般	62	21.6	21.6	22.3
	比较大	135	47.0	47.0	69.3
	非常大	88	30.7	30.7	100.0
	总计	287	100.0	100.0	

续表

管理水平提升		频率	百分比（%）	有效百分比（%）	累计百分比（%）
有效	比较小	3	1.0	1.0	1.0
	一般	84	29.3	29.3	30.3
	比较大	133	46.3	46.3	76.7
	非常大	67	23.3	23.3	100.0
	总计	287	100.0	100.0	

助推集群化运营		频率	百分比（%）	有效百分比（%）	累计百分比（%）
有效	比较小	5	1.7	1.7	1.7
	一般	60	20.9	20.9	22.6
	比较大	138	48.1	48.1	70.7
	非常大	84	29.3	29.3	100.0
	总计	287	100.0	100.0	

跨媒体形态运营		频率	百分比（%）	有效百分比（%）	累计百分比（%）
有效	比较小	4	1.4	1.4	1.4
	一般	67	23.3	23.3	24.7
	比较大	166	57.8	57.8	82.6
	非常大	50	17.4	17.4	100.0
	总计	287	100.0	100.0	

（26）受访者单位对在扩展传播渠道方面的探索与尝试在以下方面的影响程度由高到低依次为预算精确核定、效果精准测量、优化受众信息消费体验、洞察受众动态情景、匹配受众情景化需求、受众精准细分、推动受众相互传播。

（27）认为以下影响传统媒体广告下滑的因素的重要程度由高到低依次排列为新兴媒体的分流、传统媒体内部结构性矛盾、传统媒体广告持续高增长造成懈怠、在媒介融合发展中起步较晚、世界经济放缓、传统媒体产业化层次较低、内需不足，诸多行业产能过剩、政策性影响如"八项规定"等。

（28）下列因素对传统媒体人才流失的影响程度由高到低依次为新兴媒体的运作机制和工作环境，有利于人才的快速发展；新兴媒体具有远大的发展前景；自己的想法和创意需要机会得到实施，实现自我价值;紧跟技术、产业发展趋势;更高的经济收入;工作压力过大。

(29) 建设新型传媒集团过程中,以下因素的重要程度由高到低依次为加快分众媒体发展;加快传播平台的建设;巩固主流媒体及其渠道影响力;加强集团信息知识产权保护;强化多方面资源整合,增强媒体竞争力;创新管理运行机制;多媒介技术整合;加强新兴媒体形态扩展及建设;内容差异化发展。

(30) 以下关键词中分别在广电行业融合发展过程中的作用程度由高到低依次为云平台、媒体融合、大数据、移动互联、宽带接入、智能终端、智能电视操作系统(TVOS)、国家广播电视网络、4K超高清、信息安全。

表10.28 各关键词作用程度

	宽带接入	频率	百分比(%)	有效百分比(%)	累计百分比(%)
有效	比较小	1	.3	.3	.3
	一般	41	14.3	14.3	14.6
	比较大	186	64.8	64.8	79.4
	非常大	59	20.6	20.6	100.0
	总计	287	100.0	100.0	

	云平台	频率	百分比(%)	有效百分比(%)	累计百分比(%)
有效	一般	12	4.2	4.2	4.2
	比较大	83	28.9	28.9	33.1
	非常大	192	66.9	66.9	100.0
	总计	287	100.0	100.0	

	媒体融合	频率	百分比(%)	有效百分比(%)	累计百分比(%)
有效	比较小	1	.3	.3	.3
	一般	6	2.1	2.1	2.4
	比较大	120	41.8	41.8	44.3
	非常大	160	55.7	55.7	100.0
	总计	287	100.0	100.0	

续表

	移动互联	频率	百分比(%)	有效百分比(%)	累计百分比(%)
有效	一般	36	12.5	12.5	12.5
	比较大	107	37.3	37.3	49.8
	非常大	144	50.2	50.2	100.0
	总计	287	100.0	100.0	

	大数据	频率	百分比(%)	有效百分比(%)	累计百分比(%)
有效	一般	33	11.5	11.5	11.5
	比较大	108	37.6	37.6	49.1
	非常大	146	50.9	50.9	100.0
	总计	287	100.0	100.0	

	4K超高清	频率	百分比(%)	有效百分比(%)	累计百分比(%)
有效	比较小	5	1.7	1.7	1.7
	一般	142	49.5	49.5	51.2
	比较大	105	36.6	36.6	87.8
	非常大	35	12.2	12.2	100.0
	总计	287	100.0	100.0	

	国家广播电视网络	频率	百分比(%)	有效百分比(%)	累计百分比(%)
有效	比较小	24	8.4	8.4	8.4
	一般	108	37.6	37.6	46.0
	比较大	96	33.4	33.4	79.4
	非常大	59	20.6	20.6	100.0
	总计	287	100.0	100.0	

	信息安全	频率	百分比(%)	有效百分比(%)	累计百分比(%)
有效	比较小	25	8.7	8.7	8.7
	一般	117	40.8	40.8	49.5
	比较大	127	44.3	44.3	93.7
	非常大	18	6.3	6.3	100.0
	总计	287	100.0	100.0	

续表

智能电视操作系统（TVOS）		频率	百分比（%）	有效百分比（%）	累计百分比（%）
有效	比较小	17	5.9	5.9	5.9
	一般	106	36.9	36.9	42.9
	比较大	118	41.1	41.1	84.0
	非常大	46	16.0	16.0	100.0
	总计	287	100.0	100.0	

智能终端		频率	百分比（%）	有效百分比（%）	累计百分比（%）
有效	比较小	18	6.3	6.3	6.3
	一般	96	33.4	33.4	39.7
	比较大	114	39.7	39.7	79.4
	非常大	59	20.6	20.6	100.0
	总计	287	100.0	100.0	

（31）以下五个关键词没能成为2014年度关键词，认为原因是"现行传媒体制、政策中存在诸多限制"的准确程度（均值1—5表示程度递增）。

表10.29　　　　　　　　未能入选2014年关键词

互联网电视		频率	百分比（%）	有效百分比（%）	累计百分比（%）
有效	一般	29	10.1	10.1	10.1
	比较正确	108	37.6	37.6	47.7
	非常正确	150	52.3	52.3	100.0
	总计	287	100.0	100.0	

智能电视机		频率	百分比（%）	有效百分比（%）	累计百分比（%）
有效	不太正确	10	3.5	3.5	3.5
	一般	82	28.6	28.6	32.1
	比较正确	121	42.2	42.2	74.2
	非常正确	74	25.8	25.8	100.0
	总计	287	100.0	100.0	

续表

	NGB	频率	百分比（%）	有效百分比（%）	累计百分比（%）
有效	一般	39	13.6	13.6	15.7
	比较正确	154	53.7	53.7	69.3
	非常正确	88	30.7	30.7	100.0
	总计	287	100.0	100.0	

	三网融合	频率	百分比（%）	有效百分比（%）	累计百分比（%）
有效	一般	23	8.0	8.0	8.0
	比较正确	87	30.3	30.3	38.3
	非常正确	177	61.7	61.7	100.0
	总计	287	100.0	100.0	

	高清电视	频率	百分比（%）	有效百分比（%）	累计百分比（%）
有效	不太正确	4	1.4	1.4	1.4
	一般	82	28.6	28.6	30.0
	比较正确	158	55.1	55.1	85.0
	非常正确	43	15.0	15.0	100.0
	总计	287	100.0	100.0	

（32）以下五个关键词没能成为2014年度关键词，认为原因是"不同的部门、市场主体之间存在较多的利益纷争，未能激发应有的发展效率"的准确程度（均值1—5表示程度递增）。

表10.30　　　　　　　　未能入选2014年关键词

	互联网电视	频率	百分比（%）	有效百分比（%）	累计百分比（%）
有效	一般	30	10.5	10.5	10.5
	比较正确	130	45.3	45.3	55.7
	非常正确	127	44.3	44.3	100.0
	总计	287	100.0	100.0	

续表

智能电视机		频率	百分比(%)	有效百分比(%)	累计百分比(%)
有效	不太正确	1	.3	.3	.3
	一般	85	29.6	29.6	30.0
	比较正确	92	32.1	32.1	62.0
	非常正确	109	38.0	38.0	100.0
	总计	287	100.0	100.0	

NGB		频率	百分比(%)	有效百分比(%)	累计百分比(%)
有效	不太正确	20	7.0	7.0	7.0
	一般	101	35.2	35.2	42.2
	比较正确	115	40.1	40.1	82.2
	非常正确	51	17.8	17.8	100.0
	总计	287	100.0	100.0	

三网融合		频率	百分比(%)	有效百分比(%)	累计百分比(%)
有效	不太正确	8	2.8	2.8	2.8
	一般	45	15.7	15.7	18.5
	比较正确	89	31.0	31.0	49.5
	非常正确	145	50.5	50.5	100.0
	总计	287	100.0	100.0	

高清电视		频率	百分比(%)	有效百分比(%)	累计百分比(%)
有效	不太正确	3	1.0	1.0	1.0
	一般	92	32.1	32.1	33.1
	比较正确	167	58.2	58.2	91.3
	非常正确	25	8.7	8.7	100.0
	总计	287	100.0	100.0	

2013年的五个关键词没能成为2014年度关键词，认为原因是"技术迭代迅速，出现新的发展趋势或替代者"的准确程度由高到低依次为：互联网电视、NGB、智能电视机、高清电视、三网融合。2013年的五个关键词没能成为2014年度关键词，认为原因是"现行传媒体制、

政策中存在诸多限制"的准确程度由高到低依次为：三网融合、互联网电视、NGB、智能电视机、高清电视。2013年的五个关键词没能成为2014年度关键词，认为原因是"不同的部门、市场主体之间存在较多的利益纷争，未能激发应有的发展效率"的准确程度由高到低依次是互联网电视、三网融合、智能电视机、高清电视、NGB。

（33）新政中推动媒体内容融合发展方面的作用。

表10.31　　　　　　新政对推动媒体内容融合发展的作用

《关于推动传统媒体与新兴媒体融合发展的指导意见》		频率	百分比（%）	有效百分比（%）	累计百分比（%）
有效	一般	3	1.0	1.0	1.0
	比较大	89	31.0	31.0	32.1
	非常大	195	67.9	67.9	100.0
	总计	287	100.0	100.0	
《深化文化体制改革实施方案》		频率	百分比（%）	有效百分比（%）	累计百分比（%）
有效	一般	1	.3	.3	.3
	比较大	124	43.2	43.2	43.6
	非常大	162	56.4	56.4	100.0
	总计	287	100.0	100.0	
《深化新闻出版体制改革实施方案》		频率	百分比（%）	有效百分比（%）	累计百分比（%）
有效	一般	11	3.8	3.8	3.8
	比较大	170	59.2	59.2	63.1
	非常大	106	36.9	36.9	100.0
	总计	287	100.0	100.0	
《新闻从业人员职务行为信息管理办法》		频率	百分比（%）	有效百分比（%）	累计百分比（%）
有效	一般	36	12.5	12.5	12.5
	比较大	190	66.2	66.2	78.7
	非常大	61	21.3	21.3	100.0
	总计	287	100.0	100.0	

续表

《关于推进文化创意和设计服务相关产业融合发展的若干意见》		频率	百分比（%）	有效百分比（%）	累计百分比（%）
有效	比较小	1	.3	.3	.3
	一般	35	12.2	12.2	12.5
	比较大	177	61.7	61.7	74.2
	非常大	74	25.8	25.8	100.0
	总计	287	100.0	100.0	
《关于进一步完善网络剧、微电影等网络视听节目管理的补充通知》		频率	百分比（%）	有效百分比（%）	累计百分比（%）
有效	比较小	2	.7	.7	.7
	一般	25	8.7	8.7	9.4
	比较大	108	37.6	37.6	47.0
	非常大	152	53.0	53.0	100.0
	总计	287	100.0	100.0	
《关于规范学术期刊出版秩序促进学术期刊健康发展的通知》		频率	百分比（%）	有效百分比（%）	累计百分比（%）
有效	比较小	1	.3	.3	.3
	一般	48	16.7	16.7	17.1
	比较大	178	62.0	62.0	79.1
	非常大	60	20.9	20.9	100.0
	总计	287	100.0	100.0	
《新闻出版行业标准化管理办法》（新版）		频率	百分比（%）	有效百分比（%）	累计百分比（%）
有效	比较小	2	.7	.7	.7
	一般	75	26.1	26.1	26.8
	比较大	162	56.4	56.4	83.3
	非常大	48	16.7	16.7	100.0
	总计	287	100.0	100.0	

续表

《使用文字作品支付报酬办法》		频率	百分比（%）	有效百分比（%）	累计百分比（%）
有效	比较小	2	.7	.7	.7
	一般	58	20.2	20.2	20.9
	比较大	188	65.5	65.5	86.4
	非常大	39	13.6	13.6	100.0
	总计	287	100.0	100.0	
《即时通信工具公众信息服务发展管理暂行规定》		频率	百分比（%）	有效百分比（%）	累计百分比（%）
有效	比较小	34	11.8	11.8	11.8
	一般	54	18.8	18.8	30.7
	比较大	160	55.7	55.7	86.4
	非常大	39	13.6	13.6	100.0
	总计	287	100.0	100.0	

新政中推动媒体内容融合发展方面的作用由高到低依次为《关于推动传统媒体与新兴媒体融合发展的指导意见》《深化文化体制改革实施方案》《关于进一步完善网络剧、微电影等网络视听节目管理的补充通知》《深化新闻出版体制改革实施方案》《关于推进文化创意和设计服务相关产业融合发展的若干意见》《新闻从业人员职务行为信息管理办法》《关于规范学术期刊出版秩序促进学术期刊健康发展的通知》《使用文字作品支付报酬办法》《新闻出版行业标准化管理办法》（新版）、《即时通信工具公众信息服务发展管理暂行规定》。

（34）下列因素在阻碍改革中的作用程度。

表10.32　　　　　　　　各因素对改革的阻碍程度

移动互联网的新要求		频率	百分比（%）	有效百分比（%）	累计百分比（%）
有效	一般	17	5.9	5.9	5.9
	比较大	102	35.5	35.5	41.5
	非常大	168	58.5	58.5	100.0
	总计	287	100.0	100.0	

续表

现行传媒体制		频率	百分比（%）	有效百分比（%）	累计百分比（%）
有效	比较小	1	.3	.3	.3
	一般	14	4.9	4.9	5.2
	比较大	169	58.9	58.9	64.1
	非常大	103	35.9	35.9	100.0
	总计	287	100.0	100.0	

领导战略层次与思路偏差		频率	百分比（%）	有效百分比（%）	累计百分比（%）
有效	一般	35	12.2	12.2	12.2
	比较大	97	33.8	33.8	46.0
	非常大	155	54.0	54.0	100.0
	总计	287	100.0	100.0	

受众维护成本过高		频率	百分比（%）	有效百分比（%）	累计百分比（%）
有效	一般	43	15.0	15.0	15.0
	比较大	177	61.7	61.7	76.7
	非常大	67	23.3	23.3	100.0
	总计	287	100.0	100.0	

传统的人力资源管理方式受到挑战		频率	百分比（%）	有效百分比（%）	累计百分比（%）
有效	比较小	1	.3	.3	.3
	一般	94	32.8	32.8	33.1
	比较大	144	50.2	50.2	83.3
	非常大	48	16.7	16.7	100.0
	总计	287	100.0	100.0	

员工认同感、积极性存在问题		频率	百分比（%）	有效百分比（%）	累计百分比（%）
有效	比较小	11	3.8	3.8	3.8
	一般	63	22.0	22.0	25.8
	比较大	163	56.8	56.8	82.6
	非常大	50	17.4	17.4	100.0
	总计	287	100.0	100.0	

下列因素在阻碍改革中的作用程度由高到低依次为移动互联网的新要求，现行传媒体制，领导战略层次与思路偏差，受众维护成本过高，

员工认同感、积极性存在问题,传统的人力资源管理方式受到挑战。

(35)受访者所在单位,在基于"互联网+"的改革机制中,下列方面的作用程度。

表 10.33 "互联网+"改革机制影响

	提升了传统业务的 创新水平	频率	百分比(%)	有效百分比(%)	累计百分比(%)
有效	比较小	4	1.4	1.4	1.4
	一般	69	24.0	24.0	25.4
	比较大	129	44.9	44.9	70.4
	非常大	85	29.6	29.6	100.0
	总计	287	100.0	100.0	
	激活了员工创造力 与积极性	频率	百分比(%)	有效百分比(%)	累计百分比(%)
有效	非常小	2	.7	.7	.7
	比较小	29	10.1	10.1	10.8
	一般	65	22.6	22.6	33.4
	比较大	121	42.2	42.2	75.6
	非常大	70	24.4	24.4	100.0
	总计	287	100.0	100.0	
	推动组织结构优化	频率	百分比(%)	有效百分比(%)	累计百分比(%)
有效	比较小	15	5.2	5.2	5.2
	一般	88	30.7	30.7	35.9
	比较大	151	52.6	52.6	88.5
	非常大	33	11.5	11.5	100.0
	总计	287	100.0	100.0	
	催生新的业务形态	频率	百分比(%)	有效百分比(%)	累计百分比(%)
有效	比较小	8	2.8	2.8	2.8
	一般	98	34.1	34.1	36.9
	比较大	123	42.9	42.9	79.8
	非常大	58	20.2	20.2	100.0
	总计	287	100.0	100.0	

续表

创新盈利模式		频率	百分比（%）	有效百分比（%）	累计百分比（%）
有效	比较小	46	16.0	16.0	16.0
	一般	89	31.0	31.0	47.0
	比较大	113	39.4	39.4	86.4
	非常大	39	13.6	13.6	100.0
	总计	287	100.0	100.0	

改变公司在产业链中的地位		频率	百分比（%）	有效百分比（%）	累计百分比（%）
有效	比较小	18	6.3	6.3	6.3
	一般	123	42.9	42.9	49.1
	比较大	116	40.4	40.4	89.5
	非常大	30	10.5	10.5	100.0
	总计	287	100.0	100.0	

受访者所在单位，在基于"互联网+"的改革机制中，下列方面的作用程度由高到低依次为提升了传统业务的创新水平、催生新的业务形态、激活了员工创造力与积极性、推动组织结构优化、改变公司在产业链中的地位、创新盈利模式。

（36）希望国家出台下列方面相应促进政策的意愿程度。

表10.34　　　　　　　　政策出台意愿程度

知识产权保护		频率	百分比（%）	有效百分比（%）	累计百分比（%）
有效	一般	55	19.2	19.2	19.2
	比较大	126	43.9	43.9	63.1
	非常大	106	36.9	36.9	100.0
	总计	287	100.0	100.0	

网络环境净化		频率	百分比（%）	有效百分比（%）	累计百分比（%）
有效	比较小	2	.7	.7	.7
	一般	21	7.3	7.3	8.0
	比较大	127	44.3	44.3	52.3
	非常大	137	47.7	47.7	100.0
	总计	287	100.0	100.0	

续表

鼓励跨界扩张		频率	百分比（%）	有效百分比（%）	累计百分比（%）
有效	比较小	1	.3	.3	.3
	一般	24	8.4	8.4	8.7
	比较大	136	47.4	47.4	56.1
	非常大	126	43.9	43.9	100.0
	总计	287	100.0	100.0	

更加便利地对接资本市场		频率	百分比（%）	有效百分比（%）	累计百分比（%）
有效	比较小	3	1.0	1.0	1.0
	一般	65	22.6	22.6	23.7
	比较大	130	45.3	45.3	69.0
	非常大	89	31.0	31.0	100.0
	总计	287	100.0	100.0	

推动技术创新与应用		频率	百分比（%）	有效百分比（%）	累计百分比（%）
有效	比较小	3	1.0	1.0	1.0
	一般	58	20.2	20.2	21.3
	比较大	125	43.6	43.6	64.8
	非常大	101	35.2	35.2	100.0
	总计	287	100.0	100.0	

鼓励从业者创业、提供配套保障政策		频率	百分比（%）	有效百分比（%）	累计百分比（%）
有效	比较小	1	.3	.3	.3
	一般	52	18.1	18.1	18.5
	比较大	144	50.2	50.2	68.6
	非常大	90	31.4	31.4	100.0
	总计	287	100.0	100.0	

网络素养提升		频率	百分比（%）	有效百分比（%）	累计百分比（%）
有效	一般	22	7.7	7.7	7.7
	比较大	156	54.4	54.4	62.0
	非常大	109	38.0	38.0	100.0
	总计	287	100.0	100.0	

续表

促进信息流动、加快信息透明		频率	百分比（%）	有效百分比（%）	累计百分比（%）
有效	比较小	1	.3	.3	.3
	一般	25	8.7	8.7	9.1
	比较大	116	40.4	40.4	49.5
	非常大	145	50.5	50.5	100.0
	总计	287	100.0	100.0	

管理体制与方式的改革		频率	百分比（%）	有效百分比（%）	累计百分比（%）
有效	一般	18	6.3	6.3	6.3
	比较大	111	38.7	38.7	44.9
	非常大	158	55.1	55.1	100.0
	总计	287	100.0	100.0	

希望国家出台下列方面相应促进政策的意愿程度由高到低依次为管理体制与方式的改革，促进信息流动、加快信息透明，网络环境净化，鼓励跨界扩张，网络素养提升，知识产权保护，推动技术创新与应用，鼓励从业者创业、提供配套保障政策，更加便利地对接资本市场。

小　结

（一）调查单位的基本情况

本次在辽宁省一共调查了6个单位，即北国传媒、沈阳电视台、沈阳日报、东北新闻网、辽宁电视台、辽宁日报社。这些均是能够代表辽宁省媒介发展实力的单位，所以，在加快推进传统媒体与新兴媒体融合发展的调查中，对这些单位的调查，是必不可少的。

（二）调查人员的基本情况

本次调查的群体集中在上述6个单位中，记者编辑所占比重较大，为总人数的62%，本科生比重要高于研究生，助理级和中级的媒介工作者是问卷答案的主要来源。从业时间上来看，从业6年至15年的人数占调查总人数的 65.5%，说明本次的调查群体有一定的经验和专业性。

调查群体收入以 5000—7000 元为主，调查群体年龄 20—39 岁的人员居多，集中在青年和中年媒体人之间。

被调查群体所学专业比较复杂，文学与新闻传播类专业的媒介工作人员在本次调查中占有的比例高达 81%。而电子技术、经济管理以及其他专业的比例仅为 19%，说明在加快推进传统媒体与新兴媒体融合发展中，需要在技术和管理方面投入更多的人才。被调查群体所在的业务板块以内容生产为主，其次是渠道维护。相对来说，广告代理、数据以及社交网络方面比重较小。

（三）媒介融合发展现状及面临问题调查

（1）在媒介融合发展的前景调查中业内对社交媒介的认同度最高，均值为 4.7979。其次是网络视频、在线音频，纸质媒体认同度最低，均值为 1.6969。说明如微博、微信之类的社交媒介有极大的可能性能够作为媒介融合发展中的重要介质。

（2）本次调查在本区域中，传媒技术的革新被认为是非常有利于推动媒介内容生产融合发展的因素，接下来依次是受众消费习惯改变、传媒市场压力、集团领导意志、传媒政策调整。

（3）71.4% 的人非常赞同传媒制度阻碍媒介融合发展，24.7% 的人比较赞同传媒制度阻碍媒介融合发展，换一个角度来说有 96.1% 对此是表示出明确的赞同观点的。说明政策环境对媒体融合发展的重要性非常高。

（4）在赞同传媒制度与政策中存在阻碍媒体融合发展因素的前提下，被调查对象对以下几个因素所起的作用从高到低依次为：公司运营方面、人才引进培育、跨所有制融合推进、跨地域融合布局、跨形态媒体融合尝试。传媒制度与政策中存在阻碍媒体融合发展因素的前提下，公司自身的运营成为了媒体融合发展的重要因素，迎接新挑战，适应新常态，在引进人才的战略支撑下，进一步开展跨地域融合布局，推进跨所有制融合，以及尝试跨形态媒体融合。

（5）在不确定或者否定传媒体制与政策中存在阻碍媒介融合发展

因素的前提下，在内容素材获取方面，各种方式的作用的认同度从高到低依次为记者个人渠道采访、社交媒体官方平台、受众主动提供线索、传统媒体获取、网络媒体的报道。传统的记者个人渠道采访依旧是内容取材的主要手段，但是随着技术的发展，媒体融合的加深，社交平台上的官方信息，也成为了获得内容的重要渠道之一。官方信息在新时代拥有了一种新兴的可靠消息源呈现方式。

（6）在内容编辑、处理阶段，对各种方式要求的重要性程度认同调查中，认同度从高到低排列依次为移动化、趣味性、年轻化、个性化、权威性、话题性。

移动化的重要性程度排在第一位，说明对信息接收的便宜程度和时效性要求在提升。权威性信息发布源较单一，所以在内容的编辑处理阶段不如趣味性话题性等方面的内容选择空间大。

（7）媒介内容生产过程中，认同度从高到低排列依次为内容自制、跨媒介合作生产、优质内容购买力度、聚合用户生产内容、行业内容交换。内容自制就如同招牌菜一样，是媒体能够在竞争中拔得头筹的关键因素之一，特别在媒体内容生产过程中显得尤为重要，如今一系列的综艺节目，荷兰好声音的电视节目，韩国的无限挑战、Running Man 都以其独特的内容自制形式而获得超高收视率。加强优质内容购买力度也同样成为了竞争的关键，如浙江卫视引进 Running Man 版权，中央电视台购买无限挑战版权，等等，既有口碑又有高收视率。

（8）受众在当下传媒内容生产过程中的作用及角色特征描述准确程度选项结果从高到低排列依次为需要认真对待的服务对象、内容生产的重要依据、具有评论功能的消费者、不可忽视的传播者、内容接受者。

媒体在进行内容生产的过程中，以人民群众为核心应是其准则之一，所以人民群众在这里可作为受众的概念存在。他们是需要认真对待的服务对象。同时在内容生产的过程中也需要注重受众对于内容的反馈，与其进行互动，创作出更好的作品。

（9）在媒体融合发展过程中各种因素"为王"的说法赞同度调查中，由高到低依次排列为内容为王、数据为王、受众为王、资本为王、渠道为王、平台为王、技术为王、传者为王。

（10）各种智能终端处于迅速发展的过程中，虚拟现实、人工智能也会在媒体运营中得到越来越多的应用，面对"人端合一"的趋势，创新领域认同度由高到低依次为传媒组织形态升级、传播渠道的改进、媒体内容采编方式创新、基础技术平台革新、传媒产业链条重构。

（11）面对融合发展的要求，媒体组织形态与方式需要得到改进和优化。对于"必须对组织进行'粉碎性融合''颠覆式改造'才能适应媒体融合发展的需要"的观点的认同度调查显示，不赞同、不确定、非常不赞同的人数比重占总比重的64.8%。

（12）传媒内容与各项生活服务融合的可能性调查中，其可能性从高到低依次排列为电子商务，社交应用，在线教育，游戏，搜索，金融、支付，远程医疗。说明传媒内容在金融和社交领域的融合希望值较高。

（13）通过媒体与生活服务相结合，实现争夺移动互联网入口、提升移动互联网覆盖面可能性由高到低排列为为电子商务，在线教育，社交应用，金融、支付，搜索，游戏，远程医疗。

（14）认为现在媒体跨界运营时机成熟度调查中，非常成熟和比较成熟的占到85.7%。

（15）媒体传播渠道拓展过程中，认同度从高到低依次排列为终端扩展、受众互动与维护优化、内容品质提升、社交机制的借鉴与应用、服务形态扩展。终端扩展的均值最高，反映出作为媒体发展前进动力之一的技术在渠道拓展过程中的基础性作用。媒体终端作为传播载体，它能把内容与受众互动联系在一起。

（16）传媒企业、单位加强微博、微信等社交平台运用效果比较好或非常好的占到77%。

（17）对传统媒体推出移动APP的效果调查中，认为效果比较好或非常好的占到74.9%。

（18）受访者所在单位通过云计算技术，在以下方面发挥作用的程度认同度由高到低排列依次为推动采编、生产的一体化，改进媒体资源储存与管理，打通各个传播渠道、实现多屏合一，布局新的业务形态，改善组织结构。

（19）受访者所在单位通过应用大数据技术发挥的作用程度中，比重由高到低依次为优化受众关系的维护、改进媒体内容生产流程、提升渠道传播效率、提高广告运营水平、布局新的业务类型。

（20）媒体内容创新以及推动内容形态的认同度高再一次证明了内容在媒体融合发展中的重要性。

（21）在与其他公司开展跨媒介合作过程中，以下因素作用程度由高到低依次排列为经营者素质与能力，企业文化，媒介内容生产者的素质与能力，受众基数，资本、技术实力，渠道优势。

（22）结合受访者单位以及所关注的其他案例，认为资本运作在各方面的作用程度由高到低依次排列为技术升级、内容购买、渠道建设与拓展、助推集群化运营、管理水平提升、跨媒体形态运营。

（23）受访者单位对在扩展传播渠道方面的探索与尝试在以下方面的影响程度由高到低依次为预算精确核定、效果精准测量、优化受众信息消费体验、洞察受众动态情景、匹配受众情景化需求、受众精准细分、推动受众相互传播。

（24）认为以下影响传统媒体广告下滑的因素的重要程度由高到低依次排列为新兴媒体的分流、传统媒体内部结构性矛盾、传统媒体广告持续高增长造成的懈怠、在媒介融合发展中起步较晚、世界经济放缓、传统媒体产业化层次较低、内需不足，诸多行业产能过剩、政策性影响如"八项规定"等。

（25）下列因素对传统媒体人才流失的影响程度由高到低依次为新兴媒体的运作机制和工作环境，有利于人才的快速发展；新兴媒体具有远大的发展前景；自己的想法和创意需要机会得到实施，实现自我价值；紧跟技术、产业发展趋势；更高的经济收入；工作压力过大。

（26）建设新型传媒集团过程中，以下因素的重要程度由高到低依次为加快分众媒体发展、加快传播平台的建设、巩固主流媒体及其渠道影响力、加强集团信息知识产权保护、强化多方面资源整合、增强媒体竞争力、创新管理运行机制、多媒介技术整合、加强新兴媒体形态扩展及建设、内容差异化发展。集团的建设是一个合作的过程，分众媒体的发展能够有效增强集团的质感，传播平台的建设能够迅速有效地提高传播速度和质量。

（27）以下关键词中分别在广电行业融合发展过程中的作用程度由

高到低依次为云平台、媒体融合、大数据、移动互联、宽带接入、智能终端、智能电视操作系统（TVOS）、国家广播电视网络、4K 超高清、信息安全。

2013 年的五个关键词没能成为 2014 年度关键词，认为原因是"技术迭代迅速，出现新的发展趋势或替代者"的准确程度由高到低依次为：互联网电视、NGB、智能电视机、高清电视、三网融合。

2013 年的五个关键词没能成为 2014 年度关键词，认为原因是"现行传媒体制、政策中存在诸多限制"的准确程度由高到低依次为：三网融合、互联网电视、NGB、智能电视机、高清电视。

2013 年的五个关键词没能成为 2014 年度关键词，认为原因是"不同的部门、市场主体之间存在较多的利益纷争，未能激发应有的发展效率"的准确程度由高到低依次是互联网电视、三网融合、智能电视机、高清电视、NGB。

（28）认为在以下几方面探索打造具有影响力和持续发展后劲的新媒体舰队的有效性由高到低依次为广告联盟、活动策划、宣传联动、素材共享、培训、研讨。研究广告联盟带来的经济效益可以说是新媒体舰队持续发展的血液来源，所以其重要性是在这些因素中最显著的。

（29）认为移动新闻客户端的角色准确程度由高到低依次为渠道扩展者、新闻传播者、新闻反馈者、平台搭建者、资源整合者、新闻生产者。

（30）新政中推动媒体内容融合发展方面的作用由高到低依次为《关于推动传统媒体与新兴媒体融合发展的指导意见》《深化文化体制改革实施方案》《关于进一步完善网络剧、微电影等网络视听节目管理的补充通知》《深化新闻出版体制改革实施方案》《关于推进文化创意和设计服务相关产业融合发展的若干意见》《新闻从业人员职务行为信息管理办法》《关于规范学术期刊出版秩序促进学术期刊健康发展的通知》《使用文字作品支付报酬办法》《新闻出版行业标准化管理办法》（新版）、《即时通信工具公众信息服务发展管理暂行规定》。

新政中推动媒体产业融合发展方面的作用由高到低依次为《关于推动传统媒体与新兴媒体融合发展的指导意见》《深化文化体制改革实施方案》《关于推进文化创意和设计服务相关产业融合发展的若干意见》

《深化新闻出版体制改革实施方案》《关于进一步完善网络剧、微电影等网络视听节目管理的补充通知》《即时通信工具公众信息服务发展管理暂行规定》《新闻从业人员职务行为信息管理办法》《使用文字作品支付报酬办法》《新闻出版行业标准化管理办法》（新版）、《关于规范学术期刊出版秩序促进学术期刊健康发展的通知》。

新政中推动媒体产业融合发展方面的作用由高到低依次为《关于推动传统媒体与新兴媒体融合发展的指导意见》《深化文化体制改革实施方案》《深化新闻出版体制改革实施方案》《即时通信工具公众信息服务发展管理暂行规定》《关于推进文化创意和设计服务相关产业融合发展的若干意见》《关于进一步完善网络剧、微电影等网络视听节目管理的补充通知》《新闻从业人员职务行为信息管理办法》《关于规范学术期刊出版秩序促进学术期刊健康发展的通知》《新闻出版行业标准化管理办法》（新版）、《使用文字作品支付报酬办法》。

在推动媒体集群化发展方面的作用由高到低依次为《关于推动传统媒体与新兴媒体融合发展的指导意见》《深化文化体制改革实施方案》《深化新闻出版体制改革实施方案》《即时通信工具公众信息服务发展管理暂行规定》《关于推进文化创意和设计服务相关产业融合发展的若干意见》《关于进一步完善网络剧、微电影等网络视听节目管理的补充通知》《新闻从业人员职务行为信息管理办法》《关于规范学术期刊出版秩序促进学术期刊健康发展的通知》《新闻出版行业标准化管理办法》（新版）、《使用文字作品支付报酬办法》。

（31）下列因素在阻碍改革中的作用程度由高到低依次为移动互联网的新要求，现行传媒体制，领导战略层次与思路偏差，受众维护成本过高，员工认同感、积极性存在问题，传统的人力资源管理方式受到挑战。

（32）受访者所在单位，在基于"互联网＋"的改革机制中，下列方面的作用程度由高到低依次为：提升了传统业务的创新水平、催生新的业务形态、激活了员工创造力与积极性、推动组织结构优化、改变公司在产业链中的地位、创新盈利模式。

（33）希望国家出台下列方面相应促进政策的意愿程度由高到低依次为管理体制与方式的改革，促进信息流动、加快信息透明，网络环境净化，鼓励跨界扩张，网络素养提升，知识产权保护，推动技术创新与应用，鼓励从业者创业、提供配套保障政策，更加便利地对接资本市场。

分论五

湖北省传统媒体与新兴媒体融合发展研究

2015年7月15—22日，笔者及课题小组其他成员一行到达湖北省媒体的集聚地武汉，重点对湖北日报报业集团、武汉晚报及所属长江报业集团、湖北经视、武汉电视台、湖北大楚网五家媒体开展了为期一周的调研活动。这五家媒体分属报媒、广电以及新媒体三大媒体板块，均为武汉地区乃至全国范围内较具代表性和影响力的媒体组织机构。通过对这几家媒体的实地调查研究，得出第一手数据，并对数据进行整理和分析，从而对整个湖北省传统媒体与新兴媒体的融合发展状况有一个较为全面的分析和研究。

从现实意义上来看，随着互联网技术、数字技术以及移动通信技术的不断发展，新兴媒体重新定义了人们获取信息的方式方法。不管是从前期的微博还是到现在的微信，新兴媒体的发展势头给传统媒体带来了巨大的威胁。就拿我们平时经常刷的微博为例，新浪微博可以说是中国最大的自媒体社交平台之一，新浪微博上的微博女王姚晨的粉丝数已经突破了7920万，而中国目前排名前十名的报纸日发行量是1740万份左右。数字上的对比，非常直观地显示了传统媒体与新兴媒体之间的差距。这是一个融合的时代，不同的行业之间相互交融、优势互补，传媒行业也不例外，传统媒体开始纷纷踏上了转型之路，希望寻求与新兴媒体之间的合作，能够实现双赢。我国的"媒介融合"研究起始于2005年，时至今日，中国的"媒介融合"研究已走过十多个年头，经历过这十多年的发展，我国传统媒体与新兴媒体的融合发展的现状到底如何？在融合的过程中又遇到了哪些问题？面对这一系列的疑问，本研究就显得尤为重要和必要，此次调查研究是为了掌握湖北省媒体融合的进展状况，梳理湖北省在媒体融合进程中存在的突出问题、困难和挑战，总结这些调查单位的媒体融合具体措施和实践经验，从而对未来的发展给出一些合理化的建议。

从学术意义方面来看，本研究的主要目的是丰富我国有关传统媒体与新兴媒体融合发展研究领域的研究内容，特别是对具体的调查群体、使用特定的调查方法调研能够获得具有针对性和代表性的研究成果。湖北省是我国中部地区的传媒大省，武汉又是湖北传媒的集聚地，具有代表性，能基本反映中部地区传统媒体与新兴媒体融合发展的情况，以及融合发展中普遍存在的问题和不同媒体间发展的差异。此次调查研究，有利于增进学界和业界推进媒体融合的深度交流与合作，有利于就融合发展问题达成共识，有利于媒体融合经验的推广，有利于从学理上为相关媒体提供解决思路。

国内关于"媒介融合"的研究成果涉及面比较广，但笔者通过检索知网文章发现，把湖北省的媒介融合状况作为一个独立的研究对象，并对其多家媒体进行实地考察调研从而进行更深层次的研究，笔者目前还没有看到过。目前，关于湖北省媒体融合发展的研究多是媒体单位的领导对于融合发展成果的展示，比如湖北日报传媒集团董事长邹贤启在他的文章《在与新媒体的共享融通中寻求多赢——湖北日报传媒集团实施媒体融合发展的实践与思考》中指出湖北日报传媒集团在人才培养、新产品研发以及技术创新等方面都有了成功的实践[1]。另外，还有一些关于湖北省内媒体寻求与新媒体融合的文章，如刘洁、万陈芳的《互动背后的可能性——武汉城市圈报业联盟及融合研究》一文中重点介绍了武汉的报业与新媒体方方面面的互动，这仍然是属于报网互动阶段的探索[2]。

对于湖北省传统媒体与新兴媒体的融合发展整体状况的调查以及存在的问题和对策的研究，至今还没有文章涉及过。如何克服不利因素及制约

---

[1] 邹贤启：《在与新媒体的共享融通中寻求多赢——湖北日报传媒集团实施媒体融合发展的实践与思考》，《中国记者》2014年第6期。

[2] 刘洁、万陈芳：《互动背后的可能性——武汉城市圈报业联盟及融合研究》，《新闻前哨》2008年第3期。

条件实现传统媒体转型？如何实现传统媒体和新兴媒体融合发展，实现真正意义上的技术融合、内容融合、渠道融合、资本融合乃至整个媒介大产业融合？如何实现媒体融合下的商业模式创新？笔者希望在前人研究的基础上，通过对湖北省多家媒体单位的实地调研，总结湖北省传统媒体与新兴媒体融合发展的现状与成效，以及融合过程中出现的一些问题，为之后湖北省乃至全国的媒介融合之路提供一些理论的研究支撑。

一 媒介融合相关背景概述

回顾国内传统媒体与新兴媒体融合发展的进程，不难看出不管是中央媒体还是地方媒体，传统媒体的融合之路都不同程度地受到了国家政策以及国内传媒生态的影响，多多少少具有一定的"中国特色"。所以，国内的传统媒体与新兴媒体融合发展的特点主要体现在：一是技术引领。这两年，传统媒体纷纷涉足微博、微信以及新闻客户端等新兴媒体，推出自己的新媒体产品。尤其是微信公众号因为投入成本低并且互动性又强，成为深受传统媒体喜爱的传播工具，其中不少传统媒体的微信公众号用户数已达到10万级。中央传统媒体因为其资源和财力雄厚，在初期就率先尝试客户端这种新媒体产品，人民日报投入巨资打造人民日报客户端。二是一体化运作。强化报纸与网站的互动，建立全媒体融合编辑部，打造跨平台的多媒体新闻中心，实行全媒体运作，实现一个平台生产多样化的传播产品，实行内部全媒体运作。解放日报报业集团成立的新媒体中心改变过去报网分离、两者基本没有互动的局面，让包括内容和技术等各种资源实现共享。三是投资力度大。国内许多媒体单位在媒介融合上都不断加大投资力度，比如上海报业集团整合整个集团的力量推出的"上海观察""澎湃""界面"等多个新媒体项目。

二 湖北省传统媒体与新兴体融合发展研究调查设计

（一）调查背景

自"媒介融合"理论被引进国内以来，国内的传媒业对于传统媒体与新兴媒体之间融合发展的探讨和实践一直没有停歇。2014年年末，国家社会科学基金重大项目"加快推进传统媒体和新兴媒体融合发展研究"在上海开题，笔者也有幸参与到了这次课题的研究中，重点研究湖北省传统媒体与新兴媒体的融合发展。

湖北省是我国中部地区的大省，并且湖北省文化底蕴深厚，科教文化实力位居全国前列。据不完全统计，湖北省媒体的集聚地武汉包括报纸、广播、电视、门户网站（不包括出版发行传媒公司）在内的主流传统媒体和新媒体总计在40家以上，传媒市场规模产值大约有400亿元。大大小小的传统媒体和新兴媒体分属湖北日报传媒集团、长江日报传媒集团、湖北省广播电视信息网络股份有限公司三大传媒集团或媒体机构。近年来，湖北省内各媒体单位根据自身特点，在传统媒体与新兴媒体融合发展方面进行不断尝试和创新，并取得了一些成果。湖北日报传媒集团组建于2001年4月，作为湖北省最大的传媒实体，已成为一家以党报为核心，拥有11报12刊5网站和1家出版机构、21个全资公司、在省17个市州和北上广均设有机构的综合性传媒集团。湖北日报传媒集团已建成荆楚网、大楚网、湖北手机报系列、新闻客户端系列、文谷网、数字媒体、微信微博矩阵7大新媒体方阵。长江日报传媒集团作为武汉市第一家文化产业集团，经中宣部、国家新闻出版总署批准，于2003年12月28日在整合原长江日报社、武汉晚报社的基础上成立。长江日报传媒集团现有长江日报、武汉晚报、武汉晨报、投资时报、人物汇报、现代健康报、考试指南报、武汉商报、新生活、现代少年报、家长报、武汉宣传杂志等，总期发量达200余万份。对湖北省传统媒体与新兴媒体融合发展状况进行调查具有一定的依据和代表性。

（二）调查对象

本次调研工作于2015年5月开始准备，于2015年6月展开。选取湖北日报报业集团、武汉晚报及其所属长江日报集团、湖北经视、武汉电视台、湖北大楚网作为重点研究的对象，这几家媒体分属报媒、广电以及新媒体三大媒体板块。均为湖北地区乃至全国范围内较具代表性和影响力的媒体组织机构。本次调查共计发放问卷300份，实际回收281份，问卷回收率约为94%。各媒体单位被调查者分布如下表。

表 11.1　　　　　　　　　被调查者所在单位分布

单位	人数	百分比%
湖北经视	105	37
武汉电视台	18	7
武汉晚报	37	13
腾讯大楚网	93	33
湖北日报报业集团	27	10

(三) 调查方法和内容

本次湖北省传统媒体与新兴媒体融合发展调查，采用了调查问卷和深度访谈两种形式。对湖北日报报业集团、湖北经视、武汉电视台、武汉晚报以及腾讯大楚网这五家媒体的从业人员发放《加快推进传统媒体与新兴媒体融合发展状况调查》的调查问卷，共计 300 份。调查问卷回收后，对调查所获得数据采用描述性统计的方法，采用社会科学统计软件包（SPSS/PC+），对所得数据进行分析处理。本次调查问卷共设计题目 43 题，其中第一分部（前 6 题）为被调查者的基本情况；第二部分（第 7 题—第 43 题）为调查的主体内容，具体题目分布如表 11.2 所示。

表 11.2　　　　　　　　　　题项分布

	调查内容	问题序号
基本信息	被调查者的基本信息	第 1—6 题
主体内容	各类媒体融合发展的前景态度	第 7 题
	内容融合方面	第 8—14 题
	渠道融合方面	第 15—22 题
	技术融合方面	第 23—26 题
	资本融合方面	第 29—31 题
	2014 年传媒业各类新政的影响	第 40—43 题
	其他补充问题	第 27、28 题等

深度访谈的对象主要涉及湖北经视、武汉电视台、武汉晚报、湖北日报以及腾讯大楚网以上五家单位的媒体产品研发策划、内容生产编辑、产品推广营销和媒体组织管理等方面的主管，他们中有报社社长、报纸主编、电视总监、市场主管、技术主管、产品研发经理等。各类型媒体中接受深访的人数为3—6名不等，共计28名。访谈时间跨度将近一周。每位受访者接受访谈的时间约15分钟到20分钟。在访谈之前，尽可能详尽地查阅和整理好相关受访媒体的信息，结合调查问卷内容并针对不同的媒体单位，拟订访谈提纲，具体设计出十大核心问题。访谈过程中，一人提问，一人记录和录音，针对受访者的即兴谈话，实时调整访谈问题，控制好访谈的节奏和发言的话题。访谈结束之后，整理和核实访谈内容。调查问卷和深度访谈的内容设计旨在反映武汉媒体在加快推进技术融合、内容融合、平台融合、渠道融合、组织融合乃至大产业融合的具体情况，发现武汉媒体在多平台内容生产、组织运营及其商业模式的创新等方面面临的突出问题、挑战，探讨其融合发展的优势和经验及未来发展趋势。

三 湖北省传统媒体与新兴媒体融合发展状况总结

（一）湖北省媒体从业人员的基本情况

本次调查在问卷调查的抽样设计上考虑到要兼顾传统媒体与新兴媒体的情况，所以对传统媒体、传统媒体的新媒体部门以及独立的新媒体单位进行抽样。数据表明，媒体从业人员年龄主要集中在20—40岁的区间，其中20—30岁的共有236人；30—40岁的共有17人；40岁及以上的共有28人，平均年龄为28岁，本科学历居多，硕士学历占到2成左右，总的来说，媒体从业人员呈现出年轻化的特点。并且，为了让调查结果更加严谨，在本次受访的媒体从业人员中，其从事的业务板块涉及内容生产、渠道拓展与维护、广告及代理、数据、社交网络和管理等媒体行业的方方面面，其中，以从事内容生产的一线记者编辑居多，其他方面也均有分布。

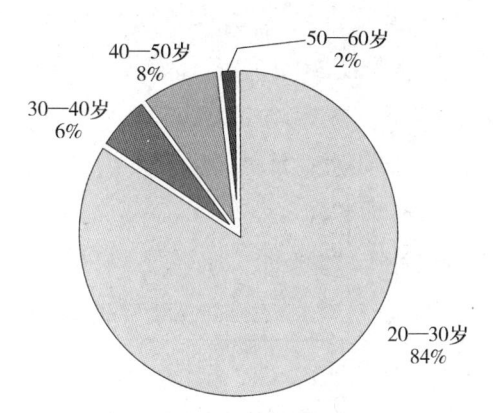

图 11.1 媒体从业人员年龄分布

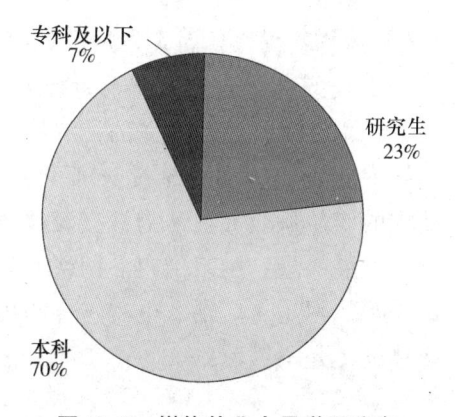

图 11.2 媒体从业人员学历分布

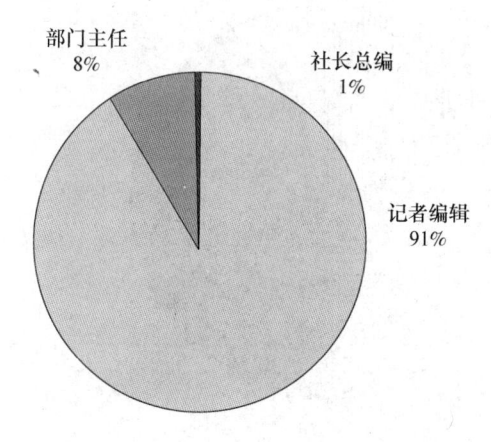

图 11.3 媒体从业人员职务分布

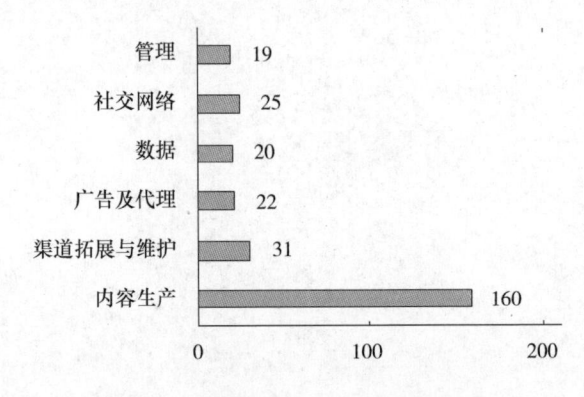

业务板块	人数
管理	19
社交网络	25
数据	20
广告及代理	22
渠道拓展与维护	31
内容生产	160

图11.4 媒体从业人员业务板块分布

（二）湖北省传统媒体与新兴媒体融合发展前景评价

1. 媒体从业人员对各类媒体融合发展前景的看法

现阶段，不管是报纸、广播、电视这样的传统媒体，还是具有社交功能的微信、微博这样的新媒体，都纷纷投身到了融合发展的大潮中。然而，数据显示，业内的媒体从业人员认为社交媒体风头正劲，同样在未来也拥有非常良好的发展前景；网络门户、网络音频、在线音频在未来的发展也将会比较乐观。但是，广播、电视这样的传统媒体发展后劲就稍显较弱，纸质媒体就更是不被看好。

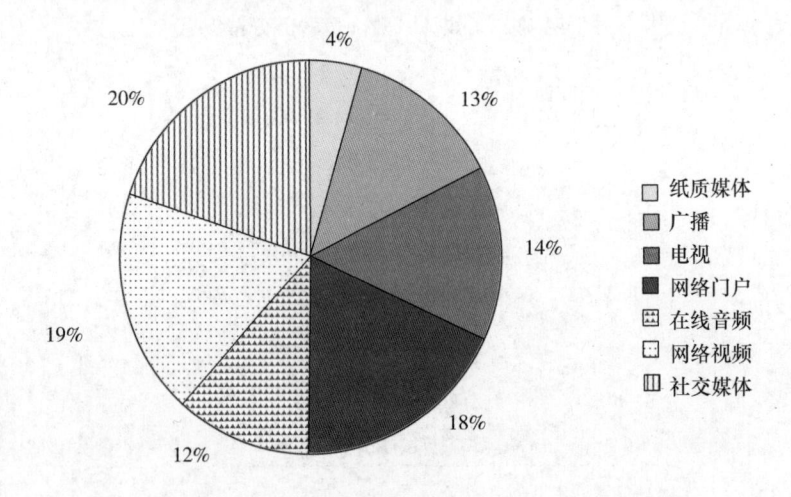

各类媒体前景评价占比：纸质媒体4%、广播13%、电视14%、网络门户18%、在线音频12%、网络视频19%、社交媒体20%

图11.5 媒体从业人员对于各类媒体在融合发展方面的前景评价

2. 阻碍媒体融合发展的因素

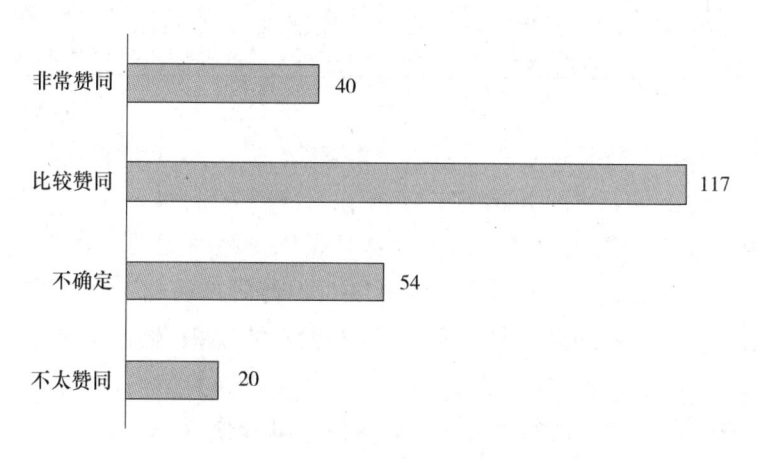

选项	数量
非常赞同	40
比较赞同	117
不确定	54
不太赞同	20

图 11.6　传媒体制与政策阻碍媒体融合发展

在被问及当下的传媒体制与政策中，是否存在阻碍媒体融合发展的因素时，近七成媒体从业人员表示赞同；只有接近一成的媒体从业人员表示不太赞同，另外少部分人则表示不太确定。由此可见，在现阶段阻碍媒体融合发展的因素中，传媒体制与政策是一个比较显著的因素。结合与各家媒体单位的深度访谈内容，发现传统媒体单位正面临着人才孤掌难鸣的严峻问题，其中主要原因就是传统媒体中的人才想要通过进一步的融合发展来改变传统媒体不断下滑的现实，但无奈体制束缚，想要冲破束缚大展拳脚基本难上加难。这也是现阶段媒体从业人员在实际的工作操作中遇到的一个亟待解决的问题。好在国家出台了一系列传媒新政，从国家政治层面上强调加快传统媒体与新兴媒体的融合发展，但是传统媒体的体制限制仍然是一道横跨在传统媒体面前的鸿沟。

3. 媒体融合发展过程中各种因素"为王"的看法

业内关于媒体融合发展过程中的不同因素一直存在各种"为王"的说法，有的认为应当注重内容坚持"内容为王"，而有的则认为有再好的内容可是没有一个好的渠道进行传播也不行，所以认为应当"渠道为王"。本调查列举了媒体融合中的各种因素，对媒体从业人员进行调查，1 表示绝不赞同，5 表示非常赞同，媒体从业人员的看法如下（见表 11.3）。

表11.3　媒体从业人员对于媒体融合发展中各种"为王"的看法

传者为王	受众为王	内容为王	渠道为王	平台为王	技术为王	资本为王	数据为王
3.4116	4.2536	4.4604	4.0146	3.9783	3.8036	3.6496	3.9493

数据显示，媒体从业人员对于"内容为王"的认同度最高，其次是"受众为王"，再次是"渠道为王"。所以，我们可以得出结论，在这个科技不断更新和发展的时代，内容依然是媒体的第一要义，渠道、技术、平台等因素在传播过程中虽然也很重要，但都只是辅助手段，所以媒体想要在融合发展的浪潮中顺势而上，同样也不可忽视内容的重要性。

（三）湖北省传统媒体与新兴媒体内容融合分析

在媒体融合发展的过程中，有些学者呼吁要用理性的眼光来看待新兴媒体的成功，新兴媒体依靠其技术支撑和全新的盈利模式发展速度迅速超越传统媒体，但是它的成功却并不在于新闻传播本身，并且很多独立的新兴媒体尚且没有拥有新闻的采访权，相比之下，传统媒体的优势就在于其新闻内容的生产。传统媒体需要加强自身的传播效果，新兴媒体需要巩固自身的传播功能，那么传统媒体与新兴媒体就需要取长补短，要寻求相互之间的合作。因此，传统媒体和新兴媒体在内容生产方面的融合是相互间的优势互补，是双赢的。

1. 推动媒体内容生产融合的因素

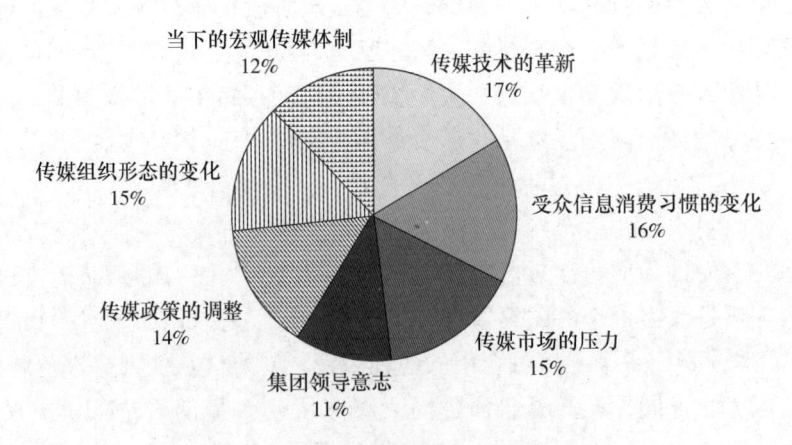

图11.7　推动媒体内容生产融合的因素

数据显示，在被问及推动媒体内容生产融合的因素时，媒体从业人员的选择比较平均，这说明推动媒体内容生产融合方面的因素是多元化的。从客观上分析，传媒技术的革新，改变了人们接收信息的渠道，也改变了受众信息消费习惯。随着新兴媒体的快速发展，传统媒体的地位受到了很大的威胁，具体表现为以下三个方面：一是传统的传播方式与受众新的阅读习惯不适应，二是传统的传播表达方式与受众新的需求不适应，三是传统的采编方式与受众新的信息接收方式不适应。传统媒体的内容优势在这样的背景下，不得不寻求与新媒体的合作，从而推动媒体在内容生产方面的融合。加之传媒政策、传媒体制、传媒组织形态以及传媒市场的影响，在这样的一个全面融合的大背景下，媒体在内容生产方面进行融合发展也是必然趋势。从主观上分析，集团领导的意志有时候影响着传媒集团整个的发展方向，但这种影响终究还是较少的，比重约11%。

2. 媒体内容素材获取环节的主要方式

新媒体的出现也给传统媒体在新闻素材的获取方面带来了一些改变，传统媒体不再是只靠记者出去采访或者采纳受众提供新闻线索，传统媒体也开始利用网络和社交平台等新的方式来搜集新闻线索。当然，各种方式在内容素材获取环节的作用程度上也不尽相同，具体情况如下，1表示作用程度非常小，5表示作用程度非常大（见表11.4）。

表11.4 　　　　内容素材获取环节各方式作用程度

记者个人渠道采访	3.9020
受众主动提供的线索	4.0677
传统报刊、广电媒体获取	3.6064
网络媒体的报道	4.0556
社交媒体平台上的官方信息	4.4286
社交媒体用户发布的信息	3.9157
合作机构、单位提供	4.0202

数据显示，在媒体融合发展的大背景下，媒体从业人员认为社交媒体平台上的官方信息作用程度最大，而记者个人渠道的采访，传统报刊、广电媒体获取以及社交媒体用户发布的信息作用程度较小。社交媒

体平台上的官方信息是经过官方认证权威发布的，真实性高并且获取方便快速。而社交媒体上用户发布的信息在真实性方面存在疑问，需要进行确认无误后才有可能进行加工和发布。在信息飞速传播的今天，记者个人渠道采访以及从传统报刊、广电媒体获取从时效性上面来说可能稍显落后。湖北省各大媒体在内容素材的获取方面也进行了多种尝试：腾讯大楚网与楚天都市报联合推出的"大楚报料台"强调"人人都有麦克风，全民来发言"，每天接收网友的报料量相当于过去通过电话一周的线索量；武汉晚报也推出"双V记者团"项目，面向全社会招募微博、微信市民记者，广泛征集新闻线索和新闻作品，并且向参与新闻众筹的"双V记者团"成员们发放优厚的报酬。

3. 媒体内容生产的方式

在媒介融合时代，传统媒体的优势之一就是内容生产力。虽然新兴媒体在传播速度和传播模式上超越传统媒体，但是很多优质的原创内容和评论仍然来自于传统媒体。在我国，根据现行的相关法规和政策，传统媒体在这方面的优势更加明显，而新媒体的采编权在我国至今还处于受限制的状态。所以除了内容自制外，现在还出现了很多新的媒体内容生产方式。

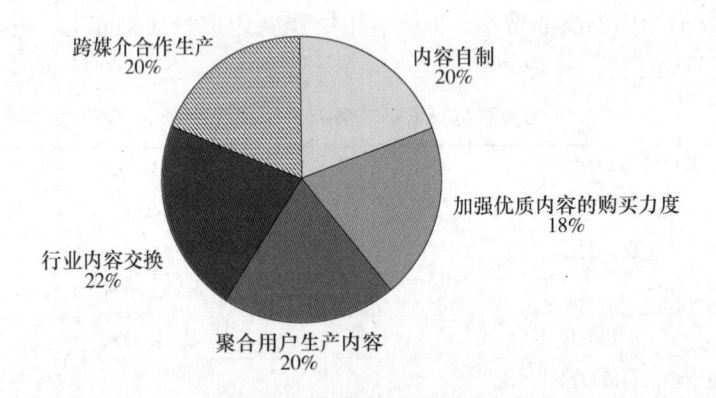

图 11.8 媒体内容生产的方式

数据显示，在融合发展的背景下媒体内容生产不再是单一的内容自制，而是多种方式均有涉及，力图使内容生产达到更高的效率和质量。结合深度访谈，内容自制依然是传统媒体的主要内容生产方式，但也已经开始利用跨媒介合作生产和行业内容交换。新华社湖北分社有着庞大的内容生产队伍和严谨的内容生产流程，所以新华社湖北分社的内容生产主要依靠内容自制以及跨媒介合作生产。新华社新媒体产业专线有专门的新华全媒体加工平台进行供稿，所生产出来的专稿也是为新媒体平台打造的适合互联网思维的内容；腾讯大楚网作为新媒体机构，没有新闻的采访权，所以大楚网的内容生产主要是依靠转载其他合作网站的内容，以及收集行业内的单稿进行加工制作成专题。

（四）湖北省传统媒体与新兴媒体渠道融合分析

在传统媒体与新兴媒体融合发展的大浪潮下，媒体的影响力，不单单取决于内容，更取决于渠道。但相较之下，内容有质量的高下，渠道则不可缺少。内容较弱一点，并不会影响整个传播过程的形成，但是没有渠道，就不可能有传播。所以媒体传播效果和传播速度的好坏直接取决于是否有一个有效、高速的传播渠道。

1. 影响媒体传播渠道拓展的因素

在信息时代，"快"这个词充斥着我们的生活，传媒业的竞争也是如此。随着移动互联网的发展，以及智能手机和其他移动终端的普及，新闻内容从生产到被读者浏览这个过程中间只隔了一个发送键。只有通过更好的渠道才能实现更高效的传播，所以不管是传统媒体还是新媒体都在积极地拓展传播渠道。在媒体传播渠道的拓展中，不同的因素也不同程度地影响着传播渠道的拓展，于是对媒体从业人员进行调查，1代表作用非常小，5代表作用非常大，具体作用程度如下（见表11.5）：

表11.5　　　　各因素在传播渠道拓展过程中的作用程度

内容品质提升	4.5374
受众互动与维护优化	4.4179
终端拓展	4.1127
服务形态拓展	4.0719
社交机制的借鉴与应用	4.1131
物联网等技术的进步	4.1300
媒体组织结构的调整	3.9820

数据显示，在所有的因素中"内容品质提升"的作用程度最高，其次是"受众互动与维护优化"。通过数据不难看出，内容、渠道是传播的两翼，缺一不可。在业内，很多专家学者主张内容为王，但也有一部分人认为渠道为王，但是对于媒体而言，笔者认为缺什么什么就为王，因为不管缺哪一方面都不能产生传播的效果。因此，媒体需要通过在提升内容品质以及注重受众互动的作用下，来拓展更多的传播渠道以实现在新的传播生态环境下获得更好的传播。

2. 媒体渠道拓展方面的尝试

第一，运用微博、微信等社交平台的效果。

微博、微信是当下发展最快、最受欢迎的新媒体形式，并且微博和微信也因其投入小、互动性强等特点被很多媒体广泛利用。湖北省各大媒体基本都已开通新浪微博的官方账号以及微信公众号，数据显示，其运用微博、微信的效果也处于比较好的水平。其中，腾讯大楚网的官方微信公众号"大楚网"侧重推送生活信息以及线下活动的推广；武汉晚报的"双V记者团"就是通过微信、微博的平台实现新闻众筹；湖北经视依靠其本土民生的品牌和内容优势，微信公众号"湖北经视"以单篇阅读上万的成绩位列湖北省媒体微信公众号第一位；新华社湖北分社微信公众号"新华湖北"每日侧重更新时事新闻。媒体从业人员对本单位运用微博、微信等社交平台的效果具体意见如图11.9所示。

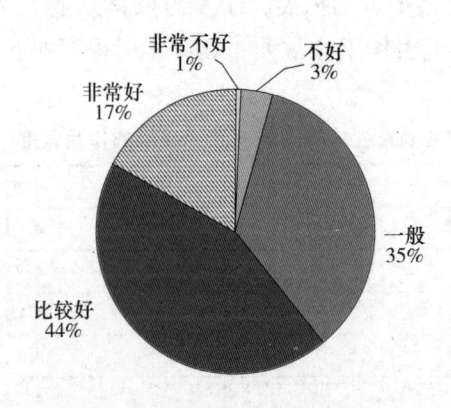

图11.9 媒体运用社交平台的效果

第二，传统媒体推出移动 APP 的效果。

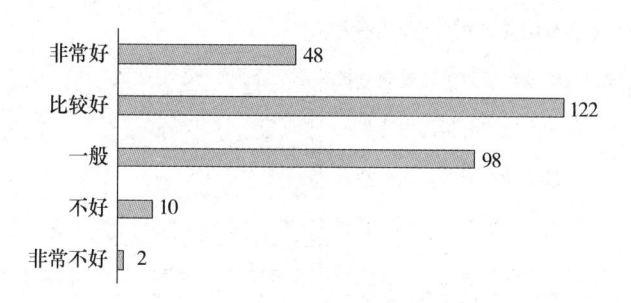

```
非常好      48
比较好      122
一般        98
不好        10
非常不好    2
```

图 11.10　传统媒体推出移动 APP 的效果

新闻客户端是继微博、微信之后出现的第三大移动传播平台，也是各大媒体开始抢占的最新战场。随着新闻客户端发展的完善以及用户数量的增加，从 2014 年开始，传统媒体纷纷推出新闻客户端。目前，除了多家中央媒体外，很多地方媒体也投入开发新闻客户端的项目。根据数据显示，湖北省推出的移动 APP 效果还是比较理想，湖北经视推出的移动 APP"经视摇摇乐"是一款手机与电视互动的游乐软件，观众在收看湖北经视电视节目的同时，根据电视屏幕上的提示摇动手机，就可以获得金币积分奖励。然后，凭着金币积分就可以免费兑换多种奖品。另外"经视摇摇乐"上还有各种游戏挑战，用户在游戏中赢取的金币同样可以用于兑换各种奖品。截止 2015 年 5 月，"经视摇摇乐" APP 注册用户已突破 30 万。

（五）湖北省传统媒体与新兴媒体技术融合分析

1. 运用大数据技术的方式

数据显示，湖北省运用大数据的方式，主要集中在数据获取、挖掘、分析，以及利用大数据对受众和市场趋势进行分析。在这个融合发展的时代，用户接受信息的载体已经发生了质的变化：从传统的报纸、电视到网络，再到现如今的手机等移动终端，这都得益于移动互联网的发展和技术的支撑。现阶段，各大媒体又开始将目光聚焦在一种新技术上，那就是大数据技术。对于传媒行业来说，以传统媒体电视业为例，TV1.0 时代是有什么让观众看什么；TV2.0 时代是让观众选择看什么；而未来 TV3.0 时代的趋势则是观众喜欢看什么就让观众看什么，这就要依靠大数据技术来实现，可以说大数据时代的到来已经给媒体行业带来了巨大的变革。

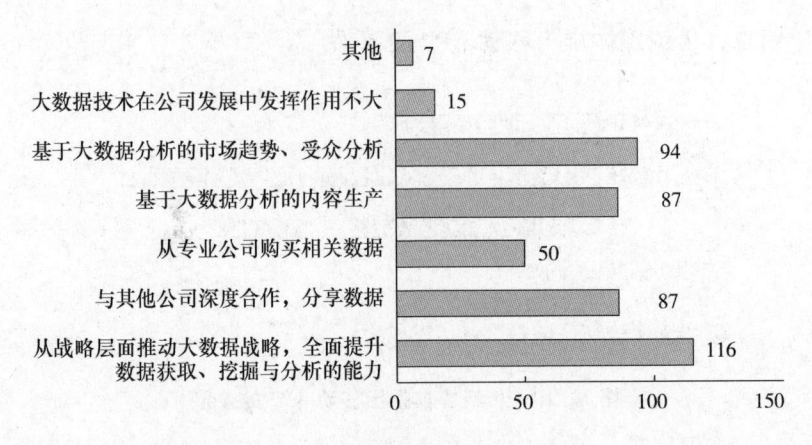

图 11.11 应用大数据的方式（多选）

选项	数值
其他	7
大数据技术在公司发展中发挥作用不大	15
基于大数据分析的市场趋势、受众分析	94
基于大数据分析的内容生产	87
从专业公司购买相关数据	50
与其他公司深度合作，分享数据	87
从战略层面推动大数据战略，全面提升数据获取、挖掘与分析的能力	116

2. 运用云计算技术的作用

近年来，"云计算"一度成为传媒行业的热词。简单概括来说，云计算技术就是可以通过网络将多个计算实体整合成一个具有强大计算能力的系统，它的本质就是服务。通过前期了解，湖北省的很多媒体也将"云技术"运用到了实际的工作中，于是就云计算技术发挥的作用对湖北省各大媒体从业人员进行调查，1代表作用非常小，5代表作用非常大，具体作用程度如表11.6所示。数据显示，湖北省各家媒体单位运用云计算技术主要是改善组织结构，通过"云计算"来实现不同设备以及不同应用之间资源的共享和分配，而在利用云计算技术布局新的业务形态方面作用较小。

表 11.6   各媒体单位运用云计算技术的作用

改进媒体资源储存与管理	4.1162
推动采编、生产的一体化	4.0988
打通各个传播渠道、实现多屏合一	4.0581
布局新的业务形态	3.8714
改善组织结构	4.4142

（六）湖北省传统媒体与新兴媒体资本融合研究

国内的媒介融合其实早在十多年之前就已经开始进行尝试，但是在过去的尝试中,传统媒体面临了很大的挑战,比如资金不足、技术和人才缺乏等困难都让传统媒体的融合之路走得非常艰难,其中由于体制原因,资金不足成为传统媒体面临的最重要的问题,所以借力资本市场推进媒体发展成为了媒体转型的一个重要路径。中央以及各地媒体集团现阶段正积极通过上市、参股控股和并购等方式,与新媒体在业务上进行资源整合、在资本上进行融合。

1. 推动融合发展的资本运作方式

在媒介产业化这个问题上,总是有含糊不清的概念,更多的观点是把媒介产业化与资本运营这两个概念有意无意地含混,其实,媒介的资本运营不仅是媒介自身的运作(新闻的采、写、编、播、发行、管理、广告等)之外的投资或是媒体的内部挖潜,也包括盘踞在媒介领域之外的巨大资本市场。湖北省媒体为达成融合发展和扩展业务,其资本的运作方式如图11.12所示。

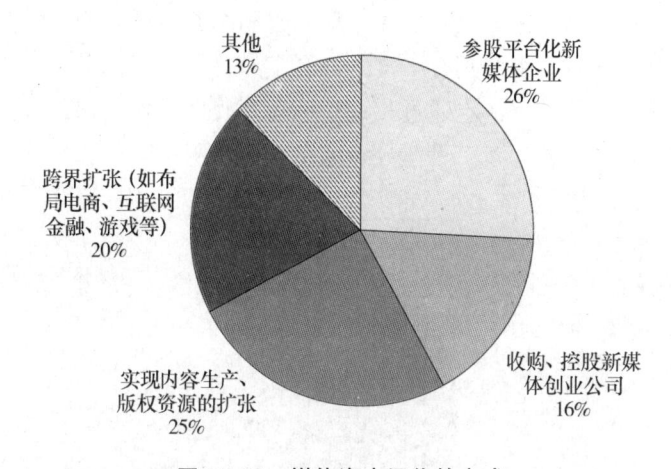

图11.12　媒体资本运作的方式

数据显示,湖北省媒体为达成融合发展目标,其资本运作的方式主要是投资控股、上市融资、孵化和并购,其中就湖北省媒体而言,投资控股所占比重最高。比如,从2014年开始,湖北日报传媒集团旗下荆楚网开始尝试利用一些合作伙伴的专业优势,对其进行投资,并成立合资公司。同时,湖北日报传媒集团针对媒介融合的各个项目成立"孵化器",积极向中央和地方申请产业发展资金,2014年获得各类产业发展和政策扶持资金共计 3750 万元,其中"新闻出版大数据服务中心建设示范工程"项目获得中央财政支持的 700 万元的产业发展资金,进一步丰富了湖北日报传媒集团媒体融合发展项目投入。①

2. 通过资本手段实现跨媒体运营的具体做法

跨媒体运营是为了充分利用自身的资源实现更好的发展,甚至还被视为传统媒体可持续发展的"万金油"。传统媒体在意识到了借助资本市场来推进媒体融合发展的大趋势之后,纷纷开始利用一些资本手段来实现跨媒体运营。比如,湖北广电的"微信摇电视"就开创了国内的先河,并成功于 2014 年 4 月进行了全国首发试点,成立了市场化企业"微摇科技公司",专业从事"微信摇电视"业务。同年,6 月 29 日就通过湖北卫视的电视节目《如果爱》,成功摇动了"全国第一摇"。此后,湖北广电微摇公司与多个电视频道的王牌栏目,比如北京卫视《我是演说家》、浙江卫视《星星的密室》以及东方卫视《中国梦之声》等达成微信摇电视业务合作。长江日报报业集团旗下新媒体集团也和湖北卫视合作,针对电视节目游戏产品的开发,组建具有丰富游戏开发经验的项目团队,共同打造新兴电视节目。湖北省媒体也通过收购、控股新媒体创业公司以及跨界扩张等手段来实现跨媒体运营,具体分布如图 11.13 所示。

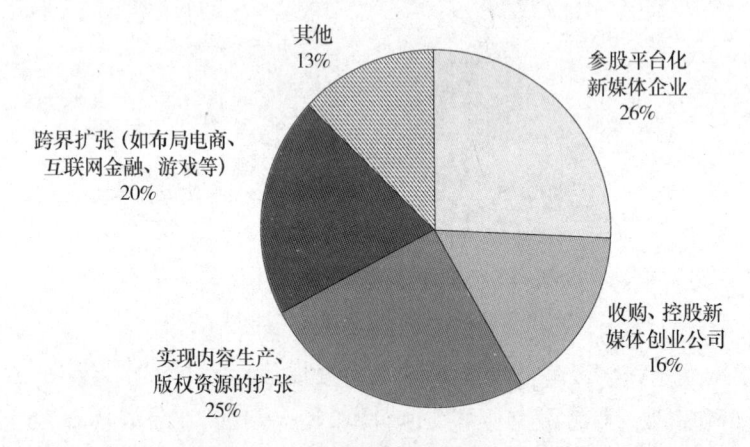

图 11.13 跨媒体运营的资本手段

---

① 梁益畅、蒋玉鼐:《在摸索中寻找突破机会——湖北日报传媒集团媒体融合的实践与思考》,《中国记者》2015 年第 9 期。

四 湖北省传统媒体与新兴媒体融合发展的总结与建议

(一) 受访单位融合成果概述

湖北日报传媒集团：现拥有 11 报 12 刊 5 网站和 1 家出版机构、21 个全资公司、在全省 17 个市州和北上广均设有机构，集团除了拥有以湖北日报、楚天都市报、楚天快报（原楚天都市报襄阳版）、楚天时报、楚天金报等报纸，特别关注、前卫、可乐、城市情报、大武汉、新闻前哨杂志为代表的发行量总计超 800 万份的报纸期刊外，湖北日报报业集团的"楚天"系列品牌已经在除了传媒业之外的众多实业市场，比如像印务、房产等领域取得了一定的优秀业绩，实现了报业集团的多元化经营和发展。例如，湖北日报传媒集团旗下包括荆楚网、大楚网、湖北手机报系列、新闻客户端系列、文谷网、数字传媒、微信微博矩阵在内的 7 大媒体方阵，以及动漫、航拍、全媒体集刊、网站代维代建等 12 大新兴媒体产品方阵。[①] 强力推动新媒体、期刊、印务、广告、艺术子集团及其他二级公司改制重组，并在资本市场挂牌上市。为适应移动互联网发展潮流，以荆楚网、大楚网、手机报等新媒体为基础，构建多介质统一的移动媒体集约平台。

湖北经视：成立新媒体事业部，网站与电视频道内容库对接，畅通内容提取渠道。与上海的 cptn，实现所有加入的频道成员通过平台实现资源共享。还加入天津协作体（民生协作体），联系比较紧密，内容共享。湖北经视的品牌湖北经视率先在全国新闻界提出了"大民生"定位战略，打造了多档贴近本土民生生活、深受大家喜欢的具有地方特色的栏目。官方网站"经视帮帮网"、手机客户端"经视摇摇乐"自推出以来广受好评，用户活跃度不断增加，为频道节目内容的推广、新闻爆料、观众互动、产业发展提供了丰富手段。

武汉电视台：先进的 IBC 系统和正在建设的新闻媒资库为电视信号的采集、存储和编辑、制作、传送和网络电视、地铁电视、手机电视、

[①] 人民网：《地方传媒融合加速 上市或成助推因素》，http://media.people.com.cn/n/2015/0707/c40606-27264428.html，2015 年 7 月 7 日。

城市电视的互动传播创造了条件。"电视问政"由武汉市所有城区以及多家职能部门建立合作，解决民生难题千余件，搭建起政府、媒体和市民之间的无障碍沟通平台。2014年6月，"掌上武汉"上线，14个功能模块满足市民在新闻资讯、视听互动、社交娱乐、生活服务等方面的多种需求，其中"问政""第一汇""公交"为三大特色模块。

湖北大楚网：大楚网的定位是民营商业性质新媒体，挂靠湖北日报传媒集团，与荆楚网有业务合作，并与《楚天都市报》搭建深度互动平台，为省内受众提供更实用、更贴近生活的咨询服务。但是作为武汉地区新媒体网站，新媒体编辑没有记者证，没有采访权。网站内容部分从集团媒体共享内容库中提取，也转载其他媒体的内容。在融合发展过程中为了扩大信源，大楚网搭建新闻报料台，从广大市民群众中搜罗新闻素材，供兄弟单位采稿、编辑使用。与交管部门合作，开辟武汉交警栏目，发布相关交通、城管信息和新闻。另推出手机客户端"新闻哥"，微信公众号。

（二）湖北省媒介融合发展状况总结

问卷调查、深度访谈以及对相关文献和数据的分析表明，近几年来湖北省内各媒体单位结合自身实际，发挥优势，在探索推进传统媒体与新兴媒体融合方面积极主动，顺势而为，有了一些好的做法，也取得了一定的成效。

1. 媒体融合发展战略定位明确

调研的五家媒体，除大楚网，其他四家媒体均属于国有主流媒体。它们一致认为，与纯商业媒体不同，传统媒体发展新媒体更紧要的任务是打通两个舆论场，强化主流媒体的社会责任意识，传播主流声音和主流价值，突显主流媒体的社会价值和社会效应。如湖北日报报业集团顺应政策的支持的同时，努力寻求自身的发展，通过"新闻+服务"创造生产满足不同受众需求的具有权威信、公信力、影响力的内容产品和服务，该项技术现已获得湖北经济日报以及浙江日报等多家报业同行的采购意向；并且湖北日报报业集团开发的"神码客户端"如今已成为湖北省内最大的移动互联网媒体平台；积极研制舆情监测处理系统，对省内部分地市进行舆情监测，一旦发现舆情信息就立刻反馈并给出优化的处理意见，平均每天处理信息逾2亿条，该监测系统在提供大量的新闻线索的同时，也成为了政府部门处理事务的好帮手。

2. 保持核心竞争力，积极规划建设新媒体

在坚持传统媒体核心竞争力，深耕内容，做好有深度、有思想、有品质的内容的同时，加快全媒体资讯平台的建设，打造数字报、官方网站、手机报、移动客户端全媒体平台矩阵，如武汉晚报的"双V记者团"、湖北经视的"新闻哥"、大楚网的新闻爆料台、武汉电视台的"网络问政"和掌上武汉等。湖北日报传媒集团最近建成的全媒体指挥中心，是拥有全媒体采编、及时发布以及舆情监测于一体的数字化信息平台。这些新媒体产品各具特色，在地区乃至全国范围内颇具影响力。

3. 加快品牌推广，开发"互联网+"产品和服务

延伸媒体产业链和价值链。武汉晚报所在的长江日报传媒集团，将"铁丝圈""周二之约"等优质项目品牌化、产品化。与电信运营商和技术伙伴合作"手机剧场"、智能报刊亭、智能穿戴设备、汽车智能化终端等延伸项目，实现对区域用户在碎片化时间和家庭、消费、出行场所等空间的覆盖。

4. 强化资本运作、发展多元经营，助力媒体大产业融合发展

在集团投资、政府支持的基础上，探索众筹、上市、生产支付等多种投融资形式。突破传统报业以广告、发行为主的经营模式，探索以资本为纽带的媒体融合经营模式，整合集团优势经营领域与项目，努力在教育、医疗、文化、旅游、电商等垂直细分领域取得明显成效，由此带动集团媒体经营全面转型升级。

（三）湖北省媒体融合发展存在的问题

通过此次调查，笔者发现湖北省媒介融合的发展进行了很多尝试，也取得了一定的成果，但是在融合发展的过程中仍然面临很多问题，具体如下。

1. 融合形式单一、缺乏实质性的融合

传统媒体和新兴媒体没有真正发挥各自的优势和实现资源共享和优化组合，只是简单高叠加，重复建设多，资源浪费严重。很多媒体把融合发展的重点放在开办网站、增加报纸电子版，以及推出官方微博、官

方微信公众号和移动客户端上，从表面上看，是为传统媒体拓宽了传播的渠道和平台，但其本质上是对原有的新闻进行重复加工和发布，并没有真正实现各种媒介资源的有效整合。这种融合方式比较单一，并且只是在做简单的叠加，无法形成一体化组织结构和传播体系，并不是实质性的融合。

2. 重视渠道和平台的拓展，忽视核心竞争力

面对新媒体的强势来袭，传统媒体的核心竞争力就是"内容为王"，但很多传统媒体在融合发展的浪潮中，把更多的精力放到办网站、推官微上，却忽视了自己的内容特色。加之湖北省各大媒体过于聚焦本地市场，内容生产过于本土化和都市化，以至于新媒体产品的内容和功能的同质化问题严重。

3. 缺乏技术支持，融合发展后劲不足

每一次媒体传播方式的变革，都是伴随着技术的强大推动。传统媒体与新兴媒体想要实现更加有效的融合发展，就必须以先进技术为支撑。目前，传统媒体在缺乏强大的技术力量支撑的情况下，与一些商业网站相比，传统媒体就缺乏很多先进和成熟的新媒体技术，所以只能将生产的优质内容提供给商业网站使用，商业网站依靠传统媒体提供的优质内容以及自身技术上的支持，从而达到一个很好地传播效果，而传统媒体却由于技术的限制，只能沦落为商业网站的内容"生产者"。

4. 人才流失严重，新媒体人才紧缺

通过与湖北省各大媒体单位高层领导的深度访谈，笔者发现多家传统媒体的领导都提到了同一个问题，那就是人才流失严重。传统媒体由于自身体制的限制，与互联网企业相比，缺乏有竞争力的薪酬体系和激励政策，所以对于人才的储备和引进就没有优势。传统媒体的融合发展，对于人才的要求既需要其深谙传统的新闻传播规律，又需要其能够掌握新媒体的运作模式，所以需要的是全方位的复合型人才。虽然湖北省科教文化实力水平位居中部地区前列，也拥有着非常丰厚的教育资源，但是对于新媒体人才的培养却相对来说比较薄弱，一些高校和科研机构对于新媒体领域的学科设置也相对比较滞后。并且，传统媒体也没有建立起一套完善的人才培养机制，对于原有人员的培训投资不足、针对性不强。

5. 体制机制之困,很难从根本上实现颠覆

为了进一步推动传统媒体与新兴媒体的融合发展,就必须从根本上改变传统媒体不适应融合发展的体制机制。然而,调研发现,虽然很多传统媒体集团不管是高层的领导,还是一线的媒体工作人员,其实都普遍认识到了,传统媒体不适应当今信息传播格局和模式的体制机制已经成为其融合之路上的最大障碍,这些根本上的旧问题不解决,媒体融合发展就没有办法很好地进行,传统媒体与新兴媒体融合发展的新局面就难以建立。但是,传统媒体的体制机制改革实施起来牵一发而动全身,难度较大,所以很多传统媒体在这方面还存有很多顾虑,没有从根本上进行体制变革。

(四) 湖北省媒介融合发展的建议

上述种种反映的不仅仅是武汉区域媒体融合发展的个性问题,在一定程度上也能反映国内媒体融合发展的共性问题。针对这些问题,笔者的建议和对策如下。

1. 坚持内容优势,提升媒体内容质量

不管传播模式和传播途径如何改变,内容品质保证始终是传媒业的核心竞争力,内容质量是否能够有所保障,是传统媒体与新兴媒体融合发展的关键所在。首先,要发挥好传统媒体在内容生产方面的优势,发挥好传统媒体强大的采编优势和资源优势,把传统媒体内容生产方面的优势与新媒体充分进行融合,多生产适应新兴媒体快速、趣味以及简短的传播特点的内容。其次,要适应互联网的传播方式和话语表达习惯,遵循新媒体的传播特点和规律,综合运用视频、音频以及图表等多种形式,满足不同用户多样化的需求,使新闻信息阅读变得更加有吸引力和趣味性。

2. 重视新技术的研发和应用

技术的支持是媒体融合发展最根本的保障,是推动媒体融合得以不断向前发展的源源动力。传统媒体应立足自身业务优势,善于利用一些新技术,依靠传统媒体一直以来积累的知名度,来拓展新媒体领域的品牌影响力,以此来改变传统媒体技术方面的劣势,加快推进传统媒体内容与前沿技术的深度融合,从而使融合发展达到最好的效果。要充分利

用大数据技术、多媒体数字技术打造原创的、优质的、满足受众和客户切身需求的视频、音频信息内容和产品,逐步实现传统媒体品牌向新媒体品牌的转变和新品牌的延伸发展。

3. 加大政策和资金的支持

媒体融合发展是未来媒体行业长期的战略发展目标,任重而道远,所以迫切需要政府从政策和资金上予以支持和帮助。建议尽快制定一套完善的产业、财税、版权等政策推进媒体融合发展。另外,还要充分发挥财政资金的支持作用,国家和政府要加大对新媒体产业的扶持力度。不仅要在资金上面加大投入,同时也要拓宽扶持的范围,要结合具体的实际情况,对媒体融合的各个环节和各个媒介形态给予具有针对性的扶持措施。

4. 重视人才队伍的培养

没有人才就不可能有发展,所以要高度重视人才的培养。首先要做的就是重视人才的教育,要鼓励和扶持各大高校开设新媒体领域的相关专业,还要鼓励高校和媒体用人单位开展合作,促成从学习到工作一体化培养机制。另外,建议媒体单位提高新媒体从业人员的待遇水平,完善新媒体人员的奖励机制,及时有效地留住人才并扩大人才的发展空间。

传统媒体与新兴媒体融合之路任重道远,媒体不仅需要制定战略目标和短期、中期、长远发展规划,更重要的是一以贯之地切实执行。在此基础上顺应技术、市场和受众需求的变化而做相应的微调和变化,实现传媒体制、组织机制和文化、品牌和传媒市场等高度稳定协调地运行,从真正意义上实现媒体深度融合发展。

结　语

本研究围绕湖北省传统媒体与新兴媒体融合发展的状况开展实地调查研究和深度分析。首先通过前期阅读大量的文献并进行相关研究,梳理了有关媒介融合的理论知识和国内外的研究成果。在前期文献研究的基础上,进行了科学的问卷调查和深度访谈的补充,通过反馈的数据,分析湖北省当前传统媒体与新兴媒体融合发展的现状和问题,这也是本次研究中最核心的一部分内容。针对这部分研究我们得出如下的结论：近几年，湖北省内各媒体单位结合自身实际，努力探索媒体改革创新发展之路，在媒介融合发展方面积极主动、顺势而为，在传统媒体的数字化转型、客户端的研发和使用以及全媒体资源的整合等方面都取得了一定的成效。但是现阶段湖北省传统媒体与新兴媒体的融合发展依然在融合力度不够、体制限制、人才流失、技术研发不足等方面存在一定的问题。本次的研究较以往的研究相比，不仅仅是根据相关理论进行的分析和探讨，而是将理论知识与具体实践相结合，特别是通过科学的调查方法，选取湖北省各大媒体从业人员为研究对象，走访五家媒体进行调研所得出的数据和信息较为全面和深刻，为深入分析本研究的选题奠定了强有力的基础和数据支持。但是本研究也存在一定的局限性，主要反映在：一方面，本研究仅对湖北省内五家媒体单位的融合现状、存在问题和原因进行初步的分析，但是放眼整个湖北省而言，样本数量相对有限；另一方面，对媒体融合发展的诸多方面，例如经营管理方面的融合并没有足够深入的研究。媒介融合之路任重而道远，展望未来，随着传统媒体与新兴媒体融合发展过程的不断推进，肯定会呈现新的问题，这就需要进一步的研究探讨。

分论六

陕西省传统媒体与新兴媒体融合发展研究

本部分以陕西省当地的传统媒体与新兴媒体融合发展的现状为基础，以该省媒体从业人员为调查对象，深度剖析当下陕西省各媒介媒体内容、渠道、技术、资本和政策的发展现状以及面临的问题，与此同时提出解决问题的对策。

本研究使用了问卷调查法，于 2015 年 7 月实施，选取陕西交通广播、西安电视台、西安晚报、华商报、陕西省广电网络网站等几家单位作为调查对象，共发放问卷 330 份，回收的有效问卷数为 310 份。在初步分析陕西省各个类型媒体行业的发展基础之上，全面分析具有代表性的媒体，对从业人员的基本情况、职业状况、各典型媒体进行系统的研究，对于回收数据，笔者采用社会科学统计软件 SPSS 进行数据处理、分析，以便掌握真实可靠的资料。

一 国内传统媒体与新兴媒体融合发展情况概述

（一）传统媒体、新兴媒体、媒体融合的内涵界定

所谓传统媒体，是指广播、电视、报纸等过去常见的媒介形式的存在，相对于新兴媒体，是一种传统的大众传播的方式[1]，近几年，传统媒体存在的形式还包括户外媒体与互联网。

何为新媒体？陶丹、张浩达认为，"新兴媒体是以数字技术为基础，以网络为载体进行信息传播的媒介"[2]。熊澄宇、廖毅文等学者也指出

---

[1] 刘鹏：《传统媒体融合转型的若干趋势》，《新闻记者》2015 年第 4 期。
[2] 陶丹、张浩达：《新媒体与网络传播》，科学出版社 2001 年版，第 3 页。

"所谓新媒体，或称数字媒体、网络媒体，是建立在计算机信息处理技术和互联网基础之上，发挥传播功能的媒介总和"[1]。廖祥忠比较深入地考察了"新兴媒体"的即时交互、无限兼容等数字媒体特性，倾向于将当下的"新兴媒体"理解为"以数字媒体为核心的新兴媒体"——通过数字化交互性的固定或移动的多媒体终端向用户提供信息和服务的传播形态[2]。在这里，笔者认为"新兴媒体"相对于传统媒体是指运用相对过去较新的媒体技术——数字技术、网络技术等传输媒介内容，再以 PC 或者手机等终端来为用户提供信息的媒体形态，如数字电视、数字广播等。

什么是"媒体融合"，对于这个问题，有多种不同的见解，众说纷纭，目前还没有统一、确定、公认的阐释。"融合"一词最早源于科学学科领域，后来也广泛地运用在气象学、数学等领域。"媒体融合"这一提法的最早提出者普尔教授认为其本意是各种媒介呈现出多功能一体化的趋势，这种关于媒体融合的想象更多地集中于将电视、报刊等传统媒体融合在一起。普尔教授最初提出此概念也是基于技术的发展之上。1997 年，欧洲委员会的《关于信息社会发展的绿皮书》中认为，融合不仅限于技术，也体现在经济的层面，即商业机构采取一种新的方式来从事生产经营[3]。事实上，国内目前并没有一个公认的概念表达，学者们从种种方面阐述其表现，但随着它的内涵的日渐扩展，传统媒体与新兴媒体融合的外延将会快速扩展，因此我们只能从某种角度将其概括为"媒体融合"。

（二）传统媒体与新兴媒体融合发展情况概述

传统媒体与新兴媒体在融合发展的过程中既相互独立又彼此融合，自此概念最早在美国被提出以后，媒体融合无论在国内还是国外都顺应了时代，得到了快速发展，在发展的道路上可分为三个阶段。

第一个阶段，新兴媒体才露尖尖角，传统媒体仅仅意识到了新兴媒体的优势，开始建立新兴媒体部门。2003 年，喻国明教授曾第一次大

---

[1] 熊澄宇、廖毅文：《新媒体——伊拉克战争中的达摩克利斯之剑》，《中国记者》2003 年第 5 期。
[2] 廖祥忠：《何为新媒体?》，《现代传播（中国传媒大学学报）》2008 年第 5 期。
[3] 陈红梅：《网络环境下的传播行为和传播策略》，《新闻记者》2007 年第 12 期。

胆预测了纸媒"寒冬论"①，几年后随着以报纸为主的传统媒体的经济效益逐渐变差、曾经吃香的广告也首次出现负增长，在2006年，纸媒业界开始广泛讨论报纸应当如何联合新兴媒体实现"报网互动"②，在此阶段，第一批创办的新浪网、东方网等代表着"报网互动"的典型网站如雨后春笋般出现了。

第二个阶段，新兴媒体发展的速度超越传统媒体的预判，传统媒体受到新兴媒体对其主流地位的威胁，但意识到共同发展才是出路。自2010年左右，新兴媒体的发展速度以数量级上升、吸引着受众的眼球，而新兴媒体愈发完善、传播功能逐渐成熟，开始威胁到传统媒体的主流地位，时任解放日报集团社长的尹明华协同各大报业，发起《全国报业内容联盟的倡议书》③，可是很快其管理者就意识到了新兴媒体势不可挡的发展势头，于是同年他们就积极推动了与新浪公司的融合进程，双方不计前嫌，形成了合作伙伴关系。

第三个阶段，新兴媒体大有超越传统媒体的势头，很多新兴媒体的用户量已经超越了某些主流媒体的流量，传统媒体走下神坛，开始与新兴媒体互通有无、相互支持。根据之前的经验，传统媒体人意识到了行业重新洗牌的趋势势不可挡，因此开始寻求共同融合发展的道路，这要求传统媒体一要调整利益格局，二要打破媒介态势。2014年，上海报业集团的重大调整——"澎湃""界面"上线，也标志着媒体融合写下了新的篇章。

二 陕西省传统媒体与新兴媒体融合发展问卷调查设计

（一）调查背景

近年来，新兴媒体裂变式的发展给传统媒体带来极大冲击，虽然传统媒体从业人员对媒体融合发展趋势的认识日渐清晰、积极推进，但传统媒体的"寒冬论"日渐高调，国内大多传统媒体的转型依然是"两

---

① 喻国明：《关于我国报刊广告市场的现实态势与未来走向》，《中国媒体发展研究报告》2002年。
② 蔡雯：《媒体融合前景下的新闻传播变革——试论"融合新闻"及其挑战》，《国际新闻界》2006年第5期。
③ 李惊雷：《报业"内容联盟"本质探析》，《新闻战线》2006年第9期。

张皮"，收效甚微。

陕西省历史文化悠久，自古连接我国中部与东部，放眼陕西的传媒行业，它的媒体融合实例无疑是具有代表性的。但该省媒体也在融合中面临了很多问题：受众舆论业态发生着翻天覆地的变化、获取信息的渠道基本转向新兴媒体、人才流失情况加剧、市场份额不断下降等。因此，相信对陕西省媒体融合情况中的困难进行跟进、思考，一定会对其他地区有类似问题的媒体单位提供一个有价值的帮助与参考。

（二）调查对象

本研究以陕西省媒体融合发展现状为基础，以该省媒体从业人员为调查对象，选取了代表广播、电视、报纸、网站的几家单位——陕西交通广播、西安电视台、西安晚报、华商报、陕西省广电网络网站，共发放调查问卷330份，回收有效问卷312份，如下表所示。

表12.1　　　　　　　　陕西省调研媒体单位一览表

媒体名称	人数	所占比例（%）
陕西交通广播	71	23
西安电视台	13	4
西安晚报	129	41
华商报	37	12
陕西省广电网络网站	62	20

三　陕西省传统媒体与新兴媒体融合发展情况的分析

（一）陕西省传统媒体与新兴媒体内容融合分析

1. 调查情况分析

表12.2　从业人员对各种推动媒体内容生产融合中的作用程度的态度均值

（1为最小值，5为最大值）

传媒技术的革新	受众消费习惯改变	传媒市场压力	集团领导意志	传媒政策调整	传媒组织形态变化	宏观传媒体制
4.5458	4.2427	3.7682	3.7241	3.9706	3.9435	3.5584

如表12.2所示，在媒体从业人员看来，"传媒技术的革新"和"受众消费习惯改变"在更大程度上推动着媒体内容的生产融合，而其他因素对其的影响力度不大。可以看出近些年技术革新对媒体融合的推动力很大，受众的消费习惯也随着传媒技术的快速发展变化着。另外不容忽视的一个因素是"传媒市场压力"，对于省级传媒环境的发展来看，当其他省的传媒融合进程快速发展的时候，势必造成自身压力以寻求自身发展。

表12.3　从业人员对各方式在内容素材获取环节作用程度的态度均值

（1为最小值，5为最大值）

记者个人渠道采访	受众主动提供线索	传统媒体获取	网络媒体的报道	社交媒体官方平台发布信息	社交媒体用户发布信息	合作机构、单位提供
4.0195	4.0337	3.5149	4.0585	3.9853	3.8382	3.5700

在内容素材获取环节，陕西省媒体从业人员认为当地"网络媒体的报道""受众主动提供线索"和"记者个人渠道采访"所起到的作用最大，而其他获取方式作用并不大。内容素材来源于社会，现今网络的快速发展，致使大部分素材首先来源于网络媒体的报道，当有重大事件需要深度报道时，取得内容素材的方法又更多地运用到了采访受众这一方式。而传统媒体受时间因素的限制较强，即使获得了一手素材，也无法在第一时间广而告之，这种媒介的特殊性导致陕西省媒体从业人员在内容素材获取环节对传统媒体的需求很低。

表12.4　　　从业人员对各要求的重要性程度的态度均值

（1为最小值，5为最大值）

权威性	趣味性	话题性	个性化	年轻化	移动化
4.5462	4.2708	4.3389	3.9451	3.8851	4.2436

在内容编辑、处理阶段，从业人员对"权威性""话题性"和"趣味性"的要求程度更高。而在"年轻化""个性化"和"移动化"上的要求相对较低，这就容易出现一个问题——失去了日益扩大的青年和

青少年这一受众群体,而对这一群体关注度的缺失就可以说在很大程度造成了陕西省媒介环境与湖南省、浙江省媒介环境的差别。另外,21世纪的青年和青少年是伴随着互联网的快速发展成长起来的受众,他们习惯接受快餐信息,因此对碎片化的信息、移动化的媒介就有更高的需求,而就目前陕西省媒体从业人员在内容编辑、处理阶段所注重的方面来看过于保守,并没有大胆尝试开发青年和青少年群体受众所需求的媒介内容,也造成当前陕西省媒体大环境发展滞后的情况。

表12.5 从业人员对各种方式所发挥作用程度的态度均值

(1为最小值,5为最大值)

内容自制	优质内容购买力度	聚合用户生产内容	行业内容交换	跨媒介合作生产
4.3291	3.9244	3.9700	3.6410	4.1339

在媒体内容生产过程中,从业人员认为"内容自制"和"跨媒介合作生产"所发挥作用的程度最大。每个媒体都会有自己的编辑、记者,他们走街串巷的行为形成了大部分媒体的自制内容。而随着媒体资源的不断整合,跨媒介合作的不断加深,在一定程度上对于需要集中报道的新闻事件,媒体降低了成本,节约了媒体资源。可是同时也引起了新问题——内容重复,大部分编辑只是对内容进行了很小修改,甚至是部分信息的复制、粘贴,使该信息适用于自己的媒介平台。而对于"行业内容交换"的不重视,加深了陕西省各媒介媒体内容趋同的情况,如果未来各媒体都能深入某行业,追踪行业内容,一方面增强了媒体监管的社会属性,另一方面也可以提升自己内容的充实性和指向性。

表12.6 从业人员对受众在内容生产过程中的作用及角色特征的态度均值

(1为最小值,5为最大值)

内容接受者	内容生产的重要依据	需要认真对待的服务对象	具有评论功能的消费者	不可忽视的传播者	参与到内容制作中的生产者
3.7749	4.0000	4.0847	3.9353	4.0847	3.9264

从业人员认为受众在当下传媒内容生产过程中的作用及角色特征更多的是"不可忽视的传播者""需要认真对待的服务对象"和"内容生产的重要依据"。这说明从业人员非常认同受众口语传播的巨大作用，而受众同样也是"内容生产的重要依据"说明了陕西省媒体从业人员在进行内容生产时在很大程度上有迎合受众口味和需求的倾向，那么很重要的一点是：当下陕西省的传媒大环境下是否有成熟完善的平台让受众可以随时表达意见和想法，更重要的是从业人员是否关注受众的意见，是否会采取行动改进节目内容或样态？

2. 媒体内容融合方面存在的问题分析

（1）忽视新兴媒体主体受众

新兴媒体的服务人群以青年和青少年为主，这一受众人群的特点是互动性强，因此，年轻化、趣味性的报道内容和加强传者与受众互动的活动是使这一群体留存率保持上升、获取更高流量的关键。而根据调查结果发现，在内容编辑、处理阶段，陕西省的媒体从业人员更加关注报道内容的权威性而非年轻化、趣味性，严重偏离了热爱新兴媒体及其表现形式的受众人群，因此，本来应当是新兴媒体主流受众的青年和青少年成为被忽视的群体。

当各个媒体单位依据"权威性"为新兴媒体节目内容的守则来制作内容后，将会进入"怪圈"，预计吸引的受众没有吸引到，而平日里通过传统媒体"权威性"吸引到的受众并没有关注其新兴媒体平台的习惯和兴趣，于是为了完成任务来做新兴媒体，长久之后只会落得一个"劳民伤财"的评价。

（2）新兴媒体报道形式的缺失

一向在内容方面是强项的传统媒体却"玩不转"新兴媒体的媒介平台，比如像报纸这样的传统媒体一向以文字功底见长，在新兴媒体快速发展的当今，陕西省当地大部分报刊依旧打着"老牌"——文字类的深度报道，而在新兴媒体内容中风靡的各种形式——漫画、语音、小游戏却被各大报刊忽视；除此之外，大部分报纸运用新兴媒体的形式还只停留在微博或微信上发一些缩小版的报纸或是当天头版头条的新闻图片及其评论的层次，受众接受内容甚至需要放大图片，非常不方便，时间久了便会出现一种情况，关注公众账号的人都是报社同事或是他们的亲朋好友，为完成粉丝"指标"而来，当然他们对这些新兴媒体平台的黏性也非常低。

（3）新瓶装老酒

根据调查发现，目前绝大多数传统媒体都在积极地开展媒体融合工作，几乎每一家媒体单位都开了微博、微信公众号，但是问题在于它们学会利用这些传媒渠道，却没有学会如何在这些渠道上运营内容来抓取受众、培养忠实受众。根据调查显示，多数传统媒体简单地将原有内容复制粘贴到了新兴媒体上，它们仅仅以这样的方式运用了"新兴媒体"这一渠道，而忽略了互联网思维绝不仅仅是内容的搬运工，不能把它们当成单一的渠道，还需要更加深刻的融合。

3. 媒体融合内容发展的建议

新兴媒体有很多优势和强项，可是根据笔者在新兴媒体工作时的经验来看，它们并不擅长制作优质内容。在当今传统媒体与新兴媒体的融合发展之路上，传统媒体首先肯定是发挥自身优势——内容生产，但为了与媒体行业现状相结合，必须将其生产模式转向互联网思维。所谓互联网思维的本质，是用户为主、产品为主的思维，除此之外还要把互联网当成是延展内容的一个平台，新兴媒体未来会同传统媒体互通有无，将彼此的优势资源化零为整。因此，可从三个方面重新规划内容生产，以此解决内容方面的问题。

（1）内容项目化

传统媒体在向新兴媒体转型的过程中必须杜绝"新瓶装老酒"的情况，否则无疑是画地为牢，所谓转型就是利用好新兴媒体技术，重新定义受众和客户，将受众定义为用户、内容生产者甚至是项目投资人。

罗振宇的节目《罗辑思维》，自开播之日起就成为互联网社群之中影响力较大的节目，2013年罗振宇发起了两次奇葩的"知识众筹"：普通会员200元会费、铁杆会员1200元会费，让人震惊的是，会员制度并不能保证任何权益，在此情况下仍然筹集到会员费近千万元；罗振宇有一个专业的内容运营团队，而其中很多人是《罗辑思维》的第一批粉丝，罗振宇曾经在受访时提到自己的知识积累有限，得跟各种领域的牛人多多切磋，后来就有了知识助理这一职位，他们为节目选题、策划，像中国人民大学的学生李源因对历史题材研究颇深，经常在节目中被罗振宇提到也曾经小火了一把。罗振宇本人曾是中央电视台的制片人，他正是将传统媒体的优势与新兴媒体相结合，节目才会做的如此风生水起，2015年10月20日，《罗辑思维》在中国文化产业基金的领投之下宣布完成B轮融资，估值13.2亿人民币，目前播出的三季节目播放量已经超过3亿次，微信订阅号的用户数也突破了530万。

综上所述，传统媒体要想加快与新兴媒体的融合进程，不能只是简单地将内容介质从传统媒体的平台上照搬到微博、微信公众号和订阅号上，内容项目化需要打破长久以来传统媒体的旧传统、旧体制，完成其向互联网思维的彻底转变。

（2）内容立体化

笔者在研究时发现在新兴媒体的冲击下，无论是广播、电视还是报纸都在挖掘自身优势，尝试与其他媒体取长补短，传统媒体正在积极创新报道形式，就是将媒体内容尽可能向不同年龄层级的受众展现不同的侧面、不同的声音，尽可能地覆盖全貌，而不是简单地做单面性报道。甚至可以加入受众的声音，力求传播的内容在相对的自由下表现出传统媒体、新兴媒体（特别是自媒体）的不同角色、不同视野、不同想法的声音，使媒介内容更加立体。

①360°全景现场

澎湃新闻是上海报业集团为抵御报业寒冬所上线的新兴媒体产品，它的内容多来自原来东方早报的采编团队，众所周知，东方早报的强项是言论、时评、专栏和文化新闻，这点在澎湃上体现得淋漓尽致。可这仅仅是体现了传统媒体——纸媒的专长，不可否认，第一次使澎湃一跃出世的原因更多地在于一篇政策报道《令zc的平陆往事》，当时网上出现了一篇细致入微的报道，很多报人都说那是一篇蓄谋已久的开场大作，也确实一鸣惊人。

然而，高质量的内容能够吸引到的仍旧只是与传统媒体报纸对位的原有受众，没有新花样依然吸引不到新的受众群体、新兴媒体的主体用户青年和青少年。于是，澎湃的第二篇惊人之作更是革命性的——360°全景摄像，又被称为全景现场。它不仅利用HTML5的三维引擎把照片相连拼成立体的空间，使得用户能够全方位地观察到现场的环境，还可以依据全景现场中箭头的走向前进或后退至下一处，仿佛真的身临其境，内至春节后上海豫园元宵节灯会、外至奥巴马在白宫玩全景，这一技术让用户体验了一把现场感；与此同时，还紧紧地捆绑住了青年和青少年用户，例如每年的国际消费电子产品展（CES）一定是国内外热衷科技产品的青年和青少年最想去的场所，而这个展会的举办地点在美国拉斯维加斯，无论从人力、物力还是财力来看科技深度爱好者们都去看展的可能性并不大，这时候澎湃全景现场的出现就打出了差异化竞争这张牌，也因此获得了新兴媒体主要用户的喝彩。

②短文报道

现在越来越多的人选择电子屏幕替代纸质媒体作为阅读介质，满足受众碎片化时间阅读的需求，长篇阅读也渐渐成为非主流的阅读方式。受到新兴媒体的影响，新闻的保鲜期急剧缩短，所要求的报道时间也不像从前可以定点传播，新闻变旧闻的速度也越来越快。因此在越来越多的重大新闻报道中，传统媒体必须更加努力地加快与新兴媒体的融合进程，积极加入与各种新兴媒体平台的竞争，建立影响力。

腾讯新闻是目前比较优质的新闻媒介，它不仅传送信息的速度很快、内容优质、目标受众也很精准。腾讯新闻对信息的要求极高，要求所有内容都必须符合现代受众利用碎片化时间来阅读这一特点，强制所有新闻的长度务必在一分钟内可以阅读完毕。这些新闻首先一定是当天的重要新闻，其次具有极强的概括性，不加赘述，十分简练。使得用户可以一眼看到新闻的主题和内容，如果感兴趣则可以点击"更多"了解更多内容，这样把阅读的主动权交给受众，对于受众来说减轻了强制阅读带来的负面性。

对于传统媒体来说，如果可以把这种"短、频、快"的新兴媒体运营模式运用起来，不仅可以加快媒介内容的更新速度，满足受众碎片化时间阅读的需求；还能占领很多地方新闻的传播源头，在媒体的战场中争夺更多的话语权。

③自媒体人观点性报道

从微信公众号诞生以来，各行各业越来越多优秀的人才开设自己的公众号，分享着自己的观点。2014年，经济媒体人吴晓波拥有了自己的第一个个人传播渠道——吴晓波微信公众号，而截止到2016年1月，他的公众号的月活跃用户数将近8亿人次，近80%的用户关注了他，每周他做两个专栏,最高一篇文章的阅读量在微信里超过 20 万次。吴晓波除了运用微信平台,他的视频节目也在爱奇艺视频网站播出,其每期节目的流量在 89 万次左右,由此看来,自媒体人的流量影响力可以媲美任何一家传统媒体。

近几年除了吴晓波,优秀的自媒体人层出不穷,文化圈有高晓松的《晓松奇谈》、杂谈圈有罗振宇的《罗辑思维》、军事圈有张召忠的《张召忠开讲》,而从他们节目和文章的点击量和阅读量来看,自媒体人必然是具有很强的用户黏性的。罗振宇在演讲时曾说自媒体发展的两个要素,一是魅力人格,二是社区运营,二者相辅相成。

自媒体区别于新兴媒体,它借助新兴媒体平台传达自媒体人的思想,而有趣的是,很多自媒体人的另一重身份是传统媒体人,自媒体人也是媒体融合过程中最具代表性的成果。自媒体人拥有他们独特的人格魅力和勇于创新的思路,传统媒体如果以开放的心态去粗取精,学习自媒体的精髓之所在,避免不理智地抢占新闻资源、人云亦云地评论,而是真真正正地反思,不能仅仅习惯做传声筒,更要招贤纳士,再加上传统媒体天生的优势——可信的信息源、来自业界或学界专业分析等新兴媒体无法相比的资源,这些优势融合在一起必将超过新兴媒体。

(二)陕西省传统媒体与新兴媒体渠道融合分析

1. 调查情况分析

表12.7　从业人员对各个能实现争夺移动互联网入口、提升移动互联网覆盖面的方向可能性的态度均值

(1 为最小值,5 为最大值)

电子商务	金融、支付	在线教育	远程医疗	社交应用	搜索	游戏	出行旅游	通信
4.1368	4.2596	4.0858	3.7835	4.2931	4.0558	3.7870	4.1186	3.9336

为了实现争夺移动互联网入口、提升移动互联网覆盖面,媒体和"社交应用""金融、支付"相结合的产物更被看好。目前陕西省各个媒体单位甚至节目组都有自己的各种社交公众号,例如微信、微博等,它们的融合促进了传媒产业的蓬勃发展,加深传者与受众之间的紧密联

系。像"电子商务""金融、支付""在线教育""搜索"和"出行旅游"与媒体的结合很被看好,可以说这也是未来陕西省传媒行业扩展传播渠道、争夺互联网入口的必然发展趋势。

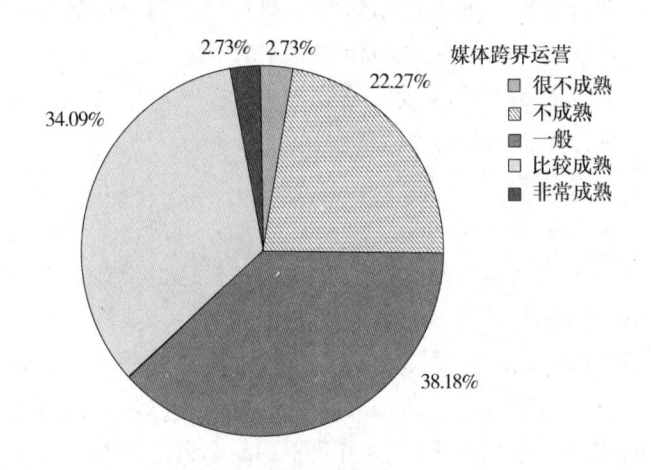

图12.1 从业人员对现在媒体跨界运营的时机是否成熟的态度

在被调查人群中,有36.82%的从业人员认为目前媒体跨界运营的时机是成熟的,38.18%的人认为时机一般(见图12.1)。按照这个数据来看,媒体从业者对于该省现在实行媒体跨界运营并不积极。其实依照之前的媒体跨界运营的例子来看,依然存在很多问题无法解决,也并没有出现一种成熟的模式可以效仿学习,因此多数人持观望或者否定态度。

表12.8　　从业人员对在媒体传播渠道拓展过程中,各种
因素的作用程度的态度均值

(1为最小值,5为最大值)

内容品质提升	受众互动与维护优化	终端扩展	服务形态扩展	社交机制的借鉴与应用	物联网等技术的进步	媒体组织结构调整
4.4979	4.3906	4.1164	4.1197	4.0130	4.1459	3.9103

根据调查结果我们可以发现,目前从业人员对"内容品质提升"和"受众互动与维护优化"作用的重视程度很高。内容质量的提升必然是

传播渠道扩展的基石，而与过去不同的是近几年来媒体从业人员在传播渠道拓展的过程当中普遍开始关注与受众互动的维护与优化，比如各种节目都会在微博、微信上开通公众账号，用送小礼品的方式来吸引受众参与互动，而且更多的节目开始关注草根嘉宾，而不仅仅是某领域的大师级人物，这样对于传播渠道的拓展非常有利。

而另一个引人注意的因素是"物联网等技术的进步"，这一点在近年来有着非常突出的表现，一个典型的例子是东方卫视联合天猫制作的大型真人秀节目《女神的新衣》，这档节目在竞拍时就引起了浙江卫视、湖南卫视和东方卫视的争夺大战，而东方卫视在宣传期也可谓是大费周章，可见对这档节目的重视程度。同时，这也是在拓展传播渠道方面，国内第一档将节目内容与物联网融合的节目，虽然网络上受众褒贬不一，但是不可否认的是受众对这档节目的关注度飙升，这样确实有效地拓展了节目的传播渠道。而国外也早已有了通过物联网等技术来拓展传播渠道的节目，比如说美国的节目 Fashion Star 和 Project Runway。因此，关注到这一点非常有利于陕西省媒体从业人员拓展思路，以新方式来拓展传播渠道。

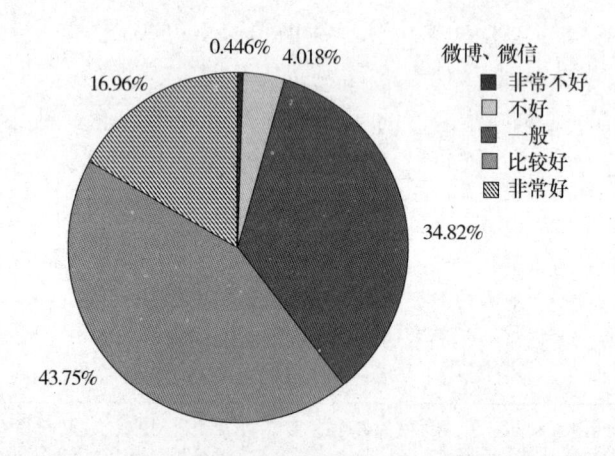

图 12.2 从业人员对不同传媒企业、单位加强微博、微信等社交媒体平台的运用效果的态度

而对于不同传媒企业、单位，加强微博、微信等社交媒体平台的运用，有近乎 3/4 的媒体从业人员认为效果好（见图 12.2）。事实上，目

前在陕西地区晚高峰时段收听率第一的广播节目《下班快乐》就在节目中非常大胆也非常成功地融入了微信的效果。在这档节目中，每天早晨节目组都会在微信公众号上抛出一个讨论性话题，然后收集大家的语音，在下午节目的板块中播放，主持人也会根据每个人的语音做出各种反应，但不是点评。这样一方面促进了大家参与节目的积极性，另一方面提高了节目的趣味性，有效地提高了收听率。

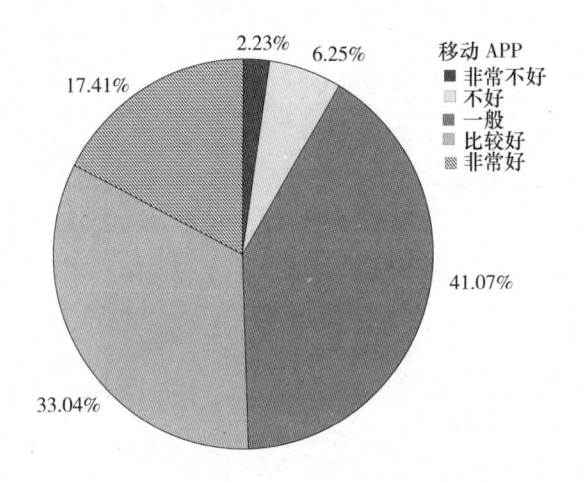

图 12.3　从业人员对传统媒体推出的移动 APP 效果的态度

超过一半的受访人员对传统媒体推出移动 APP 做出正向评论，剩下受访者中的大部分对此不置可否，总的来看，对于效果的整体态度是积极正向的。

发展到今天，可以说新兴媒体的出现和快速发展的确已经改变了人们的生活方式。很多曾经只能在各大媒介平台上接收到的内容摇身一变，收录进了手机中一个个小小的 APP 图标中。受众获取信息已经不需要像过去一样买报纸或是花时间购买内容，无论是时间还是金钱，用户所需要的成本越来越低。

而这种现象致使受众拥有了更高的主动权，也形成了"用户中心化"的模式。此时又出现了新的问题，如何获得更高的流量，即点击率。随之而来的是巨大的商业利益，例如广告套现等方式，也就是说，流量越高，获得的商业利益就越高。

2. 媒体渠道融合方面存在的问题分析

（1）从业者对媒体跨界运营态度消极

根据数据分析发现，媒体从业者对于陕西省现行媒体跨界运营并不积极，多数人持观望或者否定态度。

而根据一项关于从业人员结合供职单位情况，对各个因素在阻碍传媒公司运营机制改革的调查来看，媒体人认为现行传媒体制、领导战略层次与思路偏差这两个原因对他们的态度影响最大。

（2）人才流失严重

调查显示，陕西省媒体从业人员有近乎一半的人的从业时间在两年到四年之间，流动性非常大。与此同时，越来越多的广播从业人员以私人身份在各大在线音频平台——蜻蜓fm、喜马拉雅、荔枝fm、考拉fm上开发了自己的新节目；电视从业者在爱奇艺、搜狐这样的网络视频平台上做起了制片人、主持人；报纸从业者也加入了新兴媒体的大潮，从一个普通的记者、编辑成为了在互联网上极富感染力的自媒体人。这些例子仅能说明有能力的媒体从业人员在传统媒体受某些因素所困，只能在新兴媒体平台上发挥所长。

①政策原因

调查显示陕西省媒体从业人员中，有28.10%的人"非常赞同"当下的媒体体制与政策中存在阻碍传统媒体与新兴媒体融合发展的因素，40%的人"比较赞同"，22.86%的人认为"不确定"。近乎3/4的从业者认为2014年颁布的十大新政表现平平，传统媒体这些年相对新兴媒体来说管控依旧非常严格，所有的内容都需经过层层把关才能传播至受众，而更难被接受的还有长久以来形成的"偶像包袱"——权威性、过度的倾向性的态度不容易被受众接受，且会招致受众的反感。有些"敢于直言"的从业人员心直口快，做工作雷厉风行，"度"把控得好也就罢了，一旦出现问题，对他们的前途有着很大影响，因此，多数从业人员不愿冒这个风险，宁愿保守工作、不做不错。

②经济原因

根据问卷调查所示，在陕西省媒体从业人员中收入低于3000元和高于6000元的从业人员仅为全体从业人员的1.29%，大部分该省的媒体从业人员的收入在3000元到6000元不等。其中有57.06%的人每月收入为

4000元，18.88%的人每月收入为6000元，18.45%的人每月收入为3000元。由此发现，大部分媒体人的收入并不算高。还有一项调查结果显示，陕西省媒体从业人员有近乎一半的人的从业时间在2年到4年之间，流动性非常大。而另一半的大部分从业人员的工作时间都在6年到20年之间。令人惊奇的是，有15.6%的人拥有15年之久的从业时间，5.86%的人的工作时间为20年，而从业时间为一年的人仅为全体人员的9.62%。因此，高收入的从业人员必然是从业时间长、人数少的一个群体，低收入的从业人员流动性大、从业时间短，却是一个较大的群体。

对于一个以私人身份在各大新兴媒体平台上做节目或者撰稿的从业人员来说，做新兴媒体相当于副业，每一条节目、每一篇稿件，甚至是在自媒体人的微信公众号上广告商投放的每一个广告，都可以为他们每月额外提供一笔丰厚的工资。相对于在传统媒体平台多说容易多错，需要承担风险的情况，从业者当然会选择"副业"。

3. 媒体融合渠道发展的建议

（1）拓宽渠道，提升信心

根据调查，在调查范围内有近乎3/4的从业人员认为当下传媒体制与政策存在阻碍媒体融合发展的因素。由此可见从业人员内心并不看好跨媒介运营，根本原因在于在陕西省无论是从推动媒体内容融合发展、媒体渠道融合发展、媒体产业融合发展还是推动媒体集群化发展方面来看，有关媒体融合发展相关性较强的十大新政的运用表现平平。而主要原因则在于领导战略层次与思路偏差这一原因。若想加快传统媒体与新兴媒体的融合发展，媒体领导人必将合理运用十大新政，在此基础上引进人才、学习成功经验、积极建设新兴传媒集团以促进媒体融合，以提升该省从业人员对于媒体融合的信心。

从调查数据得知，在建设新型传媒集团这一过程中加强新兴媒体形态扩展及建设、加快传播平台的建设、强化多方面资源整合和多媒介技术整合是媒体从业人员公认的未来建设新型传媒集团所最先需要发展的方向。目前，新兴媒体的内容生产方式确实符合现代受众的习惯与喜好，也得到了快速发展，传统媒体应当学习这方面的优势，不要固守传统。与此同时，传统媒体也越来越多地依托新兴媒体来获得更好的宣传效果。目前大部分报社都鼓励记者"一稿多投"，甚至强制要求记者供稿给自办网站，中国最权威的报纸《人民日报》的记者除了完成本单位的报道任务，还需为人民网撰写报道，并且这一要求体现在月度工作质量考核指标之中。笔者建议，除了要求网络供稿之外，特别要强调记者和编辑在新兴媒体平台上与受众及时互动。因为在报道一些重大新闻的过程中，媒体引导社会话题更能形成舆论的焦点，最终获得良好的传播效果。因此，传统媒体若想尽快提升从业人员对于传统媒体与新兴媒体融合进程上的信心，必然需要将内部业绩考核转向新兴媒体平台，并给予酬劳方面的倾斜支持，同时完善制度，将记者、编辑在新兴媒体平台上的文章也纳入正式的稿酬体系之中，让他们迅速将一个传统媒体人身份转换至新兴媒体时代下的媒体从业者。

（2）招贤纳士，减缓人才流失

根据调查数据可以发现，因为"工作压力大"离职的传统媒体从业人员比例较小，只占整体数据的14.85%；而超过50%的传统媒体人离职的原因是"新兴媒体具有远大的发展前景""新兴媒体的运作机制和工作环境，有利于人才的快速发展"和"自己的想法和创意需要机会得到实施，实现自我价值"；33%的人是为了"更高的收入"和"紧跟技术、产业发展趋势"。

可以概括为，传统媒体人离职是为了自身的发展和家庭的建设，由此看来，目前陕西省传统媒体的发展已经非常明显地制约了媒体从业人员的自身发展，与此同时，也无法为他们提供良好的工作环境和更高的工资。

从以上的分析来看，传统媒体限制了从业人员在工作上的发展、忽略了他们最根本的需求，而想要改善这种情况，一定要将该下放的权力下放，使得从业人员得以积极发挥自身的主观能动性，敢于提出想法、执行实验，实现自我价值；其次就是多劳多得、按工配酬，传统媒体应按照从业人员当月工作量发放酬劳，减少不公平现象的出现；最后，传统媒体应当革新意识，紧跟媒体行业创新的技术、产业发展趋势。

（三）陕西省传统媒体与新兴媒体资本融合分析

1. 调查情况分析

从调查结果来看（见图12.4），陕西省各媒体单位达成融合发展、扩展业务范围的资本运作方式大部分是"投资控股"，到目前为止，陕

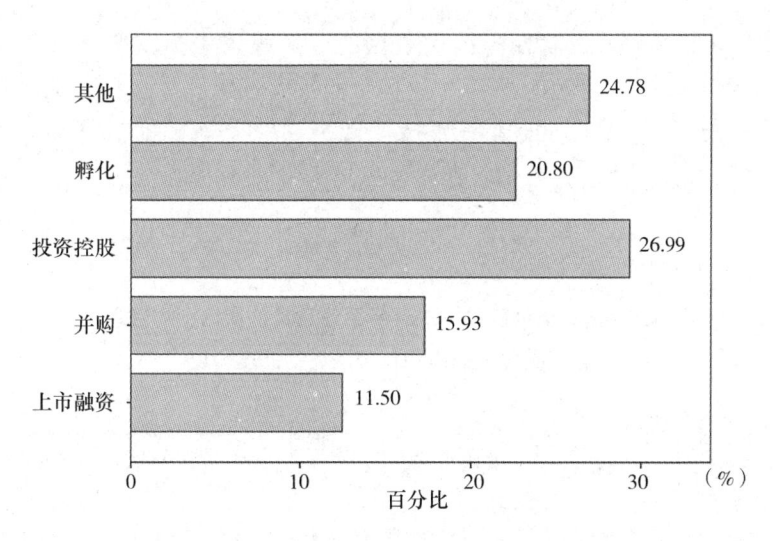

```
其他          24.78
孵化          20.80
投资控股      26.99
并购          15.93
上市融资      11.50
```
百分比 （%）

图 12.4 从业人员供职单位达成融合发展、扩展业务范围的资本运作方式

西省大部分媒体单位都处于国有控资控股的情况之中,当国资撤出也意味着这家媒体单位的生命走到了尽头,传统媒体各个方面的情况都非常被动。这种情况的发生使该省各媒体单位忽视了"上市融资""并购""孵化"这些资本运作的方式。

```
其他                                          15.49
跨界扩张(如布局电商、互联网金融、游戏等)      14.16
实现内容生产、版权资源的扩张                  35.40
收购、控股新媒体创业公司                      11.95
参股平台化新媒体企业                          23.01
```
百分比 （%）

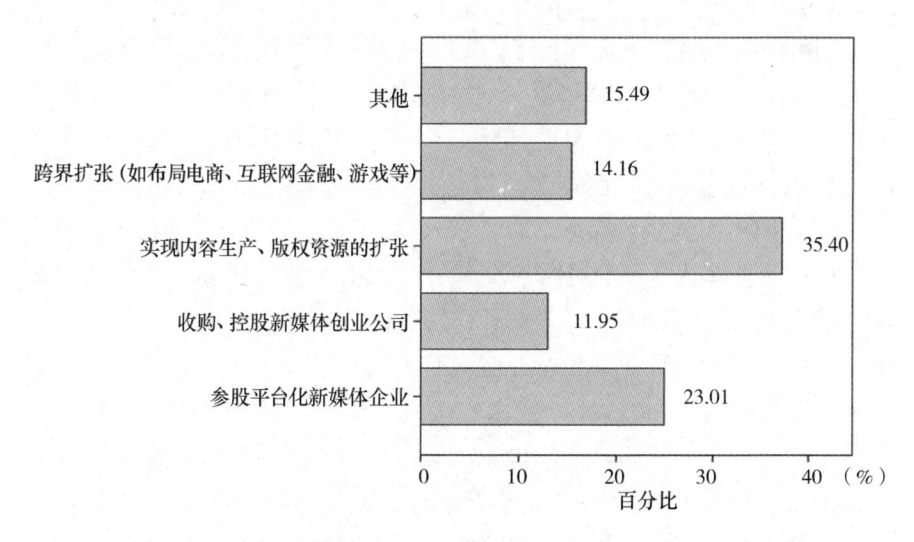

图 12.5 从业人员供职单位在通过资本手段实现跨媒体运营的动作

由图 12.5 可知，陕西省提供数据的五家媒体单位主要是通过"实现内容生产、版权资源的扩张"这种手段来实现跨媒体运营，而其他几种手段，如"收购、控股新兴媒体创业公司""跨界扩张（如布局电商、互联网金融、游戏等）"或"参股平台化新兴媒体企业"运用得非常少。

表12.9　从业人员结合供职单位以及所关注的其他案例，对资本运营在各方面中的作用程度的态度均值

（1为最小值，5为最大值）

技术升级	内容购买	渠道建设与拓展	管理水平提升	助推集群化运营	跨媒体形态运营
4.3234	4.0598	4.1319	4.0171	3.8155	4.0129

资本运营对"助推集群化运营"这一项的作用程度较小，集群化运营是指集团下一个媒体发布信息，则同一集团下所有媒体都能共享这条信息；或者说一个网站做了推广，则所有同行业的网站都受益，所谓一呼百应。这样便让同一集团下的所有的媒体共享信息和流量，互动高效地建立上下游产业链，获得高速发展。

而目前资本运营对集群化运营的作用力小，可以证明在陕西省媒体的大环境中，高层在统筹资本流向时更多的关注到技术、内容等部分上，并没有关注其他层面的重要性。

2. 媒体资本融合方面存在的问题分析

（1）媒体体制制约媒体融合发展

根据来自媒体从业人员的信息看，陕西省大部分媒体单位仍是事业单位的管理体制，传统的且不能顺应时代的体制直接制约了媒体融合的整体发展。一方面从资本来源方面来看，各个媒体单位"靠山吃山，靠水吃水"，国有控资控股这一资本来源几乎无一例外，可以说离开国家资助与扶持，大多媒体单位都将无法运作。另一方面从资本运作本身来看，该省多数媒体单位的从业者依然将跨媒体运营看作是实现内容生产、版权资源方面的工作，仍未将眼光辐射到其他领域，如创业公司或新兴媒体平台，过于保守。

（2）资本运作方式未能有效运用

根据数据显示，有26.99%的从业人员认为陕西省传统媒体达成融合发展、扩展业务范围的资本运作方式为投资控股，反映出传统媒体一直在忽视上市融资、孵化以及并购这些模式。除此之外，传统媒体一直以来都以广告变现的模式吸收资本，而结合目前的媒体融合的大背景，这种方式已经落伍。

3. 媒体融合资本发展的建议

（1）优化管理体制

基于对陕西省媒体行业融合发展资本运作现状的调查，笔者建议大规模资本运作之前，传统媒体必须完成两个核心任务：第一必须拥有强大的融资能力，第二一定要有强大的并购能力。与此同时，应当建立符合目前大背景的资金运作平台、借鉴与学习传媒行业资本运作成功案例的经验，促进传统媒体所有制改革，完成产权多元化发展，扩充资本渠道。

（2）扩展融资方式

目前陕西省传统媒体的管理体制与事业单位的体制相同，都得到了政府部门的长期补贴和财政拨款。为了在目前的大环境下加快完善媒体融合的进程，传统媒体有必要采取措施建立全面的、符合新时代的、有效的企业制度，形成可以适应TMT产业要求的体制和架构。

传统媒体因为体制原因，一方面受到政府鼓励，期待它们完成上市公司的转型，而另一方面大环境却制约了它们的转型。值得注意的是，成为上市公司的作用除了融资以外，更加重要的是可以使传统媒体脱离事业体制的束缚枷锁——效率低下等问题，一旦成为上市公司，传统媒体将可以重新组建更加科学的管理体制，甚至可以用股权激励等方法吸引专业团队、高素质人才，从根本上加速优化传统媒体的体制。

目前，在诸如蓝色光标、华谊兄弟此类已经上市的文化传播公司中，股权激励这种机制已成为优化管理体制的常态，并且很有成效。而传统媒体在规范操作的情况下应当学习此类公司的体制，调动媒体从业人员的积极性。

(四) 陕西省传统媒体与新兴媒体技术融合分析

1. 调查情况分析

表 12.10　从业人员对供职单位通过应用云计算技术在各方面
发挥作用的程度的态度均值

（1 为最小值，5 为最大值）

改进媒体资源储存与管理	推动采编、生产的一体化	打通各个传播渠道、实现多屏合一	布局新的业务形态	改善组织结构
3.9450	3.9204	3.8945	3.7398	3.5737

通过调查数据可知，陕西省传媒行业通过应用云计算技术在"改进媒体资源储存与管理"和"推动采编、生产的一体化"上发挥了重要作用。在过去的传媒行业，记者采访好的内容需要压缩到压缩包中发邮件给编辑，编辑需要下载、解压，浪费时间、工作效率低下，又或者用U盘导入、导出，很不方便，在容量积累到一定程度时还要经常删除U盘中的内容，非常不方便。而云计算技术的出现彻底改善了这一问题，只要单位中建立了云库，记者采访的内容可以实时上传到云库，而编辑就可以立即使用，同时也改善了媒体资源的储存与管理的问题。

表 12.11　从业人员对供职单位通过应用大数据技术在各方面
发挥作用的程度的态度均值

（1 为最小值，5 为最大值）

优化受众关系的维护	改进媒体内容生产流程	提升渠道传播效率	提高广告运营水平	布局新的业务类型
4.0500	3.9505	3.8913	3.7377	3.7667

在被调查的从业人员的单位中，通过大数据技术在"优化受众关系的维护"上发挥的作用较大。而对"改进媒体内容生产流程""提升渠道传播效率""提高广告运营水平"和"布局新的业务类型"产生的作用不相上下。

```
其他                                        1.27
大数据技术在公司发展中发挥作用不大            7.30
基于数据分析的市场趋势、受众分析             20.63
基于大数据分析的内容生产                     24.44
从专业公司购买相关数据                       13.33
与其他公司深度合作,分享数据                  13.02
从战略层面推动大数据战略,全面提升
数据获取、挖掘与分析的能力                   20.00
                              0  10  20  30  40  50 (%)
                                      百分比
```

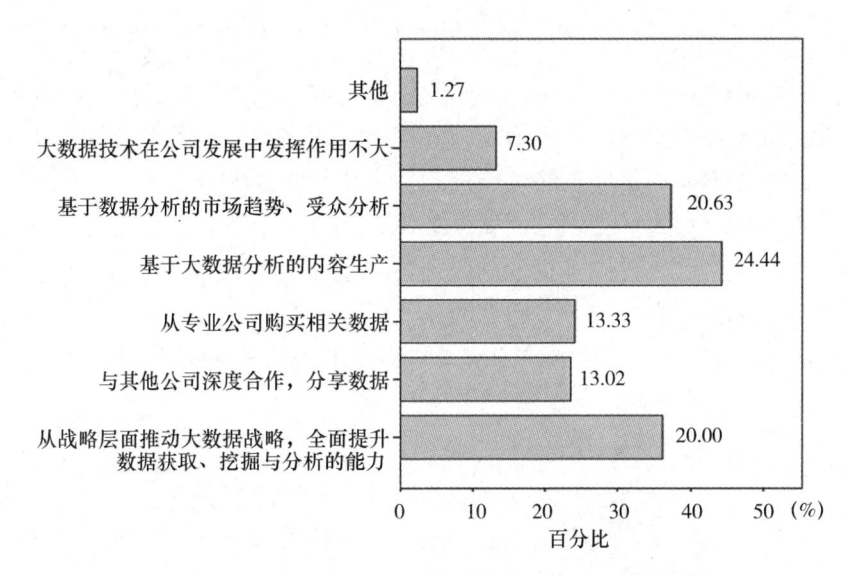

图 12.6　从业人员供职单位应用大数据技术的方式

根据图 12.6 可知,受访媒体从业人员的供职单位应用大数据的方式有 24.44% 是"基于大数据分析的内容生产",有 20.63% 是"基于数据分析的市场趋势,受众分析",有 20% 是"从战略层面上推动大数据战略,全面提升数据获取、挖掘与分析的能力"。

2. 媒体技术融合方面存在的问题分析

媒体融合自诞生至今,根据不同时期的特点应分为以下几个阶段:一是传统媒体意识到新兴媒体的存在,逐步创建新兴媒体部门;二是传统媒体受到了新兴媒体对其主流地位的威胁,但意识到必须和谐共生才有出路;三是传统媒体模仿新兴媒体,与它们互通有无得以快速发展。

技术或者说互联网技术已经成为了传统媒体处于危机状况的主要因素,云计算、大数据、移动互联等技术在新兴媒体平台的广泛运用使传统媒体平台流量急剧下降。换句话说,媒体融合进程的快慢从本质上来讲是看媒体单位对于新兴媒体技术的运用程度、范围与速度。因此,只有加快传统媒体的技术升级,平台内容的融合才能度过危机,才能真正进入度过传统媒体模仿新兴媒体的阶段,进入真正的媒体融合阶段。因此,可以狭义地说媒体行业的融合离不开技术的发展,只有媒体技术不断创新,媒体融合才能加速发展。

(1) 忽视技术

笔者在调查过程中发现，陕西省传统媒体从业人员对其单位是否应用大数据或云计算的情况并不清楚，在媒体技术的应用、研发、引进上极其滞后，技术运用得最多的单位都是新兴媒体。在此背景下，传统媒体的角色发生了很大转变，主流媒体的地位在逐渐流失，变成了无偿制造内容的生产机器，在内容投放到更加贴合受众生活的新兴媒体之后，成为新兴媒体的内容生产源。剩下的从业者大多数人选择了本单位没有应用大数据或云计算，这说明该省的从业人员普遍忽视技术这一根本要素。

(2) 缺乏技术人才

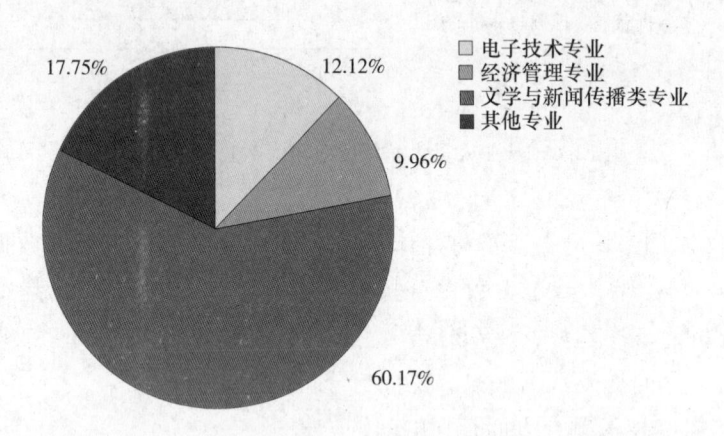

图 12.7 从业人员专业分布

根据图 12.7 可以发现，在被调查范围内的媒体从业人员中，60.17%的人学习的是文学与新闻传播类专业，而学习电子技术专业的从业者仅占 12.12%，在这背后体现的问题是技术人才的极度缺乏。通过之前的数据我们可以发现，无论是云计算技术还是大数据技术在陕西省传统媒体从业人员的眼中并没有什么概念，他们对于技术的关注度并不高，有这种观点的从业人员不乏一些媒体管理者，媒体融合既需要管理者了解媒介内容传播规律，又需要他们掌握媒体政策，除此之外还需要懂市场、会技术，而此时就要求各高校培养媒体专业学生的全能性能力，要求未来的准媒体从业人员能够与业界大环境相契合。

首先，从源头上来看是媒体人在培养的过程中有问题，国内各个院校的传媒课程的设计大多以"文"为主，缺乏技术的培养和相关培训，课程跟业界脱轨必然导致这类人才的短缺；其次，传统媒体体制对复合型人才没有吸引力，虽然很多媒体专业在课程设置方面缺乏技术方面的课程，很多学生会通过实习的方式收获到丰富的技术能力、弥补缺失，可是传统媒体事业单位的体制相比新兴媒体，在薪酬、发展方面缺乏吸引力。与新兴媒体或者互联网媒体公司相比，传统媒体大多按资排辈，薪酬是固定进阶的，无法按照复合型人才的想法实现目标；另外，很多互联网公司或是新兴媒体会以股权激励模式吸引人才，这是很多复合型人才愿意加入的一个核心因素。

3. 媒体融合技术发展的建议

（1）技术升级层面

对于传媒行业来说，媒体融合的发展趋势是国家目前最为提倡的，也是顺应全球媒体行业发展的必然趋势，因此传统媒体作为主流媒体有责任与义务在技术上实现应用与升级，然而目前的情况是单靠一家传统媒体来研发新技术是不现实的，传统媒体应当团结力量学习应用、发展新技术，努力做到用好已有技术、共同合作研发、引进新技术，加快媒体融合的速度。

从技术层面来讲，首先传统媒体应积极挖掘媒体技术人才，学会利用技术人才与管理者的配合来实现对内容生产方面的优化升级，相应的，也需要在传媒行业体制改革的过程中增加吸引复合型人才的筹码，比如股权激励等方式。其次，还要学会运用互联网与物联网技术抢占市场与终端布局，蛋糕可以做大，但终归是有限的，传统媒体应联合新兴媒体技术抢占市场，挽回传统媒体走下坡路的颓势。最后，目前新兴媒体平台的外延不断扩大，传统媒体应拓展眼界，利用好分众平台及其他媒体平台，在生活中让受众耳濡目染，一方面使他们接受传统媒体想要传达的信息，另一方面使传统媒体从业人员重视起传统媒体的非传统渠道。

（2）管理体制层面

技术升级层面的改变要求传统媒体在管理体制上也应全方位地改变，在管理体制、组织结构以及传播体系三方面应做出重大调整。首先，需要媒体管理者设立顺应技术变革的媒体管理体制，想要加快媒体融合的发展速度就必须彻底地改变管理体制，摒除同工同酬、按资排辈的不良体制，加快员工激励体制建设，调动从业人员积极性；其次，需要重组组织结构,在传统传媒体制改革之后,对于冗杂的部门应该当断则断、做好妥善处理,对于主体部门应当加大建设的力度,发挥其加速媒体融合的作用;最后,业界管理层应当与学界加强沟通,使得学界能够以业界需求为风向标培养媒体人才。

(五)陕西省传统媒体与新兴媒体政策融合分析

1. 调查情况分析

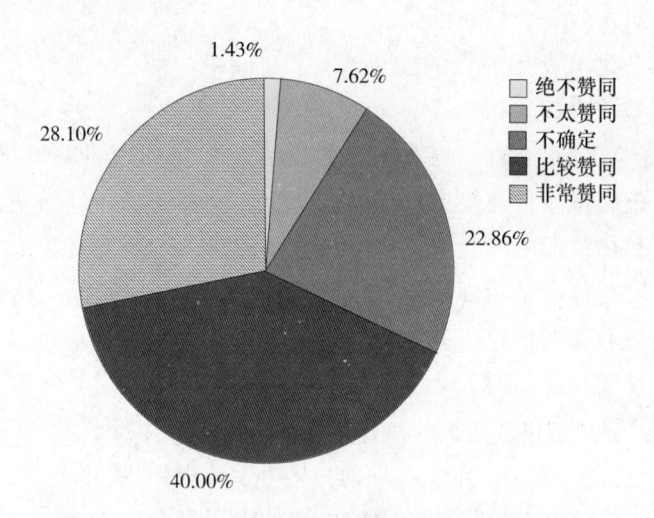

图 12.8 从业人员是否赞同当下传媒体制与政策中
存在阻碍媒体融合发展的因素

(如果"非常赞同",政策对以下因素所起的阻碍作用程度)

表 12.12 从业人员认为当下传媒体制与政策中存在阻碍
媒体融合发展因素的态度均值

态度均值(1 为最小值,5 为最大值)

公司运营方面	人才引进培育	跨地域融合布局	跨所有制融合推进	跨形态媒体融合尝试
4.0879	4.1989	3.8596	4.0506	3.9477

如图 12.8 和表 12.12 所示,在调查范围内,有近乎 3/4 的媒体从业人员认为当下传媒体制与政策中存在阻碍媒体融合发展的因素,其中 28.10% 的人非常赞同这一观点。他们认为政策主要阻碍了"人才引进

培育""公司运营方面"和"跨所有制融合推进"。

另外,根据对2014年度我国与媒体融合发展相关性较大的十大行业新政的调查结果来看,无论是在推动媒体内容融合发展、媒体渠道融合发展、媒体产业融合发展还是推动媒体集群化发展方面来看,十大新政的运用在陕西省表现平平。

表12.13　　　从业人员希望国家在各个方面出台相应促进
政策的意愿程度均值

（1为最小值,5为最大值）

知识产权保护	网络环境净化	鼓励跨界扩张	更加便利地对接资本市场	推动技术创新与应用	鼓励从业者创业、提供配套保障政策	网络素养提升	促进信息流动、加快信息透明	管理体制与方式的改革
4.3820	4.2208	4.0733	3.9740	4.3174	4.2778	4.1169	4.2414	4.2078

通过表12.13笔者发现,陕西省的媒体从业人员在调查数据上反映出了对各个方面出台政策的热切希望。包括对于知识产权保护方面、技术方面、信息透明化方面、管理体制方面的政策需求的意愿十分强烈。这些数据证明了陕西省媒体从业者对于传统媒体走下坡路这个情况开始了积极的反思,他们意识到传统媒体要想转变颓势需要做出很多改革,而改革之所以区别于革命就是在于一纸政策,政府出台的有关政策不仅需要取之于民,还需要用之于民,而关键还是在于对媒体融合这件事情的关注度是否足够多。

2. 媒体政策融合方面存在的问题分析

（1）内容监管问题

近几年,越来越多的节目被国家广电总局所禁止,越来越多的硬性条件被公之于众。受众可以理解为了规范网络环境的一些新政,毕竟是为了建设一个文明健康的上网环境、防止某些人试图以低俗、暴力、色情的内容获取利益。可是2015年的限娱令、限剧令以及2016年《关于加强真人秀节目管理的通知》都让媒体从业人员与受众伤心又伤脑。

对于媒体从业人员来说,广电总局发布的很多新政事先并未进行过民意调查，此举将媒体从业人员辛苦制作的节目全盘否定不说，还在播出时段、内容上做出严格规定，基本上断送了很多节目形式的后路，而很多已经录制完毕、正在制作中的节目和一些已经制作完毕的节目不知何时才能重见天日，浪费了大量人力物力。例如《妈妈是超人》也因为政策的限制转战网络平台播出、正在北京卫视播出的《二胎时代》也因为"限娃令"被迫调整，不仅加大了媒体人的工作量，还改变了制片人原定的效果，对媒体从业者来说很不公平。对于受众来说，大家喜爱的一些王牌节目本是因为孩童的天真无邪或是异域影视剧浪漫唯美吸引着他们，使受众在繁忙的都市、快节奏的生活压力下得以稍事休息、喘息，政策限制着实扫兴。只2015年一年，海外电视剧延迟半年播出、不让做养生节目、青春校园电视剧可以出现早恋情况但不容许成功，这些奇怪的"新政"越来越难以收服人心，反而还有细心的受众发现，国家广电总局出台的基本都是限制传统媒体的政策，在这些政策里，很少用到鼓励、支持等字眼，其实对于受众来说，传统媒体辛劳的"取经"取悦受众，而广电总局的禁令也用心良苦，他们担心着自己的国民被广告、娱乐引导的失去正确价值观、担心受众被外来电视剧或者动漫引导的迷信暴力、色情，又或者恐怕我们因真人秀、选秀节目而不务正业，只想着一夜成名。但是还需记得一点，管理过度严谨必然打压了媒体从业者的工作热情，与此同时也减缓了媒体融合的发展步伐，影响了媒体融合的进程，最后却大多由政府买单、坚挺地活着。

（2）政策滞后问题

陕西省媒体融合过程中很大的限制因素是政策滞后的问题，目前新兴媒体的发展速度快于传统媒体几倍，在这种新市场环境下新兴媒体在很大程度上突破了行业以及地域的限制，抢占了更多媒介资源和更多市场，因此传统媒体在被过多监管的情况下又无法找到发展的新路子，只能依靠政府补贴、寄希望于传媒政策的保护，例如广电总局对于传统媒体的监管放松或是对于新兴媒体的监管收紧，但是在未形成良好的政策和机制之前，陕西省传统媒体的情况每况愈下。

3. 媒体融合政策发展的建议

（1）完善政策

在我国，关于推进传统媒体与新兴媒体融合发展的政策仍不完善、很多领域尚属空白,甚至连相关的法规都很少。政府部门应当更加关注媒体行业融合新政推行后的反馈,不能只是简单地喊口号、施压给传媒单位,应当从新政的预案、制定、推行、反馈这一系列的工作都让媒体从业代表参与进来,实时通过媒介平台将进展反馈给社会,再选取民意代表提出修改意见,使得媒体融合政策愈发完善,简单地讲就是要取之于民、用之于民,毕竟媒体融合这条路的具体实施者还是业界的媒体从业人员,只要他们关注到媒体融合这一发展趋势的重要性,同时有强烈的意愿支持政府推进媒体融合,就能发挥出从业者的主观积极能动性来完善政策。

(2)合理细化政策监管力度

①政府层面

在政府的关注之下,传统媒体必将会加速与新兴媒体的融合进程,而毋庸置疑的结果是它们之间的合作模式也将更加成熟。国家新闻出版广电总局是审批标准和流程最严格的干预媒体行为的行政单位,对于政府层面来讲,国家新闻出版广电总局应当完善新政颁布之前的流程,使之更加透明化,使传统媒体与新兴媒体避免在不知情的情况下,在某些即将被禁的项目上投入过多的人力物力,造成不必要的浪费;除此之外,政府机构在制定政策开始时,应当在媒体上公开新政草案信息,召开听证会,使之符合社会主义主流价值观,最重要的是需要关注新政的试行效果,很多新政可能并不符合地方上媒体的发展状况,那么就会出现新瓶装老酒、上有政策下有对策的情况,如果新政普及中的问题过多而并没有被发现,媒体单位也只能顶着压力见招拆招。

②媒体层面

从媒体层面来讲,在媒体融合发展的过程中,如果未来有条件应当参与到新政的制定之中,做到心中有数,结合具体情况为完善政策献出一份力量;另外,在新政试行期间,各个部门监管目标也应有所调整,应当重视政策施行的具体效果,尽量对其效果进行完善的记录,并与颁布新政的政府部门及时沟通,使得新政得以尽其用,否则部门之间的监管目标若改变后容易出现监管盲点,致使很多新政流于形式。

结　　语

本研究立足陕西省的媒介大环境,选取了五家最具代表性的各个形态的媒体单位进行了细致的调研，在得到的一手数据以后，笔者分析了当前陕西省媒体融合的发展情况，找出了问题，提出了建议，为未来陕西省媒体融合的探索之路奠定了良好基础。

虽然未来陕西省媒体融合的道路难以看到转折点，同时该省媒体融合又在内容、渠道、技术、资本、政策几个方面没有很大效果，但仍须重视媒体融合对于未来陕西省媒体行业发展的重要作用，积极推动这几个方面的协同融合。首先，需要国家出台扶持媒体融合的"新政"与传统媒体内部出台的规章相辅相成共建方圆；其次，需要传统媒体内部忍受阵痛，对内部架构、组织及管理体制进行大刀阔斧的改革，以此调整改善传统媒体在内容、渠道和技术方面的局面，甚至可以融入外部成熟的新兴媒体平台团队使之转变得以充分；最后，资本方面的转型显然是传统媒体转型的核心层面，传统媒体目前大多无法满足媒体融合中的资金要求，而如果依靠其自身积累显然是不现实的，因此扩展融资渠道，通过兼并、收购等融资手段整合社会资本是传统媒体发展的必要条件。

当然，本研究也存在一定的局限性：第一，调研的单位有限，对于陕西这样一个人口大省来说，媒体单位的数量非常之多，每家媒体单位在媒体融合方面都存在着不同的问题，每一家单位对于媒体融合的发展速度也不尽相同，虽然笔者尽力在调研范围内选取了各种媒体形态的代表，却仍然难以概括陕西省在媒体融合方面的所有问题。第二，样本数量有限，本次调研一共发放了330份调查问卷，回收了310份，对于陕西省来讲，这310份数据只能说在某种程度上代表陕西省媒体融合的情况，其中我们并没有控制一些变量，所以这些数据所能反映出的情况只能是一些基本情况，为将来别的学者的研究提供数据支持、奠定基础，放眼未来的陕西，媒体融合的发展将会遇到更多问题，需要更深层次的探索与研究。

分论七

甘肃省传统媒体与新兴媒体融合发展研究

伴随着互联网的快速发展和新媒体的不断涌现,传统媒体和新兴媒体快速融合发展,在媒体融合发展大背景下已经出现了很多转型和变化。本部分选取甘肃省为例,分析甘肃省传统媒体与新兴媒体融合发展的情况。以甘肃省省级媒体从业人员为研究对象,通过问卷调查和深度访谈深入了解甘肃省传统媒体从业人员以及新兴媒体代表在媒介融合发展的情况上的实际操作格局,实证分析甘肃省传统媒体与新兴媒体融合的发展现状以及面临的问题,在媒体机制、政策、媒体产业融合等方面又存在哪些突破和创新思路,经验和典型案例又有哪些,就未来甘肃省传统媒体从业人员以及新兴媒体代表方面融合发展的情况提出可能和建议。

习近平强调了推动传统媒体和新兴媒体融合发展的重要性,在遵循新闻传播规律和新兴媒体发展规律的基础上,深入发展互联网思维,坚持传统媒体与新兴媒体的优势互补,坚持以技术为支撑、以内容生产建设为基础,加强传统媒体与新兴媒体在内容生产、渠道融合、经营、管理等方面的发展力度,打造新型主流媒体,建设媒体融合发展的现代传播体系。[①]

甘肃省属于西北地区,具有十分明显的地域特色。在媒体融合发展的过程中,随着网络信息时代的到来,出现了新的媒体形态。根据《关于推动传统媒体与新兴媒体融合发展的指导意见》,甘肃省委积极支持骨干文化传媒企业大力发展新媒体,强化传统媒体与新兴媒体的融合发展,在正确方向和舆论导向的基础上,充分发挥新兴技术在创新型媒体

---

① 蒋纯:《报业融合转型,需深挖"技术"这块儿宝藏》,《传媒》2016年第1期。

中的传播作用,着力打造立体多样、融合发展的现代化传播体系。甘肃省各大媒体单位积极落实中央和省委部署,在政策和体制、内容生产融合、产业渠道融合等方面进行了改革创新,在很大程度上促进了传统媒体和新兴媒体的融合发展。

在调查的方法上,通过对甘肃省省级媒体单位(传统媒体与新兴媒体)采用分发调查问卷的形式,调查对象以甘肃省省级媒体单位的传媒从业人员为主体,分析调查其媒体融合发展的现状及面临的问题。共发放 300 份问卷,其中报纸杂志、广播电视和新媒体三个部分各发放 100 份调查问卷,回收有效问卷为 285 份,运用 SPSS 的专业数据分析软件对收集的调查问卷的数据进行统计和量化分析,通过数据分析发现其不同单位中出现的现象和问题。

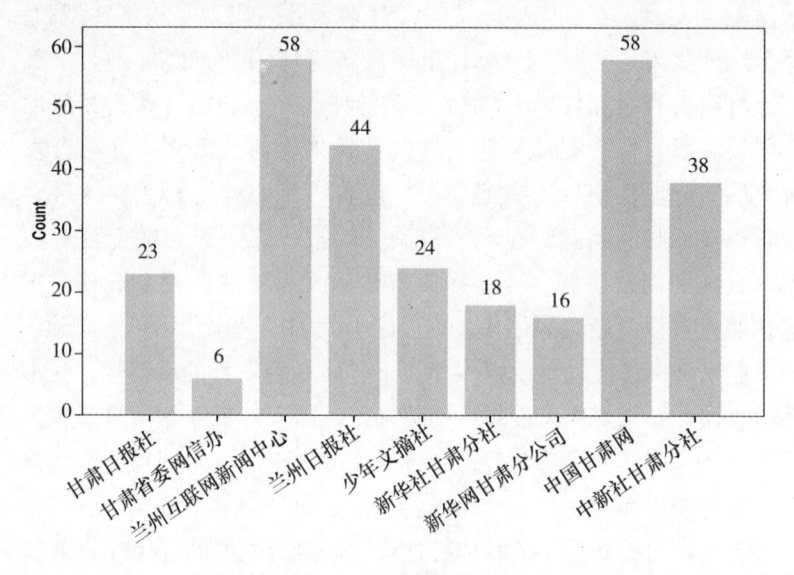

图 13.1 调查单位

本次在兰州的调查共走访了 7 家媒体:甘肃日报社、甘肃省委网信办、兰州互联网新闻中心、兰州日报社、新华社甘肃分社、中国甘肃网、中新社甘肃分社。其中少年文摘社属于兰州日报社;新华社甘肃分公司属于新华社甘肃分社。调查对象包括传统媒体部门以及新媒体部门。从传统新闻采编部门,到政府网络信息办公室,再到传统媒体的新媒体部门,都囊括其中。

一 受访人员基本情况

（一）职务

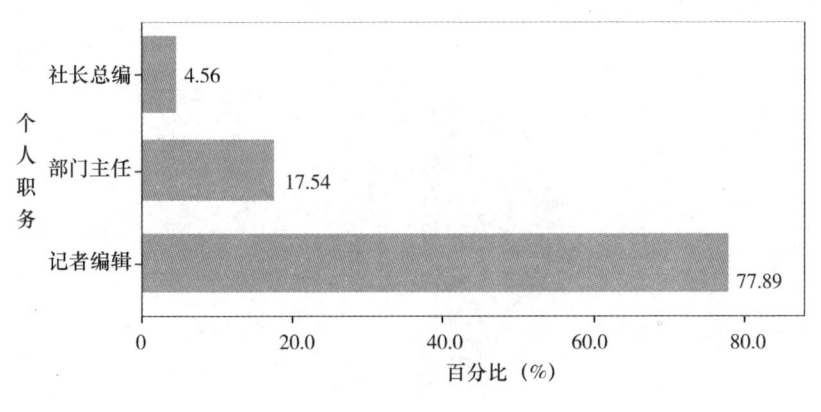

图13.2 个人职务

参与问卷调查的媒体人员中，记者编辑占大多数比例，达到77.89%，有17.54%为部门主任，只有4.56%任职社长或总编。

（二）学历

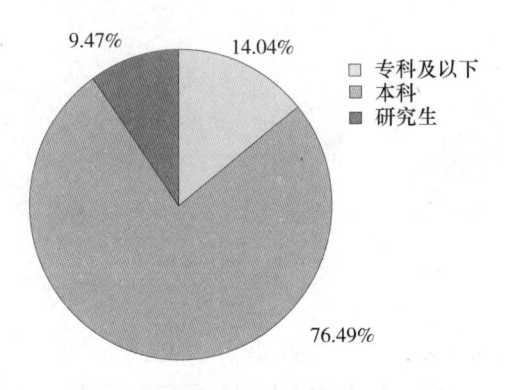

图13.3 学历分布

在学历方面，7成以上为本科学历，研究生学历占9.47%，专科及以下则占14.04%。由此可见，从事媒体单位的人员学历大多以本科为主,其次则是专科学历和研究生学历。

(三) 职称

在所有受访者当中,有32.28%为"助理"职称,9.12%为"中级",4.91%为"副高级",53.68%为"其他"。

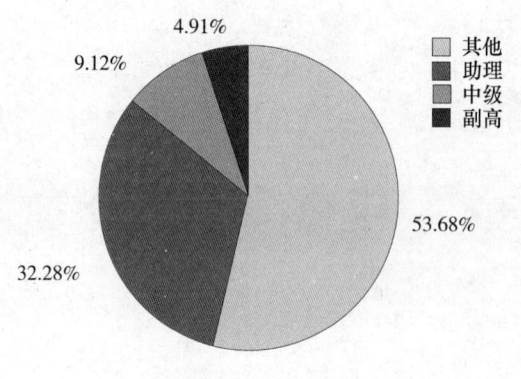

图13.4 职称分布

(四) 所学专业

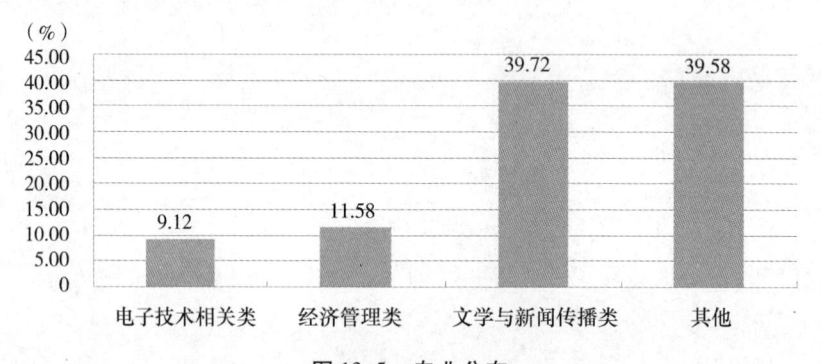

图13.5 专业分布

在专业背景的调查中,"文学与新闻传播类"和"其他"分别达到了39.72%与39.58%,其次则是"经济管理类"和"电子技术相关类"人才。可见文学与新闻传播类人才在媒体中并不是占主体地位,还有许多其他专业的媒体从业人员。随着媒体对经营管理和电子技术方面的重视程度的提高,这方面的从业人员也将相应地增加。

（五）月收入

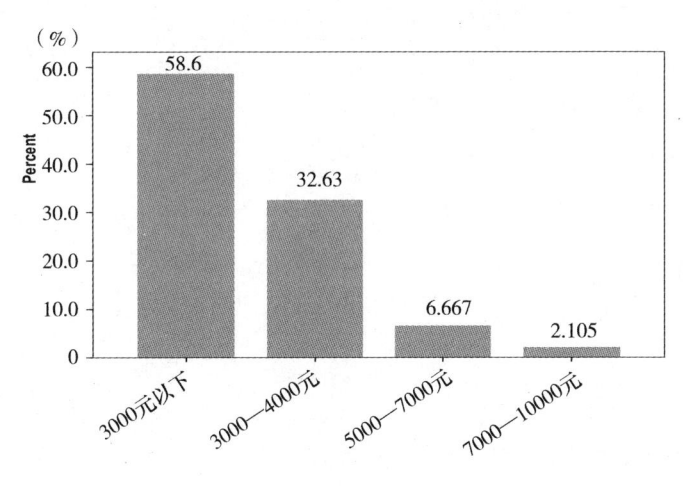

图 13.6　收入分布

接受调查的媒体从业人员当中，过半数人的收入在 3000 元以下，三成为 3000—4000 元，其次为 5000—7000 元，只有少部分人收入达到 7000—10000 元。

（六）从业时间

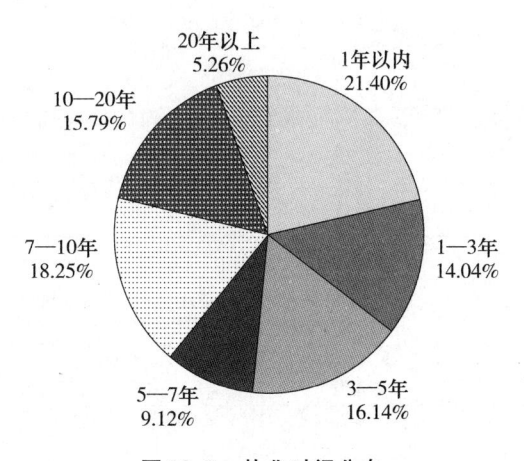

图 13.7　从业时间分布

受访人员的从业时间处在不同的阶段，其中比例最大的为21.40%，从业时间1年以内，其次为7—10年、3—5年、10—20年、1—3年、5—7年、20年以上。

（七）您所在的业务板块

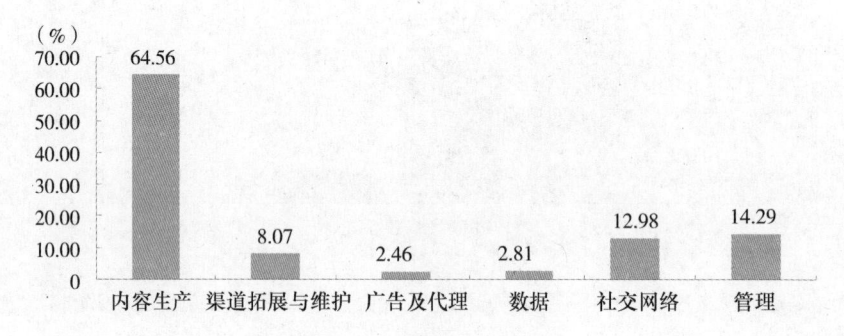

图13.8 所在业务板块分布

业务板块	内容生产	渠道拓展与维护	广告及代理	数据	社交网络	管理
占比(%)	64.56	8.07	2.46	2.81	12.98	14.29

在所有受访人员中，处在内容生产业务板块的人员比例达到了64.56%，其次为管理板块、社交网络板块、渠道拓展与维护板块、数据板块、广告及代理板块。

二 受访人员所在单位的媒体融合发展现状及面临的问题

第7题：您认为以下媒体在融合发展大潮中的前景如何？

表13.1　　　　　　　　各媒体融合前景

	完全没前景	不太有前景	说不清楚	比较有前景	非常有前景
纸质媒体	4.2%	44.9%	27.0%	20.0%	3.9%
广播	1.8%	24.9%	28.1%	39.3%	6.0%
电视	0	5.6%	28.8%	54.7%	10.9%
网络门户	0	2.8%	14.4%	30.5%	52.3%
在线音频	1.1%	7.0%	25.3%	38.6%	28.1%

续表

	完全没前景	不太有前景	说不清楚	比较有前景	非常有前景
网络视频	0	2.5%	7.4%	31.9%	58.2%
社交媒体	.7%	.7%	9.8%	23.2%	65.6%

在对各种媒体在媒介融合大潮下的前景预测下，受访者表现出不同的态度。从数据来看，44.9%的受访者认为纸质媒体"不太有前景"，虽然有20.0%的人认为纸质媒体"比较有前景"，但对其的整体态度依然不太乐观。对广播媒体的预测整体态度不明显，其中39.3%的人认为"比较有前景"，28.1%的人表示"说不清楚"，少部分人认为"不太有前景"或"完全没前景"。对电视媒体的态度整体较乐观，过半数的人认为"比较有前景"，10.9%的人认为"非常有前景"，只有少数人表示"说不清楚"或"不太有前景"。而对网络门户媒体的态度则非常乐观，52.3%的受访者认为"非常有前景"，30.5%的人认为"比较有前景"，只有少部分人表示"说不清楚"或"不太有前景"。对在线音频媒体的态度也以乐观为主，少部分人态度不明确，或认为"不太有前景"。对网络视频的态度也以乐观为主，58.2%的人认为"非常有前景"，31.9%的人认为"比较有前景"。对社交媒体的态度则最为乐观，65.6%的人认为"非常有前景"，23.2%的人认为"比较有前景"。

第8题：您认为以下因素在推动媒体内容生产融合中的作用程度为？

表13.2　　　　　各因素对媒体融合内容生产作用程度

	绝不利于融合	不太利于融合	说不清楚	比较有利于融合	非常有利于融合
传媒技术的革新	0	0	4.9%	38.6%	56.5%
受众消费习惯改变	0	1.4%	8.8%	53.0%	36.8%
传媒市场压力	0	3.2%	31.2%	49.1%	16.5%
集团领导意志	0	9.1%	24.9%	37.2%	28.8%
传媒政策调整	0	.7%	24.6%	42.5%	32.3%
传媒组织形态变化	0	.7%	27.7%	49.5%	22.1%
宏观传媒体制	6.7%	9.1%	29.1%	34.0%	21.1%

在问到所列因素在推动媒体内容生产融合中的作用程度时，多数人认为"传媒技术的革新"起到了比较重要的作用，56.5%的人认为其"非常有利于融合"。"受众消费习惯改变"也被36.8%的人认为其"非常有利于融合"，而53%的人认为其"比较有利于融合"。近半数人认为"传媒市场压力"与"传媒组织形态变化"为"比较有利于融合"，而对"集团领导意志"和"传媒政策调整"的态度则为"基本认为有利于融合"。而对"宏观传媒体制"是否有利于融合方面，34%的人认为"比较有利于融合"，21.1%的人认为"非常有利于融合"，但也有一部分人认为"说不清楚"，并且有6.7%的人认为"绝不利于融合"。

由此可见，关于哪些因素比较有利于融合，受访者的意见比较多样，但上述因素均被认为起到了一定的促进融合作用，其中"传媒技术的革新"和"受众消费习惯改变""传媒政策改变""传媒组织形态变化""传媒市场压力"排名依次靠前。

第9题：(a) 您是否赞同当下传媒体制与政策中存在阻碍媒体融合发展的因素？

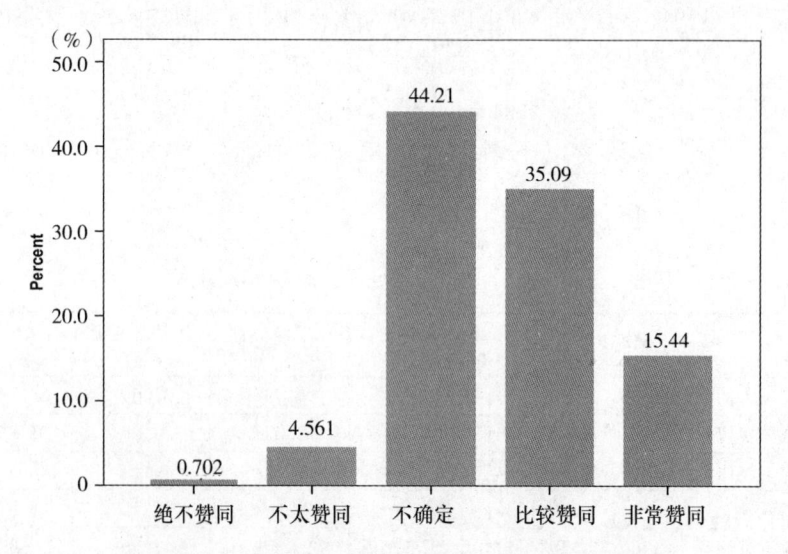

图 13.9　传媒体制与政策阻碍媒体融合发展的看法

在"是否赞同当下传媒体制与政策中存在阻碍媒体融合发展的因

素"的调查中，44.21%的人态度不明确，35.09%的人比较赞同，15.44%的人非常赞同，而少部分人"不太赞同"或"绝不赞同"。

（b）如果您赞同传媒体制与政策中存在阻碍媒体融合发展的因素，您认为这些因素在以下几个方面所起的作用程度为？

表13.3　　　　　　体制与政策阻碍媒体融合的程度

	非常小	比较小	一般	比较大	非常大
公司运营方面	0	4.2%	27.7%	40.0%	28.1%
人才引进培育	.7%	0	26.3%	26.0%	47.0%
跨地域融合布局	.7%	1.1%	41.4%	29.5%	27.4%
跨所有制融合推进	0	0	37.2%	31.9%	30.9%
跨形态媒体融合尝试	0	3.9%	33.0%	33.0%	30.2%

赞同"传媒体制与政策中存在阻碍媒体融合发展的因素"的人中，多数人认为"公司运营方面""人才引进培育"起到了比较大的作用，其次为"跨所有制融合推进""跨形态媒体融合尝试""跨地域融合布局"。

第10题：您认为在内容素材获取环节，以下各种方式的作用程度为？

表13.4　　　　　　素材获取不同方式的作用程度

	非常小	比较小	一般	比较大	非常大
记者个人渠道采访	1.4%	3.5%	28.4%	40.0%	26.7%
受众主动提供线索	0	2.8%	36.5%	39.3%	21.4%
传统媒体获取	.7%	4.9%	46.7%	37.9%	9.8%
网络媒体的报道	0	.7%	27.0%	43.9%	28.4%
社交媒体官方平台	.7%	1.1%	35.4%	37.2%	25.6%
社交媒体用户发布信息	0	1.4%	37.5%	37.9%	23.2%
合作机构单位提供	2.5%	9.5%	50.5%	27.4%	10.2%

关于"在内容素材获取环节，所列方式的作用程度"调查当中，受访者对各方式所表示的意见相仿。受访者认为"记者个人渠道采访""受众主动提供线索""网络媒体的报道""社交媒体官方平台""社交

媒体用户发布信息"均起到了比较大的作用,认为"传统媒体获取""合作机构单位提供"则作用弱之。

第11题:您认为在内容编辑、处理阶段,以下各种要求的重要性程度为?

表13.5　　　　　　　素材获取不同方式的作用程度

	常小	小	一般	较大	常大
权威性	0	.7%	10.2%	37.9%	51.2%
趣味性	0	.7%	13.0%	47.4%	38.9%
话题性	0	.7%	7.0%	40.4%	51.9%
个性化	1.1%	0	29.5%	41.8%	27.7%
年轻化	.7%	5.3%	31.9%	37.5%	24.6%
移动化	.7%	2.8%	14.4%	38.6%	43.5%

在内容编辑、处理阶段,内容的"话题性"被认为是最为重要的,其次为"权威性""趣味性""个性化""移动化""年轻化"。

第12题:您认为当下媒体内容生产过程中,以下方式所发挥作用的程度为?

表13.6　　　　　　　不同方式在内容生产过程中作用

	非常小	比较小	一般	比较大	非常大
内容自制	.7%	0	20.0%	32.6%	46.7%
优质内容购买力度	.7%	1.4%	25.6%	46.3%	26.0%
聚合用户生产内容	0	0	23.4%	40.4%	36.2%
行业内容交换	1.4%	3.5%	24.5%	51.1%	19.5%
跨媒介合作生产	0	1.4%	13.0%	47.0%	38.6%

当下媒体内容生产过程中,受访者意见相仿,"内容自制""优质内容购买力度""聚合用户生产内容""行业内容交换""跨媒介合作生产"所发挥的作用程度均比较大。

第13题:下列关于受众在当下传媒内容生产过程中的作用及角色特征的描述当中,您认为其准确程度为?

表 13.7　　　　　　　　　　受众作用及角色评价

	非常不准确	不太准确	一般	比较准确	非常准确
内容接受者	1.8%	7.1%	17.7%	47.5%	25.9%
内容生产的重要依据	0	1.4%	19.6%	51.2%	27.7%
需要认真对待的服务对象	0	4.3%	17.0%	43.3%	35.5%
具有评论功能的消费者	0	4.3%	18.8%	45.4%	31.6%
不可忽视的传播者	0	.7%	16.1%	39.6%	43.5%
参与到内容制作中的生产者	.7%	4.6%	23.9%	37.9%	33.0%

关于受众的作用及角色特征，内容接受者、内容生产的重要依据、需要认真对待的服务对象、具有评论功能的消费者、不可忽视的传播者、参与到内容制作中的生产者，均被认为是比较准确的描述。整体态度差异不大。

第14题：对于以下在媒体融合发展过程中各种因素"为王"的说法，您的意见是？

表 13.8　　　　　　　　　　对各因素"为王"的意见

	绝不赞同	不太赞同	一般	比较赞同	非常赞同
传者为王	3.5%	18.1%	40.8%	28.0%	9.6%
受众为王	0	4.6%	22.5%	33.7%	39.3%
内容为王	0	.7%	8.1%	37.5%	53.7%
渠道为王	0	3.5%	31.2%	41.8%	23.5%
平台为王	.7%	1.1%	28.0%	39.0%	31.2%
技术为王	.7%	4.6%	25.9%	35.1%	33.7%
资本为王	2.5%	4.6%	37.2%	29.8%	25.9%
数据为王	.7%	2.5%	31.9%	36.5%	28.4%

关于以上说法，赞同"内容为王"的受访者占最大比重，赞同"受众为王""渠道为王""平台为王""技术为王"的受访者占较大比重，其次则为赞同"资本为王"和"数据为王"的受访者。赞同"传者为王"的人数则占最少比重。

第15题：各种智能终端处于迅速发展过程中，虚拟现实、人工智能等也会在媒体运营中得到越来越多的应用,面对"人端合一"的趋势,您认为以下几点创新的重要性程度为?

表13.9　　　　　　　　　"人端合一"趋势影响

	非常小	比较小	一般	比较大	非常大
媒体内容采编方式创新	0	.7%	12.6%	30.2%	56.5%
传媒组织形态升级	0	0	18.4%	44.0%	37.6%
传播渠道的改进	0	0	12.4%	39.7%	47.9%
传媒产业链条重构	.7%	.7%	16.5%	42.1%	40.0%
基础技术平台革新	0	.7%	15.2%	40.1%	44.0%
传媒体制与政策的改革	0	1.8%	10.9%	28.8%	58.6%

对所列几项创新方法,受访者认为媒体内容采编方式创新、传媒组织形态升级、传播渠道的改进、传媒产业链条重构、基础技术平台革新、传媒体制与政策的改革,均起到比较重要的作用。

第16题:面对融合发展的要求,媒体组织形态与方式需要得到改进和优化。有观点认为必须对组织进行"粉碎性融合""颠覆式改造",才能够适应媒体融合发展的需要,您对这一观点的态度是?

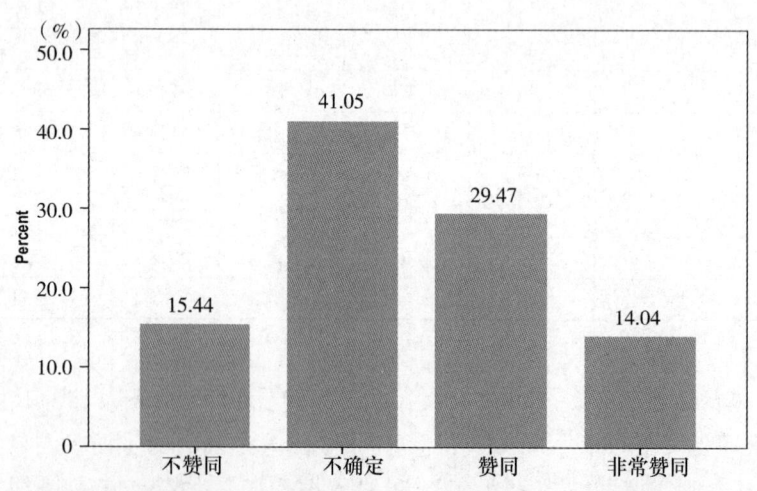

对组织必须"粉碎性融合""颠覆式改造"才能适应媒体融合的发展需要的看法

图13.10　媒体组织形态与方式改进的态度

针对上述观点，41.05%的人态度不明确，29.47%的人表示赞同，14.04%的人表示非常赞同，15.44%的人表示不赞同。

第17题：生活服务与内容、社交一样，成为人们对互联网的基本诉求，在这种背景下，您认为传媒内容与下列各项生活服务相融合的可能性为？

表13.10　　　　　　　　各项生活服务融合可能性

	非常小	比较小	一般	比较大	非常大
电子商务	0	3.2%	8.9%	30.5%	57.4%
金融、支付	0	1.8%	15.1%	27.4%	55.8%
在线教育	0	2.8%	16.3%	38.3%	42.6%
远程医疗	.7%	3.9%	30.5%	28.1%	36.8%
社交应用	.7%	0	16.8%	31.2%	51.2%
搜索	2.1%	2.1%	13.5%	33.3%	48.9%
游戏	1.8%	6.4%	26.1%	35.7%	30.0%
出行旅游	1.1%	2.8%	15.6%	33.3%	47.2%
通信	1.1%	4.6%	16.7%	25.5%	52.1%

较多人认为传媒内容与"电子商务""社交应用""金融、支付"相融合可能性最大，其次是与"在线教育""搜索""出行旅游""通信"等融合可能性较大，再次是与"远程医疗""游戏"的融合可能性较小。

第18题：您认为通过媒体与以下生活服务相结合，实现争夺移动互联网入口、提升移动互联网覆盖面的可能性为？

表13.11　　　　　　　　媒体和生活服务结合可能性

	非常小	比较小	一般	比较大	非常大
电子商务	0	4.9%	7.0%	30.9%	57.2%
金融、支付	1.1%	1.8%	9.5%	30.9%	56.8%
在线教育	0	2.1%	22.8%	37.2%	37.9%
远程医疗	.7%	2.8%	32.3%	33.7%	30.5%
社交应用	0	0	16.7%	34.4%	48.9%

续表

	非常小	比较小	一般	比较大	非常大
搜索	1.1%	6.7%	14.9%	32.6%	44.7%
游戏	1.8%	6.0%	27.0%	37.9%	27.3%
出行旅游	0	2.5%	18.4%	36.9%	42.2%
通信	1.8%	2.5%	16.0%	31.9%	47.9%

受访者认为通过媒体与所列生活服务相结合，实现争夺移动互联网入口、提升移动互联网覆盖面的可能性中，"电子商务""金融、支付""通信""社交应用"的可能性最大，其次为"出行旅游""在线教育""远程医疗""搜索""游戏"。

第19题：您认为现在媒体跨界运营（如电商、金融、可穿戴设备等）的时机是否成熟？

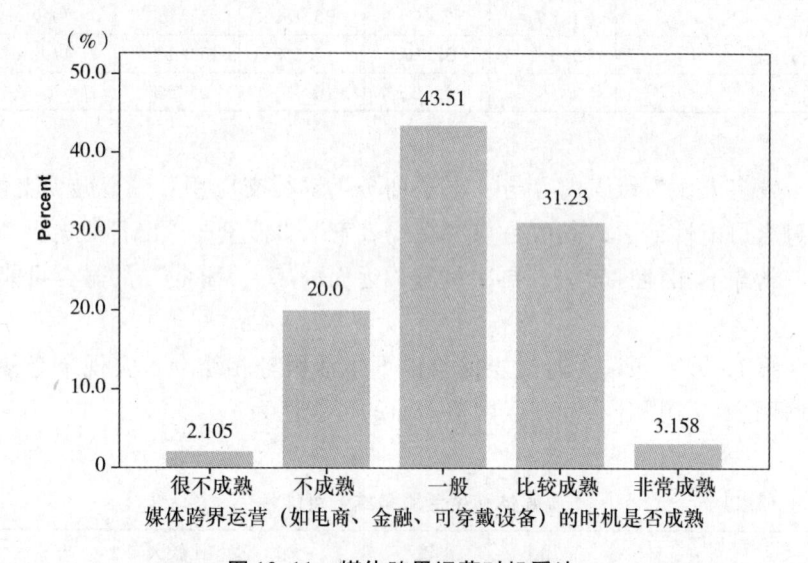

图13.11　媒体跨界运营时机看法

针对现在媒体跨界运营（如电商、金融、可穿戴设备等）的时机是否成熟这一问题，43.51%的受访者态度不明确，31.23%的人认为"比较成熟"，20%的人认为"不成熟"，"非常成熟"和"非常不成熟"拥有3.16%和2.11%的支持者。

第20题：您认为在媒体传播渠道拓展过程中，以下因素的作用程度为？

表13.12　　　　　　　　渠道拓展各因素作用程度

	非常小	比较小	一般	比较大	非常大
内容品质提升	0	.7%	4.2%	33.3%	61.8%
受众互动与维护优化	0	1.4%	8.1%	33.7%	56.8%
终端扩展	0	.7%	17.9%	48.1%	33.3%
服务形态扩展	0	.7%	20.0%	48.4%	30.9%
社交机制的借鉴与应用	0	3.5%	20.7%	43.9%	31.9%
物联网等技术的进步	0	2.8%	21.8%	35.1%	40.4%
媒体组织结构调整	0	0	19.3%	41.4%	39.3%

在上述问题中，认为"内容品质提升"的作用程度比较大的人占大多数，其次为"受众互动与维护优化""终端扩展""服务形态扩展""社交机制的借鉴与应用""物联网等技术的进步""媒体组织结构调整"的作用程度则被认为相仿。

第21题：对于不同传媒企业、单位加强微博、微信等社交媒体平台的运用，您认为效果如何？

不同传媒企业、单位加强微博、微信等社交媒体平台的运用效果如何

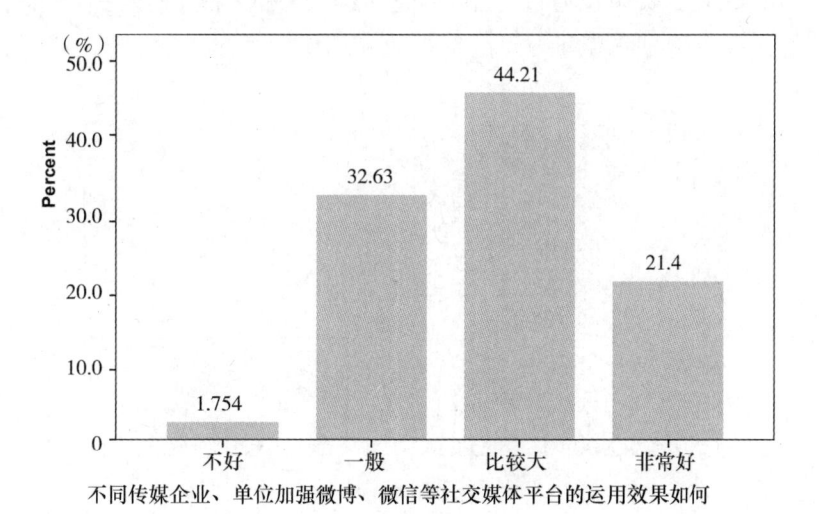

不好 1.754　一般 32.63　比较大 44.21　非常好 21.4

图13.12　"两微"平台运营效果

在上述问题中，44.21%的人认为效果比较好，32.63%的人认为效果一般，21.4%的人认为效果非常好，1.75%的人认为效果不好。

第22题：对于传统媒体推出的移动APP，您认为其效果如何？

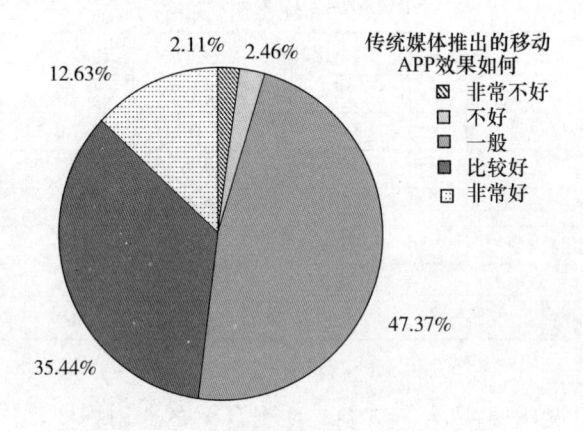

图13.13　传统媒体推出移动APP效果

对于传统媒体推出的移动APP，47.37%的人认为效果一般，35.44%的人认为效果比较好，12.63%的人认为效果非常好，只有2.46%和2.11%的人认为效果不好和非常不好。

第23题：贵单位通过应用云计算技术，在以下方面发挥作用的程度为？

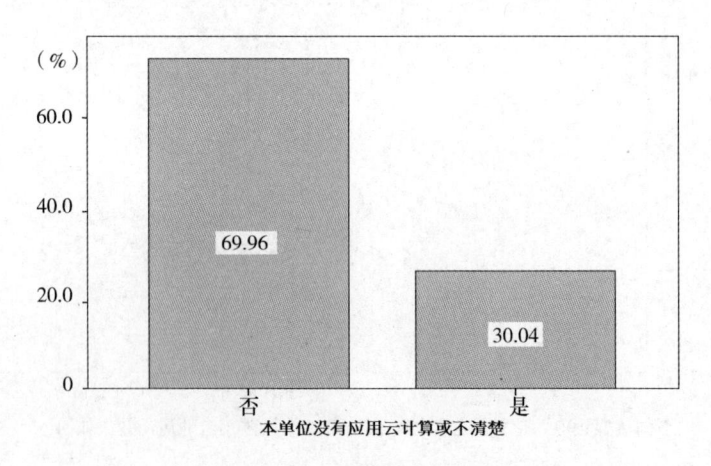

图13.14　云计算应用状况

从图 13.14 可知，近 70% 的单位运用了云计算，而 30% 的单位则没有应用。

表 13.13　　　　　　　　云计算在各方面作用

	非常小	比较小	一般	比较大	非常大
改进媒体资源储存与管理	0	3.7%	23.5%	32.7%	40.1%
推动采编、生产的一体化	.9%	4.5%	21.8%	39.1%	33.6%
打通各个传播渠道、实现多屏合一	.9%	3.7%	23.5%	40.1%	31.8%
布局新的业务形态	0	3.7%	22.3%	47.0%	27.0%
改善组织结构	1.0%	3.8%	23.8%	48.1%	23.3%

在运用了云计算的单位中，在改进媒体资源储存与管理，推动采编、生产的一体化，打通各个传播渠道、实现多屏合一，布局新的业务形态，改善组织结构方面均起到了比较大的作用。

第 24 题：贵单位通过应用大数据技术，在以下方面发挥作用的程度为？

表 13.14　　　　　　　　大数据在各方面作用

	非常小	比较小	一般	比较大	非常大
优化受众关系的维护	1.0%	1.9%	28.5%	34.3%	34.3%
改进媒体内容生产流程	1.0%	1.9%	22.7%	45.4%	29.0%
提升渠道传播效率	0	1.9%	25.1%	38.2%	34.8%
提高广告运营水平	1.0%	5.3%	33.3%	38.6%	21.7%
布局新的业务类型	1.0%	3.9%	30.9%	37.2%	27.1%

在运用了云计算的单位中，优化受众关系的维护、改进媒体内容生产流程、提升渠道传播效率、提高广告运营水平、布局新的业务类型方面均发挥了较大的作用。

第25题：贵单位应用大数据技术的方式为？

表13.15　　　　　　　　　大数据技术方式

	否	是
从战略层面推动大数据战略，全面提升数据获取、挖掘与分析的能力	70.9%	29.1%
与其他公司深度合作，分享数据	77.6%	22.4%
从专业公司购买相关数据	78.9%	21.1%
基于大数据分析的内容生产	76.2%	23.8%
基于数据分析的市场趋势、受众分析	68.6%	31.4%
大数据技术在公司发展中发挥作用不大	89.7%	10.3%
其他	95.1%	4.9%

受访单位中，29.1%应用大数据技术的方式为从战略层面推动大数据战略，全面提升数据获取、挖掘与分析的能力；22.4%为与其他公司深度合作，分享数据；21.1%为从专业公司购买相关数据；23.8%为基于大数据分析的内容生产；31.4%为基于数据分析的市场趋势、受众分析；10.3%为大数据技术在公司发展中发挥作用不大；4.9%为其他。

第26题：您对互联网思维的理解是？

表13.16　　　　　　　　　对互联网思维的理解

	否	是
应基于战略层面研究与强化互联网思维的应用	76.3%	23.7%
应基于互联网思维改善媒体运营策略	73.1%	26.9%
应基于互联网思维推动信息传播、营销方式的创新	37.5%	62.5%
其他	95.4%	4.6%

23.7%的受访者认为，互联网"应基于战略层面研究与强化互联网思维的应用"，26.9%的受访者认为"应基于互联网思维改善媒体运营策略"，62.5%的受访者认为"应基于互联网思维推动信息传播、营销方式的创新"，4.6%的受访者选择"其他"。

第27题：您认为不同类型媒体单位、公司之间的合作对以下各方面的影响程度为？

表13.17　　　　　不同类型媒体单位、公司间合作的影响

	非常小	比较小	一般	比较大	非常大
媒体内容创新	.7%	1.1%	13.7%	43.9%	40.7%
推动内容形态研发	.7%	0	15.4%	53.7%	30.2%
扩展新的传播渠道	0	0	16.5%	38.9%	44.6%
获取先进技术应用经验	0	.7%	19.6%	41.8%	37.9%
跨地域、跨媒介的市场扩展	.7%	1.4%	22.8%	33.0%	42.1%
整合传媒产业链	.7%	2.1%	24.6%	36.6%	35.9%

认为不同类型媒体单位、公司之间的合作对"推动内容形态研发""媒体内容创新"方面影响程度较大的人占大多数，其次，认为对"扩展新的传播渠道""获取先进技术应用经验""跨地域、跨媒介的市场扩展""整合传媒产业链"方面影响较大的人也占相当一部分比例。

第28题：您认为在与其他公司开展跨媒体合作过程中，以下各个因素的作用程度为？

表13.18　　　　　跨媒体合作中各因素作用程度

	非常小	比较小	一般	比较大	非常大
企业文化	0	2.5%	14.3%	49.3%	33.9%
经营者素质与能力	0	0	9.1%	45.6%	45.3%
媒介内容生产者的素质与能力	0	0	9.9%	44.7%	45.4%
渠道优势	0	.7%	12.1%	42.2%	45.0%
受众基数	.7%	.7%	14.0%	37.2%	47.4%
资本、技术实力	0	.7%	20.1%	32.2%	47.0%
组织结构	0	2.5%	22.9%	47.9%	26.8%

在与其他公司开展跨媒体合作过程中，认为"经营者素质与能力""媒介内容生产者的素质与能力""渠道优势"起到较大作用的人占大

多数,认为"企业文化""受众基数""资本、技术实力"和"组织结构"起到较大作用的人则为其次。

第29题:贵单位达成融合发展、扩展业务范围的资本运作方式有?

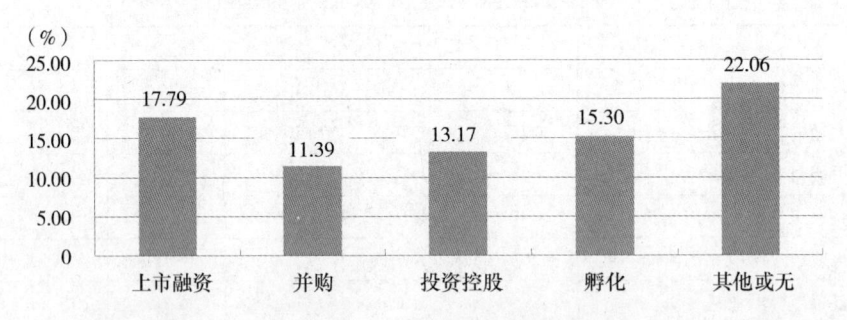

图13.15 融合发展、扩展业务范围的资本运作方式

在受访单位中,17.79%的达成融合发展、扩展业务范围的资本运作方式为上市融资,11.39%为并购,13.17%为投资控股,15.30%为孵化,22.06%为"其他"或"无"。

第30题:贵单位在通过资本手段实现跨媒体运营的动作有?

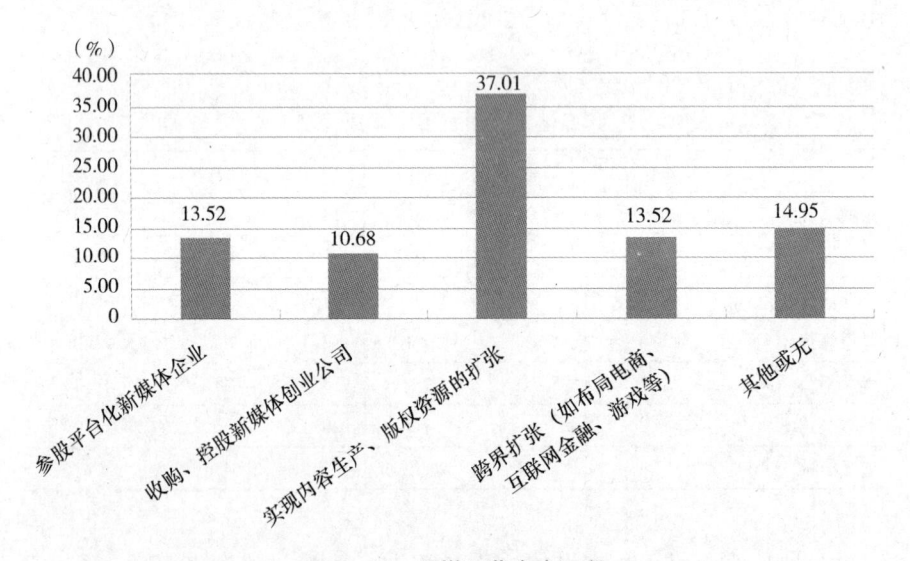

图13.16 跨媒运营资本手段

受访单位中，通过资本手段实现跨媒体运营的动作，37.01%为"实现内容生产、版权资源的扩张"，"参股平台化新媒体企业"和"跨界扩张（如布局电商、互联网金融、游戏等）"均为13.52%，收购、控股新媒体创业公司则为10.68%，14.95%为"其他"或"无"。

第31题：结合贵单位以及所关注的其他案例，您认为资本运营在以下各方面中的作用程度为？

表 13.19　　　　　　资本运营在各方面作用程度

	非常小	比较小	一般	比较大	非常大
技术升级	0	1.1%	10.2%	40.7%	48.1%
内容购买	0	1.8%	28.7%	39.7%	29.8%
渠道建设与拓展	1.1%	.7%	9.6%	46.5%	42.2%
管理水平提升	1.1%	0	21.6%	31.9%	45.4%
助推集群化运营	1.1%	0	22.8%	39.3%	36.8%
跨媒体形态运营	1.1%	2.9%	17.1%	40.0%	38.9%

大多数人认为资本运营在"技术升级"方面起到非常大作用。而在"渠道建设与拓展""管理水平提升""跨媒体形态运营""助推集群化运营"和"内容购买"方面也起到比较大作用。

第32题：贵单位在扩展传播渠道方面的探索与尝试对以下方面的影响程度为？

表 13.20　　　　　　传播渠道扩展的影响程度

	非常小	比较小	一般	比较大	非常大
受众精准细分	2.5%	.7%	27.7%	40.8%	28.4%
预算精确核定	2.5%	3.2%	35.1%	42.6%	16.7%
效果精准测量	2.5%	2.8%	31.6%	38.3%	24.8%
推动受众相互传播	1.8%	2.1%	24.6%	38.2%	33.3%
洞察受众动态情景	2.5%	1.4%	32.3%	37.5%	26.3%
匹配受众情景化需求	1.8%	2.8%	33.7%	36.5%	25.2%
优化受众信息消费体验	1.8%	3.5%	30.9%	37.2%	26.6%

很大部分受访者认为本单位在扩展传播渠道方面的探索与尝试对"受众精准细分""预算精确核定""效果精准测量""推动受众相互传播""洞察受众动态情景""匹配受众情景化需求""优化受众信息消费体验"方面都起到了较大的作用。

第33题：下面给出一些影响传统媒体广告下滑的因素，您认为它们的重要性程度为？

表13.21　　　　　各因素对传统媒体广告下滑的影响

	非常小	比较小	一般	比较大	非常大
世界经济放缓	1.8%	4.2%	41.4%	34.4%	18.2%
内需不足，诸多行业产能过剩	.7%	3.9%	20.6%	46.1%	28.7%
政策性影响，如"八项规定"等	5.0%	8.2%	30.9%	36.2%	19.9%
传统媒体产业化层次较低	1.1%	0	30.1%	37.6%	31.2%
传统媒体内部结构性矛盾	0	.7%	34.8%	34.0%	30.5%
传统媒体广告持续高增长造成懈怠	2.1%	7.1%	33.7%	33.7%	23.4%
新兴媒体的分流	.7%	1.1%	13.3%	33.0%	51.9%
在媒体融合发展中起步较晚	.7%	2.5%	22.5%	41.8%	32.6%

在分析影响传统媒体广告下滑的因素时，"新兴媒体的分流"被认为是比较重要性的影响，其次为"内需不足，诸多行业产能过剩"，再次为"在媒体融合发展中起步较晚""传统媒体产业化层次较低""传统媒体内部结构性矛盾"，最后为"传统媒体广告持续高增长造成懈怠""政策性影响，如'八项规定'等""世界经济放缓"。

第34题：对于传统媒体人才流失，您认为以下不同因素的影响程度为？

表13.22　　　　　各因素对人才流失的影响程度

	非常小	比较小	一般	比较大	非常大
新兴媒体的运作机制和工作环境，有利于人才的快速发展	0	0	15.4%	32.3%	52.3%
自己的想法和创意需要机会得到实施，实现自我价值	0	0	19.1%	39.0%	41.8%

续表

	非常小	比较小	一般	比较大	非常大
新兴媒体具有远大的发展前景	0	1.1%	14.5%	36.2%	48.2%
工作压力过大	1.4%	8.4%	39.6%	29.5%	21.1%
紧跟技术、产业发展趋势	.7%	1.8%	20.2%	37.6%	39.7%
更高的经济收入	1.4%	0	25.3%	33.0%	40.4%

对于传统媒体人才流失，"新兴媒体的运作机制与工作环境，有利于人才的快速发展""新兴媒体具有远大的发展前景""自己的想法和创意需要机会得到实施，实现自我价值"被认为是影响程度最大的因素，其次为"更高的经济收入""紧跟技术、产业发展趋势"，最后是"工作压力过大"。

第35题：建设新型传媒集团是媒体融合发展的重要目标，您认为在这一过程中以下因素的重要性程度为？

表13.23　　各因素对建设信息传媒集团的影响程度

	非常小	比较小	一般	比较大	非常大
加快分众媒体发展	0	1.4%	18.8%	53.2%	26.6%
加快传播平台的建设	0	0	11.3%	48.2%	40.4%
巩固主流媒体及其渠道影响力	0	1.1%	17.3%	37.2%	44.4%
内容差异化发展	0	.7%	16.0%	42.2%	41.1%
加强新兴媒体形态扩展及建设	0	0	17.7%	40.1%	42.2%
多媒介技术整合	0	.7%	16.8%	38.2%	44.2%
创新管理运行机制	0	2.1%	13.2%	42.5%	42.1%
强化多方面资源整合，增强媒体竞争力	0	1.4%	15.1%	29.1%	54.4%
加强集团信息知识产权保护	0	3.6%	28.6%	26.4%	41.4%

在建设新型传媒集团过程中，"强化多方面资源整合，增强媒体竞争力"被认为是最重要的因素，其次为"加快分众媒体发展""加快传播平台的建设""内容差异化发展""加强新兴媒体形态扩展及建设"

"创新管理运行机制",最后为"巩固主流媒体及其渠道影响力""多媒介技术整合""加强集团信息知识产权保护"。

第36题:以下为2014年度中国广电行业十大科技关键词,您认为它们分别在广电行业融合发展过程中的作用程度为?

表13.24　　2014年度中国广电十大科技关键词作用程度

	非常小	比较小	一般	比较大	非常大
宽带接入	0	3.2%	17.1%	39.3%	40.4%
云平台	0	1.8%	16.8%	33.0%	48.4%
媒体融合	0	1.4%	15.1%	33.0%	50.5%
移动互联	0	.7%	12.3%	33.7%	53.3%
大数据	0	.7%	14.4%	35.8%	49.1%
4K超高清	.7%	1.4%	36.1%	34.7%	27.0%
国家广播电视网络	0	2.1%	43.2%	33.3%	21.4%
信息安全	0	.7%	21.4%	35.1%	42.8%
智能电视操作系统(TVOS)	0	2.1%	35.4%	32.3%	30.2%
智能终端	0	1.8%	21.4%	30.9%	46.0%

上述十大科技关键词在广电行业融合发展过程中的重要程度排名为:"移动互联""媒体融合""大数据""云平台""智能终端""信息安全""宽带接入""智能电视操作系统(TVOS)""4K超高清""国家广播电视网络"。

第37题:2013年度中国广播电视行业十大科技关键词为:(1)超高清;(2)信息安全;(3)互联网电视;(4)宽带接入;(5)云计算应用;(6)智能电视机;(7)NGB;(8)大数据;(9)三网融合;(10)高清电视。其中5个与2014年度不同,对于这5者为什么没能连续入选,有以下几种观点。

37a:这5者没有继续成为2014年度关键词,是因为技术迭代迅速,出现新的发展趋势或者替代者。针对不同关键词,您认为这种观点的准确性程度为?

表 13.25　　　　　　技术迭代对 2014 年度关键词影响

	非常不正确	不太正确	一般	比较正确	非常正确
互联网电视	0	4.2%	23.5%	41.4%	30.9%
智能电视机	0	5.6%	23.5%	47.7%	23.2%
NGB	0	3.2%	39.3%	36.5%	21.1%
三网融合	1.1%	1.4%	27.0%	31.2%	39.3%
高清电视	0	4.2%	30.2%	38.9%	26.7%

37b：这5者没有继续成为2014年度关键词，是因为现行传媒体制、政策中存在诸多限制因素。针对不同关键词，您认为这种观点的准确性程度为？

表 13.26　　　　　　体制政策对 2014 年度关键词影响

	非常不正确	不太正确	一般	比较正确	非常正确
互联网电视	2.1%	3.2%	30.2%	40.7%	23.9%
智能电视机	2.1%	5.3%	30.2%	41.8%	20.7%
NGB	2.1%	3.2%	38.9%	38.9%	16.8%
三网融合	2.1%	4.9%	26.0%	38.6%	28.4%
高清电视	2.1%	7.0%	33.7%	33.7%	23.5%

37c：这5者没有继续成为2014年度关键词，是因为不同的部门、市场主体之间存在较多利益纷争，未能激发应有的发展效率。针对不同关键词，您认为这种观点的准确性程度为？

表 13.27　　　　　　利益纷争对 2014 年度关键词影响

	非常不正确	不太正确	一般	比较正确	非常正确
互联网电视	0	5.3%	26.7%	51.2%	16.8%
智能电视机	0	4.6%	34.4%	45.6%	15.4%
NGB	0	5.3%	44.6%	38.2%	11.9%
三网融合	0	7.0%	31.9%	37.9%	23.2%
高清电视	0	9.8%	38.6%	32.3%	19.3%

第 38 题：2015 年 1 月 16 日，在清华大学举行的"2014 网易未来媒体峰会"上，由网易新闻客户端提倡，国内多家领先传媒集团、新媒体、自媒体以及新闻与传播领域的学术科研机构共同发起成立了"中国未来媒体联盟"，旨在通过以下多方面的探索打造具有影响力和持续发展后劲的新媒体舰队。您认为以下几个方面的探索，其有效性程度为？

表 13.28　　　　　利益纷争对 2014 年度关键词影响

	非常小	比较小	一般	比较大	非常大
宣传联动	1.1%	2.5%	11.2%	42.1%	43.2%
广告联盟	1.1%	.7%	27.0%	43.9%	27.4%
活动策划	0	.7%	26.7%	33.7%	38.9%
素材共享	0	1.4%	22.5%	33.7%	42.5%
培训、研讨、研究	0	3.9%	28.8%	29.8%	37.5%

第 39 题：近年来，手机社交软件新闻（如"腾讯新闻"微信公众号、"今日头条"等）发展迅速。对于它们在媒体融合过程中的角色定位，您认为以下说法的准确程度为？

表 13.29　　　　　对手机社交软件新闻角色定位的看法

	非常小	比较小	一般	比较大	非常大
新闻生产者	3.9%	5.6%	37.9%	26.0%	26.7%
新闻传播者	0	0	20.7%	27.4%	51.9%
新闻反馈者	.7%	3.9%	37.2%	30.5%	27.7%
平台搭建者	0	0	20.7%	36.5%	42.8%
资源整合者	0	3.2%	19.6%	29.8%	47.4%
渠道扩展者	0	1.4%	25.1%	27.9%	45.6%

第 40 题：以下为 2014 年度我国与媒体融合发展相关性较大的十大行业新政。

40a：您认为它们在推动媒体内容融合发展方面的作用？

表13.30　　　　　各项政策对媒体内容融合推动作用

	非常小	比较小	一般	比较大	非常大
《关于推动传统媒体与新兴媒体融合发展的指导意见》	0	1.8%	12.3%	43.2%	42.8%
《深化文化体制改革实施方案》	0	1.1%	27.7%	47.0%	24.2%
《深化新闻出版体制改革实施方案》	0	.7%	27.4%	44.9%	27.0%
《新闻从业人员职务行为信息管理办法》	0	5.3%	35.4%	40.4%	18.9%
《关于推进文化创意和设计服务相关产业融合发展的若干意见》	.7%	2.1%	32.3%	37.2%	27.7%
《关于进一步完善网络剧、微电影等网络视听节目管理的补充通知》	0	2.1%	33.0%	42.1%	22.8%
《关于规范学术期刊出版秩序促进学术期刊健康发展的通知》	.7%	4.9%	36.8%	37.9%	19.6%
《新闻出版行业标准化管理办法》（新版）	.7%	2.1%	43.5%	33.7%	20.0%
《使用文字作品支付报酬办法》	0	2.1%	39.3%	31.6%	27.0%
《即时通信工具公众信息服务发展管理暂行规定》	1.4%	3.9%	32.6%	37.9%	24.2%

40b：您认为它们在推动媒体渠道融合发展方面的作用？

表13.31　　　　　各项政策对媒体渠道融合推动作用

	非常小	比较小	一般	比较大	非常大
《关于推动传统媒体与新兴媒体融合发展的指导意见》	0	2.1%	11.2%	38.6%	48.1%
《深化文化体制改革实施方案》	.7%	2.1%	27.0%	43.5%	26.7%
《深化新闻出版体制改革实施方案》	.7%	4.2%	26.0%	36.8%	32.3%
《新闻从业人员职务行为信息管理办法》	.7%	4.6%	40.0%	34.7%	20.0%
《关于推进文化创意和设计服务相关产业融合发展的若干意见》	.7%	6.0%	29.5%	39.6%	24.2%
《关于进一步完善网络剧、微电影等网络视听节目管理的补充通知》	.7%	4.6%	29.5%	42.1%	23.2%
《关于规范学术期刊出版秩序促进学术期刊健康发展的通知》	1.4%	7.4%	30.9%	42.8%	17.5%
《新闻出版行业标准化管理办法》（新版）	1.4%	3.9%	29.5%	43.9%	21.4%

续表

	非常小	比较小	一般	比较大	非常大
《使用文字作品支付报酬办法》	2.1%	2.5%	31.9%	33.3%	30.2%
《即时通信工具公众信息服务发展管理暂行规定》	.7%	3.9%	30.5%	35.1%	29.8%

40c：您认为它们在推动媒体产业融合发展方面的作用？

表13.32　　　各项政策对媒体产业融合推动作用

	非常小	比较小	一般	比较大	非常大
《关于推动传统媒体与新兴媒体融合发展的指导意见》	0	1.4%	20.0%	36.5%	42.1%
《深化文化体制改革实施方案》	.7%	2.5%	24.6%	45.3%	27.0%
《深化新闻出版体制改革实施方案》	.7%	4.2%	24.2%	46.3%	24.6%
《新闻从业人员职务行为信息管理办法》	.7%	3.9%	37.5%	34.4%	23.5%
《关于推进文化创意和设计服务相关产业融合发展的若干意见》	.7%	6.0%	29.8%	33.0%	30.5%
《关于进一步完善网络剧、微电影等网络视听节目管理的补充通知》	.7%	2.5%	34.4%	31.9%	30.5%
《关于规范学术期刊出版秩序促进学术期刊健康发展的通知》	.7%	4.6%	36.1%	41.8%	16.8%
《新闻出版行业标准化管理办法》（新版）	.7%	3.2%	26.3%	43.2%	26.7%
《使用文字作品支付报酬办法》	1.4%	5.3%	36.5%	30.2%	26.7%
《即时通信工具公众信息服务发展管理暂行规定》	.7%	4.2%	35.4%	32.6%	27.0%

40d：您认为它们在推动媒体集群化发展方面的作用？

表13.33　　　各项政策对媒体集群化发展的推动作用

	非常小	比较小	一般	比较大	非常大
《关于推动传统媒体与新兴媒体融合发展的指导意见》	0	2.1%	20.7%	34.7%	42.5%
《深化文化体制改革实施方案》	.7%	2.1%	34.4%	41.8%	21.1%
《深化新闻出版体制改革实施方案》	1.4%	3.5%	30.5%	42.1%	22.5%

续表

	非常小	比较小	一般	比较大	非常大
《新闻从业人员职务行为信息管理办法》	1.4%	7.0%	35.8%	33.3%	22.5%
《关于推进文化创意和设计服务相关产业融合发展的若干意见》	1.4%	5.6%	31.9%	37.9%	23.2%
《关于进一步完善网络剧、微电影等网络视听节目管理的补充通知》	1.4%	3.5%	32.6%	34.0%	28.4%
《关于规范学术期刊出版秩序促进学术期刊健康发展的通知》	.7%	8.8%	37.2%	29.1%	24.2%
《新闻出版行业标准化管理办法》（新版）	.7%	4.6%	33.7%	37.5%	23.5%
《使用文字作品支付报酬办法》	2.1%	6.4%	35.7%	30.4%	25.4%
《即时通信工具公众信息服务发展管理暂行规定》	.7%	6.0%	34.7%	34.0%	24.6%

第41题：传媒公司在运营机制改革过程中必然会面临困难与阻力，结合您所在单位的实际情况，您认为以下因素在阻碍传媒公司运营机制改革中的作用程度为？

表13.34　各因素对传媒公司运营机制改革的阻碍程度

	非常小	比较小	一般	比较大	非常大
移动互联网的新要求	0	2.8%	28.8%	35.8%	32.6%
现行传媒体制	0	.7%	21.1%	45.6%	32.6%
领导战略层次与思路偏差	0	1.4%	20.0%	42.5%	36.1%
受众维护成本过高	0	4.9%	35.4%	36.5%	23.2%
传统的人力资源管理方式受到挑战	0	2.1%	26.7%	40.0%	31.2%
员工认同感、积极性存在问题	0	4.9%	24.9%	36.5%	33.7%

在阻碍传媒公司运营机制改革的因素中，"现行传媒体制""领导战略层次与思路偏差""传统的人力资源管理方式受到挑战"被认为起到较大的作用，其次为"移动互联网的新要求""员工认同感、积极性存在问题""受众维护成本过高"。

第42题：您所在的传媒公司、单位在基于"互联网+"的机制改革中，在下列方面的作用程度为？

表13.35　　　　　　　"互联网+"机制改革的影响程度

	非常小	比较小	一般	比较大	非常大
提升了传统业务的创新水平	.7%	2.1%	26.0%	33.7%	37.5%
催生新的业务形态	.7%	1.4%	34.4%	29.8%	33.7%
激活了员工创造力与积极性	.7%	5.3%	28.4%	34.4%	31.2%
推动组织结构优化	.7%	6.0%	33.7%	30.2%	29.5%
创新盈利模式	.7%	6.3%	27.4%	36.8%	28.8%
改变公司在产业链中的地位	.7%	3.2%	37.5%	36.1%	22.5%

受访者所在单位在基于"互联网+"的机制改革中，在下列方面的作用重要程度由高到低排名为："提升了传统业务的创新水平""激活了员工创造力与积极性""创新盈利模式""催生新的业务形态""推动组织结构优化""改变公司在产业链中的地位"。

第43题：从您自身的工作角度出发，为了进一步推进媒体融合发展，您希望国家在以下方面出台相应促进政策的意愿程度为？

表13.36　　　　　　　　对政策出台的意愿程度

	非常小	比较小	一般	比较大	非常大
知识产权保护	0	.7%	18.9%	29.1%	51.2%
网络环境净化	0	0	20.7%	32.3%	47.0%
鼓励跨界扩张	1.1%	1.4%	26.3%	38.9%	32.3%
更加便利地对接资本市场	0	1.8%	28.1%	37.9%	32.3%
推动技术创新与应用	0	2.5%	18.6%	24.2%	54.7%
鼓励从业者创业、提供配套保障政策	0	1.1%	18.6%	39.6%	40.7%
网络素养提升	0	1.4%	20.0%	29.8%	48.8%
促进信息流动、加快信息透明	0	1.4%	16.8%	30.5%	51.2%
管理体制与方式的改革	0	3.2%	20.0%	32.3%	44.6%

在所有受访者中，希望国家在上述方面出台相应促进政策的意愿程度由高到低排名为："促进信息流动、加快信息透明""知识产权保护""鼓励从业者创业、提供配套保障政策""网络环境净化""推动技术创新与应用""网络素养提升""管理体制与方式的改革""鼓励跨界扩张""更加便利地对接资本市场"。

三 甘肃省传统媒体与新兴媒体融合发展分析和建议

当前，在中央推进媒体融合发展的大背景下，甘肃传统媒体有责任、有义务、有优势引领甘肃媒体融合的改革创新，创建全省媒体融合大平台。从传统媒体来说，推进媒体融合发展的前提是需要加大资金的扶持力度。从被调查的传统媒体来看，甘肃省的广电、报业对融合发展十分重视，均进行了相关的部署，但近年来，传统媒体受阅读习惯和媒体平台的不断更新发展的影响，自身在经营上困难较多，造血功能不强，普遍处于下滑、亏损状态，对新媒体运作平台的资金投入有限。而从一些走在新媒体发展前沿的媒体来看，新媒体发展需要投入巨额资金，这对甘肃省各个传统媒体目前的处境来说显然不是很现实。

媒体内容生产融合方面，甘肃省各大主流媒体近年来倾力再造采编融合平台和采编流程的全媒体新闻内容生产，根据新闻传播规律和互联网传播规律，传统媒体重采编轻传播，而互联网却更重视传播，甘肃日报社为打破传统媒体与新媒体在采编流程中的壁垒，重新再造采编、传播、舆情评估的流程，重新打造新的全媒体采编和传播流程，新采编流程以全媒体采编平台为依托，打造新兴全媒体生产机制。管理与激励机制的创新对于推进甘肃省媒体融合发展至关重要。

甘肃省媒体融合生产创新方式的探索还需要不断深入。目前，甘肃省传统媒体各相关单位设立新媒体产品、打造媒体融合的积极性较高，但由于起步晚，受诸多客观因素的限制且受政策大环境影响，难以顺应高速发展的新兴媒体产业需求。而在运作思路上，受传统媒体机关事业单位机制的影响，缺乏突破性的大胆创新思维。因此集团文化产业的创新和产业运作能力较弱，项目创新思路突破较少，推动较慢。

推动传统媒体与新兴媒体的融合发展，要遵循新闻传播规律和新兴媒体发展规律，要将技术建设和内容建设摆在同等重要的位置，坚持以先进技术为支撑。但在互联网飞速发展、新技术新应用层出不穷的今天，技术力量薄弱是大部分传统媒体在发展媒体融合方面都会遇到的困难，一是没有这方面的人才积累，二是受体制机制影响，无法用高薪吸引人才，三是没有这样的技术氛围留住技术人才。没有技术只有内容，就如同缺了一条腿走路，没法走快更没法跑。

在互联网技术的大力发展下，对于打造集采编播为一体的全媒体人才队伍，在新媒体时代下迫在眉睫。新媒体与传统媒体的融合，归根到底是人的融合，是思维意识、工作态度、操作流程、协调配合、激励成长的融合，没有人的融合，技术设备、平台渠道的融合都将是空架子。因此必须把新媒体人才队伍建设提升到媒体单位生存与发展的高度予以重视。但传统媒体单位由于历史原因，积累的是传统媒体人才，受政策和内部机制的约束，在薪酬、晋升制度等方面无法准确与市场衔接，对人才引进、团队持股等方面无法提供更多、更好的条件，内部人才培养机制也难以顺应高速发展的新兴媒体产业需求，因此集团文化产业的创新和产业运作能力较弱，项目创新思路较为局限，推动较慢。

产业融合需要相互配套，主要是机制上的融合和产业匹配。建议将甘肃省媒体融合工作列入省委、省政府重要议事日程，加大支持力度，推动形成合力。中共甘肃省委宣传部、省网信办和省新闻出版广电局等单位严格审批手机移动媒体资质，清理整顿，有序管理，建立移动新媒体的运营监管制度规范。就甘肃日报而言，以其为核心，以甘肃日报报业集团为媒体平台，联手三大通信运营商，实现统一接入、统一服务和统一管理。

结束语

中国传统媒体和新兴媒体融合发展展望

习近平在中央全面深化改革领导小组第四次会议的讲话中强调"着力打造一批形态多样、手段先进、具有竞争力的新型主流媒体,建成几家拥有强大实力和传播力、公信力、影响力的新型媒体集团,形成立体多样、融合发展的现代传播体系。要一手抓融合,一手抓管理,确保融合发展沿着正确方向推进"①。会议审议通过《关于推动传统媒体和新兴媒体融合发展的指导意见》,成为我国推进媒体融合发展的标志性事件。经过几年的发展,我国媒体融合正在不断走向深入,对社会的影响范围与深度越来越大。无论是对传统媒体还是新兴媒体来说,都正在面临全新的竞争环境,传统的媒体管理、运营理念已经无法适应传媒业的发展趋势及要求。媒体融合发展在技术、资本等多元因素的推动下,在很多领域中出现了"野蛮生长"的问题,因为媒体融合对社会发展具有广泛的影响力,如果不能加以有效的管控和引导,便会产生诸多负面影响。行业管控与管理政策的制定与优化需要建立在全面、深入把握媒体融合发展规律的基础之上,本部分从技术驱动、生态影响、市场、规范优化等几个方面把握我国媒体融合发展现状与趋势,并从战略层面思考如何在政策层面为媒体融合发展提供有效助力、使媒体融合发展在我国经济社会建设过程中能够发挥更加积极和有效的作用。

---

① 习近平:《推动传统媒体和新兴媒体融合发展》,http://media.people.com.cn/n/2014/0818/c120837-25489622.html。

技术：媒体融合发展的驱动而非决定因素

党的十九大报告指出"高度重视传播手段建设和创新，提高新闻舆论传播力、引导力、影响力、公信力。传播技术作为媒体发展动能的地位越来越重要，也受到媒体机构的广泛重视"[①]。传媒业的发展是建立在技术进步基础上的，每一种新的传播形态的出现，都是源于新传播技术或者新的传播技术使用方式的出现，之所以各种独立发展的媒体形态能够实现融合，也是因为技术发展催生了统一的媒体数字信息平台，打破了传统的媒体技术区隔。对于传统媒体来说，基于技术而形成的渠道、形态垄断在当下的传媒生态中失去了原有的竞争力；诸多新兴媒体则借助技术、运营模式方面的优势获得长足进步，融合传播的方式改变着信息传播模式，由此可以说，在传播技术的驱动下，所有的媒体形态都将归于"融合形态"。面对技术进步对媒体融合发展带来的巨大冲击，很多媒体人改变了思维模式与媒体运营理念、积极拥抱新技术，在此从媒体生产流程重构、渠道扩展、产业格局转型三个方面分析技术因素在媒体融合发展过程中的驱动作用，并对其做简要的辨析与反思。

一 技术驱动媒体生产流程的创新与重构

内容生产是媒体融合发展的核心环节，传媒技术推动着传统媒体孤立化、线性化的生产流程发生根本性的变革，为其他环节的融合发展创造了基础性条件。内容生产流程、特别是传统媒体的内容生产流程的改变是在诸多因素的共同作用下展开的，除了技术因素之外，政策、传媒战略、组织结构、管理者个人意志等均能够在其中发挥较大作用。不可阻挡的技术发展趋势、融合发展要求击破了媒体内容生产的最后一点"惰性"，为了避免被时代淘汰的命运，各级主管部门及传媒单位几年来积极推动媒体生产流程创新与重构的探索，这一点在传统媒体的运营创新中体现得尤为明显。另外，新兴媒体因为互联网化程度比较高，内容生产流程从搭建初始便与线性化的传统媒体内容生产有很大不同，而且随着

---

① 黄楚新、王丹：《万物皆媒——媒体技术在创新中连接》，《新闻论坛》2017 年第 6 期。

技术的发展，新兴媒体的内容生产流程也得到了不断的优化，比如基于智能化技术的内容生产在腾讯、今日头条等企业的应用和发展。

无论是传统媒体还是新兴媒体，面对的都是融合化的媒体发展规律、处于不断变化中的对媒体内容生产的要求，在很多环节中没有可以借鉴的成功经验，只有基于对传媒技术及市场的理解与把握不断做出具有前瞻性的布局和调整。内容生产流程的创新、重构的实践已经出现了诸多代表性案例，比如近年来各级媒体单位正在积极探索推进的中央厨房，以中央厨房为核心主动改变传统的新闻内容生产流程，实现了优质内容资源的汇聚以及分发、传播、互动的整合，人民日报、中央电视台等媒体已经探索出比较高效的中央厨房，成为国内诸多媒体内容流程再造的标杆。基于先进数字技术的中央厨房推动着传统媒体的内容生产流程再造，同时也为运营机制、组织结构等多方面的优化提供了契机。

二 技术驱动媒体传播渠道的扩展与融合

传播渠道的扩展是媒体融合发展的外在体现，也是媒体融合不断推进的内在要求，媒体渠道扩展与融合的模式、形态、发展程度在一定程度上已经成为评判媒体融合发展水平的重要标准。技术进步为媒体融合发展带来的显性影响恰恰是新兴渠道的扩展，统一化、平台化的数字技术为打通不同行业、不同媒体形态、不同信息场景之间的区隔创造了条件，在媒体融合发展过程中已经出现了诸多跨界运营、弯道超车的成功案例。在传播渠道扩展与融合诸多的驱动因素中，技术的发展和传播渠道有着直接关联，技术形态能够决定传播渠道的形态、技术的发展可以促进传播渠道融合形态的进化。比如移动传播技术的发展使传播渠道的演化向移动化、智能化的方向不断进步，这在渠道融合的多个环节中都有鲜明体现，比如"基于VR（虚拟现实技术）的平台将很快成为下一代新闻入口，面对技术驱动下入口快速更替的可能性，媒体如何应对是值得进一步关注的问题"[①]。

纵观媒体发展的历程，传播渠道距离社会生产、生活之间的距离变得越来越近，渠道的扩展与融合能够为受众提供更大的便利。在技术因

---

① 余婷、陈实：《从"互动"到"卷入"——新闻入口移动社交化背景下美国媒体社交团队发展趋势探析》，《新闻记者》2016年第4期。

素的驱动之下，传播渠道的融合发展会不断深入，对社会生产、生活的介入程度也会越来越深，技术形态的多元化也将推动传播渠道形态更为丰富，能够适应不同信息场景的需求，比如传播渠道与人们生活场景的对接，"家的边界在一个媒体无所不在的时代已经变得容易渗透，媒体设备变为塑造城市公共空间的普遍元素，一代又一代新移动设备的开发，加强了对已有公共和私人空间边界的挑战"[1]。技术进步为生活提供了极大便利，传播渠道的扩展与融合也是其中的重要内容，生活场景的边界因为传播渠道的扩展而逐渐消融，技术、社会生活、传播渠道之间的互动由此越来越频繁。

三 技术驱动传媒产业格局的转型与升级

"传媒的产业属性在媒介融合的浪潮中得到进一步的凸显，融合所带来的也不仅仅是传媒形态的变化，在内容生产、渠道融合的背后，资本运营、产业整合与重构成为传媒界的重要主题。"[2] 传媒产业格局的转型与升级体现了融合发展的内涵与要求，数字技术的"革命性"进步为传媒产业的转型升级发展创造了有利条件，"云计算、大数据、物联网、虚拟现实、人工智能等新媒体技术的创新与应用，已经成为融传媒产业加速发展的内在驱动力"[3]。传媒产业格局的优化升级为融合发展带来更大的空间，成为媒体融合发展的巨大助力，技术、产业、资本等要素由此也在传媒业的进化中实现了融合、共同发挥作用，同时也能够实现不同驱动要素效能的相互检验；如果新技术形态的应用无法得到传媒市场的认可、不能在市场竞争中发挥积极的作用，那基于此技术形态的媒体产品的生命周期不会很长。

此外，传媒产业升级已经成为我国经济社会结构转型、调整不可或缺的内容，技术进步为强化传媒产业升级与经济社会结构优化之间的关联提供了诸多新的可能性，技术不仅使"万物互联"逐渐变成现实，

---

[1] 喻国明：《家庭场域的数字化重构——关于移动互联网时代生活空间的功能异化研究》，《现代传播（中国传媒大学学报）》2016 年第 3 期。

[2] 严三九：《中国传统媒体与新兴传媒产业融合发展研究》，《新闻大学》2017 年第 4 期。

[3] 高红波：《"互联网 + 电视"：中国电视融传媒产业的场域空间》，《现代传播（中国传媒大学学报）》2018 年第 9 期。

也为不同产业之间、经济与社会之间的互联成为可能。比如在"互联网+"战略的推进之下，传媒产业与传统产业实现了深度融合，"原本孤立的各传统产业相连，通过大数据完成行业间的信息交换。以云计算、物联网、移动通信网络为代表的新信息技术为改变信息的闭塞与孤立提供可能。'互联网+'作为外推力，有利于互联网与传统产业的深度结合"①。由此，在"革命性"技术的驱动之下，传媒产业格局的转型与升级不仅仅局限于传媒市场内部，而是已经与不同行业深度融合在一起，这对我们现行的媒体融合发展理念、策略、方式均提出了新的挑战。

四 技术驱动的辨析与反思

不同媒体形态从独立到融合的进程是在诸多要素的驱动下完成的，资本、政策、技术等在这一过程中均发挥了不可或缺的作用，在所有驱动要素中，技术与媒体形态、传播方式有着最为直接的关系，在一定程度上，技术的形态和发展程度决定了信息传播与互动方式，所以在媒体融合发展过程中出现了"技术决定论"这一误区。在此要强调，技术虽然在媒体融合发展中发挥着不可替代的、关键性的作用，但如果将其定位为决定性因素，则不利于形成科学的媒体融合战略及路径。比如在人工智能技术的驱动之下，智能传播的时代已经来临，"人工智能+"成为媒体融合发展的又一驱动因素，"人工智能的技术革新使得技术手段已经深刻影响到了整个新闻生产的各个环节，媒体融合的速度也在不断加快，整个媒体融合的深度也随之加强，并且向着更加智能化的方向发展。人工智能技术的落地，使得媒体行业在内容创作、内容呈现等各个方面都在发生巨大的变革"②。人工智能在为媒体融合发展提供新模式、新路径的同时，也带来了各种新问题，比如算法伦理、智能"茧房"等，面对技术进步之于媒体融合的正负两方面影响，需要对技术驱动因素的"决定性"作用做深刻辨析，为构建科学的传播秩序打下基础。

---

① 黄楚新：《"互联网+媒体"——融合时代的传媒发展路径》，《新闻与传播研究》2015 年第 9 期。

② 沈浩、袁璐：《人工智能：重塑媒体融合新生态》，《现代传播（中国传媒大学学报）》2018 年第 7 期。

生态融合：媒体融合发展的进化方向

技术驱动下的融合发展打破了传统媒体之间的界限与区隔，给人们对媒体的认识带来一定冲击，无论是传统媒体还是新兴媒体、传媒领域还是非传媒领域，都在重新思考媒体融合发展的现状及方向。"形态融合与创新仅仅是媒介融合趋势的外在表现，其背后体现的是传媒生态正在经历的重大变革……这一颠覆性逐步在很多方面展现出来，从国家媒介管理体制的改革到具体传媒单位的公司化运作、从传播平台的扩张到资本市场的尝试，融合的触角已经伸到传媒界的各个层面，传媒格局与生态的重建已经开始"[①]。生态融合是形态融合的进化方向，从生态融合的层面也便于我们理解媒体形态融合中存在的问题、寻找相应的对策。在此，按照媒体形态融合——媒体与社会生活的融合——媒体生态融合的逻辑对这一进化方向做简要论述。

一 媒体形态融合

媒体融合发展最为直接的表现便是形态融合，从单一形态媒体到全媒体形态运营、再到融合式的进化，恰恰反映了近年来传媒业态发展的特征，"融合背景下，内容生产与其他环节的直接联系更为紧密，更多的专业化、非专业化的力量都介入到传播过程，传播的边界被打破、传播格局处于重构之中"[②]。媒体形态的创新是传媒业发展进步的重要标志，这一层面的融合发展已经相对成熟，形态融合的逻辑和路径均已比较清晰，诸多传媒单位在经过多年的"全媒体"运营尝试之后，开始深入思考如何突破单纯媒体形式上的"全"，逐步实现不同形式之间"1+1>2"的聚合效果。

不同媒体形式聚合、融合发展需要突破单纯形式化的"全"，这体现了媒体形态由"全"到"融"的思维转变，"决定全媒体战略成败的

[①] 严三九：《从形态融合到生态变革——传媒形态与生态在融合中的颠覆与发展》，《编辑之友》2014年第8期。

[②] 严三九：《中国传统媒体与新兴媒体内容融合发展研究》，《新闻与传播研究》2017年第3期。

关键已不再是形态层面横向的'全',而是战略思维、运营策略、传播方式等多层面纵向的'融'。未来传播生态环境中之全媒体发展,需要的是主流传播力、舆论影响力、品牌辐射力的融合与塑造,既要求不同媒体形态之间的横向融合,也要求不同战略板块之间的纵向融合,还需要按照行业发展新要求进行创新性的、跨界的、斜向的融合"①。媒体形态融合实现的过程在很大程度上也是传媒业态格局优化升级的过程,从这个角度来看,媒体形态层面的融合也是当下诸多传统媒体在转型发展过程中的主要着力点,因为传统媒体长期以来在媒体形态多元化、渠道创新方面存在劣势,通过形态的扩展与融合也实现了传统媒体的转型优化发展;新兴媒体基于技术、市场、运营机制等方面的优势,也在积极推动媒体形态的持续创新,直播、机器人新闻、智能推送、短视频等新形态不断涌现出来,在这些环节新兴媒体继续处于领先态势,使传统媒体与新兴媒体融合形成一种良性的竞争张力。

二 媒体与社会生活的融合

媒体融合发展的影响力已经不仅仅局限于传媒业,基于媒体与社会生活互动方式的不断扩展和优化,融合的趋势也在媒体与社会生活两者之间得到强化,与社会生活的融合也将为媒体的进步创造更多机遇。"互联网已不再是单纯的媒体,而是新的生活平台与生存空间。用户已不再仅以受众身份使用内容,而是作为空间成员,建构自己的数字化生活,同时建构互联网世界。人取代内容,成为互联网的基础单元,这个基础单元是以网络节点的形式存在的,每一个用户作为一个节点,都可能对整个网络施加自己的影响。"② 以用户为节点,媒体与社会生活的互动场景变得越来越丰富,使媒体与社会生活的融合也趋向深入。

媒体与社会生活融合发展的体现之一为跨界融合,媒体融合发展突破了传媒业的界限,逐步"介入"到社会生活的其他领域,在更多的社会场景中发挥自身信息传播的优势,并通过传播活动为人们提供更多服务,进而也可以催生更多新的传媒产业增长点。"基于数字传播技术

---

① 刘峰:《由"全"到"融":融合背景下 SMG 全媒体战略的深化路径》,《电视研究》2017 年第 4 期。

② 彭兰:《文化隔阂:新老媒体融合中的关键障碍》,《国际新闻界》2015 年第 12 期。

的媒体融合正向着两个方向发展,一是结合式融合,即基于信息与通信技术(ICT)的不同媒体之间的融合;二是嵌入式融合,即基于智能化和移动互联网技术的媒介作为独立的中间体将分属不同领域的事物联结起来的情形,我们称之为跨界融合。"① 在跨界融合之前,媒体仅仅是传媒领域中的一种介质,但是随着媒体与社会生活的融合发展,媒体逐步从单一产业形态当中独立出来,开始作为一种普遍性的"联结"而存在。

因为普遍性"联结"的存在,使得诸多原本孤立的社会主体、生活场景具备了互通互联的可能性,媒体成为社会时空关系重新组合的驱动要素、成为社会信息生活赖以发展的基础平台,跨界融合正是基于统一的基础平台才更为便捷地实现。跨界融合能够使最有实力、最有创意的传播者发现新的运营模式和发展空间,由此提升整体的传媒市场活力;也能够让任何主体可以低成本或者零成本的在媒体平台上获得便利,让媒体与社会生活在融合互动中相互促进。

三 媒体生态的融合

媒体与社会生活的融合还将进一步扩展与深入,其最终的发展方向是媒体生态的融合,"互联网为传统媒体带来的挑战和机遇同等重大,其中最核心的就是媒体生存环境与生态格局的深刻变化。这场颠覆已经重新建构了媒体生态的每一个方面,未来媒体可能不止是媒体"②。未来的媒体环境中,媒体融合的对象将更为多元、融合的方式将更为科学、融合的效果将更为人性化;未来的媒体不止是当下意义上的媒体,而是媒体生态融合与不同场景产生互动的平台节点,生态融合将推动媒体融合发展的理念进一步升级。

以媒体、技术与城市空间的融合为例,"媒介融合应该从单一的媒介组织和产业的融合,走向多元的融合。媒介技术与空间的融合,为我们打开了新的观察媒介融合的视野。媒体与城市空间的融合,使当代城

---

① 韩立新:《时空转移与智慧分流:媒体的分化与重构》,《新闻与传播研究》2016 年第 5 期。

② 胡正荣:《深度融合需要重构全媒体生态》,《新闻与写作》2016 年第 10 期。

市成为'媒体—建筑复合体',产生了一种'媒体城市'"①。在这一融合过程中,媒体赋予城市空间以生命,使城市成为一种建立在媒体融合基础上的生态空间。在笔者主持的国家社科重大项目"加快推进传统媒体与新兴媒体融合发展研究"的调研过程中发现"争夺入口、提升移动互联网覆盖面成为很多媒体、企业共同的战略目标,这同样也是传播渠道融合发展的过程。电子商务、社交应用、金融与支付、出行旅游、搜索、通信、在线教育、游戏、远程医疗等多种生活应用场景均从概念走向现实,而媒体与应用场景的深入结合又能够反过来推动生态融合的发展"②。

媒体生态融合为传媒界打开了更大的想象空间,内容、渠道、产业等各个环节的融合发展都可实现突破,传统媒体与新兴媒体都能够从生态融合的高度寻找自身的战略方向、定位与策略。媒体生态融合发展的趋势已经明朗,目前已经在某些环节、领域得到了不同程度的实现,这是我国传媒界取得的值得肯定的成绩;但同时我们也要清醒地认识到,媒体生态融合对传统的媒体规范、管理构成了很大冲击,对我国媒体管理体制与机制构成了挑战。

规范:中国媒体融合发展的政策建议

在技术驱动、生态变革的发展过程中,我国的传媒环境发生了巨大变化。很多传统的传媒管理理念与方式已经难以适应融合生态下的新需求,同时媒体融合生态的进化又在不断给管理者提出各种新问题,面对生态融合提出的各种挑战,如果能够对媒体生态融合予以科学引导与管理,那么我国媒体融合会在社会生产生活中发挥更为积极的作用,也能够推动传媒产业的转型升级发展;但是,如果不能使媒体融合发展形成科学有效的规范,而是任其"野蛮生长",不仅媒体融合会误入"歧途",也会对社会发展产生负面的影响。在此基于对技术驱动要素与媒

---

① 许同文:《"位置即讯息":位置媒体与城市空间的融合》,《新闻记者》2018年第6期。

② 严三九:《中国传统媒体与新兴媒体融合发展的现状、问题与创新路径》,《华东师范大学学报(哲学社会科学版)》2018年第1期。

体生态融合发展方向的分析，解读我国当下媒体融合过程中存在的突出问题，对如何从政策方面予以科学规范、引导提供相应的建议。

基于对技术驱动要素的辨析以及对媒体生态融合发展方向的把握，可以发现目前我国对媒体融合发展的规范层面还存在很多亟待解决的问题，比较突出的体现在以下两个方面。

第一，媒体融合、传媒市场发展、传媒体制的改革之间存在复杂的博弈。媒体融合在探索中发展，肯定会伴随着各种各样的问题，传媒市场与体制改革处理这些问题的出发点是不同的。传媒市场主体追求的是融合过程中新出现的增长点与市场空间，面对社会效益与经济效益的矛盾，它们在本能上是倾向于经济效益的；而传媒行业管理者、体制改革推动者更加注重的是社会效益，同时也有推动传媒产业健康发展、提升经济效益的职责。在媒体融合已经成为当下传媒业发展主题的背景下，规范与市场之间的平衡成为考验管理者的核心问题，管理体制、政策如何与市场创新机制高效互动，是我们追求的重要目标。

第二，媒体融合在部分领域还存在"野蛮生长"的问题。近年来，在先进技术与市场空间的驱动下，多种创新型的传播形态、方式获得了"爆发式"的成长，比如直播、短视频、网综、网络大电影等。不过在这些环节均带有不同程度"野蛮生长"的特点，比如短视频迅速崛起的过程伴随着各种低俗内容的疯狂传播，造成严重的负面影响，低俗内容的传播为个别平台、软件带来了短期的高速增长，但这种发展模式却从根本上违背了媒体融合发展的内在要求。值得肯定的是，主管部门及时采取措施对媒体融合发展过程中的各种乱象进行了管理整治，在一定程度上遏制了行业乱象、对"野蛮生长"现象进行了有效的引导。但是在当下主管部门的规范化行为中还存在一个问题，那就是没有形成一套基础性、系统化、适合媒体生态融合规范的管理机制，如果没有这样一套机制作为行业发展的保障，仅仅依靠出现一个问题、解决一个问题的"打补丁"式的方式，还是不足以适应未来的媒体融合发展需求。

面对媒体融合发展规范存在的问题，我们必须从传媒体制与政策层面做必要的顶层设计和优化，力求对媒体融合发展形成有效的规范引导，推动我国传媒业健康发展，在此从以下几个方面展开，对这一问题提出相应的策略建议。

第一，注重传媒业顶层设计的优化，在上述诸多问题的分析中可见，体制、政策、技术、市场等不同因素在媒体融合发展过程中处于不同的维度，比如行业规范政策具有较强的主观特征，技术、市场具有较强的客观性特征，在融合过程中的需求、作用均有很大的差异性，很难按照统一的标准予以规范；同时，传媒体制、政策的改革会推动其他诸多维度的因素产生连锁反应，常常会有"牵一发而动全身"的影响，特别是对传媒产业层面的影响尤为明显。所以，在强化、优化我国传媒业顶层设计的过程中，一方面要注重传媒体制优化、政策创新的科学性，能够有效规避政策变动对行业的滞后性影响、因主观性维度特征产生的负面作用；另一方面，力求使传媒体制与政策对行业发展形成纲举目张式的引领力，从而在保证方向引领的同时提升融合发展的效率。

第二，以机制保障注重舆论引领，提升主流媒体声音在融合生态中的引领力度。诚然，媒体融合对推动舆论发展有积极的作用，但融合过程中出现的诸多乱象也对社会舆论产生了较大冲击，使主流媒体的声音被淹没在海量的"噪音"之中。"从政治逻辑来看，推动传统媒体和新兴媒体融合发展，既是做好意识形态工作的战略要求，也是壮大主流舆论的紧迫任务。"[①] 主流媒体的舆论引导应当在媒体生态中发挥应有的作用，这是融合发展的题中应有之义，"随着中国的政治信息交流由政治宣传向政治传播转型，加之媒体业态环境的深刻变革，有效性逐渐成为我国宣传战略的核心和政治新闻实践的追求"[②]。在强化舆论引导的同时也要注重有效性、科学性等指标的建立和优化，毕竟媒体融合背景下的舆论引导与传统媒体时代的舆论引导有着诸多不同。

第三，我国媒体融合引导要具备国际化视野与高度。我国的国际影响力正在逐步提升，中国的声音也需要通过自己的传播渠道向世界传递，媒体融合发展为这一战略目标创造了历史性契机，数字技术提供了有利工具、国内外媒体的互动也进一步丰富了媒体生态环境。"中国在国际互联网治理方面是在寻求一种博弈式的国际融合，即在一系列国内

[①] 林如鹏、汤景泰：《政治逻辑、技术逻辑与市场逻辑：论习近平的媒体融合发展思想》，《新闻与传播研究》2016年第11期。

[②] 陈欣钢：《媒体融合环境下的政治传播创新策略——以全国两会融合报道为例》，《当代传播》2017年第3期。

与国际力量驱动下,中国互联网实际已经与主导性的全球格局和规则深度融合,尽管此融合过程仍充斥着政治与经济层面诸多悬而未决的争议、对抗和竞争。"① 国际化竞争是一项涉及政治、经济、文化等诸多层面的复杂系统工程,当下同样不能忽视媒体融合发展的影响,需要从这一高度对我国媒体融合发展予以引导。

第四,人文规范的重视与引导。"在经历了技术融合、场景融合、产业融合、文化融合、社会形态融合等阶段,媒介融合正在迈向主体层面的融合——技术与人的融合……人与技术的双重逻辑交织互嵌,成为后人类时代的元媒介,重造了社会系统,改变了人与世界的关系。"② 媒体与社会生活的融合、媒体生态的融合打破了太多传统的信息传播规律、社会文化传播方式以及人与人的互动方式,产生了一系列冲击传统价值观念的案例,比如智能化传播带来了新的传媒伦理问题。这些问题已经激发了社会各界的深入讨论,不同主体纷纷从各个角度出发思考对策,同样需要从政策层面形成规范,使从业者高度重视这一问题。

"媒体融合发展正处于'天时、地利、人和'叠加时机。有'天时'——中央决策部署,顶层设计;有'地利'——各地党委、政府从区位优势出发,统筹谋划,支持力度空前;还有'人和'——不'融'不行的危机感、使命感,提升融合发展'加速度'的决心和信心,已经成为主流媒体最广泛的共识。"③ 目前我国媒体融合发展正处于"天时地利人和"的机遇期,技术、资本、人才、市场等基础条件齐备,经过多年的积累也已经初步掌握了媒体融合发展的规律与方向,媒体人需要具有一定的前瞻性、国际性视野,从媒体生态融合的层面、立足于我国经济社会发展的要求,审视媒体融合发展的现状与问题、探索科学的规范引导策略,不断推进我国媒体融合发展的进程。"媒体融合发展并非一朝一夕之功,需要媒体管理部门领导、媒体单位领导、媒体一线从业者共同努力,开拓创新,扎实推进,并且在我国媒体现有融合发展的基础上,加快推进我国传统媒体和新兴媒体深度融合发展,加

---

① 洪宇:《中国与国际互联网:博弈式的国际融合》,《新闻与传播研究》2016年第S1期。
② 孙玮:《赛博人:后人类时代的媒介融合》,《新闻记者》2018年第6期。
③ 裘新:《在融合发展中巩固拓展主流舆论阵地》,《新闻记者》2017年第11期。

快建立我国现代传播体系。"① 虽然我国媒体融合进程中依然存在诸多问题,但是相信在巨大的发展势能的带动下,在管理机制与规范的不断优化之下,从媒体形态融合、媒体与社会生活互动到媒体生态融合的进化会越来越深入。因为融合,媒体将会在未来的经济社会生活中发挥更大、更积极的作用。

---

① 严三九:《中国传统媒体与新兴媒体融合发展的现状、问题与创新路径》,《华东师范大学学报(哲学社会科学版)》2018 年第 1 期。

参考文献

习近平：《推动传统媒体和新兴媒体融合发展》，http：//media. people. com. cn/n/2014/0818/c120837-25489622. html.

蔡雯：《规制变革：媒介融合发展的必要前提》，《国际新闻界》2007年第3期。

蔡雯：《媒体融合前景下的新闻传播变革——试论"融合新闻"及其挑战》，《国际新闻界》2006年第5期。

蔡雯、邝西曦：《对话式传播与新闻工作者角色之变——由"僵尸肉"新闻真假之争谈起》，《新闻记者》2015年第9期。

陈红梅：《网络环境下的传播行为和传播策略——国外相关研究概述》，《新闻记者》2007年第12期。

陈欣钢：《媒体融合环境下的政治传播创新策略——以全国两会融合报道为例》，《当代传播》2017年第3期。

丁方舟：《创新、仪式、退却与反抗——中国新闻从业者的职业流动类型研究》，《新闻记者》2016年第4期。

付茜茜：《Web3.0时代媒介技术演进与文化形态变迁》，《当代传播》2015年第2期。

郭丽：《平媒类上市公司的经营与发展——以浙报传媒、现代传播、粤传媒为例的分析》，《新闻记者》2014年第2期。

郭全中：《传统媒体转型的"一个中心"与"四个基本点"》，《现代传播（中国传媒大学学报）》2015年第12期。

郭全中：《互联网时代的传媒产业新趋势》，《新闻记者》2014年第7期。

郭全中：《新闻出版体制改革与传媒集团发展战略选择》，《新闻记者》2009 年第 6 期。

韩立新：《时空转移与智慧分流：媒体的分化与重构》，《新闻与传播研究》2016 年第 5 期。

郝永华、阁睿悦：《移动新闻的社交媒体传播力研究》，《新闻记者》2016 年第 2 期。

洪宇：《中国与国际互联网：博弈式的国际融合》，《新闻与传播研究》2016 年第 S1 期。

胡正荣：《深度融合需要重构全媒体生态》，《新闻与写作》2016 年第 10 期。

黄楚新：《"互联网+媒体"——融合时代的传媒发展路径》，《新闻与传播研究》2015 年第 9 期。

黄楚新、王丹：《万物皆媒——媒体技术在创新中连接》，《新闻论坛》2017 年第 6 期。

黄鹤、方志鑫：《传统媒体与新媒体的交互融合——对电视产业创新性发展的分析》，《现代传播（中国传媒大学学报）》2015 年第 6 期。

黄可、柯惠新：《本源、动力与核心：媒介消费的影响因素及其作用机制研究》，《新闻与传播研究》2014 年第 4 期。

江虹、程琳：《互联网电视网络状产业链整合研究》，《现代传播（中国传媒大学学报）》2015 年第 5 期。

蒋纯：《报业融合转型，需深挖"技术"这块儿宝藏》，《传媒》2016 年第 1 期。

蒋晓丽、梁旭艳：《场景：移动互联时代的新生力量——场景传播的符号学解读》，《现代传播（中国传媒大学学报）》2016 年第 3 期。

蒋晓丽、邹霞、叶茂：《传媒"系统工程"再造——传媒体制"合并潮"的现状与未来》，《编辑之友》2013 年第 10 期。

鞠宏磊、黄琦翔、王宇婷：《大数据精准广告的产业重构效应研究》，《新闻与传播研究》2015 年第 8 期。

李彪：《融媒时代"动新闻"的三种模式》，《新闻记者》2016 年第 1 期。

李慧娟、李彦：《从线下到线上：移动互联网的时空分区效应研究》，

《国际新闻界》2015年第10期。

李慧娟、喻国明：《家庭场域的数字化重构——关于移动互联网时代生活空间的功能异化研究》，《现代传播（中国传媒大学学报）》2016年第3期。

李惊雷：《报业"内容联盟"本质探析》，《新闻战线》2006年第9期。

梁益畅、蒋玉鼐：《在摸索中寻找突破机会——湖北日报传媒集团媒体融合的实践与思考》，《中国记者》2015年第9期。

梁智勇：《移动互联网入口竞争的市场格局及传统媒体的竞争策略》，《新闻大学》2014年第3期。

廖祥忠：《何为新媒体？》，《现代传播（中国传媒大学学报）》2008年第5期。

林晖：《网络时代的媒体转型与"大众新闻"危机》，《新闻大学》2015年第2期。

林如鹏、汤景泰：《政治逻辑、技术逻辑与市场逻辑：论习近平的媒体融合发展思想》，《新闻与传播研究》2016年第11期。

林翔、池薇：《平台竞争：电视媒体独播策略的经济学分析》，《电视研究》2015年第6期。

刘峰：《出版机构IP化经营：媒体融合背景下的创新策略探析》，《出版发行研究》2015年第9期。

刘峰：《基于互联网思维的电视媒体资本运营策略探析》，《电视研究》2015年第2期。

刘峰：《由"全"到"融"：融合背景下SMG全媒体战略的深化路径》，《电视研究》2017年第4期。

刘峰、吴德识：《"互联网+资本"背景下面向东南亚的视听产业融合发展探析》，《广西社会科学》2015年第7期。

刘洁、万陈芳：《互动背后的可能性——武汉城市圈报业联盟及融合研究》，《新闻前哨》2008年第3期。

刘俊、胡智锋：《内容、机构、人才与收益：论当前媒介融合时代的电视活力》，《编辑之友》2015年第3期。

刘鹏：《传统媒体融合转型的若干趋势》，《新闻记者》2015年第4期。

刘奇葆：《加快推动传统媒体和新兴媒体融合发展》，《人民日报》2014

年4月23日,第6版。

刘琼莲:《传统媒体与新兴媒体融合的聚焦点与实践路径——基于高效反腐倡廉何以可能的视角》,《探索》2014年第5期。

刘晓雪:《媒体融合视角下的传统电视转型思考》,《现代传播(中国传媒大学学报)》2015年第12期。

马知远、刘海贵:《报业全媒体转型中的"报纸"定位》,《新闻大学》2014年第5期。

彭华新:《论当代媒介环境中舆论监督的权力嬗变》,《国际新闻界》2014年第5期。

彭兰:《从老三网融合到新三网融合:新技术推动下三网融合的重定向》,《国际新闻界》2014年第12期。

彭兰:《"内容"转型为"产品"的三条线索》,《编辑之友》2015年第4期。

彭兰:《文化隔阂:新老媒体融合中的关键障碍》,《国际新闻界》2015年第12期。

彭兰:《移动化、智能化技术趋势下新闻生产的再定义》,《新闻记者》2016年第1期。

裘新:《在融合发展中巩固拓展主流舆论阵地》,《新闻记者》2017年第11期。

沈浩、袁璐:《人工智能:重塑媒体融合新生态》,《现代传播(中国传媒大学学报)》2018年第7期。

沈阳:《媒体融合仍在试错尚未抓到痛点》,《中国广播》2015年第10期。

时统宇、吕强:《抵制电视节目低俗化的经济分析》,《现代传播(中国传媒大学学报)》2015年第9期。

史安斌、张耀钟:《虚拟/增强现实技术的兴起与传统新闻业的转向》,《新闻记者》2016年第1期。

孙玮:《赛博人:后人类时代的媒介融合》,《新闻记者》2018年第6期。

谭天:《从渠道争夺到终端制胜,从受众场景到用户场景》,《新闻记者》2015年第4期。

唐佳梅：《从众包新闻到众智新闻：国际报道的新闻创新及其发展》，《现代传播（中国传媒大学学报）》2016年第2期。

陶丹、张浩达：《新媒体与网络传播》，科学出版社2001年版。

王佳炜、杨艳：《移动互联网时代程序化广告的全景匹配》，《当代传播》2016年第1期。

王天定：《大规模业余化时代，专业新闻何为?》，《新闻记者》2015年第10期。

吴茂林：《采编为宝，才能内容为王——〈文汇报〉采编专业职务序列改革探索》，《新闻记者》2015年第6期。

吴信训：《4G前景下我国媒体融合的新变局与进程展望》，《新闻记者》2015年第9期。

武志勇、赵蓓红：《二十年来的中国互联网新闻政策变迁》，《现代传播（中国传媒大学学报）》2016年第2期。

肖赞军：《媒介融合中规制政策的基本取向分析》，《新闻大学》2014年第1期。

熊澄宇、廖毅文：《新媒体——伊拉克战争中的达摩克利斯之剑》，《中国记者》2003年第5期。

许同文：《"位置即讯息"：位置媒体与城市空间的融合》，《新闻记者》2018年第6期。

许向东：《大数据时代新闻生产新模式：传感器新闻的理念、实践与思考》，《国际新闻界》2015年第10期。

严三九：《传统媒体与新兴媒体产业集群融合发展研究》，《当代传播》2016年第11期。

严三九：《从形态融合到生态变革——传媒形态与生态在融合中的颠覆与发展》，《编辑之友》2014年第8期。

严三九：《媒体融合过程中传媒体制改革研究》，《新闻记者》2016年第12期。

严三九：《中国传统媒体与新兴媒体产业融合发展研究》，《新闻大学》2017年第2期。

严三九：《中国传统媒体与新兴媒体内容融合发展研究》，《新闻与传播研究》2017年第3期。

严三九：《中国传统媒体与新兴媒体渠道融合发展研究》，《现代传播（中国传媒大学学报）》2016年第7期。

严三九：《中国传统媒体与新兴媒体渠道融合发展研究》，《新媒体与社会》2016年第1期。

严三九：《中国传统媒体与新兴媒体融合发展的现状、问题与创新路径》，《华东师范大学（哲学社会科学版）》2018年第1期。

严三九、刘峰：《我国传统媒体参与社会管理的创新路径——以上海人民广播电台〈直播990〉为例》，《当代传播》2015年第2期。

殷俊、李月起：《文化界面的传媒形态整合之道》，《编辑之友》2015年第1期。

殷琦：《从"国家一元论"到多元治理框架的构建：中国传媒治理结构改革的路径、逻辑及其转型取向分析》，《新闻与传播研究》2012年第4期。

于正凯：《技术、资本、市场、政策——理解中国媒体融合发展的进路》，《新闻大学》2015年第5期。

余婷、陈实：《从"互动"到"卷入"——新闻入口移动社交化背景下美国媒体社交团队发展趋势探析》，《新闻记者》2016年第4期。

喻国明：《关于我国报刊广告市场的现实态势与未来走向》，《中国媒体发展研究报告》，2002年。

喻国明：《中国媒介规制的发展、问题与未来方向》，《现代传播（中国传媒大学学报）》2010年第1期。

喻国明、刘旸：《"互联网+"模式下媒介的融合迭代与效能转换》，《新闻大学》2015年第4期。

喻国明、潘佳宝：《"互联网+"环境下中国传媒经济的涅槃与重生》，《国际新闻界》2016年第1期。

喻国明、弋利佳、梁霄：《破解"渠道失灵"的传媒困局："关系法则"详解》，《现代传播（中国传媒大学学报）》2015年第11期。

张春华：《传媒体制、媒体社会责任与公共利益》，《国际新闻界》2011年第3期。

张小强：《传统新闻机构对社交媒体的控制及其影响：基于对国外30家机构内部规范的分析》，《国际新闻界》2014年第12期。

张屹:《基于增强现实媒介的新闻叙事创新策略探索》,《国际新闻界》2015年第4期。

张志安、吴涛:《互联网与中国新闻业的重构——以结构、生产、公共性为维度的研究》,《现代传播(中国传媒大学学报)》2016年第1期。

张志安、曾子瑾:《从"媒体平台"到"平台媒体"——海外互联网巨头的新闻创新及启示》,《新闻记者》2016年第1期。

赵凯:《信息不对称时产业链企业研发投资行为及产业集群效应分析》,《产业经济研究》2015年第4期。

赵曙光:《突破广告:高转化率的媒体盈利模式》,《新闻记者》2014年第7期。

赵瑜:《媒介市场化、市场化媒体与国家规制——从净化荧屏、反三俗和限娱令谈起》,《新闻大学》2015年第1期。

赵云泽:《记者职业地位的殒落:"自我认同"的贬斥与"社会认同"的错位》,《国际新闻界》2014年第12期。

郑忠明、江作苏:《网络用户劳动与媒介资本价值——基于美国社交新闻媒体Reddit的案例分析》,《新闻记者》2015年第9期。

周小普、韩瑞、娜凌姝:《多屏发展背景下网络收视度的影响因素研究——以热播电视剧为例》,《国际新闻界》2014年第12期。

周艳、龙思薇:《内容银行:从学术概念、框架到产业实践》,《现代传播(中国传媒大学学报)》2016年第3期。

邹贤启:《在与新媒体的共享融通中寻求多赢——湖北日报传媒集团实施媒体融合发展的实践与思考》,《中国记者》2014年第6期。

后 记

党的十八届三中全会提出,要整合新闻媒体资源,推动传统媒体和新兴媒体融合发展。习近平特别强调,要加快传统媒体和新兴媒体融合发展,充分运用新技术新应用创新媒体传播方式,占领信息传播制高点。中央全面深化改革领导小组第四次会议通过《关于推动传统媒体和新兴媒体融合发展的指导意见》,指出"要打造一批形态多样、手段先进、具有竞争力的新型主流媒体,建成几家拥有强大实力和传播力、公信力、影响力的新型媒体集团,形成立体多样、融合发展的现代传播体系"。推动传统媒体和新兴媒体融合发展,是党中央着眼巩固宣传思想文化阵地、壮大主流思想舆论做出的重大战略部署。2019年1月25日,中共中央政治局第十二次集体学习把"课堂"设在了媒体融合发展的第一线——人民日报新媒体大厦。习近平在主持学习时强调,推动媒体融合发展、建设全媒体成为我们面临的一项紧迫任务。我们要因势而谋、应势而动、顺势而为,加快推动媒体融合发展,使主流媒体具有强大的传播力、引导力、影响力和公信力。推动传统媒体和新兴媒体融合向纵深发展,更好地巩固全党全国人民团结奋斗的共同思想基础,为实现"两个一百年"奋斗目标、实现中华民族伟大复兴的中国梦提供强大精神力量和舆论支持。经过这些年的发展,中国传统媒体和新兴媒体融合正在不断走向深度融合,对社会的影响范围与深度越来越大。

本书是国家社科基金重大项目"加快推进传统媒体和新兴媒体融合发展研究"(14ZDA049)的研究成果。

在调研过程中,我带的博士研究生刘峰、魏少华、巩晓亮、满方、苏衡、陈琦、翟素娣、南瑞琴、袁帆等和硕士研究生张伊佳、荣俊、邓佳煜、卢晓曼、曹笑笑、查锦玲、周创等做了大量资料整理和调研工作，在此，向他们表示深深的谢意！

本书得到了不少业界和学界的朋友们的支持和帮助，在此，致以衷心的感谢！

感谢中国社会科学出版社社长和总编辑，感谢责任编辑，他们为本书的出版做了许多卓有成效的工作。

由于水平有限，书中疏漏和错误之处在所难免，真诚地希望读者批评指正。

严三九

2019年3月6日于上海